怪異の民俗学 6

幽霊

小松和彦［責任編集］

河出書房新社

幽霊　目次

I　総論　7

II　幽霊のイメージ　59

怪異の民俗学⑥

幽霊

I

総論

幽霊思想の変遷

柳田國男

一　土俗の荒廃と葬儀

今年などは、自分の此官舎の前の大通りを、所謂赤毛布式の東京見物が少くとも二万人は通って居る。今日のように地方人の旅行が、殊に大都会との交通が盛んになっては、数百年間何の変化なしに保存せられて居た土俗の消えるのは、瞬くの間であろうと思われる。

実際又近年になって、古い習慣の無くなった実例は、無数にあるのである。中にも暦の改正に伴う正月の儀式、若者連中が青年会となった結果としての恋愛方法の変化などは著しいものであろうと思う。唯その中で変り方の少かろうと思われるものは一つある。それは葬式の前後に於ける各種の行事である。

此理由は恐らくは、心理学者のたやすく説明し得るところであろうと思う。多くの場合の葬式には、事前の計画と云うものはない。死亡と云う大事件に伴う個人並に一般の不安がある。それから死ぬ者は多数が老人で、暗々裡に旧物、旧制度に対する尊重を要求して居る。

従って他の生活行為、例えば赤坊の宮詣り、娘の嫁入りなどには三越で仕度をしたり、元服の褌は在来の猿股で済ませたりする家庭でも、年寄が死ねば家人が引込んで悲んで居るうちに、近所の者が来て前年他の家で実行した通りの儀式を以て、野辺送りをしてしまう。これが少くも一部の理由であろうと思う。

併し無意識に古風を遵奉して居る葬送の手続のうちには、いくらも前代民の死と云うものに対する思想の痕跡を見出す事が出来るものであって、我々は東京の大都会を取り囲む村、甚しきは市中を歩いて居ても、心掛一つで今尚フォークロアの資料を集める事が出来る。これは最近の研究旅行に於て、一層深く自分の感じ得たところである。

二　内郷村の竹串

例えば内郷村に我々が滞在して居た十日の間に、軍艦河内の殉難者の空葬《からそう》があった。葬儀は常に、喪家の外庭に於て行われる。色々の注意すべき変った設備があったが、就中《なかんずく》珍しいと思ったのは、門の外に僅かの芝土を盛って、墓標の如き一本の柱を立てる。柱の頭には小さな制札が打ち附けてあったが、其意味は問い糺す事が出来なかった。

夕方に此家の前を通って見ると、その標木の下の芝土へ、長さ七八寸の竹の串に白紙を挿し挟んだのが、いくらも挿してある。此竹串は、又他の部落のある家の門口にも挿してあった。それは前月に葬式のあった家である。或は又丁字路の辻に、十数本の此串の挿した処も見た。話を聞いて見ると孰れも同一の場合、即ち死者の近親が野辺送りの帰りに、そこに挿して行くものだと云う事であった。

寺の住職の話に拠れば、此地方ではこれを金剛杖と云う。住職は名古屋附近の人であったが、尾張で金剛杖と云うのは、今少しく杖らしい長いものでそれを持つものは施主一人、恰も東京で白木の位牌を跡取りが持って供するが如く、或は神式の葬儀で喪主がつくところの杖などと、性質の近そうなものを云うそうである。

此内郷村の僅かな竹串を、同じ名で呼ぶ事は勿論誤りであろうが、同時に又二物の関係を暗示するとも考え得る。死者の近親の者は供に立つ時から、此白紙を挟んだ竹串を襟などに挿して行き、帰路には一様に一定の場所に立てて去るのである。

串に挟む紙は、半紙の八つ切りで、これを両隅に合せて三角に折った形は、少しく死人の額に貼る一部の学者が紙烏帽子と称して居るものに似て居る。此三角紙は江戸などでは、幽霊の標象《(ママ)》の如く見做して、死人のみがこれを用いる事になって居るが、地方によっては、矢張親族故旧の関係にあるものが、これを附けると云う話も聞いたように記憶する。

三　仏教の教理と俗信の妥協

それと内郷の竹串との関係の有無は未定であるが、此竹串の方では、今ではお寺に頼んで、何か字を書いて貰う事になって居る。真言宗の寺ならば、数個の梵字を書く。禅寺では偈の一句などを書いて居る。これも同じ住職の話であるが、此紙に書くべき偈は一定して居る。本来は五言絶句の偈ではあるが、今では節約して唯一句を書くと云う事で、自分の見たのは悉く「大道透二長安一」と書いたものばかりであった。宗旨によって書くべき文字は区々でありながら、串を立てると云う儀式は各派一様に承認して居る事は、我国の巫術（Magic）が今の宗教に対して、相持して下らざる実情を語るものである。

この大道透二長安一の透は、勿論通の誤りに違いない。禅語としては、更に一層高尚なる哲理が含まれてあった事とは思うが、これを葬式の日の竹串の紙に書く場合には、又別様の動機のあったものと見ねばならぬ。即ち仏教の教理と平民の俗信との一種の妥協の例である。

自分の此説明には、些かも牽強附会の必要がないと思って居る。即ち串を立てる場所は道の辻である。若くは喪家の門口の道路に接するところである。此場合に大道透ニ長安一を説き聞かす相手方は、明白に亡霊である。汝の天地は広い、娑婆の因縁に執着するなと云うのは、要するに亡霊を駆逐する事である。孰れの民族でも必要あって魂を招く場合には、東西南北も塞がり、天も地も塞がれりと説いて、自然に唱えごとする人の附近に来ねばならぬように説くと同時に、亡霊の害を怖れてこれを追わんとする時は、かくの如く何れの道も広い、何《ど》の道も開いて居ると云う風に説くのが普通であって、日本でも例を探せば如何程も出て来る筈である。

同じ村では、又葬式に新しい草履を穿いて出る事は他の地方と同様であるが、帰り途に矢張り竹串を挿すと、同じ場所でその草履を片方を、鼻緒を切って捨てる。近世ではこれを墓場の土を忌むように解するのが通例であるが、その推測の当らない事は、片方である事が反証を示して居る。枝葉に亘るを避ける為めに此点は別に云うが、恐らくは辻の古木に草鞋を掛けたり、仁王門に草履をあげたりする所謂沓掛の慣習と関係あるものと考えられる。

四　玉串の由緒

此竹串の起源は、今日東京の葬儀に使われる玉串と、同一系統のものかと自分は思う。玉串は名は串であるが、実は榊の枝である。今では紙の幣《しで》を附けるもあれば、略するもある。喪主の玉串丈けを稍々大きくする風はあるが、会葬者一同殆ど生前何の懇親もなかった者迄が出しゃばって、これを柩前に捧げる事になって居る。けれども而も単純なる供物でない事は、その物品の無価値な点からも推測し得る。

今日の如く葬儀場に盛り上げて来る丈けでは、玉串本来の性質も分らぬが、要するにこれは樹枝に霊魂が依ると云う思想を以てするに非ざれば、無意味の事である。

而してその意味は、玉串と云う言葉が既に或程度までこれを示して居る。タマは如何なる漢字を当てても、要するに霊である。串は奇薬（クシ又はクスシ）などと語源学上の関係あるか無いか知らぬが、必ずしも今日の魚串などの如く、竹を削って造ったものに限られなかったのである。

斯く云うよりも、寧ろ生樹の枝を用いる方が以前であったと想像される。一本の喬木が霊の依るところであるが故に、その小枝の運搬が分霊になると考えたのが初めかも知れぬ。

熊野又は伊豆山に参詣した者が、竹柏《なぎ》の葉を採って帰り、稲荷山に登った者が、杉の小枝を翳して下ると云う風習は古くからの事であるが、神霊と人間の霊魂とは一つに論ずる事が出来ぬと云うならば、今一つ著しい例は、京都の愛宕寺の槙の枝である。愛宕寺は小野篁が地獄に通った道の入口などと云う俗伝もあって、庭上の僅かな芝生を六道の辻などと称えて来た。盆の十五日に京の町人は、近世に至る迄此寺に参詣して、槙の小枝を持って帰るのを、亡霊を迎えて来るのだと考えて来た。即ち神の霊、死者の幽魂も、等しく木の枝に乗って運ばれて居たのである。

此思想と事実上の竹串、木の串との関係を説くに、自分は以前山伏の用いた梵天と云うものを以て、適例に引いている。梵天は江戸でも、石尊の参詣などに際して、偉大なものを作ったが、専ら山伏の任務である。つまり御幣の極めて大なるものである。山伏は予め此大幣に小さな紙の御幣をいくらも多数に取り付けて置いて、これを各家々を巡って御幣を分配して歩く。荒神、稲荷等の屋敷の神、又は野の神山の神の小さな祠に、祭の度毎に新たに立てる御幣は、斯くの如くして信仰の中心たる大幣から分配されたる小幣である。その型が最もよく、木の枝の分配と似て居る。

五　死者に対する祖先の考え

支那で木主と称して、霊の依り所を家の廟に設けたのも、元は多分今日の位牌などの如き技巧を極めたものではなかったまでで、矢張り同じ道程を経て発達して来た、霊の依託の標象《(ママ)》であろうと思う。それらの慣習が徐々に日本の家庭に入り込むに及んで、吾々の宗教生活は寧ろ或意味に於いては、フェティシュ（Fetish）崇敬の古い形に逆戻りしたとも云い得るのである。木主と云い位牌と云うが如き、永久保存の目的を以て用意せられたものは、次第に本尊の掛軸や御影に近くなって、愈〻後世の亡霊を歓迎する真宗仏教の信仰を根強くしたが、吾々の祖先の死者に対する考えは、却って単純なるかけながしの竹串などに、残り止まって居る様である。

内郷の村民などが作る竹串は、云わば一種の利用である。彼等は目に見えぬ亡霊の親族故旧の身に縋って、再び元の家に戻る事を忌んだが故に、粗末なる竹串にタマを依らしめて、最も交通の自在なる道の巷に欺して置いて来た。言葉を換えて云えば、此竹串がなかったならば、彼等は幽霊の竊かに家の内に帰って居ぬと云う事を、確かめるべき安心の手段を殆ど持たなかったのである。

村によっては壁を壊し窓を拡げて、棺の出る道を作る処もある。これ又通例の道を使えば、通例の方法で戻って来ると云う懸念からである。或地方では竹籠、臼の類を以って座敷中を転がし廻るところもある。これも目に見えぬ魂が、忍んで居らぬ事を確かめる手段に外ならぬ。或は迂路を取って、流れ川を渡って帰るものもある。塩を振り撒くなどは、最も普通のやり方である。孰れも死者との絶縁を目的としたもので、古くは伊弉諾《イザナギ》尊が櫛を投げ、杖を立てて黄泉の国との境を作られたのと、同一の思想に出発して居るものである。後世の考えから云えば、臨終の際迄嘆き縋って別れを惜んだ程の情愛のある者が、一朝にして斯の如き冷遇を受くべき道理がないと思われるかも知れぬ。併し亡霊の人間に対する態度は、又格別のものであった。既に「合邦が辻」の浄瑠璃には、「肉縁の深いもの程猶恐ろしい」と云う有名な文句があって、此思想の痕跡は眼前に迄及んで居るのである。

六　魂迎え聖霊送り

そこで改めて魂迎え、聖霊送りの問題が起る。以前は此行事は、盆ばかりではなかったらしい。少くも東国には年の暮にもあった事は、徒然草等に見えて居る。今日の盆は新しい人情を基礎にして迎えて祭るが主になって居る。吾々は度々、少女少年が祖父祖母の墓に詣って「さあおぶされ」と云って背を向けたりなどする、優しい光景を目撃したものであるが、しかもこれは十万億土に常住して居ると云う信仰の普及した後の事で、以前は捨てて置けば邑落に死者の影が充満して、疫病を流行らせ害虫を蕃殖さす所以であるから、危険な期節を選んで一斉にこれを駆逐するのが此月の主たる仕事であった事と思って居る。即ち西洋でも云う万霊会（All Souls day）である。

成程念仏宗の信者の家では、一族悉く浄土に安住するかも知れぬが、無縁の万霊は機縁なしには仏果を得る事は難しい。この連中は何時の世になっても、成る丈け安い費用で、一度に少なくも我村から追い出してしまわねばならぬ。その為には松明を点し大きな声を出し、仏教信仰の盛んな地方では念仏を唱え、且つ踊り、又銅鑼や鉦を叩き、殆ど煩累に堪えずして立ち退くように仕向けたのである。鉄砲が輸入されてからは、又鉄砲をも用いた。これらの風習が念仏宗の一世を風靡する時代から、更に進んでその信仰の稍々衰えんとする今日まで、尚色々の形を以て、中には残って居る。同情あり且つ注意深い学者が出て来なければ、吾々の国民性は、到底明白になる時がなかろうと思う。

櫻井徳太郎

怨霊から御霊へ

——中世的死霊観の展開——

一

わが中世人は、その歴史的生涯を通じて三つの動乱を体験した。一つは古代末期の混乱を収拾して中世的世界を樹立する契機をつくるにいたった源平の争乱であり、第二は公武二重政権併立の矛盾を解決するため南北朝対立をきっかけに起った内乱、そして第三は室町幕府の構造的弱点をついて惹起された応仁・文明の大乱と、それにつづく戦国大名の角逐によるとどまることなき血なまぐさい合戦である。これらの戦争はいずれも全国的規模で行われたために、じつに多くの人名を殺傷し無数の民衆を動員し、また広い戦場の人家や社寺は焼き打ちにあったりして非情な戦火をこうむった。

戦争の傷痕は、いつの時代でも無残である。それは勝ったほうにもいえるし、もちろん負けた側ではいっそう深刻である。いくさのきっかけは、当事者や関係者にとっては、いかにもやむにやまれぬ理由があったかのように説明され主張される。またあのような破滅的行動をなぜ決意したのか、その意中を察すると、いずれもが勝利を確信し、いつも戦勝後の将来計画が理想化されて描かれていることを知る。それらはいずれも幻想に終ってしまうことが多いにもかかわらず、甘いロマンチックな夢想に強くとり憑かれるはてに非人道的なあやまちをあえて犯してしまうのである。後悔は先に立たず覆水は盆に還らない教訓を蹂躙してしまった苦悩にのたうち回り人生の悲哀をかこつものが、戦敗者のみでなく戦に勝ち誇る側からも少なからず出ていることは、平氏政権の末路を栄枯盛衰の仏教論理で説き尽くした『平家物語』をみるまでもなく明らかであろう。

いくさは対敵を伐り殺し打ち倒すところに最高の目的をおく。しかし、この殺戮行為はもっとも非人道的な暴力である。それは刃を交わす合戦の最中に意識され反省されることはない。けれども戦乱が収まり一個の人間となって残虐を回顧する時、単なる武勇譚でお茶をにごすことのできない深刻な罪障観が襲来してくる。そのために人生の無常を観じ武家の世を捨てて出家した勇士も少なからず存在した。熊谷蓮生坊などもその一人であるが、そういう事実が注目されて歴史に特記されるほどであったから、それが武士層にみられる一般的風潮だったとはいえないであろう。しかしながらそれにしても、戦争を罪悪視する反省がなされた事実は否定できない。

他人の栄達をねたみ、非人道的な手段で社会から葬ってしまう。そうした風潮は、いかなる時代の人の世にもみられる現象であるが、とくに平安時代の堂上公家たちの間で流行していた。その手段の一つに、のろい釘、のろい人形に訴える呪咀がある。平城京旧址や国衙跡の木簡発掘に伴って多くののろい人形が現れたことは、我々の関心を惹いた。これらがすべて貴族や律令官人たちの行為とみるわけにはいかない節があるとすると、この呪咀の風は平城京中など市井人のあいだでも広く行われていたと判断しなければならない。のろいを受けたという事実が明らかになれば、この呪咀を解くために加持祈禱が催される。恐れおののく公家たちは、高名な陰陽師の指示に従い、台密や東密の加持僧を招いて大々的な祓呪の祈禱法を行った。けれどもそうした資力のない民間では、遊行の聖《ひじり》や巫覡《ふげき》の徒に依頼する以外になかった。そして、この聖や巫《ふ》女《じょ》のミコやイチコが民間信仰の領域で果たす宗教的機能は、雪だるまのようにふくれあがっていったのである。

二

明らかに呪咀であることが歴然としている場合は、その対症手段に迷うことがない。ところが、それが表面化されないままに、巷間の風聞を誘うケースもある。こうなると対抗の方法がすぐにはとれない。思い悩むうちに世上のうわさはうわさをよび、それがプレッシャーとなって心理的にはにっちもさっちもいかない境地に追いこまれる。一種の神経衰弱の症状を呈するわけである。すると世俗では、もののけに憑かれたと判断する。もののけとは物の怪とも記され、人間に憑依して異常な精神状態へ落し入れる霊力をいい、具体的には怨みを抱く死霊とか悪鬼邪霊、妖怪変化の類をさす。しかし、このもののけがどういう理由で当人に依り憑いたか、また、いかなる実体であるか、どうやったら払い落すことができるかは、世俗人にはわからない。それはもっぱらシャーマンであるミコやイチコの呪術にたよらねばならない。そこで人々はミコやイチコの巫家を訪れて巫儀を依頼し、シャーマンの占断を仰ぐことになる。

『平家物語』には、遷都直後の福原で並びなき権勢をほこった平相国入道清盛が、このもののけに取り憑かれた話をのせている。原文で紹介してみよう。

物怪之沙汰

福原へ都を移されて後、平家の人々夢見も悪う、常は心噪《さわ》ぎのみして変化《へんげ》の者ども多かりけり。或る夜入道（清盛）の臥し給へる所に、一間にはゞかる程の物《もの》の面《おもて》いで来て、のぞき奉る。入道相国ちとも噪がず、ちやうとにらまへておはしければ、ただ消えに消え失せぬ。（中略）また或る朝、入道相国帳台よりいで、妻戸をおしひらいて、坪の内を見給へば、死人の髑 髏《しやれかうべ》どもが、幾らと云ふ数も知らず、庭にみちみちて、上になり下になり転び合ひ転び退き、端なるなかへ転び入り、なかなるは端へ出づ。おびたゞしうからめき合ひければ、入道相国、「人や有る人や有る」と召されけれども折節人も参らず。かくして髑髏《どくろ》どもが一つに固まりあひ、坪の内にはゞかる程に成りて、高さ十四、五丈も有るらんと覚ゆる山の如くに成りにけり。彼の一つの大頭に、生きたる人の眼の様に大の眼《まなこ》どもが千万いできて、入道相国をちやうとにらまへて、またゝきもせず。入道少しも噪がず、ちやうとにらまへて立たれたり。彼の大頭あまりに強く睨まれ奉り、霜露などの日に当りて消ゆる様に、跡かたもなく成りにけり。（岩波文庫本、下巻、一九〜二〇頁）

保元・平治の兵乱で勝利を博し、その権力にものをいわせて太政大臣の位にのぼり、飛ぶ鳥さえ射落すことのできる栄達をえた清盛も、幾たびかの合戦で無道の殺戮を思うままにやってのけた極悪の罪人である。その手にかかった亡霊がもののけとなり死人の髑髏と化して出現したのであろう。『平家』の作者は、かならずしもそのようにはっきりとは断定していない。むしろ襲いかかる髑髏を睨みかえし、瞬時にして霜露が太陽にあたって消え失せるように退散してしまったと記し、清盛の偉大な胆力を讃美しているふうにみえる。けれども、やがて熱病にかかり、「身の内の熱きこと火を焼くが如し。臥し給へる所、四、五間が内へ入るものは、熱さ堪へがたし。……比叡山より千手井の水を汲み下し石の船に湛《たゝ》へて……冷し給へば、水夥しう湧き上りて、程なく湯にぞ成りにける。……自ら中る水は、焔と成りて燃えければ、黒煙殿中に充ち満ちて、炎渦を巻いて上りけり(1)」という焦熱地獄の苦しみの末に他界してしまう。そのことを伏線において考えてみると、清盛の死がもののけの霊異と無関係だとはいえず、むしろ、そうした戦死者の亡霊が清盛の衰弱をみていっきに襲いかかり死期をはやめさせたというふうにみていたと解釈できよう。亡者の祟、もののけの霊威ほど恐ろしいものはなかったのである。

三

死後人間の霊魂は十万億土の他界に去り、やがて幾由旬をへたのちふたたび人間界に転生する。これが仏教の輪廻観であった。けれども日本民族が、往生思想と並んでこの輪廻観を、いささかも抵抗することなく受容しえたのは、それ自身の他界観と類同するところがきわめて多かったからであろう。そのことは日本人の死霊観・他界観を民俗行事から探ってみることによって明らかとなる。

イザナキノミコトが、死んだ妻の寝所を訪れたという日本神話に徴するまでもなく、わが国の民間では、死者は、死後も他界にあって生前とほぼ同様な生活をおくるものと観念していた。そのために、墓所の構造を生前の住居と同様のプランで構築し、ことあるごとに御供を墓前に献げることを遺族たちに忘れさせなかった。古墳時代の前方後円墳などはまさにその典型例といえよう。この伝統は、仏教伝来後、薄葬の風が一般化するにつれて小規模とはなったが、しかし中世の死者儀礼において、その根本観念は変わっていない。また仏教風の厨子から変化して祖先の位牌を安置し日夜念仏礼拝を励む仏壇の構造様式もまた、本質的には人間の住む家屋に擬《なぞ》らえて出現してきたものとみてよい(2)。

中世人の死霊観を明らかにするためには、死者の埋葬から死後供養の儀礼を検討しなければならないし、また墓所の規模構造などを確かめねばならない。しかし、まことに残念なことにその手がかりはほとんどないといっていいほどに少ない。もっとも堂上に名を連ねるほどの公家や、史上に名を残した武将、あるいは高名な仏閣の住僧などは、墓碑や墓誌を残している。しかしそれらの多くは仏教の影響を強く受けているので、それからでは伝統的な形態をうかがうことができない。その点に大きな発言力を持つ民間の資が、ほとんどわからないままにおかれているのは残念である。絵巻物や寺社の縁起絵図にこれを説明するものが若干ないことはない。たとえば河本本「餓鬼草子」のなかとか、十界図には断片的な図柄が見えている。しかしそれらにしても、著しく仏教的に潤飾されているのである。

わが中世における民衆が、およそどのような死霊観を持っていたかの実相は、現存の民俗を通して類推する以外に探索する方途はない。その若干を紹介してみよう。

一つは山中他界観である。わが国には、死後人間の霊魂が鎮まり籠もるといわれる霊山が各地にある。そのなかには紀州の高野山とか木曾の御岳《おんたけ》、東北地方では山形の立石寺、青森の岩木山・恐山など高名なものも少なくないが、近郷近在に知られる小規模の霊山は、とても数え尽くすことができないくらいに多い。人は死ぬと、かならずその霊が、これらの山々へ飛んで行く。それを死者の山参り、山行きなどとよぶ。そしていったん埋葬されたのちも、五七日忌か七七日忌に、もういちど近くの霊山へと登って鎮留する。伊勢神宮の所在地に近い朝熊山《あさまやま》などもその一つであるが、それを死者の「嶽《たけ》参り」とよんでいる(3)。つまり、こうした霊山が死霊の鎮留地であるとする考え方はまことに広く、なかには、そこへ位牌を安置したり、遺骨を分けて奉納するという風も強く、この傾向は中世においてもっとも流行したことが、高野山や朝熊山の例で知ることができる(4)。これらの霊山へ死者の霊魂を象徴する位牌・遺骨・頭髪・歯骨を奉納する風がたかまるにつれて、本山ではそれを収納する納骨堂・位牌堂などを建てて登拝者の願いを聞き、また信者の慰霊供養の熱願を充たすために供養塔碑を設けることとなった。高野の奥の院や朝熊山の金剛証寺の境内に林立する卒塔婆の群像には、霊山を他界とみ、そこに生きようとする亡者の執念の恐ろしさを、目《ま》のあたりにみる思いがする。

人間の霊魂は、死ぬとすぐに他界へ行くわけではない。四十九日は家の屋根に留まっているといって、四十九日の日限をつけたのは、仏教の中陰観によることは疑いなかろう。死の直後は、なかなか家を去ることができずあたりをさ迷うている。だからこの死霊にぶつかると、人はその霊気に触れてなにかと奇異なことが起る。人玉《ひとだま》の飛ぶのはその証拠で、どこへでも飛んで行ってとかく怪異を惹き起す原因をつくる。そこで、そうさせないように、遊霊を引き戻す鎮魂のための「魂呼《たまよ》ばい」を施行するのも、この時期である。要するに死後の霊魂はまだエネルギーがあり余っているのか一箇所にじっととどまっていない。まことに荒々しくなまなましい。まわりの人々はたえず戦々兢々としてその行方を見守っていなければならないのである。こうした霊威を持つ死霊の機能については、『沙石集』をはじめとする中世の説話集が多くの類例を集めて語っているし、お伽草子や寺社縁起のなかにも数多く収められている。

このような、いうならば荒魂《あらたま》ともみられ荒々しく立ち回る死霊のなかでも、もっとも人々の恐怖の的《まと》になるのは怨霊《おんりょう》であろう。怨霊の系譜を辿れば、呪咀の横行した古代にまで遡ることができる。のろわれて狂い死にしたものが、もののけとなって対手《あいて》を苦しめ悩ませる光景は、王朝文学の一つのジャンルを形づくるくらい多くの作品で描写されている。中世にはいっても、この傾向は盛んになりこそすれ、衰えるということはなかった。古代では、多くその題材が、堂上貴族の政権争奪の犠牲を対象に採られているせいか、妙に陰惨でしめっぽい。人間性の醜悪な面のみがいたずらに露呈しているように思われてならない。それに比べると中世の怨霊は戦争の犠牲者である。合戦は初めから勝つか負けるかいずれかの結着を予想している。だから負けて首をはねられる結果となってもじめじめしたところは少ない。いわんやいくさには戦死者がでるのは必然であり、それを覚悟しての出陣であるから、悲劇ではあってもしめっぽさはない。しかも中世の怨霊は、古代のようにあまり怨念を露骨に示さないので救われる。怨霊には陰惨なマイナス面のみがいたずらに強調されていていかにもきみ悪い存在となっているが、中世における戦死者の死霊は、死後の人々に供養されることによって逆にプラスの機能を現すという側面がある。ここに古代と中世との違いがあるように思われてならない。例を示すことにしよう。

四

南北朝の動乱を戦いぬいて政権の座についた足利尊氏が、戦後処理の政策として第一に着手したのは、安国寺利生塔の建立であった。安国寺というのは、聖武天皇の国分寺と同じように尊氏が六十余州にわたり毎州一寺ずつ建てた寺院であり、利生塔とは安国寺に付設した舎利塔婆のことであった。

尊氏によるこの企ては、本人自身の告白述懐が残っていないので、直接その本心を忖度《そんたく》することはできない。しかし、尊氏が全幅的な信頼をおいて帰依した夢窓国師の『夢中問答』や『夢窓録』によると、若干美化されているかもしれないけれども、以下のごとくみている。すなわち、

元弘以来国家大に乱る。賢懐を想料するに、奚《なん》ぞ恵を介する有らん。祇《た》だ是れ天災不虞に起り、人民を傷害すること尠《すくな》からず。舎宅を焚焼すること幾何ぞや。此悪縁に因りて、翻りて善願を発す。其善願とは所謂六十余州の内に毎州一基の塔婆を建つる者也。其旨趣たる敢て私家の為めに祈らんと欲するに非ず。仏法王法同時に盛興し、其回向亦自利の為に非ず、此方他方一切を済はんと欲す。

というのである。尊氏の信仰を分析された仏教史学者の辻善之助は、安国寺利生塔建立の理由を、一つには、安国寺によって足利氏の勢力範囲を拡張しようと意図したこと、第二は領内の人心を鎮撫するための必要から企てたこと、第三には安国寺を軍隊の駐屯所とする軍略的効果をねらったことなどにも求めることができ

る。けれども、もっとも重要なポイントは、戦死者の亡魂を弔う点にあったとしている。(5) まことにもっともな結論だといえるが、私がさらに敷衍して強調したいのは、敵方つまり南朝方の戦死者の亡霊を供養回向するための企てであったという点である。しかもこれは、尊氏が夢窓国師からの影響をうけて仏教に帰依したためであるというのが辻善之助の結論であるけれども、私は、当時の民間に根強くはたらいていた御霊《ごりょう》信仰に因由するものではないかと考えるものである。

最近は、歴史上の事件を怨霊やシャーマニズムで解釈する風が大流行で、法隆寺の建立を蘇我氏に疎外された聖徳太子とその遺族の怨霊を封じこめるためだとする梅原猛氏の新説が、世の関心を集めている。こうした作業仮説から歴史を再検討することは、きわめて大切で、今後の発表を期待したい。ただ梅原氏がそうであるというわけではないけれども、一般に怨霊と御霊とが混同されているのは遺憾な風潮だと思う。怨霊は王朝時代のそれが典型的に示しているように、亡霊の怨念が晴らされることを前提として回向供養されるように計られている。菅原道真の怨霊を晴らすために北野神社が創建された例が、もっともよくそのことを示している。けれども御霊というのは、それとは違う。すなわち怨霊の霊威がますます盛んとなり強くなるのは前者と同じだが、その力によって民衆に禍厄災害をもたらす原因のことごとくを祓除することができると考える。そうした霊的存在がすなわち御霊なのである。だから怨霊観念では怨念の強いことが人々にとってたいへん困ることになる。けれども、御霊信仰においては、怨念の霊威が強ければ強いほど効力があるのだから、いっそう人々の信仰を獲得する対象となることができる。私は古代信仰のなかでは怨霊が問題となるけれども、中世で注目されたのは御霊ではなかったかと考えている。尊氏の安国寺利生塔は、まさにこの御霊信仰的発想に基づくものではないだろうか。

五

これだけの説明では、あまりにも唐突の感を免れないであろうから、若干の補記を加えてみよう。

これは少し卑近すぎるので適例とはいえないかもしれないが、無類の盗賊で有名な石川五右衛門の墓には貴重な財物を紛失したとか強盗に入られた家のものの参詣がたえないそうである。盗賊に対し、こともあろうに紛失物の発見を期待して祈念をかけるなど愚の骨頂といえなくはない。けれども、参詣者の心情としては、彼に御霊的霊威を期待しているのである。つまり御霊信仰の成立を基盤に派生してきた民間信仰なのである。こういう一見矛盾した信仰の反転的表出が御霊信仰のなかに包まれていることを無視してはならないというべきであろう。

こうした御霊の霊威を現世の信仰事実に含みこむ方向は、その後もいっそう深まり、戦国合戦の場合でも各地にみられることになった。私の調査した四国地方の山間部落では、新しく勃興した戦国大名の長宗我部氏とか蜂須賀氏の侵入によって、討伐の憂き目をみた在地の中世的土豪の悲話が語られている。そして、その際に非業な戦死をとげた武者の墳墓と称する五輪塔が各所に残っている。(6) それが御霊さまとよばれ、地域社会住民の帰依をうけているけれども、多くはその御霊の霊威によって農作物を傷つける多くの病虫害が駆除されるものと観念している。あるいはまた旱天に慈雨を求める雨乞い祈願の対象として崇敬されている。かつては恐ろしい怨霊であったものが、まことに見事な転進を示したというべきであろう。あるいは、素速い変身だとすべきであろうか。いかなるものでも、ことごとくとって自らの血となし肉となす。これが、民衆のなかで培われてきた大きな信仰的支柱であった。つまり、そうした現世利益的中世民衆の生き方が、大きく死霊観を彩っていたといえるのである。こうして、古代の呪咀やもののけから転進した中世的怨霊、そして謡曲「船弁慶」にみられる知盛の亡霊など文芸の世界で描かれる霊魂観と、民間で示される御霊信仰に基づく霊魂観と、この三つの場合を総観して、もう少し掘り下げて考える段階に到達したことだけは肯定してもらえそうである。

注

（1）岩波文庫本、下巻、巻第六、六五頁、入道死去。
（2）平山敏治郎「神棚と仏壇」（『史林』三二―二）参照。
（3）拙稿「山中他界観の成立と展開」（『日本歴史』二四九号、後に『櫻井徳太郎著作集』第四巻、吉川弘文館、所収）参照。
（4）五来重『高野聖』角川書店、昭和四十年。
（5）辻善之助「足利尊氏の信仰」（『日本仏教史之研究』大正八年、金港堂、所収）。
（6）拙著『民間信仰』塙書房（昭和四十一年）五〇～五七頁。

幽霊の条件

池田弥三郎

一

『今昔物語集』の巻頭二十七、「本朝附霊鬼」とした巻には、四十五の怪異譚が集められている。その四十五篇は、編者なりの類別によって排列してはあるが、まだ、後世に到って「幽霊」として仕分けられるものについて、明確な、区別の認知は、自覚されてはいない。しかし、排列の順にみていくと、彼と此との小異に注目しながら、個々の説話の展開を試みようとしている意図が伺われる。

第一話は、「霊の出現する場所とその原因」とを語って、「場所に執する霊」についていう。その「三条の東の洞院の鬼殿の霊」の話は、その場所に、松の大木があり、その蔭に雷雨を避けた男が、馬もろともに雷にうたれて非業の死を遂げ、そのままそこの「霊」となって、今に到っているために、その場所には、しばしば「よからぬ」ことがある、という話である。

原因は、人の、横ざまなる死であって、それが、「霊」となったのであるが、その「人」が誰なるかは伝えず、また「よからぬ」ことに際会した人達も、特定の誰彼ではなく、不特定多数の人達である。

ところが、第二話になると、「場所に執する霊」も、その霊の出現に遭遇する人も、ともに、固有名詞を伝えられている。すなわち、「川原の院の融の左大臣の霊を宇陀の院のあらわし給える」話である。

川原の院は、左大臣源融が造営した建物であったが、その子孫が、宇多天皇に献上した。宇多天皇がその院に住んでおられた時、「夜半ばかり」に、正装した人物が、衣ずれの音をさせて現われた。天皇は「融の大臣か」と、その正体を見破って「自分はここをお前の子孫にゆずられた、正当の主である」ことを告げて、高声に叱したために、その「霊」は、かき消すように消え失せた、という伝えである。別の書物(江談抄)では、もう少し手がこんでいて、そこには女御もおられたが、融が天皇の御腰に抱きついたため、御息所は「半死失顔色」と伝えている。

第二話に進んで来ると、特定の場所に出現した「霊」が、故人の源融であり、その出現の「時」が「夜半ばかり」であったことを記している。そして、宇多天皇との間に、

彼は何人ぞ。

此の家の主に候う翁なり。

融の大臣か。

さに候う。

という問答がかわされている。出現して、ただちに融の大臣と認知されたわけではない。しかし、ともかくも、この場合は、相手が宇多天皇であるから、融は現われて、川原の院の専有を主張したのである。

しかし、まだこの「霊」は、後の幽霊として分類するわけにはいかない。それは、第一話に続いて、まだ、出現の場所が、特定の場所に限られているからである。

出現する場所の制約を受けずに、特定の故人が特定の人に対して出現する話は、『今昔物語集』では、第二十五「女、死せる夫の来たりしを見たる」話である。

相思相愛の夫婦が、三年ほどの後に、夫が病死してしまった。女は、亡き夫を慕い、再婚もしないで過していたが、三年目の秋、ある夜、ことに恋い焦れて、泣き臥していたところが、生前、笛をたくみに吹いていた夫の、その笛によく似た音が遠くから聞えて来た。女は、亡き夫の笛の音に、よく似ているとなつかしんでいると、それが次第に近付いて来て、女のいる部屋のそとまで来て、「ここを開けよ」という。それがまさしく昔の夫の声だったので、女はこわごわのぞいてみると、夫が「現にありて、立てり」、つまり、現実の姿をして、そこに立っていた。男は「有りし様」であったが、あの世のものとおぼしく、からだから、煙が立っていた。あれほど恋しがっていた女ではあったが、この姿を見て、怖しさに一言も口をきかなかった。男は「あまり恋いしがっているから、しばしの暇を願って、折角やって来たのだが、無理もない」と言って、かき消すように消え失せてしまった。物語を伝えた編者は末尾に言う。

これを思うに、人死にたれども、かく、現にも見ゆるものなりとなん、語り伝えたるとや。

原文に「現に」とあるのは、「うつつに」とも、「あらはに」とも読めるが、ともかく「現」という字で表そうとしたのは、ありし昔の世の姿で、そこに出現したわけであって、女は一目で、昔の夫であることがわかる姿であったのである。その上、その予告のごとくに笛の音を聞かせ、続いて、声も昔のままに、言いかけている。

この、第二十五話の「男」の出現によって、ほぼ、幽霊の条件は、整ったとみていいであろう。

二

しかし、われわれの常識にある「幽霊」の出現する前には、少なくとも、もう一つ、段階がある。それは、目に見える姿は、ありし世の姿ではなく、しかも明らかにその人であるものの出現である。それは、「霊」が出現するのに、他人のからだを借用するかたちである。たとえば、六条の御息所の生霊が、葵の上に憑り付く、というかたちである。

光源氏が現実にそこに見ているのは、葵の上である。しかし、その口を借りて、わたしがここにこうして来たのはと、その目的を語る声は、六条の御息所その人の声である。しかも、六条の御息所の生霊は、やすやすとは自分の素性を語らない。執念深いもののけとして、じっとしじまを守って、口を割らないのである。これは、精霊の条件であって、幽霊の条件ではない。

ただし、文学が、その素材として取り上げたところに注意すべき点がある。

一体、特定の場所に出現するということが条件である霊と、特定の人を目指して出現することが条件である霊とは、分けて考えるべきで、前者をもって「妖怪」とし、後者をもって「幽霊」とするのが、わたしの大ざっぱな分類であるが、この条件のために、妖怪は、民俗的色彩が濃く、幽霊はむしろ文芸的特色を厚く持って来る。つまり、人間関係が、その条件の中に持ち込まれて来るということは、幽霊に、文芸の世界での活躍を、一段といちじるしくさせるのである。特定の個人が特定の個人に会うことを目的として出現するのだから、その「目的」が、条件として説かれなければならないわけで、その点が、妖怪と違って、文学的に深入りしていかせることになるわけだ。

六条の御息所の生霊の出現は、まだ、幽霊として出現するのではないが、それは、古代の霊魂信仰の方に、より近いところにいるためであって、目的は、後の幽霊の条件に近付いている。

ただし、御息所は、もともと霊魂の遊離し易い人物であり、またその発動も、文学的であって、実は、出現の理由が、ルールにははずれている。というのは、御息所が葵の上に対して深い恨みを持ち、ついにこれを取り殺すに到るのは、車の所争いに原因がある。しかし、車の所争いで、御息所が散々な目に会うのは、実は、前妻（こなみ）の後妻（うはなり）に対する仕打ちであり、つまりこれは、うわなりが当然受けなければならぬ「うわなり打ち」であって、女の生活のルールとしては、甘んじて受けなければならないことなのであった。だから、それを恨みに思って、こなみである葵の上をとり殺すのは、ルールにはずれているわけで、またそこが、源氏の作者による小説化、物語化だと言っていい。後世の、小泉八雲の「破約」などは、明らかに、あの世におけるこなみの、この世におけるうわなりに対する行動として、これを虐殺するのであって、その限りにおいては、ルールをはずれていない。

『雨月物語』の「吉備津の釜」になると、こなみである磯良は、うわなりである袖をとり殺し、さらに、自分を裏切った夫の正太郎をもとり殺している。秋成は、日本流のうわなり打ちを描き、さらにそれから一歩進んで夫にまで、恨みを向けさせている。これも、小説の、ルール逸脱と言えば言えるのである。

『源氏物語』の「夕顔」の巻の怪異も、もとは、川原の院の源融の霊の出現と同類であって、「このわたり近きなにがしの院」の、建物にいる霊の仕わざであって、このなにがしの院は、読者の知識では、おそらく川原の院であって、源融ばかりでなく、いくつかの、霊の発動が伝えられている。だから、怪異譚のたねとしては、『伊勢物語』の芥川の段の話と同じで、人の住まぬ所にいる霊の発動とみるべきだろう。

そういう霊の発動の一つのきっかけは、言いがかりをつけて、自分が呼ばれたから、というわけで出て来るのだが、夕顔の女をとり殺す霊は、光源氏が、少しのおそれ気もなく、気うとくもなりにける所かな。さりとも鬼なども、我をば見免してむ。

などと、寝た子をさますようなことを言ったことから、出現してくるのである。

ただ、物語の作者は、この夕顔の女の横死という、同類の話の多い事件を、光源氏の経験として、『源氏物語』の中にとり入れる時に、小説化する努力をして、この霊が、いかにも六条の御息所の生霊であるかのごとくに思わせようとして、「夕顔」の巻を、

六条わたりの御忍び歩きの頃、

と書き出し、怪異の起る直前に、光源氏をして、御息所を思い出させ、夕顔の女と比べての批評などを、させているのである。だから、物語の段取りとしては、いかにも御息所であって、

おのがいとめでたしと見奉るをば、尋ねも思おさで、かく、異なることなき人をいておわして時めかし給うこそ、いとめざましく辛けれ。

と、出現した女に言わせているのである。

しかし、夕顔の女をとり殺す女が、六条の御息所であったとしても、光源氏自身は、全くそうとは思っていない。そして、四十九日の法要をすました又の夜に、かのなにがしの院を夢にみて、

荒れたりし所に住みけむものの、我に見入れけむ便りに、かくなりぬる事、

と理解している。だから、六条の御息所だったとしても、これでは完全に空振りであって、幽霊の条件は、整ってはいないのである。

しかし、霊の発動が、次第に人を目指して出現するようになってくる道筋は明らかであって、文学作者の参加によって、民俗的事象は、次第に、文芸類の中に、幽霊を確立して来る。

三

日本の幽霊が、あの世からこの世へ、ありし世の姿で出現してくる、という、ふしぎな力を持っていながら、伝えられた幽霊は、同時に、ふしぎな盲点を持っている。それは、目指す相手の居処に、直進しないのである。そればかりか、途上に佇立して、通りすがりの人に、道を聞くのである。

道を聞く幽霊は、すでに、『今昔物語集』に現われる。ただしそれは、幽霊というよりも、まだ、「生霊」として扱われているが、ほとんど幽霊とみていい、と思う。第二十「近江の国の生霊、京に来たりて人を殺せる」話である。

東国へ下ろうとして、まだ暗いうちに京を出ようとした男が、道で、女が一人で立っているのに会った。男は、その女が、民部の大夫なにがしの家はどこか御存知ないか、そこへ行こうと思うのだが、という女の頼みに任せて、送って行ってやる。すると女はその門前で、自分は近江の国のしかじかという処だ、是非立ち寄ってくれと礼を言って、かき消すように消え失せてしまった。すると急に家の中がさわがしくなって、変事が起ったらしい。聞いてみると、近江の国にいる、この家の主人の女房が生霊になって現れて、主人をとり殺した、ということだった。男が道を聞かれて案内してやったのは、その、生霊だったわけだ。

この話の生霊が、どうして、近江の国から京にまで来るだけの能力がありながら、京の中で、道を聞かなければ目指すところへ行かれないのか、理由がわからない。かすかな説明のヒントになると思えるのは、日本の神の出現の様子をみると、遠所から来たった神は、まっすぐに目的地に行かず、まず、中継地に現われて、そこからあらためて、本命の場所へ行く形をとっていることだ。こういう、ルールがあって、道を聞く幽霊の出現ということになったのかも知れぬ。

この、一つクッションのある幽霊の条件が、文芸類で利用されて、恨みを晴らすのに、意外に手間どったり、わざわざ、乗り物に乗って、目的地に到達したり、することになったりしている。すぐに、とり殺してしまったりしては、芝居なども簡単にすんでしまうわけだが、江戸時代の、あくどい怪異もの、幽霊譚には、こういう幽霊の条件が、たくみに生かされていることになる。『水木辰之助餞振舞《たちぶるまい》』の、有馬のお藤の幽霊などは、この世の恨みを晴そうとして出て来るのだが、始めは、自分を殺させた者を、だまされて信じこんで、違う人間にたたるのである。幽霊も、決して超能力ではなく、あとで真相がわかって、ほんとうの恨みの相手に立ち向うことになりはするが、なんとも、間の抜けた幽霊である。

近世の文芸類に達してからの幽霊には、たとえば、足がないとか、丑三つ時に出現するとか、柳のかげに出るとか、井戸から出て来るとか、夏、あるいは初秋の出現とか、いろいろの条件らしいものが数えられる。初秋の出現というのは、夏秋の季節の交替期は、特に霊魂の浮動する時であり、また、亡き人の魂の迎えられる盆の折でもあるから、出現し易かったのであろうが、必ずしも、百パーセンツの条件ではない。『仮名手本忠臣蔵』の二番目ものとして書かれた『東海道四谷怪談』では、忠臣蔵が、一年間にわたる推移であるのに平行して、蛇山の庵室の場面は、始めは雪景色であった。冬にもお岩の幽霊は出現したのであった。しかも、雪の上に、点々と血の足あとを残していくのだから、足もあるのである。『牡丹燈籠』の幽霊が、カランコロンと、げたの足音をたてるのは、やはり、足があったわけだが、あるいは、幽霊には足がないということになったのは、絵画の影響かもしれぬ。同時に、ひとだまのとんで行く様子が重なって来たのかもしれぬ。

井戸は、もともと、異界との通路であって、正体を表した河童が、井戸にとびこんで、水界に帰って行ったりするから、幽霊の出現の出入口になったのであろう。

柳が、その道具立ての一つになったのは、おそらく、しだれた枝の微細な動きに、魂の発動をみたからだったかもしれぬ。そうなると、しだれ桜などでもいいわけだが、条件としてきまって来るためには、発生理由のほかに、時代の好みも働きかけただろうと思う。末々の幽霊に至っては、多くの理由が働きかけていて、発生論だけでは片付くまいと思われる。

幽霊は、もう恐怖の対象とはならなくなってしまったような現代である。しかし、過去の日本人が、「ある」と思い、「出る」と考えていたことは、われわれの問題になる。それに「条件」があるところに、おのずから、怪異に対する、日本の民族的な偏向、傾向が辿れるはずである。

幽霊、出現の意味と構造

安永寿延

人間は死ぬことのできる存在である。それはとりもなおさず、人が希望だけでなく絶望をも享受しうるように、生を享受するだけでなく死をも享受しうることを意味している。だが、生を享受できないものは死をも享受できない。人はしばしば死でもって生を飾ろうとする。だが、生で死を飾れなかったものが、死で生を飾れるはずがない。死を享受できないものには、死を了解することなどできはしない。つまりは死んでも死にきれないのだ。だからこそ、宗教は葬送の儀礼を、人が〝第二の生〟を生きるための通過儀礼とみなし、〝第一の生〟の不遇と〝第二の生〟の豊かさとが交換可能だと説いた。こうして死者がみずからその死の意味を解読し、了解可能として受けいれるなら、そこではじめて死者は死の世界を獲得し、そこに安息を見出す。

それにもかかわらず、死者が依然としてみずからの死を了解不能として強い拒否反応をしめしつづけるとき、死者は生きることはもちろん、死にきることもできないままに、生と死の境界をいつまでもさまよいつづける。死者が一方で不本意に生を奪われ、よみがえる可能性を断たれながら、しかも死者の世界にも定住の場をもちえないままに、此岸と彼岸の境界を無重力的にさまようとき、死者は幽霊となる。幽霊という名は幽界の霊という意味であるが、実は幽霊は幽・明両界の境界的存在なのである。それは単に生を奪われ、生きることを断念させられた存在であるだけでなく、死からも疎外された存在なのである。その出現そのものが、したがって生と死の二つの世界に対する呪いの表明なのである。幽霊は自分を受けいれない死の世界に対しても同時に抗議しているのだ。生者はとかく幽霊を自分の生の世界に引きつけて理解しがちだし、幽霊の方も生者にわかりやすく、もっぱら魂魄この世に留まっていることを強調しようとするが、そもそも幽界の霊が明界へ留まっているというのは矛盾している。この矛盾は幽霊自身の矛盾というより、生者の誤解に発している。幽霊は死に魅せられながら生にあこがれ、生に魅せられながら死にあこがれる。幽霊は幽・明両界に二重国籍をもっているのではなく、厳密にいうなら生者でも死者でもない「無国籍者」なのだ。幽・明の境界は死者にとってけっして住心地のいいところではない。無国籍者の悲しみは国籍をもっているものには容易に理解しがたいものである。

　幽霊は過去の存在でありながら、つねに現在の表層へとはいあがろうとする。それは生者による死せる者の忘却に対する、死者の側からする懸命の抗議であるだけでなく、とかく過去を美しいヴェールでよそおいがちな生者への、死者による絶望的な反撃である。幽霊の出現は、生者が直接間接に、なんらかの形で他者である死者への加害者性によって生きのびていることを生者に悟らせ、たとえ無意識、無自覚であろうとも、他者を踏みつけにし、傷つけてきた罪を生者に気づかせ、罪に脅かせる方法であった。とくに身分制社会では強者によって葬りさられた弱者の抵抗であるとともに、さまざまの葛藤に敗れさった弱者の反乱であった。

　幽霊はたしかに生者とその世界に対する復讐の鬼である。だからといって、幽霊を単に怨念や妄執の系譜のなかでのみとらえるのは、それを不当に矮小化するものである。幽霊出現の直接的動機は怨念にはちがいない。だが、それをきっかけとして、生者のえがく明るく美しい過去、あるいは過去への憧憬に対して、それは黒い醜い過去、過去への嫌悪を対置する。幽霊は過去しかもちえず、現在を「喪失」しているにもかかわらず、回想のなかにひたるべき過去をもちあわせない。彼らにとって過去はけっして安住の場ではなく、むしろいとわしいものである。幽霊は過去からも疎外された存在なのである。彼らは過去と現在の、いわば虚実皮膜の間を身をすぼめて生きている。

人は多かれ少なかれ過去の履歴を背負って生きざるをえないが、その履歴のどうしようもないほどの重みに気づかせ、生者がその重みをいかに主観的、恣意的に切りすてたつもりでも、所詮それから逃れられないことをいや応なしに自覚させるために、ユダヤ・キリスト教は「原罪」という観念によって、仏教は「業」という観念によって、その重みをいわば類的に表現した。それに対して、幽霊は個別的、特殊的にその重みを生者につきつける。かつて死者と生者の間には、定期的ないし特定の交流すべき通路というものがあった。たとえば盂蘭盆会やイタコの口寄せなどがそれである。それは一定の形式や手続きでもって生者と死者が交流するものである。それに対して幽霊の出現は、このような固有のチャンネルからはみでた死者の、生者に対する一方的な交渉の要求である。加害者としての生者は被害者としての死者との交渉を望まないからこそ、その死者はあえて幽霊という視覚的な姿をとって不意に生者の前に立ち現われ、本来的な敵対関係を視覚化させる。そして現在を「所有」している生者が、死者のいまわしい過去を共有することを求める。そこにはしばしば死者のどす黒い怨恨が秘められているとしても、それは単なる復讐でもうっぷん晴らしでもない。生者の現在を共有できない死者の、悲しみをこめたせい一杯のコミュニケーション行為である。幽霊の呪いは最初から無縁なものにおよぶことはない。それは逆に、かつて有縁であったものが、最大のディスコミュニケーションである殺害や、生前すでに社会的死を強要されたことにより、一方的に無縁化され、他者化されたことに対して行う、コミュニケーション回復の試みである。

だからとにかく、幽霊は人前に現前し、見られなければ、その出現の意味がない。古来その出現の仕方には大凡のきまりがあると信じられている。柳田国男は「妖怪談義」（昭和三十一年）で、お化け（妖怪）と幽霊を区別して、前者は場所がきまっていて時刻は不明、後者は場所が不定で時刻が一定しているとしている。その後の研究は「実例」によってこの規定に疑問を投げかけているが、それは柳田の規定があくまで一般的なものであって、妖怪と幽霊の境界がかならずしも絶対的ではなく、時に両者のうちの一方が他の属性を取りいれることもありうることを意味しているのであろう。

幽霊が現われるのはふつう「草木も眠る丑みつ時」（午前二時ないし三時ごろ）であり、深夜というより、夜の最後であるアカトキ（暁）に近い（もちろん白昼堂々と現われる場合もないわけではないが）。お化けがいわゆる逢魔《おうま》が刻《どき》、つまり夕暮れ時に現われるのと、いかにも対照的である。柳田によれば、今では夕暮れ（黄昏）を意味する「誰そ彼」とか「彼は誰」といった言葉は、本来は化けものに対する警戒の意を含んでいたという。夜の始まりをつげる薄明のなかで動くなにかの気配に対して声をかけ、応答があれば人間、そうでなければあやしげなものとして対処しなければならなかったからである。要するに、タソカレという言葉は、自己と他者との間の合言葉であったというわけだ。

「源氏物語」の夕顔をとり殺す物の怪（生霊）は、人びとが寝入ったばかりの「宵過ぐるほど」に現われている。地上を制圧する光の力が衰え始め、一方、一日の活動を終えて身体が疲労し、魂を抑制する力が弱まり始めたとき、物の怪は現われる。もともとモノとは、死者の住む地下の「根の国」からぞろぞろ這いだして、人間に災いをもたらす妖鬼ないし霊鬼のことである。また、ワザハヒというのも、そのようなモノのなせるシワザが大地を這うようにして無気味に広がっていくことをいう。モノは闇のなかに生息する。ムソルグスキーの「禿山の一夜」では、闇を謳歌し、乱舞する魔物たちが夜明けの合図とともに一斉に退散するが、「ファウスト」のワルプルギスの夜の饗宴も同様だ。日本のモノも光には耐えられない。逆に朝日は人びとの身体に新たなエネルギーを補給する。伝統的に旭日昇天の勢いに対する根強い信仰があるが、朝は身体的エネルギーのもっとも充足した時とされている。

したがって、古代においては一日の始まりは夕方でも真夜中でもなく、夜明け、つまり寅の刻（午前四時ごろ）であった。この時刻は人びとの起床の時でもあれば、ときには労働開始の時刻であることもあった。大化三年（六四七年）の詔によれば、実際に守られたかどうかは別として、官吏は寅の刻の合図とともに宮門にはいらねばならなかった。そうなると丑の刻はむしろ夜の最後であるだけでなく、前日の大詰めであり、一日のエネルギーのもっとも衰弱した時刻となる。古代人が夢を見るのは概してこのころと信じられており、幽霊出現の時刻とほぼ対応している。妖怪が出現する時刻と、幽霊が出現する時刻は、夜の両端に位置している。前者は一日の人間活動の余燼がまだくすぶっているころであるのに対して、後者は万物が寝静まり、すべての運動が静止したころである。それは両者の活力の差にも関係するが、物の怪のなかの霊格の差によるのであり、死霊はいわば真打ちとして夜の最後に登場するのだ。だが、歴史的に見るなら、幽霊の出現は必ずしも早くない。

生霊ではなく死霊としての幽霊は古代末期から現われる。もっとも幽霊の原像はすでに神話の世界にも認められる。イザナミは火神を生んで死んだが、夫イザナギは彼女を忘れがたく、黄泉《よみ》の国を訪れる。しかし覗見のタブーを破ったために彼女の怒りを買い、追跡を受けるが、黄泉比良坂《ヨモツヒラサカ》をふさいで辛じて難を逃れる。この場合、彼女はまだ死の世界の戸籍にはいってなく、アラキまたはモガリという、過渡的な仮の宿にあり、生死の境界に位置していたのである。これはまだモノとしての面影をとどめている。これが古代末期の物の怪へ至ると、鬼（妖怪）と生霊と死霊に分化する。妖怪は可視的であるのに対して、「源氏」に登場する六条御息所の生霊も死霊も直接生者の眼には見えない。御息所の生霊が葵上にとりついたことは、葵上の口を借りて語られる声とけはいによって察せられる。生霊は見るものではなく聞くものである。むしろ身体的に感じるものである。古代人は不可視の存在を「声とけはい」だけでひたすら信じた。

　御息所の死霊は紫上にとりつくが、物の怪を調伏しようとする験者の伴う小童の「依座《よりまし》」にのり移り、その姿を借りて現われる。源氏は、ほんとうに御息所なのか、しばしばたちのよくない狐が亡き人にとって不名誉なことをいいだすものだ、と一度は疑い、「人の知らざらん事の、心にしるく思ひ出でられぬべからんことをいへ。さてなむ、いささかにても信ずべき」という。自分だけに心当りのあることをいってみよ、そうすれば御息所の物の怪であることをいくぶんなりとも信じよう、というのだ。それに対して、御息所は「我が身こそあらぬさまなれ、それながら、空おぼれする君は君なり、いとつらし」といって泣き叫ぶ。わたしの姿・形はあさましく変ってしまったのに、あなたはすっとぼけるところなど、ちっともお変りになってない、くやしい、といったところだ。「今とここ」を生きる生者と、過去から今を見つめる死者との間の距離は日々広がるばかりであり、その間を冷えきった情感が吹きぬける。そこにはどうしようもないすれちがいや断絶がある。

　それにしても、御息所の生霊が夕顔や葵上をとり殺すのは、彼女たちへの直接の怨念からではなく、源氏を慕うのあまりひとりでに魂が遊離してライバルにとりついてしまうのだ。それにくらべるなら、死霊の方は、紫上に死ぬほどの苦しみをあたえながらも、直接怨念の炎で焼き殺すほどの力をもたない。「栄華物語」の堀川左大臣顕光とその娘の死霊も同じだ。病人の枕元で不吉なことをわめきちらすだけである。ところが中世にはいると、死霊はかつてのように依座《よりまし》に頼るという、まどろこしい方法をとらずに、直接見える存在として人びとの前に立ち現われる。死霊は御息所の系譜につらなるだけでなく、妖怪の可視性という様態をも手に入れるとともに、生霊から覇権を奪う。中世こそは幽霊誕生の場であるとともに、それが猖獗をきわめる時代である。「太平記」の新田義興の亡霊はすさまじい。この主題が軸となり、のちに平賀源内により浄瑠璃「神霊矢口渡」として劇化されたのは周知の通りである。古代末期にはかなり遠慮がちであった怨霊が中世とともに「解放」される。中世以後人びとは幽霊をその眼で見る。あるいは中世人は幽霊を見ることのできる存在である。

　聞こえる幽霊から見える幽霊へとその姿態が転換されたとき、その視覚的背景のなかに類型的に組みこまれたのが、川辺の柳であるように見える。だが、中世の幽霊はまだ柳をともなわない。オフェリアは柳の木の下の小川に転落して溺死した。そこでは柳と水が死のイメージと結びついている。それに反して日本の柳は必ずしもつねに暗いイメージと結合していたわけではない。古代の乙女が「青柳のはらう川門《かわと》に汝《な》を待つと清水《せみど》は汲まず立処《たちど》ならすも」（万葉、巻一四、三五四六）とうたい、古代末期に「道の辺に清水流るる柳蔭暫しとてこそ立ちどまりつれ」と西行がよんだときまでは、たしかにまだ柳はきらめく生の光につつまれていた。のちの民間伝承の世界では柳だけが特別あつかいされた形跡はない。だが古代ではどうやら特殊な木と見られていたようだ。「青柳の上枝《ほつえ》をよぢ取りかづらくは君が屋戸《やと》にし千年寿《ほ》ぐとぞ」（万葉、巻一九、四二八九）柳の枝さきを折ってかづらにするのは、あなたの家の末長い繁栄をお祝いするためだ、といわれているように、柳はきわめて縁起のいい植物である。ここでとりあげられたヤナギは概して楊（カワヤナギ）であって、柳（シダレヤナギ）ではない。楊は成長が早いことと、水の存在を予知させるという意味から、その活性にある種の力（マナ）が認められていた。女の子は三月三日に葉のついた柳の小枝を髪にさしてカヅラとし、また新年の雑煮箸には柳箸をつかう。あるいは柳の枝を刺し木にすればつきやすい。古来田の畔には柳を刺し木して、稲の根のつき方を占った。そこから転じて恋占いにも利用される。「小山田の池の堤に刺す楊成りも成らずも汝と二人はも」（万葉、巻一四、三四九二）ここではむしろ、楊の占いの吉凶に関係なく、あくまで二人の力で恋を成就させようとする決意がのべられているが、とにかく楊の呪力に対する信仰が「遊行柳」の伝説を生むことはあっても、それが死や闇と結びついてはいない。もっとも、風にそよぐしだれ柳の方は、一面では頼りないもののたとえに使われながらも（「大和物語」）、また一面では、ふつうの木とちがって枝が下にたれるところが、しだれ桜とともに神秘性を認められていた。しだれ柳が近世的幽霊の場のシンボルとなったのは、このような性格とともに、やはり衰えつつある幽霊が柳に秘められた活力に支えられてまでこの世に出現しようとする、懸命の努力のあらわれであろう。

　むしろ柳は水の精とみなされていたのかもしれない。水は洋の東西を問わず、原始以来死と再生のシンボルであった。この両義性が序々に解体し、分裂して、適宜一方だけの意味を荷うようになる。「道成寺」の清姫は川を渡るさいに、死と再生のシンボルであるとともに水のシンボルである蛟体と化す。彼女は安珍をとり殺したのち、ある伝承では入江に入水して果てる。その清姫も謡曲では成仏しきれない怨霊として現われるが、まだ水は死と夜を結びつける媒体ではない。これが近世になると、「番町皿屋敷」のお菊の亡霊は夜陰に水をしたたらせて現われる。もっとも、謡曲「舟弁慶」では、「一門の月卿《げつけい》（公卿）雲霞の如く、波に浮みて見えたるぞや」といわれているように、知盛を始めとする平家の亡霊が夕波のなかから嵐を呼びおこしながら、集団的に義経主従におそいかかる。夕暮であるところが、いかにも妖怪的であるが、ここですでに夜と水が重要なイメージをつくりあげている。近世ではこのような水の荒々しさが去勢されておとなしくなり、水は一層緊密に死と夜を結びつける。ここに至っておそらく柳もまた死と夜を結合する役割を果すようになったのであろう。いずれにしても、しだれ柳は女性の長い黒髪を連想させるだけでなく、近世的幽霊を総じて女性化させる。

近代以後、幽霊はその魔性の多くを失った。必ずしも幽霊出現の必然性がなくなってしまったわけではない。だが、闇は追放され、人間の死が散文化されて、幽霊の出現する条件が悪くなる。前近代における幽霊の出現は、死者と生者の間の一つのコミュニケーションの方法であった。幽霊は出現それ自体によって問いかけを行い、生者は恐怖におののきながら、それを解読しようと努めた。それが可能であったのは、生者が現世から死者の問いかけを受けとめるのではなく、死後の世界に踏みこみ、死者の側から死者のコトバを読もうとしたからである。生者から見れば幽霊はおおむね悪霊だ。にもかかわらず、それがとりつかれている懊悩や妄執にもとづく出現の論理を人びとが理解していた、というより、そのメカニズムが人びとには見えていた。ところが近代以後、この構造やメカニズムが解体し、生者は現世から死者のコトバを一方的、一面的に受けとめるだけだ。あまつさえ、過去の亡霊を生者に都合よく呼びだし、利用しようとさえする。さらに、人間と自然の間のリズムがくずれ、自然が拡散したり、政治や社会による間接殺人が日常化して、死者はその恨みをむける直接の対象を見失うために、近代的幽霊はしばしば混迷し、場ちがいを演ずる。こうして幽霊の不幸が始まる。

幽霊は人間への問いかけによって、人間の心に秘められ、自分でも気づかない深部のどす黒いみにくさや不正を透視し、糾弾する。それをいかに精神の闇のなかにこっそり封じこめ、光の住人には隠しおおせたつもりになっていても、闇の住人の眼にはかくしきれない。だが、この告発はどこまでも私的なものである。時代の「制度」はたとえ容認し、したがって社会的制裁を免れた罪業に対して、幽霊は「制度」からはみでて、あくまで私的に追求し、追いつめることにより、その追求は時として制度悪そのものの告発に転化しうる。

たしかに幽霊は生者を追求し、戦慄させてやまないように見える。だが実は、生者の内なる闇の部分がみずから幽霊を呼びだし、自己を責めたてるのだ。人間は他者を滅ぼし、地獄を生きている。だからこそ、生者の苛責の念が幽霊を誘いだし、自己を罰する。それは生者の自分自身に対する屈折した鎮魂なのである。幽霊がつねに私怨を晴らすために現われるとすれば、この鎮魂も生きる者の私的ないとなみなのだ。

諏訪春雄

幽霊とは何か

一　幽霊と妖怪

幽霊の定義

「幽霊」ということばが日本の文献に登場してくる古い例は、平安時代末の藤原宗忠の日記『中右記《ちゅうゆうき》』である。この日記の寛治三年（一〇八九）十二月四日の条に

　毎年今日可二念誦一、是為二本願幽霊成道一也

とある。

『日本国語大辞典』（小学館）はこの用例に「死者の霊魂。亡魂」という説明を与えている。「毎年の今日に念誦すべし」という前の文意から判断して、この幽霊は本書で問題としているような死者が生前の姿でこの世に出現するものではなさそうである。

『日本国語大辞典』は「幽霊」について

① 死者の霊魂。亡魂。
② 死者が成仏できないで、この世に現わすという姿。また、妖怪。おばけ。

と説明している。幽霊には二つの意味があるとしているが、普通にわれわれが考える幽霊はこのうちの②である。しかし、「成仏」は仏教用語である。このことばで説明される幽霊は、仏教にかかわる概念ということになるが、仏教が流布する以前に、この世に生前の姿で出現する幽霊は存在しなかったのか。

また、『日本国語大辞典』は、妖怪やおばけと同義としているが、はたしてそう断定してよいのだろうか。幽霊とか妖怪とかいう存在は、まやかしものといった感じを伴うせいか、また、のちにのべるように中国の正当な学問であった儒学がこの種のものに対する関心を欠いたために、日本でも学問の対象にとりあげられることが稀れであった。

幽霊の研究

明治以前に幽霊や妖怪などを自分の学問の対象として真剣にとり組んだ数少ない学者の一人に平田篤胤がいる。

平田篤胤は学問の系統からいうと本居宣長の門流に属することになるが、宣長が、死者は善人、悪人の別なく死ねば黄泉《よみ》の国へ行くとだけのべて、死後の世界にふかく言及しなかったのに対し、世界を顕明界と幽冥界の二つから構成されているものととらえ、死後の幽冥界についての考察をその学問の中心にすえた。そのために、篤胤は、師の教えから逸脱し、師説を誤まるものとして、宣長の門弟たちからきびしく非難されることにもなったのであるが、しかし、超自然現象や死後の世界とまじめにとり組んだ最初の学者として、篤胤の名は記憶される。

篤胤によれば、宇宙は顕と幽の両界から成り立ち、その両界を創造・支配する神が天之御中主神《あめのみなかぬしのかみ》である(『古史伝』)。人間が死後におもむく国は幽冥界であり、その幽冥界の支配神は大国主神《おおくにぬしのかみ》である(『霊の真柱《たまのみはしら》』)。この幽冥界において人間の霊魂は、生前の行為にもとづいて裁判を受けることになる。そこには、キリスト教神学の来世観の影響のあることが、村岡典嗣氏らによって指摘されている。

篤胤は冥界の存在を確信し、種々の思索をこらしただけではなく、妖怪についてもつよい関心を持ち、『古今妖魅考』などの研究書をあらわしている。山師と非難されながらも、「世間の奇異の事には信じてはならないものと信ずべきものがある。信じてはならないことを信じるのは世の凡人であり、信ずべきことを信じないのは、生漢意《なまからごころ》にとらわれた人で、共に思慮が不足している」(『玉襷《たまだすき》』)といいきって意に介さなかった篤胤は、幽冥界研究の先駆者といえる。

明治になって妖怪研究にうち込み、それまで普通に使われていた化け物ということばと並んで妖怪という語を定着させたのが啓蒙哲学者の井上円了である。現在の東洋大学の創始者でもあった井上は、その妖怪研究によって妖怪博士と呼ばれた。

彼は明治二十年に『妖怪玄談』を刊行してこの方面の研究に着手し、明治二十四年には「妖怪研究会」を設立して啓蒙運動に乗り出し、同二十六年には「妖怪学講義録」第一号を世に問うた。

井上円了の妖怪研究のねらいは世間に流布する迷信の打破であった。彼は幽霊も妖怪の一種と考え、妖怪の存在否定のために妖怪の研究を行った。いかにも、明治近代化の過程で仏教の啓蒙思想家としての役割を誠実につとめた彼らしい研究態度であった。井上の妖怪研究の最終結論は、「世間の妖怪談中には、人の故意に作られるもの多ければ、如何に不思議らしく見えても、悉く信ずることは出来ませぬ」(『妖怪学講義』)というものであった。

柳田の定義

妖怪とか幽霊とかが現実に存在するものか、どうかと問われたら、否という答をえらぶのが当然かも知れない。しかし、日本人はもちろん、人類が長いあいだ、幽霊や妖怪の存在を信じつづけてきたことは事実であり、その信じつづけてきたことのなかに、霊的な存在や超越界に対する人びとの理解の仕方や考え方がこめられている。人間の過去から現在に至る精神生活の実態を明らかにするためには、幽霊や妖怪の研究は避けて通ることのできない大切な課題である。

以上のような観点から幽霊や妖怪の研究にまっ正面からとり組んだのが柳田国男であった。彼のこの方面の研究は多岐にわたり、その一つ一つが今日の研究のための基礎を築いた。本書でもたびたび彼の研究に言及することになるが、ここでは、まず、彼の有名な妖怪と幽霊の違いについての考えを紹介しておく。

柳田は、昭和十一年に発表した「妖怪談義」という論文でおばけ（妖怪）と幽霊を次のように区別した。

第一に、おばけは出現する場所がきまっているのに対し、幽霊はどこへでも現われる。

第二に、おばけは相手をえらばず、誰にでも現われるのに対し、幽霊の現われる相手はきまっていた。

第三に、おばけの出現する時刻は宵と暁の薄明りの時であるのに対し、幽霊は丑満《うしみ》つどきといわれる夜中に出現した。

この第一と第二をまとめると、おばけ、つまり妖怪は場所に、幽霊は人に現われるということになる。

定義に外れる幽霊・妖怪

柳田の妖怪と幽霊を区別する定義はわかりやすいものであるが、しかし、具体例を検討してみると、うまく説明のつかないばあいが数多く出てくる。一、二例をあげてみる。

長崎県五島福江市に伝えられている伝説で、柳田国男自身が編集した『日本伝説名彙』(日本放送協会)に収録されている話である。


奉公人が皿を割って湯殿で打首となり、その亡霊が毎晩現われて皿を数え、九ツめには泣き出すといい、その屋敷を買った家に湯殿を造れば幽霊が出る。今の五島支庁の隣の屋敷で、これを皿屋敷といっている。


江戸時代以降、各地に流布した皿屋敷伝説の一つである。この幽霊は屋敷の湯殿に出現し、そこに住む人をえらんでいない。

幽霊と妖怪の区別はのちにもう一度まとめて考えてみるが、ここでは、一応、もともと人間であったものが死んだのち人の属性をそなえて出現するものを幽霊、人以外のもの、または人が、人以外の形をとって現われるものを妖怪というように考えておく。

右のように幽霊と妖怪とを区別すると、中世の能などに登場する幽霊で土地に執着するものは数多い。

権藤芳一氏によると、現行曲の能二五〇曲のうち、幽霊の出現する作は六六曲となる。これを三つにわけて、特定の人を目指して出現するもの一三曲、特定の人を目指しながらも一定の場所を動かないもの八曲、特定の場所を動かないもの四五曲となり、後の二者を合わせて五三曲、つまり、幽霊の出る能のうちの八割までが場所を離れない幽霊ということになる。

他方、普通に妖怪とみられるもので、人につく例も数多く発見できる。

上田秋成の小説『雨月物語』の中に「蛇性《じゃせい》の婬《いん》」という一編がある。

紀伊国新宮のあたり、三輪崎の大宅《おおや》豊雄は、雨宿りの折に美しい未亡人真名児《まなご》と知り合い、恋におちいった。この真名児が実は蛇の化身。そのために災難にまきこまれた豊雄は姉の婚家を頼って大和の石榴市《つばいち》へ逃れるが、真名児はここへも追ってくる。そして、ある神官に蛇の本体を見抜かれていったんは滝の中へ消えたが、次には、芝の里の庄司の家の聟となった豊雄を追って、蛇身のままで通婚をせまる。最後に、この蛇は道成寺の法海和尚の法力によって鉄鉢の中に閉じこめられる。

蛇の化身である真名児を、人間の姿をとって出現したから、しかも、豊雄の行く先ざきに現われるから幽霊であるとしたらおかしなことである。蛇の本体を顕わしているところからも妖怪と考えるよりほかはない。妖怪でも人につくものがあったのである。

「蛇性の婬」は上田秋成という個人の文学作品であるが、その基本の構想は、中国の浙江省杭州の西湖を舞台とした伝説「白蛇伝」（白娘子ともいわれる）から日本の道成寺伝説へとつながる異類婚の部厚い伝承の背景の中に生れてきている。一個人の恣意的な想像とかたづけることのできない妖怪観がそこに盛り込まれている。

もう一つ、玉藻前伝説とも殺生石伝説とも呼ばれる伝承の主人公、金毛九尾の狐をとりあげてみよう。この狐は、インド、中国、日本の三国にまたがって活躍した妖怪である。インドでは千人の王の首を取ったという稀代の悪王子班足太子の塚の神、中国では、周の幽王の后褒姒《ほうじ》、または殷の紂王の后妲妃《だっき》という、これも負けず劣らずの悪女となって国を滅ぼし、日本に渡来しては、鳥羽院の御代、玉藻前という残忍酷薄な美女となって院を悩まし、陰陽師安倍泰成によって調伏されて下野国那須野の原に飛び去る。

この妖狐は特定の個人についているのではないが、その行動範囲の広さは、一定の場所に出没するという柳田国男の定義に都合の悪い例であることはたしかである。

二　異界と他界

カミと妖怪

妖怪と幽霊については、しかし、特に区別する必要はないとする考え方が他方で存在する。はやく、妖怪博士の異名をとった井上円了は広義の妖怪の中に幽霊も含めて考えていたし、最近でも宮田登氏のように両者の区分にそれ程大きな意味を見出そうとしない学者もいる。さらに一歩進めて、幽霊を妖怪の一つのタイプとみなし、共にマイナス価を持った超自然的な存在であるとする小松和彦氏の説もある。

たしかに幽霊と妖怪の区別はあいまいであり、両者を共に超自然的な存在ないし現象と把握した方が生産的な論を生むばあいも少なくない。

しかし、日本人が伝統的にこの両者を区別しようとしてきたこともまぎれのない事実であり、日本人の過去から現在に到る精神生活の実際をとらえようとするときに、この両者を区別して考えた方が、一つにするよりもはるかに日本人の信仰や思考法の実態がよく見えてくる。

すくなくとも柳田国男は以上のように考えて、両者の区分に熱心であったのであり、本稿はこの柳田の態度に従いたい。

柳田国男は彼の一連の妖怪研究の結論として、妖怪とは、〝信仰が失なわれ、零落した神々のすがた〟であるという著名な定義を下している（『民俗学辞典』東京堂）。むかし信仰されていた神々が次第にその信仰性を失って、おちぶれていったものが妖怪とみなされるようになったという考えである。

この定義については、その後、十九世紀の進化主義人類学の影響がつよくみられ、人間→妖怪、動植物→妖怪、妖怪→神など、その他の可能性のすべてを否定する「一系的妖怪進化説」としてつよく批判する小松和彦氏の論（『憑霊信仰論』ありな書房）などを生みながらも、しかし、妖怪の本質をついた注目すべき定義といえる。

妖怪も広い意味のカミ（精霊）といえる。しかし、妖怪は信仰性を失って人間に悪意を持つようになったカミである。人間がカミの段階を経ないで直接妖怪になる例、同様に動植物がそのまま妖怪化する例なども数多く存在するが、妖怪誕生のもっとも基本的な道筋はかつてカミであったものが祀り捨てられて妖怪化するばあいである。

前身と現状

幽霊もまた広い意味でのカミである。しかも正当に祀られないカミであるという点も妖怪と同じである。しかし、幽霊は人間であったものが人間のかたちをとって出現したものである。これに対し、妖怪は人間以外のかたちをとって出現する。前身が人間であるか、人間でないか、現状が人間のかたちをしているか、人間のかたちをしていない（人間のかたちの崩れたものを含む）か、という点に幽霊と妖怪を区別する一つの目安がある。わかりやすく図示すると次のようになる。

	妖怪	幽霊
前身	人間 非人間	人間
現状	非人間	人間

この図にはしかし幾つかの注をつけておく必要がある。

雨に濡れた長手でなぁ、車屋の足音が調子よくヒタヒタと聞こえていたが、ふと気がつくと車のうしろからペタペタと別の足音が聞こえてきた。てっきり車屋の女房が後押しをしてるんだと思ってな、車賃を払うとき、

「おかみさんの分だよ」

といって、少し割増しをやった。そうしたら車屋が泣きだしそうな顔になって、

「また出ましたか」

というんだ。よく聞いてみると、車屋の女房は半年ばかりまえに子を生んだが、産後の肥立ちがわるくて、一月ばかりで死んでしまった。車屋はその子を女房の里にあずけて仕事に出ているのだが、

「今夜のように小雨の降る陰気な晩には、よくおかみさんが後押しをしてくれたから早くこられたといって、駄賃をいただくことがあるんです。かかあの奴、あっしの手助けをしようと思って、あの世から出てくるのでしょうが、その心根が不憫でたまらねえんです」

と、車屋は涙声でしみじみ話したのさ。

（田辺貞之助『江東昔ばなし』菁柿堂）

この車屋の女房の幽霊は足音が聞えるばかりで、姿は見せていない。このようなかたちをあらわさない幽霊も、人間の属性をそなえていることに注目して幽霊の分類に加える。

毒を入れて魚をとる相談をしていると、知らぬ僧が来て、これを諫める。その僧は団子を食ってやがていなくなった。後で大魚を捕ったら腹から団子が出た。

（柳田国男『日本昔話名彙』日本放送協会）

この大魚は人間の僧のかたちで登場しているが、前身が魚であるので妖怪と考える。

このように幽霊と妖怪の領域は裾野においてはしばしばかさなりあうが、本質的には、現状と前身に人間以外の存在が関与するか、しないかによってかなり明確に区別できるものである。

異界と他界

右と並んで、もう一つ、幽霊と妖怪を区別する重要な視点は死とのかかわりである。

幽霊はかならず死者である。死が幽霊にとって絶対に必要な条件となるが、妖怪はおおむね生者である。

死者としての妖怪も存在しないことはないが、妖怪の幽霊化とでもみるべき二次的な変化であって、妖怪の本質にとっての必要条件ではない。

ここで考えなければならないのが他界と異界である。他界と異界は同じ意味で使われることもあるが、「他界する」といういい方が死を意味するのに対し、「異界する」といういい方が許されないように本来は意義と用法を異にすることばである。

異界は空間的な概念である。人間が日常生活をいとなむ空間とかさなり、あるいはその周辺にひろがる非日常空間をいう。これに対し、他界は空間的・時間的な概念である。人間が日常生活をいとなむ空間とかさなり、あるいはその周辺にひろがる非日常空間であるとともに、人間が誕生前および死後の時間を送る世界である。

このような他界観と異界観を適用するときに、妖怪は異界の存在、幽霊は他界の存在といえる。

異界とは内に対する外の語であらわされる関係概念であって、その位置は相対的に移り変っていく。たとえば、昨日までは村の外に拡がる未開の地として異界を形成していた場所が今日は開発されて村の内にとり込まれ、異界はさらにその外部へ拡がっていく。この関係は同心円であらわすことができるが、その同心円は円周が拡がるにつれてどんどん変っていく（小松和彦『異人論』青土社）。

この異界の住人である妖怪は、我らに対する彼らの語であらわされる他者であるが、異界が変化するにつれて彼らの我らに対する関係も変化していく。異界に住む超自然的存在として畏怖の対象となっていた妖怪も、異界が内にとり込まれるとともに祀りあげられて、土地の守護神として好意的なカミに変る。のみならず、他者性を捨ててこの世の住人となることすらある。

他界もまた、この世に対するあの世、此岸に対する彼岸などの語であらわされる関係概念であるが、しか

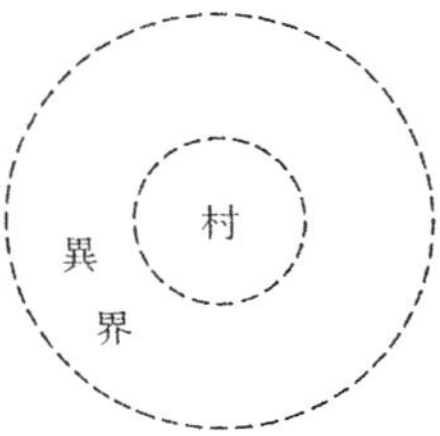

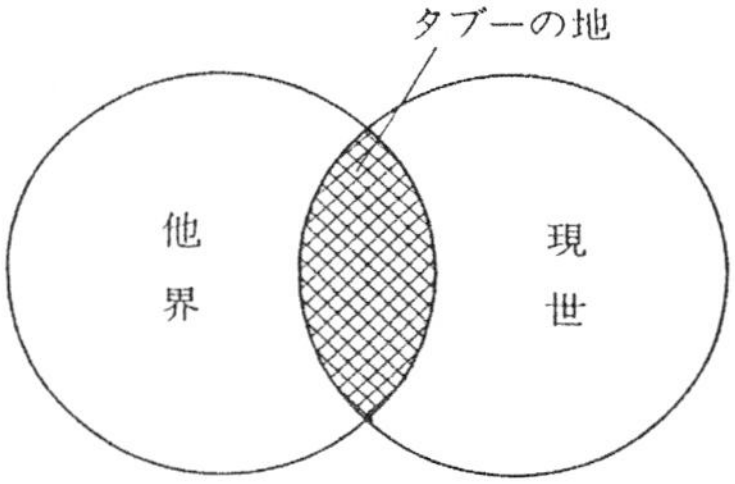

し、その関係は異界のように可変的なものではなく、絶対的に固定されている。死者のおもむく先である他界が現世に隣接する近い所にあると意識されることはあっても、現世が他界とかさなって意識されることはけっしてありえない。

異界と村との関係が可塑的な同心円であらわされるとすれば、他界と現世との関係は隣接する二つの円を固定して示すことができる。(E・リーチ「言語の人類学的側面」)

従って、妖怪は、しばしばその異界性ともいうべき超自然力や怪異性を失って現世の秩序に組み込まれてしまうことがあるのに対し、幽霊がその他界性を失って現世の秩序に組み込まれてしまうことはない。

右の関係をわかりやすく説明するために「鶴女房」と「子育て幽霊」という二つの異なるタイプの話をとりあげて比較してみよう。

「鶴女房」と「子育て幽霊」

「鶴女房」は日本全国に広く分布している異類婚姻譚の一種で、命を助けられた鶴が女房となって機織りをして恩返しをする話である。

正直ではあるが貧しい若者が矢傷を受けた鶴を助ける。その若者のところへ若くて美しい女が訪ねてきて女房になる。女房はけっして覗いてはならないと夫に言って機屋にこもって熱心に布を織る。その布が高く売れて若者は金持ちになるが、夫が約束を破って機屋を覗くと、鶴が自分の羽を抜いて織っている。女は正体を見破られたことを知り、一羽の鶴となって飛び去る。

この話も妖怪譚の一種であるが、鶴が妖怪性を発揮するのは、機屋という異界に籠っているときである。この機屋は村を外れた特別の場所にあるのではなく、村の中の貧しい若者の家の中にある。異界が村と同心円でかさなっていることの意味がここにある。この異界性は、約束を破った夫が覗き見をするという行為によって簡単に喪失させられる。異界は村の中にとり込まれ、そして、その瞬間、鶴も妖怪性即超能力を失い、現世の秩序に組み込まれた鶴となって夫の許から飛び去っていく。

見るなの禁忌を主要なモチーフとして構成されている話はすべてこの種の異界性喪失を扱っている。見るなといわれた場所は座敷であったり、玉手箱であったり、いろいろであるが、すべて異界であり、主人公がその禁忌を破ることによって、異界性は失われ、見るなと告げた人物の正体もその瞬間に暴露される。

「子育て幽霊」は次のような構造となっている。

一文あきないの飴屋へ、毎晩きまった時刻に一文持った女が飴を買いにくる。六晩目に不思議に思った飴屋の主人が女のあとをつけると女は墓地に消える。ある墓の中から子供の泣き声がし、「棺の中の六道銭を使って毎夜飴を買って赤ん坊を育てていたが、今夜で銭もつきた」と歎く女の声が聞こえる。驚いた飴屋は墓の主に知らせ、墓を掘ると、母親の死体のそばに赤ん坊が生きていたので連れ帰って育て、母親を改めて弔った。新潟県の黒姫に伝わる「子育て幽霊」の典型的な話である。

赤ん坊を育てるために母親の幽霊が毎夜他界からこの世に出現する。不思議に思ってあとをつけた飴屋によって彼女の正体はあばかれることになるが、彼女の霊は「鶴女房」の鶴のように現世の秩序の中にからめとられることはなく他界へ去っていく。墓地は現世と他界が接触するタブーの地ではあるが、亡霊の正体が見顕わされたのちも、このタブーの地は現世に変換されることなく依然タブーの地でありつづけるし、他界も旧のまま他界である。

II

幽霊のイメージ

円朝における身ぶりと象徴

鶴見俊輔

1

日本の大衆小説が三遊亭円朝（一八三九―一九〇〇）から始まるという説は、タカクラ・テル以来、文学史上の定説となっている。[1] 今度、円朝の全集を読んで見て、ここに、明治以後の文章語の世界では失われることの多かった「身ぶりとしての言語」が、生きていることを感じた。「身ぶりとしての言語」というのは、R・P・ブラックマーのエッセイ集の表題であるが、[2] 言語が身ぶりも同様に使いこなされるとき、言語は個性的な表現となる。誰によっていかなる状況でいかにつかわれたかの特殊例ときりはなして、ある言葉が字引きのルールのとおりに対象をさししめすという場合には、言語は身ぶりとして成立しない。身ぶりは、あきらかに個性的、私的なものであり、また、ある状況に密着した一回的なもの、状況埋没的なものである。これに反して、「東京駅」という言葉は誰によっていかなる状況で使われても、東京都内のどこそこにある建物を指示しているというような、言語のもつ対象指示の機能は、一般的、公共的なもので、また特殊状況を超越して成立するはたらきである。

私たちの常識では、言語が科学的につかわれるためには、一般的、公共的、普遍的な意味をもつべきであり、つねにこの方角に言語使用の進歩があると考えられて来た。この信仰が、われわれの文体を、文学や評論や生活綴方をふくめて、つまらなくしているのではないか。子供の言語が面白いのはなぜだろう。それは、身ぶりとして言語がつかいこなされているからではないか。しかも、子供の言葉が、歳を追うてつまらなくなるのは、なぜだろう。それは、日本の一般社会が、教師をも親をもふくめて、身ぶりとして言語を鑑賞する規準をもたないからではなかろうか。

円朝の「怪談牡丹燈籠」は、明治十七年(一八八四年)にはじめて若林玵蔵、酒井昇造の手で速記されて東京稗史出版会社から出た。これをまたドイツ人のランケが、ローマ字になおして、ドイツの大学で日本語の教科書として用いたこともあると言う。[3] 黒岩涙香の翻訳小説や村上浪六のやくざ小説の文体によってうけつがれることをとおして日本の大衆小説の中に流れこんだ円朝の文体が、その成立にあたっては寄席で演ぜられた物語のスタイルであり、それをそのまま速記して本にして刊行しても、またローマ字化して外国人によまれても理解できる種類のスタイルであったことは、改めて思い出されてよい。われわれの文章語は、円朝の文体にかえってゆくことで、新しくなれる面をもっているのではないか。

身ぶりは、私的、一回的、状況埋没的なものである。これらは、毎日の用事に、一回ごとに用いられてはすてられる、紙のコップのような雑器である。この種類の、生活様式でありながら芸術としての側面をもっている分野を、限界芸術と呼びたいと思うが、今日の芸術(純粋芸術・大衆芸術)の諸ジャンルは、限界芸術の諸ジャンルとの交流をとおして新しいものとなることが要求される。大都会の展覧会の見物人にしか見られない絵画や彫刻のような純粋芸術、ラジオやテレビのようなマス・コミュニケイションの諸機関をとおして間接的にしか大衆と接触しない大衆芸術は、芸術の草の根ともいうべき限界芸術の諸ジャンルと交流することなしには、生活から着想をくみあげることができなくなるであろう。

サークルの重要性も、純粋芸術・大衆芸術を成長させるもとの力としての限界芸術を育てる場所がサークルだという事情によって生じる。サークルは、映画会社で計画し製作し配給する大衆映画、あるいはまた専門的小説家が個人の密室の中で終始制作した結果としての小説などを、うけとり、鑑賞し、批評する場所としてだけ意味があるのではなく、むしろ、自分たちがおしすすめているさまざまの形での限界芸術をとおして、反対に、純粋芸術・大衆芸術を変貌させる役割をになう。

円朝の文体は、サークルとは言わないまでも、ほとんどサークルと言えるほどの四、五十人の常連をあつめた寄席で毎晩続きものとして演じられた物語に由来する。そこでは親しい観客の顔を、即座に見わけることができ、お客の様子によって、話のむきをかえることさえできた。後に速記本を出すことになってからも、速記者を前にしてただ話してゆくというのでは調子が出ないので、速記のためのとくべつの席をもうけて話をしてもらうのだが、そのときにも、客種によって夜毎にちがう枕をやるので、速記者は、ブックとしての一貫性をつくりだすのに困ったと言う(4)。

円朝の文体が、どんな点で身ぶりとしての言語の特徴をみたしていたかは、速記本ではつたえにくい。というのは、円朝は、芝居がかりで、道具をつかって物語を演じた人なので、はじめて真打になって品川橋向う字天王前の寄席に出た時には、中入前に自分でかいた写し絵を自分でうつし、中入後には背後に道具をかざって随時それをくりだしては怪談話《ばなし》を進めた。「菊模様皿山奇談」の口演のときには、山門のせりだしがあったり、忍術つかいが大きな蝶々にのって登場したり、高座の前に大きな水おけをおいてそれにとびこんでは高座うらにぬけ早がわりを演じたりした。さらに、おばけの話の出るときには、あやつり人形や、芝居もつかおうと考えていたらしいが、幕末の変動にさいしてこれほど大がかりな資本を投入できなくなり、もう一度、扇一本の身ぶりにかえった。だが、道具話の時代にきたえた絵画的な感覚はあとまでのこっており、「塩原多助」の速記本を出すときのさしえにしても、円朝みずから、サシエ師の芳幾のために図柄を指定してわたしていたので、芳幾は、こんならくな絵はかいたことがないと言っていたそうだ。

われわれの日常の会話の世界では、円朝ほど大がかりな資本をつかわずにでも、その場にある道具をつかって話をすすめている。こうした道具のいかされかたが、円朝の道具話と民衆の会話のスタイルとをつなぐ線であるが、円朝は扇一本にかえってからも、もとの道具話の技巧を道具なしで生かすことに成功した。この演技がどれほどのものであったか、よくわからないが、死期のせまった中江兆民が『一年有半』に自分と同時代の非凡人三十一人を精選した中に、伊藤博文、山県有朋、板垣退助、大隈重信をいれず(これには少し偏見もあずかっていようが)、坂本竜馬、橋本左内、大久保利通、西郷隆盛、岩崎弥太郎、大村益次郎、藤田東湖、勝安房、村瀬秀甫、福沢諭吉、北里柴三郎、雨宮敬次郎、古河市兵衛、星亨、陣幕久五郎、梅ヶ谷藤太郎、猫八、紅勘、柳橋、竹本寿太夫、豊沢団平、杵屋六翁、桃川如燕、円朝、伯円、和楓、竹中、越後太夫、大隅太夫、市川団洲、九女八をあげているのは興味がある。

速記者若林玵蔵の感想を記録しておこう。

「塩原多助の速記は酒井氏と二人でやつたのであるが、馬の別れの所はとても速記が出来ないので困つた。けれども二人でやつてゐたから、纏《まと》めるにはどうやらまとめたが、其の時帰りに酒井氏が円朝の巧いのは知つてゐたが、実にどうも何とも云へない名人ですねと云つて嘆息したのを覚えてゐる。此時には聴衆の女は皆啜り泣きをして顔を押へてゐないものはなかつた。男は流石に声は出さなかつたが、矢張り皆泣いてゐた。」(5)

速記本のサシエを芳幾とともにかいた芳年について、画家の鏑木清方は次のように思い出をのべている。

「速記は以前私が木挽町に居りました頃私の宅でやつたり、尾張町にもと鶴仙と云ふ寄席があつて、其の向うに寿鶴といふ鳥屋があつて、そこでもよくやりました。挿絵をかく芳年さんが大きな眼鏡の下からポロポロ涙をこぼしながら師匠の話を聴いてゐた姿が眼に残つてゐます。(6)」

このようにして、円朝の書物は、親しい知人(多くの場合には円朝が自分で祝儀を出してよんだ芸者)を前にして身ぶりをとおしてまずサシエ師と速記者につたえられ、その上で本になったのである。

こうしてできた速記本の中に、円朝の身ぶりがどれほどのこっているかは、はっきりはかれるものではないが、二、三の文例をひいてみよう。

道具のきいているところ。

「お嬢さんが死んだなら寺ぐらゐは教へてくれればいいに、聞かうと思つてゐるうちに行つて仕舞つた、いけないねえ、併しお嬢さんは全く己に惚れ込んで己を思つて死んだのか。と思ふとカッと逆上《のぼ》せて来て、根が人がよいから猶々気が鬱々して病気が重くなり、それからはお嬢さんの俗名を書いて仏壇に備へ、毎日毎日念仏三昧で暮しましたが、今日しも盆の十三日なれば精霊棚の支度などを致してしまひ、縁側へちよつと敷物を敷き、蚊遣《かやり》を薫《くゆ》らして、新三郎は白地の浴衣を着、深草形の団扇を片手に蚊を払ひながら、冴え渡る十三日の月を眺めてゐますと、カラコン〱と珍らしく下駄の音をさせて生垣の外を通るものがあるから、不図見れば、先きへ立つのは年頃三十位の大丸髷の人柄のよい年増にて、其頃流行つた縮緬細工の牡丹《ぼたん》芍薬《しやくやく》などの花の附いた燈籠を提げ、其後から十七八とも思はれる娘が、髪は文金の高髷に結ひ、着物は秋草色染の振袖に、緋縮緬《ひぢりめん》の長襦袢《ながじゆばん》に繻子《しゆす》の帯をしどけなく締《し》め、上方風の塗柄の団扇を持つて、ぱたり〳〵と通る姿を、月影に透し見るに、何うも飯島の娘お露のやうだから、新三郎は伸び上り、首を差し延べて向うを見ると、向うの女も立止まり、女「まあ不思議ぢやアございませんか、萩原さま。(7)」

〔足なしで下駄をはいてカラコンカラコンとたからかに音させて思う男のもとにかよってくる幽霊のイメージ。〕

身ぶりのきいているところ。

按摩《あんま》「ヘエお痛みでございますか、痛いと仰しやるがまだ〳〵中々斯んな事ではございませんからナ。新左衛門「何を、こんなことでないとは、是より痛くつては堪らん。筋骨に響く程痛かつた。按摩「どうして貴方、まだ手の先で揉《も》むのでございますから、痛いと云つてもたかが知れてをりますが、貴方のお脇差《わきざし》でこの左の肩から乳の処まで斬う斬下げられました時の苦しみはこんな事では有りませんか̂らナ。(8)」

〔「こんな」、「これより」、「この左の肩の」と、話し手が言いすすむ時、言語がその話し手の身ぶりと化して、言葉のあいまに、自分の芸をする。こうして、言葉として状況からきりはなしてしまえばたいして指示機能をもたぬ「こんな」とか、「この」という粗雑な言葉が、特殊状況の中にたくみにはめこまれた時には、魔力をふるって、その状況の特殊な恐怖の実質に手をふれさせる。〕

ことばのテンポのきいているところ。

「これ青よ汝《われ》とは長い馴染《なじみ》であつたなア。（略）己《おれ》が草を刈つて来て喰はせる時も毒な草が入つて居ちやアいけねえからと思つて、茅草ばかり拾つて喰はせるやうにしたから、汝《われ》も大い坂を越るにも艱《つれ》え顔を一つした事はねえで、家へ対して能《よ》く勤めたから、段々年を取るから楽をさせてやるべえと思つてゐたが、己《おれ》アどうあつても彼《あ》の家には居られねえ、汝《われ》知つてる通り家の母様と嬶《かか》アが了簡違えな奴で、己を殺すべえとするだ、汝え知つてべえ、此間も庚申塚で己を殺すべえと思つて、間違へて円次郎を殺した時は、汝も駆出したくらゐだから、己が居べえと思つても殺されるから何《ど》うも居られねえわい、己はこれから江戸へ往つて、奉公をして金を貯めて帰つて来るから、汝はそれまで達者で居てくんろよ、ヤア、己が出れば定めて五八も追ん出されべえが、五八が出れば誰も汝に構ふ者がねえから、汝にろくな食ひ物もあてがふめえ、汝え可哀さうでなんねえから己も出めいと思ふが、己が家に居れば殺されてしまふによつて出て往くんだから、何卒汝は辛え所も辛棒して居て、己が江戸で金を貯めて帰つて来るまで丈夫でゐてくんろよ、ヤア、ヤア、青、青。(9)」

〔くりかえし、しどろもどろの、くどいくどきかたが、かえって、人間には誰一人もってゆきどころのない愚直な主人公の悲しみの実質をそのままつたえる。〕

ことばのテンポが急にかわって、いかりの感情からやわらいだ感情へのうつりゆきが表現される場合。

国蔵「ア痛た〱、さう締めると、死んで仕舞ひます。屹度改心しますから何卒《どうぞ》放して下せえ〱。文治「屹度《きつと》改心致すか、改心致せ。と云つて突放された時は身体が痺《しび》れて文治の顔を呆気《あつけ》に取られて暫《しばら》く見て居りましたが、国蔵「旦那え〳〵お前さんは噂にやア聞いて居りやしたが、きついお方ですねえ、滅法な力だ、私も旧悪のある国蔵で、お奉行がどんな御理解を仰しやらうと、箒《はうき》じりで破綻《ひび》のいるほど打たれても恐れる人間ぢやアねえが、お前さんの拳骨で親に代つて打つと云ふ真実な意見の中に、手前は虫よりも悪い奴だ、又堅気の下駄屋で稼いでゐて足りねえと云へば米の一俵ぐれえは恵んでやると云ふ言葉が嘘で云へねえ言葉だ、成程さう云はれて見れば虫より悪い事をしやした、旦那え、実ア私ア寒さの取付《とつ》きで困るから嬶《かかあ》をだしに二三両強請《ゆす》らうと思つて来たんだが、お前さんの拳骨で打たれた時は身体が痺《しび》れて口も利けなくなつたが、妙な所を打つんだねえ、どうも変に痛いねえ、屹度これから改心して国蔵が畳の上で死なれるやうになつた時にやア旦那へ意趣返しのしやうはねえが、私が改心した上で鼻の曲つた鮭でも持つてきたらば、お前さんも些とア胆魂《きもつたま》が痛からうと思ふが、其時は何と仰しやいますね。文治「これは面白い事を云ふ、其時は無闇に人を打擲《ちやうちやく》して済むものでないから、文治が土間へ手を付いて重々悪かつたと云つて屹度《きつと》謝らうが、善人になつてくれるか、国蔵「そりや屹度善人になりやす。(10)」

ことばのテンポのきいているところ。――二つのテンポの対比。

「梅吉は仲の町へ出ますと、日は西へ傾きまして、チラリ〳〵と桜の散る中を悠然として仲の町をまゐりますと、所々の植込みの中へ捕方が隠れて居て、梅吉を狙つて居ります。これは金谷藤太郎さま、石沢又助さまの御用を利きます捕方の上手な者で、十方八方へ手分けが為《し》てあります。梅吉「其処に居るのは捕方の衆だね、私は榛名の梅吉だよ。安中の草三だ、尋常にお縄を戴く所存だ、お手向《てむけ》えは為《し》ねえから十分お縄を掛けて下せえ、お手向えは為ませんよ……此通り短刀も呑んぢやア居ねえから縄にかけておくんねえ。と云はれるほど、捕方に勝れた者だが、何だか分りません、殊に手者《てしや》と云ふから皆加減して居ると、梅吉「さア縛《しば》れ。と云はれたが、誰有つて一人も草三郎の側へ寄り附く者がありません。梅吉「冗談ぢやねえ、お前たちが縄を掛けねえなら仕方がねえ、独《ひとり》で会所まで往かなけりやあならねえ案内しておくれ、先きへ立つてツておくんねえ。甲「先きへ立てつて後から斬られちやア堪らねえ。とコソコソ話を為《し》ながら、後びつしやりをして四人ばかりかたまつて、ジリジリ退りに往きます。草三郎は案内をさせ、落着き払つて町会所へ上りまして、梅吉「榛名の梅吉実は安中草三郎でございます。(11)」

〔二つの感情の流れが、二つのちがう身ぶりのテンポの対比によって、そのままつたわってくる。〕

受け手との交流。

「ちと模様《もやう》違ひの怪談話《ばなし》を筆記致しまする事になりまして、怪談話には取わけ小相さん〔小相英太郎〕がよからうと云ふのでございますが、傍聴筆記でも、怪談のお話は早く致しますと大きに不都合でもあり、又怪談はネンバリ〳〵と、静かにお話をすると、却つて怖いものでございますが、話を早く致しますと、怖《こは》みを消すと云ふ事を仰しやる方がございます。処が私は至つて不弁で、ネト〳〵話を致す所から、怪談話がよからうと云ふ社中のお思ひ付でございます。只今では大抵の事は神経病と云つてしまつて少しも怪《あや》しい事はございません。明かな世の中でございますが、昔は幽霊が出るのは祟《たた》りがあるからだ怨《うらみ》の一念三世に伝はると申す因縁話を度々承まはりました事がございます。豊志賀は実に執念深い女で、前申上げた通り皆川宗悦の惣領娘でございます。(12)(略)」

このようにして状況内部のあらゆる道具をフルに使いこなし、状況内部のあらゆる人々にむかって直接的個別的にはたらきかけ、状況の主体としての自分自身の肉体のあらゆる器官をも動員するように、言語を用いることが、身ぶりとして言語を使いこなすことの条件である。イエスペルゼンその他によって、きわめてうたがわしいものとされていたサー・リチャード・パジェットの言語説は身ぶりとして言語を使いこなす方法を定式化した説として新しい意味を獲得する。[13] パジェットの説によると、言語は、このようにして、生まれた。ある男が、何かを一生懸命つかまえているとすると、その男は体全体をつかってつかまえているはずであり、のどの筋肉も舌もこの行為に動員されているはずである。彼は口をとじ、くちびるを固く合せている。したがって彼の出すことのできる音は、mの系統の音だけとなる。maul(かきさく)、mix(まぜる)、slam(たたきつけてしめる)などが、このような身ぶりから生まれる。このような言語起源説は、言語の歴史的資料によっては実証されているとは言えないが、むしろ、その言語の使われる特殊状況をほうふつとさせるようないきいきとした表現力をもつために言語がいかなる選択規準にしたがうべきかに関する説としては、大いにきくべきものである。ケネス・バークによれば、パジェット説は、言語起源説としてでなく、詩学として再建さるべきものとされる。

円朝の文体が、その後の日本の文学の文体をしのぐ身ぶり性をもっているのは、まさにパジェットの言語規準説(彼の言語起源説でなく)を見事に実践していることから来ている。

2

以上のように、あるときある場面での状況にいきいきと奉仕する身ぶりとして、言語はまずみがかれなければならぬ。だが、よくみがかれた言語は、やがて状況をこえて、状況から状況へと、もちこされてゆくこととなる。この場合に、言語は、象徴としての性格を獲得する。

いかなる言葉も、何らかの意味で象徴としての役割を果している。一回の特殊な状況をこえて、さまざまの状況における使用にたえ、しかも、さまざまの状況における使用にたえることから、その象徴することがら〔状況のある側面〕について種々の解釈の可能性を身につける。こうして、ある一つの象徴を見ることをとおして、それによって象徴され得るさまざまの状況、またその状況をきりぬけるためのさまざまの生き方が、きわめてしぜんに、連想されるようになる。このような連想をよびおこす力を、深く強くもつ言葉が、すぐれた象徴となる。つまり、あらゆる言葉が象徴ではあるわけだが、さらにそれに加えて、よりすぐれた象徴にむかう序列のようなものが、考えられるのだ。

ここで状況の大きさについても考えておく必要がある。目で見わたせるていどの直接環境、円朝の出演した寄席ほどの大きさの小状況がまず考えられる。ここで成功する表現としての身ぶりが考えられよう。しかし、それ以上に大きな状況、空間的、社会的、また歴史的により大きな状況の中におかれると、小状況においては身ぶりとして見事な表現力をふるうことのできた言語も、あまり大きな表現力をふるい得なくなる。何代にもわたって、幾種類もの集団をこえて、表現力をたもちつづけるためには、身ぶりはどうしても身ぶり以上のものとならねばならぬ。ここに、身ぶりが象徴に高まってゆく条件がある。しかも、はじめに身ぶりとしてもっていたなまなましさを失うことなしに身ぶりが象徴に高まることができたなら、このとき、言語としての最高の表現力に達することになる。

直接的小状況を越え、大状況に対応するのに対応して、象徴は高まる。ここで、個人の創造するものとしての象徴が、いかに民族（あるいは人類）の遺産としての象徴を復活させ、再生させるかという問題が出てくる。個性的な身ぶりとして身のまわりの小状況に対するという表現方法だけでなく、より大きな人間集団の象徴の発展の一つの輪となって、個性とか特殊性をあるていどぬぐいさった普遍的な象徴の中に転生し、社会的・歴史的大状況に対するという表現方法が要求される。パースナルな表現から、インパースナルな表現への転位といってもよい。

象徴が、たんに個人の無意識の生物的要求の表現ではなく、民族あるいは人類の長い歴史をもつ創造的活動の遺産として、集団的無意識に根ざすものであるという考えは、ユングにはじまる。(14) このように考えられたとき、個人は、太古以来の象徴の発展ののりつぎ駅の一つとなる。ある個人の創造する象徴が、個人を越えてひろく人々を動かすのは、それが、民族(あるいは人類)のすでにもっていた象徴の原型(アーチタイプ)に新しい生命をあたえるからだと考えられる。

円朝の作品は、徳川末期の江戸の寄席という小状況における身ぶりとして成功しただけでなく、徳川時代・明治・大正・昭和まで百年の時代のへんせんにたえ日本民族の歴史の大状況におかれて象徴として成功して来た。円朝が独自の仕方で再生し、ぎょうしゅうした象徴原型は、どんな性格のものかを、一つの作品をとおして考えて見たい。

「真景累ヶ淵」は、円朝の最初の作品である。師匠の円生とのあいだにひびがはいり、円生がいつも先にあがってはその晩に円朝の予定していただしものを演じてしまうので、毎晩困らされた結果、これならば先に演じることはできない創作物語を試みて、つくったのが、この仕事だと言う。安政六年(一八五九年)、円朝二十歳の時である。この話はもとは道具ばなしであったが、扇一本の素ばなしにうつしたのが明治二年、現在つたわっている速記は「やまと新聞」に連載されたうえで明治二十五年に出版されたもの。安政年間に円朝が創作した時にも、題名が示すとおり、前代からつたわっている累《かさね》の伝説にいとぐちを得て、累の怪談を中におりこんでより大きな相似形をつくるという着想だった。したがって、舞台の一部分は累とだぶり、第二十二回で羽入村の法蔵寺にのこる累の墓があらわれ、累の伝説そのものが新作物語の部分としてまた新作全体の背景として用いられる。

「真景累ヶ淵」の中心となる象徴は、おばけである。狸や狐などの動物がばけるとか、とくべつの力をもつ石だとか水などのモノがあるとか、人が死んでから魂となってばけて出るとか、神が何かの形をかりてあらわれて不思議をおこなうとか、おばけにも色々の種目がある。「真景累ヶ淵」にも、これらの各種のおばけが出てくるのであり、たとえば同じ一つの鎌が実にたくさんの人を次々に殺す神秘的な力をもつものとしてえがかれていたり、なくなった兄の霊が弟の夢に出て来て弟に情報をもたらしたりする。だが、明治二十五年刊行の形においては、おばけはつねに、過去について当事者の後悔する部分、過去からぬけ出て来て当事者をつき動かす部分、過去から未来にむかって当事者を動かしている根源的な〔エゴを越えた〕精神力としてあつかわれている。このために、「真景〔神経〕累ヶ淵」と名づけられているのだ。それは過去についての自分の解釈であるとともに、現在および未来についての自分の解釈の図柄ともなり、このために、任意の物の中にオバケの姿をみとめてしまう。およめにもらったばかりの妻の顔のやけどのあとが、あっというまにふくれあがって、かつて自分の捨てた女の死にぎわのむざんな顔形となる。このような深層心理学的な解釈を方向づけたということでも、円朝の象徴原型の再生の手腕はあざやかである。

「真景累ヶ淵」の一つの重要な目的は、おばけの出てくる場所、おばけの消えてゆくきっかけをえがくことであった。それは、日本の社会におけるおばけの生成と消滅の原理を明らかにするという仕事である。

おばけは、行動への形をとり得ぬ執念から生まれる。円朝にとってのおばけの概念は、次の模型によくあらわれている。

「先達《せんだつて》ある博識《ものしり》先生に聞きますと「幽霊は有るに違ひ無い、現在僕は蛇の幽霊を見たよ、と仰《おつ》しやるから、円朝「どういふ訳かと聞くと、蛇を罎《びん》の中へ入れてアルコールをつぎこむと、蛇は苦しがつて、出やう〳〵と思つて口の所へ頭を上げて来るところを、グッとコロップを詰《つ》めると、出やうと云ふ念をぴつたりおさへてしまふ。アルコール漬《づけ》だから、形は残つて居ても息は絶えて死んで居るのだが、それを二年許り経つて罎《びん》の口をポンと抜いたら、中から蛇がずうッと飛出して、栓《せん》を抜いた方の手頸《てくび》へ喰《くひ》付いたから、ハッと思ふと蛇の形は水になつて、ダラダラと落《おち》て消えたが、是は蛇の幽霊と云ふものぢや。と仰《おつ》しやりました。しかし博識《ものしり》の仰しやる事には、随分拵事《こしらへごと》も有つて、尽《ことごと》く当《あて》にはなりませんが、出やう〳〵と云ふ気を止めて置きますと、其気《そのき》といふものが早晩屹度《いつかきつと》出るといふお話。[15]」

制止された行動の姿勢（アレステッド・モーション）をよぎなくされた被害者の執念が、そういう行動への可能性をたちきった加害者によってその後しばしばお化けの形をとって思い出される。ばけて出るのは、「真景累ヶ淵」のあんま宗悦、新左衛門の奥方、あんまの娘お園、あんまの娘豊志賀、新吉のゆうわくする娘お久、新吉の妻の累などで、最初のあんま宗悦をのぞけば、女が多いのが特徴。だいたいは身よりのない娘か、中年すぎの人妻で、男にすてられるとかえる家のない境遇にあり、誠意のない男にさいごまですがりつかざるを得ず、しかも足げにされて殺され、日ごろ行動化されずに隠忍自重するうちにつもりつもった執念が最後の形相によって、男の記憶にやきつけられ、やがておばけと化して男の内側に住みつづけ、その後半生をくるしめることとなる。これは、社会的保証をもっともひどく欠く集団にたいして、法制的また実力的援助はできないまでも、とにかく無意識にたいしてつよくはたらきかけてある種の保護をあたえようとする社会全体の利益代表としての超自我のはたらきである。家庭だけが女性のよりどころであり、職場においてはその将来を約束されていないという日本社会の現状では、円朝の設計した怪談の図柄は依然として生きており、また社会制度上の保証のないままに、これだけの形でなりとも今後も生き続けるべきだと考えられる。クリスによれば、古代・中世においてはひどくおそろしい顔かたちをした妖怪の類が、近代に近づくにしたがって顔かたちがやわらいで来て、むしろグロテスクなままにこっけい味をおびてくるそうで、そのしょうこととしてゴシック建築の寺院の屋根の上に樋としておいてある怪物ガーゴイルのみめかたちが十三世紀、十四世紀とやわらいでゆき、十五世紀にはこれらが完全にコミックなものとして作者、見物人の双方に共通して理解されていたことをのべている。(16) だが、よるべき家族をもたない女性の境遇については、徳川時代から戦後の今日まで、かなりのていどまで困難はやわらげられて来たとはいうものの、ガーゴイルが完全にコミックになったと同じていどに円朝のおばけをコミックなものにするほど日本の社会がかわったとは言えない。

おばけは超自我の要請によって、創造され、よび出されるものであるが、おばけの素材は自我の分裂によって生じた、部分的自我、自我の中の小さな自我である。これらのホマンキュラスが、いかに自我の統制を越えて、自分勝手なはたらきをするかの過程が、「真景累ヶ淵」にえがかれている。

新吉に捨てられた豊志賀は、おばけとなって、まず、すしやの二階で若い女性とあいびきしている新吉の前に出て来て、新吉を責める。新吉がおどろいて逃げ出し伯父の家にかくれると、そこにはもう一人、これまたおばけとなった別の豊志賀が来てすわっている。

豊志賀「新吉さんお出《いで》なすったの。新吉「エ、ド何《ど》うして来た。豊「何うして来たつてね、私が眼を覚《さま》して見るとお前がゐないから、是は新吉さんは愛想が尽きて、私が種々《いろいろ》な事を云つて困らせるから、お前が逃げたのだと思つて気が付くと、ホット夢の覚めたやうであゝ悪い事をして嘸《さぞ》新吉さんも困つたらう、厭だつたらうと思つて、それから伯父さんにね、打明けて話をして、私も今迄の心得違ひは伯父さんに種々詫言《いろいろおわび》をしたが、お前とは年も違ふし、お弟子は下《へ》り、世間の評判になつてお屋敷もなくなり、仮令《たとひ》二人中《なか》よくして居ても食方《たべるの》に困るから、お前はお前で年頃の女房を持てば、私は妹だと思つて月々沢山《たんと》は出来ないが、元の様に二両や三両づつはすける積《つも》り、伯父さんの前でフッツリ縁を切るつもりで私が来たんだよ。利《き》かない身体で漸《やつ》と来たのでございます、何卒《どうぞ》私が今まで了簡《れうけん》違ひをした事は、お前腹も立つだらうが堪忍して、元の通りあかの他人とも、又姉妹とも思つて、末長くねえ、私も別に血縁《みより》がないから、塩梅《あんばい》の悪い時はお前と、お前のお内儀《かみ》さんが出来たら、夫婦で看病でもしておくれ、死水だけは取つて貰《もら》ひたいと思つて。[17]」

しかし、おばけの豊志賀の話も終らぬうちに表から戸をどんどんとたたく音がして、隣の人が豊志賀の死をしらせる声。おどろいて新吉が家にかえってみると、

「豊志賀は深く新吉を怨《うら》んで相果《あいは》てましたから、其書遺《そのかきのこ》した一通を新吉が一人で開いて見ますると、病人のことで筆も思ふ様には廻りませんから、慄《ふる》へる手で漸々《やうやう》書きましたと見え、その文《ふみ》には『心得違ひにも、弟か息子の様な年下の男と深い中になり、是まで親切を尽したが、其男に実意が有ればの事、私が大病で看病人も無いものを振捨てゝ出る様なる不実意な新吉と知らずに、是まで亭主と思ひ真実を尽したのは、実に口惜しいから、仮令《たとへ》此儘死ねばとて、この怨《うらみ》は新吉の身体に纏《まつは》つて、此後《このご》女房を持てば七人まではきつと取殺《とりころ》すから然《さ》う思へ』と云ふ書置で、新吉は是を見てゾッとする程驚きましたが、斯《こん》様な書置《かきおき》を他人に見せる事も出来ません、さればと申して懐《ふところ》へ入れて居ても何だか怖くつて気味が悪

いし、何《ど》うする事も出来ませんから、湯灌《ゆかん》の時に窃《そっ》とごまかして棺桶の中へ入れて、小石川戸崎町清松院と云ふ寺へ葬りました。伯父は、何でも法事供養をよく為なければいけないから、墓参りに往けよ〳〵と云ふけれども、新吉は墓所へ行くのは怖いから、成《なる》たけ昼間行かうと思つて、昼ばかり墓参りに往きます。[18]」

このようにりんじゅうまぎわの豊志賀の心には、いく人もの豊志賀がたったりすわったりして、じれているうち、その何人かがそれぞれおばけになって自我の統制をやぶって外の世界に出て行ったのにちがいない。こうした何人もの豊志賀におうせつするいとまもなく、新吉の神経症はますます深まってゆき、しまいに、自分の好きになる娘ごとに、その顔の中に豊志賀の亡霊を見るようになる。一人の女をすてた男は、別の女をも捨てるという原理のようなものが、どの女の顔にもできうるできもの、またどの女にもやがてはみまう若さの凋落というような形をとって象徴化される。

しかし、このような自我の分裂によるおばけ生成の原理は、同時に、自我の責任をも解除することになる。自我というものは、もともとこんなふうにとりとめなく色々のお化けの形に分裂するものなのだから、仕方がないという考え方である。あの時は魔がさしたのだ、という言いわけの方法である。この考え方が、「真景累ヶ淵」全巻をつらぬいており、どんな悪人をも究極的にゆるすことのできるように、人間を描写し、劇のすじをはこんでいる。

Ⅱ　おばけの消滅

円朝にとっては自我の中のアナーキックなものは、このように不可避的なものとしてとらえられている。人間は、因果の系列におかれているため、めいめいがその父祖のドラマをもう一度生きるのであって、突如として自分の見知らぬ邪悪なおばけがとびだして来ても自分の責任ではない。この考え方は、円朝にどのていど遺伝学や進化論が入っていたかは不明だが、仏教的かつ日本的であると同時にきわめて自然科学的な解釈である。円朝は、男女関係の罪を、梅毒という眼に見える病状の形でとらえており、このとらえかたの中にも日本の伝統的な恥中心の考え方と自然科学的な生理本位の考え方との結合がある。怪談をこのように解釈するというのでは、後にラフカディオ・ハーンが日本の怪異伝説についてとった解釈の方向と同一であると言える。このように解釈することは、化け物にふりまわされる悪人たちをもゆるすことと紙一重のところまですでに来ていることとなる。

だが、主人公たちは、おばけとともに、加害者を追及して仇討ちするのである。そのときの導きの糸となる理念は、殺された親のため、殺された主のためという理念であり、あくまでも、自分の心の中に生きつづける亡き父母、夫、妻、主人など特定個人の思い出である。これらなつかしい善き人々の恩にむくいようとする心のかたむきが、神なきわれわれにとって神の理念に似たはたらきをつとめる。これらは、単一の神でなく、複数の半神たちであり、自我の中に住みつづけるこれらの半神像が、ベネディクトのいわゆる外面的文化においてさえ、ある種の内面性をあたえ、自分自身の力で自分を支え正義にむかって自分を操縦してゆくテコをあたえる。これらの半神たちが、かつて自分たちによくしてくれた知り人であるということが、これら半神の影響力をわずか二世代ていどに限る。おばけの場合もその影響力は二世代である。累ヶ淵の物語は、あんま宗悦の殺された時から大団円まで三十年にすこしかけているていどで、三世代にわたりはするが第一世代の仇は第二世代によってとられている。つまり、直接に知り合う体験〔アクェインタンス〕をとおしてしか、うらみの実感は媒介されないので、不正の追及もまた、この実感主義・体験主義の方法にたつ以上、二代目どまりということになる。三代目となれば、体験の基盤はなく、実感はじょうはつしてしまって行動の原動力とならない。かつて刑場にひかれてゆくイエスを侮辱したために死ぬことができなくなり世界の終まで放浪を続けざるを得なくなった「さまよえるユダヤ人」の伝説におけるように、ある体験を永遠不変の原理までにたかめるような原理形成の方法はここにはない。うらみも、正義感も、二代かぎりですりきれてしまうものとして、消耗品の種目にいれられている。

「真景累ヶ淵」の大団円、おばけの完全消滅の場所をひこう。

尼「今ではお前さん何不足なく斯《か》う遣《や》つて居ますが今日図《はか》らずお前達に逢《あ》つて、私は尚ほ、観音様の持つて入らつしやる蓮《はす》の蕾《つぼみ》で背中を打たれる様に思ひますよ、まだ二人とも若い身の上だから、是から先悪い事はなさらないやうに何卒《どうぞ》気をお附けなさい、年を老《と》ると屹度《きつと》報《かえ》つて参ります、輪廻《りんね》応報《おうほう》といふ事はないではありませんよ。といはれ新吉は打萎《うちしほ》れ溜息《ためいき》を吐きながらお賤《しづ》に向ひ、新「何《ど》うだえお賤、賤「私も始めて聞いたよ、そんならお母さんお前がお屋敷へ奉公に上つたら、殿様のお手が附いて私が出来たといへば、其のお屋敷が改易《かいえき》にさへならなければ私はお嬢様、お前は愛妾《おめかけ》とか何んとか云はれて居るのだね。尼「お前はお嬢様に違ひないが、私は追出されてでも仕舞ふ位の訝《をか》しな訳《わけ》でね。新「へい其の小日向の旗下とは何処だえ。尼「はい、服部坂上の深見新左衛門様といふお旗下でございます。といはれて新吉は悸《びつく》りし、新「エ、、そんなら此《この》お賤《しづ》は其《その》新左衛門と云ふ人の胤《たね》だね。尼「左様《さう》。新「さうか。と口ではいへど慄《ぞつ》と身の毛がよだつ程恐ろしく思ひましたは、八年前門番の勘蔵が死際に、我が身の上の物語を聞けば、己は深見新左衛門の次男にて、深見家改易の前に妾が這入り、間もなく、其妾《そのめかけ》のお熊（今は尼となつて目の前にゐる）といふものの腹へ孕《やど》したは女の子それを産落《うみおと》すとまもなく家が改易に成つたと聞いて居たが、して見ればお賤は腹違ひの兄弟であつたか、今迄知らずに夫婦に成つて、もう今年で足掛《あしかけ》七年、あゝ飛んだ事をしたと身体に油の如き汗を流し、殊には又其本郷菊坂下へ捨児にしたといふのは、七年以前、お賤が鉄砲にて殺した土手の甚蔵に違ひない、右の二の腕に痣《あざ》があり、それにべつたり黒い毛が生えて居たるを問ひし時、我は本郷菊坂へ捨児にされたものである、と私への話し、さては聖天山へ連れ出して殺した甚蔵は矢張お賤の為には血統《ちすぢ》の兄であつたか、実に因縁の深い事、ア、お累《るゐ》（前の妻）が自害の後此のお賤が又斯《か》う云ふ変相《かほ》になるといふのも、九ヶ年前狂死なしたる豊志賀の祟《たたり》なるか、成程悪い事は出来ぬもの、己《おれ》は畜生同様兄弟同志で夫婦に成り、此の年月互に連れ添つて居たは、あさましい事だと思ふと総毛立《そうけだ》ちましたから、新吉は物をも云はず小さくかたまつて坐り、只ポロポロ涙を流して居りました。[19]」

このようにして悪人の悔悟は、自分たち姉弟の家系がいりみだれて知らずしてたがいに殺しあい、知らずしてたがいに夫婦になっていたという自覚からはじまる。そこに、自分たちがかつてくびりころした惣右衛門の息子が僧形であらわれるに及んで、ついに、悪人の親子三人は納得ずくでみずから命をたつに至る。

このようにして悪人の悔悟が、家族という理念を拡大して物語の関係者全部をおしつつむ理念とした時はじめて、しぜんにするすると達成された。仏教の因縁の説はしばしばひかれてはいるが、この物語に関するかぎり、因縁とは、人間同士が長い歴史をたどればおたがいにたいして血縁であり家族関係をもつということにほかならぬ。古くまでさかのぼれば、日本人（人類）は、一つの大家族だという考えが、普遍的な正義の観念を生むために、日本人にとってもっともしぜんな象徴の展開なのであろう。またさらに、家族をふみつけにし軽んじて老年にいたった人が、みとってもらえる子孫なしの状態で、自分に残された未来についてかんじる恐怖が、作中最大の悪人お熊をして尼とならしめ、悔悟させる根本的な力となっている。この意味で、悪についての悔悟は二色の仕方で家族主義に根をもっている。

しかし、このような民族的象徴の展開は、世界の普遍宗教にくらべて、かけがえのない何かの意味をもつものと言えよう。キリスト教やマホメット教に見られやすい残忍さは、日本の象徴の展開をとおしては見られにくい。神の子が人類全体にたいして責任を負うたその道を進もうという非現実的な無限定の責任意識がここには見られず、そのかわりに株式会社設立の場合と同様な限定的責任の共通了解事項がなりたつ。これは、うっかりまちがえば、たんなる無責任に転落しやすいのだが、しかし、一神教における過剰責任意識をもっと人間的な正直なものにかえる可能性が、この民族的な象徴の中にある。

円朝の作品をたどることをとおして、私たちは、身ぶりをとおして象徴の形成に至る一つの道を理解した。日本の近代の散文のスタイルは、それによって書かれた思想のスタイルにも影響し、つねに特殊状況から離脱した抽象的シンボルからはじめて抽象的シンボルの形成におわるという、悪しきシンボリズムに停滞させる危険がつよい。私たちは、つねに身ぶりから象徴への線をたどることをくりかえす練習方式を考えたい。そして、その練習の中で、身ぶりを身ぶりとして向上させるという任務と、象徴を象徴としてよりよく結晶させるという任務と、二重の任務を負うことが今までよりは、たやすくなる。

注

（1）タカクラ・テル「新文学入門」理論社。
（2）R. P. Blackmur, *Language as Gesture*, London, George Allen and Unwin, 1954. 私の文章ではブラックマーよりも狭く「身ぶり」をしぼって使っている。
（3）「円朝遺聞」円朝全集第十三巻、春陽堂、昭和三年、六八五ページ。
（4）「円朝遺聞」同前、六一五ページ。

(5) 同前、六一七ページ。
(6) 同前、六一六ページ。
(7) 「怪談牡丹燈籠」円朝全集、巻の二、四七―五〇ページ。
(8) 「真景累ヶ淵」円朝全集、巻の一、二八ページ。
(9) 「塩原多助一代記」円朝全集、巻の十二、一二六―一二七ページ。
(10) 「叢平文治漂流奇談」円朝全集、巻の四、二三―二四ページ。
(11) 「後開榛名梅香」円朝全集、巻の十、六〇六―六〇七ページ。
(12) 「真景累ヶ淵」円朝全集、巻の一、八七ページ。
(13) Kenneth Burke, *The Philosophy of Literary Form*, Vintage Book, 1957, p. 12.
(14) G. C. Jung, *The Collected Works, 5, Symbols of Transformation*, Kegan Paul, 1956.
(15) 「真景累ヶ淵」円朝全集、巻の一、四四―四五ページ。
(16) Ernst Kris, *Psychoanalytic Explorations in Art*, International Universities Press, 1952, pp. 213-4.
(17) 「真景累ヶ淵」円朝全集、巻の一、八〇ページ。
(18) 同前、八七―八八ページ。
(19) 同前、三六五―三六六ページ。

化物屋敷考

宮田登

1 枕返しと明かずの間

化物屋敷とは、祟りのこもった土地に建てられた屋敷を意味しており、そこにさまざまな妖怪変化が集まってくる空間、と考えられている。

東京ディズニーランドで、人気があるのは化物屋敷だそうだが、江戸時代から化物屋敷は見世物としてしばしば話題になる場所であった。近年の女子高校の学園祭などでも、演し物のなかで一番多く企画されるのは、化物屋敷だと聞く。どういうわけで若い女性に人気があるのか、興味ある問題であろう。

妖怪変化の問題を考えるとき、若い女性の存在を抜きには語れない。これは、一般に女性が男性よりも超自然的領域とコンタクトがとりやすいという性向を持っているという点をよく示している。

また女性のほかにも、子供の存在が注目される。たとえば伝統的な妖怪としてザシキワラシがいる。このザシキワラシは漫画ゲゲゲの鬼太郎の原型とも思えるのである。ザシキワラシは赤ら顔の幼童のイメージが

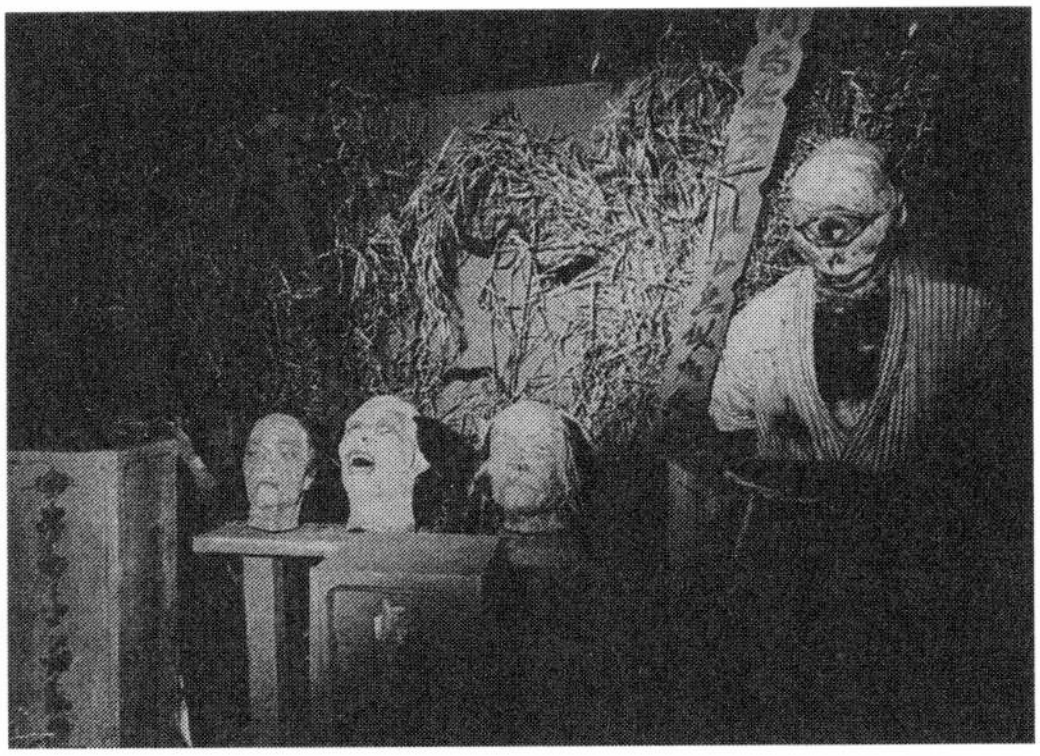

見世物小屋の化物屋敷（内藤正敏撮影）。

枕返し（水木しげる『妖怪事典』より）。

あり、旧家の奥座敷とか、蔵のなかにあらわれてくる。やたらに雑音を立て、いたずらする特徴がある。とりわけ寝ている者の枕返しをする。枕返しとは、夜きちんと寝ているにもかかわらず明け方になると枕が逆になっている状態をさしている。

枕返しでは、枕を返すということに深い意味がある。枕は、人が寝ているときにひっくり返されると、枕を通してすべての秩序が逆転すると考えられていた。以前の枕は箱枕であった。とくに夢を見るために枕の下に香をたき込めるのである。香のにおいによって一種の睡眠の作用に入り夢を見たのである。夢を見る行為はもう一つ別の世界に入り込むための手段だと考えられていた。その場合、枕を使うことによって、移行できると考えていたらしい。

そのため昔の人は、枕を蹴飛ばしたりしたらバチが当たるといって、タブー化した。枕は大切に扱わねばならない。枕に頭をつけたり、耳をつけて、じっと横になっていると、さまざまな想念が浮かんでくるだろう。枕は異次元の交錯している境界だと考えられていたのである。だから別な世界に移動するための夢を見る呪具だと考えられていた。そこでもし枕をひっくり返すならば、それは世界を逆転させてしまうということにつながるものと潜在意識のなかで思っていた節がある。だからそのことは、異常なことであるとして恐れられた。夜寝たときの枕が朝起きると反対の方向にきている。寝ている間にもう一つ別な世界にうっかり足を踏み入れてしまった、というように考えられていたらしい。そしてそうした仕掛けをするのがザシキワラシだと信じられていたのである。

しかし一方、ザシキワラシが家中のどこかにいる限り、その家の繁栄は保証されているという信仰があった。妖怪ザシキワラシは枕返しをするけれど、同時に家の守護霊としてその家の富貴繁栄を保証していたという点が従来より指摘されている。ザシキワラシの出現するときの特徴は、激しい物音を立てることにある。その物音によって、ザシキワラシの出現が人々に分かり、それはむしろ吉兆でもあると考えられていた。ザシキワラシがあらわれてきて、蔵のなかの柱の下に瓶が埋まっており、そのなかに黄金小判が入っているということを家の人に告げた、という話も語られている。また、姿は見せないが足跡をかならず残していくともいう。とりわけそれが子供の足跡の形をしているので、ザシキワラシは幼童であるという根拠にもなっている。枕返しをするのは、東北地方のザシキワラシだけではない。江戸時代の大都市の一つであった金沢にも、江戸に匹敵する化物屋敷のフォークロアがある。そのなかで「藤田氏邸宅」と伝えられる化物屋敷には、「枕がへしする一間」があったという。ある夜、五人の若者がその部屋に灯りをつけたまま寝て話をしているうちに、枕を返されてしまった。「それ〱逆さまになるはといふ内に、頭は跡先になる。五人ながら此の如し」という状態になったという。

「枕がへしの間」という空間が存在することは、この空間を通して、もう一つ別の世界への通路が確認されることでもあった。ところで金沢のこの屋敷で、あるとき一人の男が泊番になり、蚊帳のなかで寝ていた。すると、唐紙と障子をさらさらあけて入って来る者がいる。よく見ると、「うつくしき女の紅粉色をましたるが、色よき装束にて蚊屋の外に踞りて、右の手の食指と母指にて蚊屋の寸尺を取りて帰るに、元のごとく唐紙、障子をさらり〱と立ててぞ行きける」という怪異であった。この場合、蚊帳（屋）が、妖しの女の侵入を防いでいたことになる。蚊帳の占める空間は、籠りをするための聖域とみなされていたことの残存であろう。

またあるとき、この家の主人藤田内蔵允の草履取りが、宿より帰ってきて、この屋敷の門前近くにくると、「是もうつくしき女の貌白く歯黒きが立向ひ、にこ〱と笑ひ懸りける程に、其のまま気を取り失ひけるを、人々聞付け伴ひ帰りけるが、煩ひ付きて死にける」（以上の引用史料は『金沢古蹟志』巻六）という結果になった。妖しの女は、ついに人を殺してしまったのであるが、たぶらかされたり、枕を返されたり、殺されてしまった者たちは、いずれもこの屋敷に仕える家人たちで、家の主人に直接その怪異は及んでいない。そして主人である内蔵允は、江戸に行った帰りに、高岡より「大虎」という名犬を連れてきて、この犬を使い「大いなる貉《むじな》を一つ取りける」ということにより一件は落着した。すべての怪異は貉によって生じたという理解なのである。狸・貉・狐のデモノロジーは豊富である。そしてこの化物屋敷は、貉によって化かされた空間だったという説明ですべて尽されたことになったのである。

この場合、知識人の通弊により、妖怪の本源は貉であることで解決してしまっているが、ここでは、枕返しをはじめとする怪異をひき起こしているのは、若い美しい女の仕業だと、現象的には描かれているのである。

前述のザシキワラシのいる家は東北地方の旧家に多く残されている。その屋敷のなかの一定の空間に霊の存在があり、具体的に幼童の形で出現してくるというのは、化物屋敷と同じ発想であろう。それは特別の霊が屋敷の一定の空間、特定の場所に存在するという考え方にもとづいている。古城にも、しばしばそういう言い伝えが残っていた。たとえば、姫路城にはオサカベ姫という女の霊が住みついているといわれていた。それも天守閣の一角に限られている。その場所へ他人が入ることを嫌う、年に一度城主のみこれに対面することができる、と伝えられている。姫路城のオサカベ姫に類する妖怪は会津の猪苗代城の亀姫の話にもあった。亀姫は、丁重にもてなされれば、城の安全を保証してくれるが、うっかり粗末にしたりすると、城主をとり殺してしまうともいわれる。

亀姫は禿、つまり幼童の姿にもなってあらわれてきて、城主の命が尽きることを予言するという。女の霊だといいながら、しばしば幼童となってあらわれているというのである。ある年、城代家老が、亀姫を丁重にもてなさなかった。すると、幼童の姿であらわれてきて、城代の命は次の年でおわると予言した。そして翌元旦、城代が広間に出たらば、広間の床の間に棺桶と葬式の道具が置かれていたという。そして、その夕方、餅をつく音が聞こえてきた。つまり正月元旦に、棺桶とお葬式の道具が置かれ、夕方餅をつく音が聞こえたのである。正月元旦には餅はつかないわけだから、これは非日常的な象徴を意味している。そしてついに城代は正月十八日、便所のなかで倒れ、二十日の朝死んでしまったという(『道翁茶話』)。

東京の麹町の八丁目に、かつて大老井伊家の屋敷があった。そこは以前、加藤清正の屋敷だったという。千畳敷と呼ばれる大きな屋敷であり、高い崖の淵に建てられていた。この屋敷の天井から籠が釣り下げられており、その籠を決して開いてはいけないといわれていた。その籠のなかには、一説によると、加藤清正の奥方の屍がそのまま入れられ保存されているといわれていた。そのミイラは老婆の形をしているともいう。千畳敷と呼ばれる宏大な屋敷の一角の一間の天井から釣り下げられた籠があり、その籠のなかに、屋敷の女主人の屍が入っているというのである。南方熊楠は、これをかつての人柱の痕跡だと考えた。先の古城の天守閣の一隅に住んでいる女人の霊とも同じであり、人柱は、屋敷をつくるときに、その屋敷の一角に埋められた生けにえである。こういう考え方が日本にも古くからあったというわけで、人柱の風習が行われていたことを、南方熊楠は主張している。

「明かずの間」とか、「入らずの間」と呼ばれる空間が、古い屋敷には必ずあったのである。そこは入ってはいけない居間であり、しばしばその周辺に怪異現象が生じていた。

大岡越前守の居城であった武州岩槻城（埼玉県岩槻市）の天守台は石垣だけ残っていたが、草が生い茂り、通ることもできないような場所になっていた。かつての天守台があったところに人が近づくと、その人は行方不明になってしまうというので、人々は近づかないから、草がいよいよ繁茂してしまっている。その天守台の廃墟にあやしげな何ものかがあるという話であるが、注意されるのは、城の建物はなくなっていても、なおその部分に、怪異が起こると考えていたことである。つまり怪異は建物ではなくて、その土地に結びついた何ものかであるということになろう。

「明かずの間」は建物の内部になっているが、この建物と土地とを結びつけるような怪異が潜んでいる、ということが想像されるのである。江戸時代の話であるが、小石川の牛天神、いまの後楽園野球場のすぐ近くに、細田嘉右衛門という武士が住んでいた。二百五十石取りの旗本だった。細田家の知行所は豊島の雑司ヶ谷にあったという。

元禄年間のこと、この細田家の曾祖父が、妾をもっていた。その妾が男と密通したという。そこで、曾祖父は怒って妾を問い詰めた。女は逃げようとした。曾祖父は逃げる女を追いかけていき、屋敷の芋畑に追い詰めて斬り殺した。そのとき妾は、自分はこの期に及んでも密通について、いささかも覚えがない、このような無実の罪で殺されることが無念であるとのべ、斬られながら井戸のなかに飛び込んだ。先の皿屋敷のお菊の場合もそうであるが、化物屋敷にはつねに井戸が出てくる。つまりこの場所があの世とこの世の通路にあたるわけなのである。

さてそれから三代目の、細田家の当主の段階にいたっても、そのとき殺された妾の怨念が、屋敷の空き地にあたるところになおこもっていたという。たとえば野菜畑をつくろうとする。きゅうりとか、南瓜とか、茄子とかをつくると、そこには人間の顔のような、目鼻のようなものが出てくる。しかも、それは食べるとたいへん苦い味がする。芋を植えると、その芋茎の切り口から血のようなものがしたたり落ちて生ぐさい臭いがする。芋の子は自然に目とか鼻のようなものが生じ、しかもそれを食べようとすると、硬くて苦くて食べにくい。また、屋敷地に井戸を掘ると、その水が血のような色で生ぐさく、その水は飲むこともできないといわれる。ここの畑の作物の形状がたいへん奇怪なのは、その地点で殺された女の怨念によるためだと説明されているのである。

「明かずの間」とか、「入らずの間」とかいう屋敷の一定の空間は、その土地に怨念がつながったものと説明されている。とくにその場所で殺された女の霊がこもっているというのである。このことは古城の人柱の説明とも結びつくものであろう。

建築儀礼のなかで、家の大黒柱を建てたときに、その柱の下に、女性の櫛、鏡などの化粧道具をわざわざ埋めておく、という言い伝えがある。なぜそんなことをするのかというと、昔、一人の大工が殿様のために家をつくったときに、柱と地面との間に隙間ができてしまった。そこで、これを何とか防がなくてはならないので途方にくれていると、大工の娘が、袴を柱にはかせたらどうかという。そのとおりにすると、そのミスが隠されてしまい、きちんとしたきれいな柱になった。殿様はそれを見て喜んだ。ところが、秘密のうちにそのことを進めたから、秘密が暴露されるのを恐れて、父親の大工は娘を殺して、死体をその柱の下に埋めたというのである。

大工は、本来家の霊を管理する存在であり、たんなる職人というよりも、霊を家のなかに入れこめる、いわば神主の職能をもっていた。棟梁は、家の霊を新築した家にうまくとりこめて、その家が代々伝わるように配慮するという呪的な役割を担っていたのである。

現在では、神職が神社から派遣されてきて、地鎮祭、建前、棟上げ式といった建築儀礼に関わり、神道祭式のお祓いをする。建築のはじめの儀礼の地鎮祭は明らかに土地の霊を鎮めるための呪術であり、その役割をかつて大工の棟梁が行っていたのである。若い娘を柱の下に埋めるということは、現実の習俗としてはむずかしいので、結局、娘の日常使っている道具を代わりにそこに埋めた、ということになっている。

そこで人柱を実際にしたかどうかという問題より、むしろ霊魂を鎮めるときに、若い女がその役割を担っていた、ということの反映なのだろう。その場合、家と土地にからまる霊の処理が不十分だったときに、「明かずの間」「入らずの間」の伝説が生まれていったと思われる。先の細田嘉右衛門家の話も、殺された女の怨念がその土地にこもっている、と解釈されている。このように「明かずの間」「入らずの間」をもつ化物屋敷のなかで興味深いのは、女の霊と家＝屋敷の関係を示すものである。

次の事例は、江戸の本所二つ目相生町と緑町との間の屋敷で、数原宗得の屋敷にまつわる話である。この家は以前より化物屋敷として知られていた。この家に蔵があり、その蔵は庭の片隅にあった。蔵の屋根と扉は木造であるが、あとは石で積み上げた石蔵であった。だから、火災避けにきわめて効果がある。蔵は広さ二間半に三間半ぐらいの大きさである。この石蔵に古くから妖怪が住むといわれていた。昼であろうと、夜であろうと、石蔵に入るときは三人で入らなくてはいけない。そして、もしこの石蔵に入っているときに小用をしたくなったら、ただちに石蔵を出なくてはいけない。なぜならば、尿意をもよおすのは、妖怪が出現してくる前兆だからだという。もしうっかり我慢しながら、なかでものを捜していると妖怪が出てくるという。妖怪の姿はいろいろあるが、小女の姿、小坊主の姿、大きなだるまの姿、みみずく、犬張子、から傘、鬼女、ヨロズノメンゴ、銭翁、鶏犬、牛馬、こういう類であらわれてくるといわれている。

妖怪はあらわれてきて人を脅かす。しかし、この家が化物屋敷といわれながら、なお家人が長く住みついていたのは、妖怪が火災予知をしてくれるためであった。もしこれから近所に火災が起こることがある場合、その前の晩に、鉄棒をひいて歩く音がするという。ガラガラガラガラという怪音が発せられたのですぐ分かる。それによって、近くに火災が起こることが予知された。人々はただちに家財道具の取り片付けをして準備する。大火があったときも、この家だけは必ず火事からまぬがれられた、といわれている。寛政年間、妖怪からの火災の知らせがあり、翌日近所から出火して大火になった。この日は風が激しく、あっという間に燃え広がってきた。数原家では、祖母を駕籠に乗せて避難させた。それから、家財道具を石蔵の入口に置き、忙しいのでそのままにしておいた。すると、この石蔵のなかから一人の女が、髪を振り乱した姿であらわれてきて、入口に積んである品物をどんどんと石蔵のなかに運び入れてしまったという。その動作が非常に素早かった。この女に気がついた一人の下女が、女の顔を見ようとしたけれど、決してその顔を見せなかったという。「女はかの道具をみな石蔵の中へ運び入れ、内より戸外を締めけるとかや。奇怪というべし」(『遊暦雑記』二編の下)と記されている。

この妖怪の姿は明らかに女であるが、同時にこの家の守護霊の存在でもある。この家の主人は数原宗得という医者だが、後世妖怪があらわれた四月十四日を例祭として、石蔵のなかに灯明をかかげ、供物を供え、毛せんを敷き詰め、外には大きな灯籠や提灯を飾り、昼は修験者に来て祈禱してもらい、夜はもろもろの音曲、鳴物、神楽を奏して、妖怪の心を慰め、祭礼を行ったという。さらにまた、この家から火除けのお札を出したりした。この護符を得て家内に貼り崇めて置くと、一切の火災のわずらいがないと世間でいわれるようになった。

つまりこの妖怪は家の守護霊となって祀られ、やがて火除けの神として、江戸に知れわたった流行神になったのである。いったいこの妖怪は何ものであったのか、女の姿であらわれているが、その本体は何なのかというと、その鍵をにぎるのは石蔵の隅の棚に一つの箱が昔から置かれていてその箱のなからしい。大きさ五、六寸四方で、昔からそこに置いてあり、誰も場所を変えたことがない、手に触れた者もいない。おそらくこの小さな箱のなかに妖怪が住まっているであろうと伝えていた。この妖怪の本体は、石蔵のなかのさらに小さな箱のなかに封じ込められているのだ、と考えられているのである。

2　都市の化物屋敷

都市で語られているフォークロアの妖怪についての帰結点の一つは、妖怪の出現する場所が、一定の空間を占め、「明かずの間」とか、「入らずの間」、天守閣など、定められた屋敷の空間へと、次第に具象化されてくる。そして、最終的にはその空間をさらに矮小化した小さな箱のなかに本体があった、という発想なのである。

こういう思考法は、井上円了のいう、真怪を求めたい意識が前提にある。妖怪の本当の正体は何だろうかと突きつめていく。その正体について合理的な説明がつくように、考えていくのである。人にはわけの分からないものの存在を認めておきたい傾向があり、正体不明でも、何となく説明しておこうという折衷案をとろうとしている。そして妖怪変化が化物屋敷という一定の空間に閉じ込められるプロセス、それが都市の民俗文化のなかで語られてきているという点が注目されるのである。井上円了は「化物屋敷」の実験談を数多く記録した。彼の調査のなかで「都会に化物屋敷が多い」という印象を得ている点は注目される。

一般に化物屋敷に住むと必ず病人とか死人が出てくる。化物屋敷は日本のなかでは東京に最も多いらしい。井上円了によると化物屋敷を見た場合、共通して家の光線の採り方がよくない。空気の流通が悪い。室内が薄暗く、陰気に感ずる家であるという。つまり冷気湿地の空間に多く見られるのである。

東京の化物屋敷に住んだことのある人の話によると、その家には、深夜になると「カチャン、カチャン」という奇怪な音が絶えず聞こえてきたという。これには必ずしかるべき原因があるはずと思い井上が調べてみたら、井戸のなかに途中より差し水の穴があって、これより落ち込む水の滴る音であることが判明した。つまり途中から別の水路の水が混入するわけで、その井戸の水を飲んだために病人が多く出たに違いないという結論なのである。化物屋敷の原因を正してみればこうした結論になることを井上はしきりに列挙しているのである。また化物屋敷には多く「地気」の作用が及んでいるという。土地によって地質が違うように、地気の上昇の加減もところによって大いにちがう。地気というのは、地面の層の下からたちのぼる気体のことである。地層の下には気動があって、それが絶えず上昇したり、下降したりする。仮にこの気中に含まれる悪気があるとすると、これに触れる者は、知らず知らず逆上してしまうという。化物屋敷に住む者で、早死にする者が続出したり、変死者が出たりするのはこのためで、不吉な家にはこの悪気が満ちているのだというのである。

化物屋敷に入ると、陰惨な気にうたれて、何だか妙な気持になってくるものである。これには神経作用が手伝っているかも知れないが、とにかく一種不快な気に触れることは事実である。井上によると、これは地気の作用によるものであるとする。家屋の構造に気流の悪いところがあって、それが作用していることになる。土地、家屋に吉凶があって、とりわけ、凶相の家、具体的には、すなわち光線の通らない、気流の悪い家、厠と井戸が接近したような家で、早死にする人が続出してくるのだという。そして家人が逆上したり、奇異な幻覚を見る者がある場合、すぐにその家は化物屋敷の評判が立つのだという説明をほどこしている。

地気とは、別言するならその土地のもつ霊的な力との関係でとらえられる性格であろう。

前述の「皿屋敷」の民間伝承もその一種であり、土地にこもっている異常な霊があり、その霊がとくに若い女性を通して出てくる。その空間は井戸とか、便所に求められている。

便所は、古来より不思議な空間の一つに数えられてきた。便所神が祀られたり、出産に伴う俗信が関わっていることが知られている。雪隠《せっちん》参りは、出産後、三日目あるいは七夜に、生児をつれて便所神に参らせるもので、便所の空間が、不浄というよりは、聖域とみなされ、とくに生と死のはざまにあたる危険な時間を通過する赤子の守護に関わったことを示している。便所神は産神とみなされていた。出産の時間に、他界への通路にあたる空間を守護する必然性があり、産神としての便所神が、境界領域としての便所に出現したものと思われる。だから便所にも化け物の出現する伝承が生じたのであった。

次に井上の調べた「妖怪屋敷」の実例を考えてみよう。名古屋市下萱津町にある、宅地三反三分の屋敷はものすごい藪のなかにあった。明治二十四年のころそこに北川音次郎なる者が住んでいたが間もなく引っ越し、空き家となっていた。明治二十七年八月ごろ、その地は陸軍第三師団の大隊本部となった。間もなく第三師団も戦争で戦地に行き、また空き家となった。その後いろいろな人が居住したが、何か変事があると言って二ヵ月と継続する者もない。だれ言うことなく「妖怪屋敷」ととなえられだしたという。その噂が近辺に伝わり、ますます人が住まず、邸内は荒れ放題になり、草が生い茂り、狐や狸の巣窟となってしまった。

この噂を聞き伝えた河野中佐という軍人が、明治二十九年四月ごろに同家に引き移った。聞きしにまさる寂しげな屋敷であったが、河野中佐は意に介せず、修繕を加え、居住した。ある名月の夜、中佐の夫人が家のなかで、中佐にむかって「今夜は大変な大雨でしょう」と言った。中佐は笑いながら「今夜は名月で、雨なんか降るどころではない。察するに雨樋の水が溜まっているのが、何かの途端に溢れ出て、雨の音に聞こえるんだろう」といって外に出てみると、外は何事もなく、月はこうこうとさえわたり、静かな夜だ。しかしどこからか雨の音がするという。中佐は訝しいことだと思いながら、寝床に入った。数日して下女がきて、他人が出入りするはずのない路地に、見知らぬ人の下駄が脱ぎ捨ててある旨を告げた。中佐は、昼間、泥棒が入る様子はないがとにかく怪しいことだ、後の証拠にその下駄を持ってこいと命令した。下女が戻って見たが、五分前にはあった下駄は消えていたという。

またあるとき、中佐が公用をおびて、伊勢の津へ出張した。ところで、下女の部屋のなかに狐や狸の難を防ぐために、わざわざ鳥籠を設け、そのなかに鶏を入れて飼っていたが、夜が更けて人が寝静まったころ、鶏の悲鳴が聞こえた。何事であろうかと下女をはじめ家内の者が起き出してみると鶏は羽一本も落とさずに、どこかへつかみ去られてしまっていた。

このような奇妙なことが多くなったので中佐もさすがに不思議に思い、会う人ごとに事件を語った。ある人が「お祓いをすればいいではないか。崇徳稲荷に行って、祈禱してもらったらどうか」と言う。稲荷の巫女が言うには、中佐の屋敷には三、四百年以来住んでいる狐がおり、これは「春吉大明神」と崇められていたが、十数年ごろから、祠が破れ、壊れてしまい、祭りが途絶えてしまっている。そこで、中佐に頼んで、再び祀られようとして、不思議なことをあらわしているという。だから決して悪意からやっているのではないという。鶏が行方不明になったのは、多分、邸内の西南の隅に穴を掘ってそのままにして、埋めておいてあるだろうと告げた。そこで中佐は試みに西南の隅を、掘ってみたら、たしかに鶏はそのまま埋めてあった。そこで新たに邸内の東北の隅に「春吉大明神」なる祠をつくって祀った。その後、ある夜、門を叩く者があった。下男が出てみると人影がないので門を閉ざし、内側に入ると、またもや激しく叩く者がいる。しかし出てみると、誰もいない。怪しいことだと思って、また崇徳稲荷に行って尋ねると、「春吉大明神」が中佐の恩に報いるために、何かを知らせているのだという。その音がすれば、一週間後に何か必ず起こるだろうという注意があった。果たしてそれから一週間後になると、いろいろな異変が起こったという（『妖怪学雑誌』三巻十一号）。

この話をみると、江戸時代以来の稲荷行者の祈禱によって、祀り棄てられていた稲荷が、改めて祀られることによって家の神になり、その結果家を守護するようになるという類型的なあら筋である。狐つきとか、狐落しも、同様なものである。狐がつき、託宣して落とされて、稲荷に祀られる。そして、そのまま屋敷の守護霊になるという、こうした話は江戸時代以来多く語られてきたものである。この屋敷のことを人々は「妖怪屋敷」と呼んだが、妖怪屋敷というのは、実は何かの霊魂が暴れている場所であって、祀り棄てられていた霊に対して、これを祀り込むなら、再び妖怪屋敷ではなくなるのだという話になっている。

3　ポルターガイストと下女

一般に死霊はきちんと祀られていればいいが、祀られていないと怨霊となり、祟りをすると考えられている。その場合、化物屋敷として世間話に伝えられてくるなかで、とりわけ若い下女が何かかかわりを持っているという点は興味深い。下女といっている若い女が、一定の土地や、屋敷とつながりを持って、語られているのである。つまり土地とか家にこもっている霊を引き出す役割を下女が行っていることになる、たとえば江戸時代の末によく知られた「池袋の女」という話はその典型例であろう。

「池袋の女」は化物屋敷との関係を語る世間話である。一定の家に、一人の下女を媒介にして大騒動が生じる。その生じ方は、たとえば川柳などで「下女が部屋振動こいつ池袋」などというように、下女のいる空間で、ものすごい騒音が起こる。最初は、投石、家鳴り、震動するのである。そして下女は、池袋村出身の若い女であるという説明がついている。

江戸の世間話のあら筋は、旗本か、御家人の家があって、そこに一人の下女が雇われている。雇われた下女は池袋村出身だとされている。池袋は、いまでは東京の副都心の一つになっているが、江戸時代には江戸郊外の小さな農村であった。そこはちょうど市街地の外れにあたる境界領域であった。池袋、沼袋、池尻といった地名で示されるように扇状地なのであり、いわば水の出やすい、湿潤地帯であるといえる。

その村の百姓の娘が大都会である江戸の町のなかに出てきて勤めた。ところが娘は主人にあたる都会の若者に犯されてしまう。その直後に異常な騒動が起こる。どういうことかというと、一つは「石打ち」というものであり、石が雨霰と落ちてくる。家に穴があいたり、破れたりした状態になる。次に家のなかにある道具類が、空中を飛んだり跳ねたり、浮遊する。騒音とともにお皿とか鉢とかお膳とか茶碗とかが、家じゅう

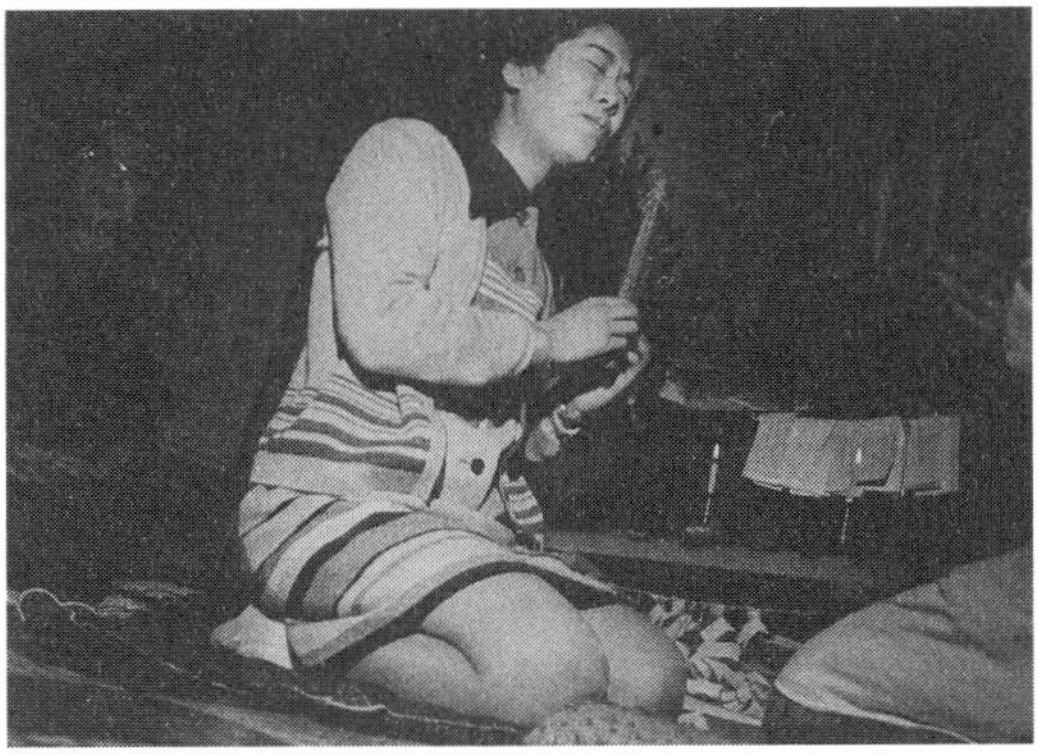

池袋で祈禱する若い女（内藤正敏撮影）。

を飛び回る状態になる。
家の主人は修験者にご祈禱をしてもらうが鎮まらない。ご飯を炊いていると、釜の蓋がふわっと浮いてしまい、飯のなかに火が入ってしまう。味噌汁をつくっていると、天井から大きな土の塊が飛んできて、お鍋のなかに入り、汁が溢れて、食べられなくなってしまう。だいたい三日間ぐらいそういう状況が続く。しかし隣の家にはそれが起こっていないで、その家一軒だけの現象である。家じゅうでどうしてこうなったんだろうかと話し合った結果、古老の指摘で雇っている下女の出身地を尋ねると、「池袋の女」であることが分かる。下女は直ちに暇をつかわされる。すると不思議なことに、下女が一歩家の外に出ると家鳴り震動がぴたりと止まってしまった。そういえばその下女は家じゅうが騒いでいるとき、悠々と熟睡していたということが分かる。当時の人々はそれを狐つきだと考えた。下女に狐がついていて、そういう現象を起こしたに違いないというのである。また池袋村の氏神が、自分の氏子である娘が他所の若者に奪われてしまったことに対して、怒って祟りを示したのだという解釈もある。不思議なのは、「池袋の女」と限定されたことである。ところが池袋の住民は「池袋じゃない」、「あれは沼袋の話だ」という。池袋村の近くに沼袋村があった。また池袋と言いながら、『耳袋』には「池尻の女」だという説も記されている。貧しい農村出身の娘が大都会に行って生活しているうちに、自分の一生のうちで、衝撃的な事件が起こったときに、この不思議な力が出てくるのである。

ところで柳田国男は、この件について東京近郊に異常な心理が発生していると説明している。これは恐らく都市化現象と関係するのだろう。とくに都市化する空間において若い女性の示す精神作用が、こうした不思議な力を起こしているとみている。

一方、南方熊楠はこれは「ポルターガイスト」と説明した。ポルターガイストとは「騒ぐ霊」と訳されるものであり、いわば人類に共通した現象である。

渋沢龍彦『東西不思議物語』の一節に「ポルターガイストのこと」がある。家のなかの机や家具や食器などをがたがた揺すったり、ひっくり返したりする何かが存在するが、その姿はさっぱり見えないという。ドイツやイギリスの田舎にはよくこのような不思議な事件が起こっていた。昔は悪戯好きの妖精の仕業と考えられていたという。日本にも似たような話が多くある。『古今著聞集』には、京都の御所の周辺を歩いていると、突然石がぼんぼん飛んできたけれどその原因は分からない。当時人々は狸の仕業だろうと考えていた。『閑際筆記』下によると、「人家無ㇾ故而瓦礫外ヨリ飛来ル、俗ニ之ヲ天狗礫ト謂フ」とし、京都三条右府白川之亭にこのことがあったと記している。あるとき一人の男が近所の村を狩して、狐狸多数を捕え殺したらば、その後飛礫が止んでしまった、とある。この飛礫の原因についても、狐・狸の仕業と考えられていた。これは室町時代の京の出来事である。また、近世江戸の話で、「東武ノ士人之家ニ、夜々飛礫月ヲ踰エテ不ㇾ輟」という。そこで数人の者が隠れてその原因を探ろうとした。すると何物かが門前を通り過ぎたとたんに礫が飛んできた。人々がその何物かにとびかかり押さえこむと、これが人間であったという。「相識ル所ノ山伏其ノ家ニ以テ怪有ルガ為ニ、己ガ祈禱ヲセシメント欲シテ然リ」と記しており、礫を投げたのは山伏の仕業であることが分かったとしている。また平田篤胤の書いた有名な『稲生物怪録』には化物屋敷の話が豊富に使われている。家鳴り震動をはじめ家のなかを道具が飛んだり跳ねたりしている様子が描かれているのである。道具が空中を飛び回るということは、前述した「付喪神《つくもかみ》」とも関係するのだろう。つくも神は、古い道具の霊であった。年を経た古道具類が空中を飛んだり跳ねたりして、かつ不思議な物音を立てるのである。『新著聞集』奇怪篇に記載されている事例は「大坂立売堀中橋町、玉置宇兵衛といふ者の借店に檜物屋あり、承応年中のある月の六つ時に震動しばしばして、後海土ともおぼしき土二十荷程、何国ともなく台所の真中に涌出でたり、人々寄合ひ裏なる空地へかきのけしが、又五つ時分に右の分量ほど出現しけり、やゝしばし程は天井の方よりすこしづゝ粉土ふりし、相店に婆のありしが六つ前の布衣《ゆかた》のごとくなる物一つ何地ともなく飛来りて、檜物やのやねにおちしと見えしと語りけるとなり」というもので、土中や天井から砂が噴出してきたといい、その時刻は明方か暮方の六つ時前後ということになっている。

渋沢龍彦は、いまから十数年前に、アメリカで起こった一つの事件を紹介している。それは瓶の蓋がひとりでに飛び上がって、抜けてしまうという怪事件であった。

ニューヨークの東のロングアイランド島にシーフォードという町があり、そこにハーマンという一家が住んでいた。一九五八年二月三日午後三時半ごろ、ハーマン家の十二歳になる息子ジェームスが学校から帰ってきて、自分の部屋に入ると、奇妙なことに気がついた。箪笥の上に置いてあった陶器の人形とモデルシップが、床に落ちて粉々に割れているのである。ジェームスは大声を上げて、母と十三歳になる姉のルシルを呼んだ。

二人はやってくるとびっくりして、自分たちは絶対に箪笥の上には手を触れなかったと言い張るのである。この家は勤めに出ている父親を除けば、家族は彼ら三人だけである。次の部屋にいってみると、今度はハーマン夫人がもっと奇妙なことを発見した。聖水を詰めておいた瓶が倒れ、おまけに蓋が抜け、水が家具の上から床まで流出していたのである。ちなみにハーマン家は熱心なカトリック信者である。今度は洗面所の方で、ポンポンポンという音が続けざまにおこり、三人は仰天してそっちに駆けて行った。洗面所では洗面台に置いてあった化粧瓶や香水瓶の蓋が一つ残らず飛び上がって、抜けていた。まさに瓶の蓋が革命を起こしているかのごとき状態だった。地下室に行ってみると、ハーマン夫人とジェームスの見ている前で、漂白液のジャベル水の瓶が、ボール箱の外へ飛び出し、コンクリートの床の上で、踊り回って、そのあげくに割れてしまった。つい目の前のことだったので、飛び散った液体が衣服にはねかかったほどであったという。

そして次の段階で、瓶ばかりではなく、ランプや鏡や家具や蓄音器までが一斉にガタガタと揺れだした。そして六日目に堪りかねたハーマン夫人が警察に助けを求めたが、もちろん警察でも理由は分からない。科学者や心霊学者を呼んで、電気の配線の具合やら何やら、家じゅうを捜し回ったが、原因らしいものはつかめない。このポルターガイストは五週間ほど暴れ回った末、ぴたりと静かになった。ある学者の意見では、ポルターガイストが騒ぐのは、必ず子供のいる家だということであるが、それはどうしてだか分からないという。

二年ほど前にアメリカ映画「ポルターガイスト」が上映されたことを覚えている。テレビを深夜そのままつけておくとガーッと騒音が入りはじめ、やがて画面があられ模様の状態となる。その場面で、三歳か四歳の寝ていた女の子が起きてきて、テレビのある居間に降りてくる。父親は不動産屋で、仕事につかれ、テレビを見ながら寝込んでしまったのでそのことに気がつかない。小さな女の子がテレビの前に座っていると次第に「ガーッ」という音がしてくる。そしてその音の背後に、小さな女の子にだけに通ずるメッセージが伝わってくるらしい。結果的にはそのテレビが他界への入口となって、女の子はやがてテレビのなかに入ってしまうのである。

他界に入り込んだ女の子を捜し求めて、大人たちが必死になって捜し回り、もとの世界に戻そうとする。心霊科学者とか、病院から派遣された心理学者たちが参加する。やがてこの家には、たえず家鳴り震動が起こるようになった。とくにそれが子供部屋から起こっている。子供部屋がもう一つの世界に通ずる通路と想定されているらしい。その空間ではものが飛び上がったり、跳ねたりする状態になっている。行方不明になった子供を求めて、母親が一本の紐を通ってもう一つの別世界へ入り込み、子供をその紐を通してもとの世界に戻す。その場合、境界領域において母親と子供の精神的つながりのきわめて強いことが作者の意図のなかにあるようだ。つまり母親の愛情によって子供をこの世に戻すことができたとする。

ところでなぜその場所にそのような空間があらわれたのか。実は、この地域一帯を不動産屋が宅地造成をした。ひと儲けをしようとした社長が、墓地だったところを墓石を壊して、その上をコンクリートをしき詰め、さらにその上に土をのっけて、家を多く建てた。きれいなベランダ付きの住宅が次々と建てられたが、たまたまそこに第一号で住みついたのはごくふつうのサラリーマンである主人公の一家だったが、その家の真下に墓場とこの世とが結びつく通路があったという説明になっている。その通路の上がコンクリートで固められて、家が建てられた。あの世と直接つながる空間が子供部屋だったとする点が面白い。これは不動産屋があこぎな商売で墓地を破壊し、あの世の死者を無視して、宅地を造成した結果、子供を通して死者たちが復讐してきたというストーリーにもなっている。

ところで日本の例では昭和五十一年六月、立川のあるアパートの二室だけがガタガタと鳴ったことがあった。そのことが「悪霊？　謎の地震？」という見出しで新聞にのせられている（『スポーツ・ニッポン』昭和五十一年七月）。これは立川市の木造アパートの特定の空間が、原因不明のまま、四回にわたってぐらぐらと揺れたというものである。第一回は六月一日午後八時。その日は朝からむっとするような、生暖かい風が

ポルターガイストが起こったという立川市内のアパート（内藤正敏撮影）。

吹いており、辺りは一面毒気をまいているようだったと体験者の二十七歳の女性が伝えている。彼女を恐怖の世界に引きずり込んだ怪異は梅雨入りを目前にした、六月一日だった。この日、空はどんよりと曇っていたが、それでも月はおぼろげながら出ており、雲さえ切れればいい月夜になりそうな気配だった。立川駅から北へ約一キロ、立川市高松町三丁目の木造モルタル造りの二階建てアパート「鶴間荘」の住人、一階二号室の主婦が、二人の子供を寝かそうと添い寝をしていると、突然箪笥がきしみ電灯が大きく縦に揺れ、窓ガラスがガタガタと激しい音を立てはじめた。地震だと直感した彼女は一メートル幅で隣接する家主の家に避難した。しかし家主の家は何事もなかったように、シーンと静まり返っている。悪い夢でも見たんでしょうと言われ、三十分ばかり話し込んで、自分の部屋に戻ったが、いぜん激しい揺れは続き、不気味な轟音が、部屋じゅうを包んでいる。急報により立川署から警察官が駆けつけた。揺れはおさまったかに思えたが、再びぐらぐらときて、警察官もびっくり。そこで立川署に連絡を入れると、その時間にはどこにも地震は起きていないという返事であった。念のため、気象庁地震課に問い合わせても、同じ返事が返ってきた。警察官も、断続的に襲ってくる怪異現象にびっくりしているという。

　興味深いのは六世帯中、揺れるのは一階二号室と三号室にのみ集中していたことであった。しかも壁が崩れ窓ガラスは落ちそうに、ギシギシ音を立てるのだが、テーブルの上に置かれたコップの水は一滴たりとも畳の上にこぼれ落ちなかったという。「空間が振動していた。それも断続的に二時間近く」と現場検証に立ち合った警察官は地震説を否定していた。怪異な現象はその後も続いた。

二回目は六日に、それも最初の震動とほぼ同じ時刻だった。しかしこのときは二十分ぐらいでおさまった。三回目は八日の午後九時から一時間ほど、揺れは一番激しかったらしい。この夜、揺れている最中に一階三号室の畳をおこしてみたが、床下はなんら異常はなかったという。そして九日、すなわち四回目の異変は、日がすでに昇り、窓から日がさし込みはじめた、午前七時十二分ごろ、十分ばかり断続的に襲ってきたという。

このミステリーを解明しようと、六月十五日立川市公害課も応援に駆けつけ、深夜まで異変を待ち続けたが、震度測定機は微動だにしなかった。一番怪しいと思われたのは、台所の水を流し込むための下水管である。直径一メートル、長さ三メートルの管を縦に埋めたもので、このなかにガスがたまっていて、それが震動の原因なのかも知れないと推察された。しかし調べてみても床下の下水管にも全く異常がなかったのである。

謎は疑心を生み、霊魂説も出はじめた。「ポルターガイスト」ではなかろうかというので調べてみたがアパートおよび周辺では、死者の霊魂が宙に迷って成仏しないまま、犯行の行われた現場に舞い戻ってくるような殺人事件は、一度も起きていないという。ただアパートの地下に戦時中の防空壕があり、アパート建築の際にはそれを埋め、神主さんに厄除けのお祓いもしてもらったことがある。もし何かの祟りがあり、それが怪異現象となってあらわれているのなら、もう一度お祓いしてもらおうという意見も出てきた。しかし九日の朝を最後に怪異な揺れは一度も起こらず、アパートの住民はいつもの生活を取り戻したという。

世相の記事に注目すると、こうした記事はしばしば出てくる。つい最近『週刊文春』(昭和五十九年三月二十二日号)のなかにも、八王子で同じようにギシギシガタガタ一日じゅう音を立てているという話がのせられている。

「国鉄八王子駅の北側、東京都八王子市の旭町と三崎町一帯では、昨年十一月ごろから、一日中ガラス戸や窓が「カタカタ、カタカタ」と音をたててかすかに動き、約百世帯の周辺住民を不安がらせている。

昼間は周囲の騒音で、さほど気にならないが、あたりが寝静った深夜には、ガラス戸ばかりか、フスマまで「カタカタ」と動き出す。三崎町一丁目に住む大竹ハルさん(63)など、「ガラス戸にテープを貼ったけど、効果はさっぱり」とノイローゼ気味。

昨年十一月というと、八王子駅ビルがオープンした時期。近所の人たちは、「震源地は駅ビルではないか」と、駅ビルに疑いの目を向けているが、当の駅ビル会社では、「うちはコンクリートの剛構造で、ビル内の騒音や震動が外に洩れるはずはない」といい、いまだに原因は不明。住民の不安はつのる一方だという。」

怪音とか怪異現象は先の「池袋の女」の事例とよく似ているのである。こういう現象がくり返し起こり世間話となっている点で、何か共通要素が抽出できるのではなかろうか。

新潟県下弥彦山の近くに岩室村和納がある。この土地に伝えられている話で、江戸時代中ごろのこと、そこにある一軒に怪異が起こったという。十月二十日過ぎ、雪が降った。寒気がつのってきたので、家の者はいろりの周りに集まって、夕暮から雑炊をこしらえて食べようとしていたところ、急に屋上が鳴動して、物音が激しくなった。まず杓子が空中に舞い、鍋とともに引き上げられてしまった。家の者は、恐れて家の外へ逃げ出した。家のなかに入ろうとすると、砂とか石がどっかから飛んできて、怪我をするしまつである。

しまいには庭じゅうに砂や石が積もってしまった。雪が降っているのだから、瓦礫、石とかがあるはずはないのに、飛んでくるという。半時ばかりで屋上の鳴動は止んだ。若者が屋根にのぼって調べるけれども、何もない。この現象が約三日間続いたので、ついに家じゅうに誰もいなくなってしまったらば、やがて怪異は止まった。これは和納の怪事として『北国巡杖記』に記録されている。

やはり『北越奇談』にのせられた話であるが、寛政年間のころ、「越後国蒲原郡太田村、百姓某の少女十二三なるべし、燕の町祭礼見物に出て連におくれ、ひとり群衆のうちをたづねもとむるに、面の赤き僧一人来たり相伴ひて見物す、少女心に食をおもふ、異僧即是れを知り、茶店にいり其の好むところを食さしむ、又町に出て少女心に欲する所、櫛笄となく食物となく何にても皆是にあたふ、更に銭をつぐのはざれども、売人またとがめず、終に家にかへる、其の日より少女心に求むる所ならずといふことなし、坐しながらはるかの物をとらんと欲すれば、即ち飛来りて前にあり、家人是れをあやしみ少女をせむれば、忽ち家鳴動し諸器物おのれと飛んで、人力をもつて制しがたし、或は食せんとする時、鍋釜なんど忽ち飛びて梁上にあがる、少女をいたはり詫ぶるときは、即ち飛降りて本のごとし、如レ此事数日、近村競ひきたりてこれを見る、もし誤つて怪をそしるときは、鍬、鎌、棒の類ひとり手に飛来りて、その人を打つ、甚だしきの怪なりしが、一月あまりにして、いつとなく此の事止みぬ」という怪異談がのせられている。十二、三歳の村の少女が町へ出て、不思議な異人と接触した。そして村へ戻った直後から次々と怪異が生じたというのである。

日本のポルターガイストの現象の場合は必ずその近くに若い女性がいた。前述の「池袋の女」はその典型的な例である。若い女性が引き起こす霊的な力は無視できないのである。またこうした現象が起こる場合に、まず古い屋敷の一角から騒音が起こってくる。そしてその激しい音が耐えられないほど物凄い状態になる。その原因について、井上円了が調べていくと下女の仕業によって起こったという解釈をしているが、これは興味深い指摘なのである。前出資料にも十二、三歳の少女が主人公となっているからである。井上は下女が故意に石を投げたり、茶碗などを空中に放り上げたりすると結論づけている。こうした下女は田舎から出てきて町で生活している。とくにいろいろと欲求不満がたまる雇人の生活を送っているのである。そのリアクションとして悪戯をしたのではないか、と想像されている。

ところでこの問題は、すべてポルターガイストとして解釈してしまえば済む問題なのだろうか。霊の出現がわれわれの世界にいろいろな形でメッセージを与えている。霊的な力が、顕在化するときにわれわれの想像を越える物理的な力が働いている可能性がある。そのことを潜在的に意識しているが故にこういう言い伝えがくり返され伝えられていくのであろう。

この問題で、重要なのはこの現象が大都会にしばしば生じているということであり、そのことは柳田国男が都会に異常心理が働いていると指摘したことを示すものであろう。

遊女姿の若い女（内藤正敏撮影）。

もちろん都会ではなくてもこの現象はしばしば起こる。たとえば、山中の怪の一つで天狗の礫がある。ちょうど石打ちと同様に突如礫が空中を飛んでくる。それに当たると大怪我をしてしまう。山中を歩いているときに天狗の高笑いと呼ばれる、不思議な怪音がしたり、天狗礫が飛んでくるという民俗学上の資料はきわめて多いのである。石打ちという行為は、恐らく原始時代から現代にまで続いている民俗現象であった。これを、天狗の仕業と理解しているのは、山中という特異な状況下において、山にある特別な霊力が働いて、礫を空中に浮遊させる何かがあると信じられたのである。とくに、山人が、山中に進出してきた里人に対して、警戒の念を植えつけるために行ったものではないかという考え方もあった。しかし同じ現象が都市空間のなかにも生じていたという点が注目される。そして都市のなかにおいては特定の空間の内部に限定されているのであった。

これをポルターガイストと解釈することもできるが、とくに山中の怪と違っているのは、大都市の屋敷における媒介者としての下女の存在であろう。下女が、悪戯をしてそういう状態を起こしていると考える事例は、井上円了によって提出されている。

たとえばその一つに投石の怪という例がある。ふつう深夜に石または瓦が家の内に落ちてくる現象である。その多くは台所の方に落ちてくるという。この場合は下女の仕業であるといわれる。下女は台所の近くに寝ているから、かねて昼間の間に石を拾い集めておいてそれを隠しておく。そして夜が更けたころ、人が寝込んでいるのを窺って、戸の隙間から台所の方にあるいは座敷の辺りに石を投げる。昼間に石が落ちてくることがあるのは家族の者の所業であることが多いという。石の落ちた場所によっておよそその原因を判断することができると井上円了は断じている。この怪事がだんだん増長すると、ただ投石だけでなく、器物がその位置を変える。棚の下にある物が棚の上に移り、また座敷の物が台所に転ずることがある。物が紛失することが起こる。なかには箪笥や長持ちにある衣類が切断されていることがある。こうなったのは最初の投石を人がみな奇怪に思って狐狸や天狗の仕業であろうと驚いているのを見て、本人はますます興に乗じていろいろの所業を為すのであるという。家のなかで火気のないところで火の燃え上がることがある。そのために出火した例もあるが、いずれも家人のうちの誰かの精神の異常によって起こるに相違ない。よってこのような場合にはこれを狐や狸や天狗のせいにしないで、人が為した仕業と思ってよく調べるようにすれば直ちに原因を発覚することができるのだという。古い言葉に「妖は人によりて起こる」とはまことにその実を得たる格言であると井上はのべている。次に一例をあげてみよう。

京都市上京区元六十六組北町織物職藪田喜七郎方にて、ある夜十一時ごろ俄に小石が降ってきた。毎夜同じ時刻に降ってくる。その所業者を尋ねても一向に見当たらない。さては天狗か狐か狸の仕業かと近所で話題となった。警官がわざわざ出張の上取り調べた。疑わしいのは同家の雇女お品で、彼女はその時刻に見えなくなったことがある。もしやと思ってそのあとをつけて行くと、果たしてその女はほど近い竹藪の内に入り小石を拾っては投げはじめた。直ちに引き捕らえて取り調べると、このお品は丹波国南桑田郡吉川村平民菊島市松の妹で、二年前より藪田方に雇われていた。そしてちょうど同家に寄留した荒木常太郎と通じた故、主人喜七郎にこのことを嗅ぎつけられてそれとなく小言を言われた。彼女が主人の小言を恨んでいたところ、ふたたび仕事の不出来により厳しく叱られたるのを根に持って、喜七郎が行水しているとき、藪蔭から小石を投げた。喜七郎はお品の所為と気づかず狐狸の悪戯と言っていたので、ついその気になり、それより毎夜そっと抜け出しては小石をバラバラと投げつけてひそかに鬱憤を晴らしていたと白状したという。

しかしこの調査結果だけで割切れるものではないことも確かであろう。その場合に霊魂説が一方にあることは確かである。不可解な霊的な力が働いている、限定された空間があるのではないか、という想定である。霊魂がそういう場所にのみ集中的にあらわれてくる。そのあらわれたときに生じる現象が、われわれをして怪異とか不思議と思わせる大きな理由になっているからである。

要するに問題となるのは、同じようなモチーフでなぜ怪異譚が語られているのかということである。西洋のポルターガイストの場合には比較的子供の霊が中心であり、子供が介在するという普遍的な現象といえるのに対し、日本の場合には、とりわけ若い女性の方によりそれが集中していることはきわめて興味深いことといえるだろう。

4　下女の存在

女の妖怪や、女の幽霊についての民間伝承がきわめて多いことは、日本の民俗文化全体のなかにおける女性の位置付けと深く関わっているといえるだろう。そこで以下、「下女」の存在とその役割をもう少し井上円了の調査資料から探ってみよう。

明治二十七年のころ『奥羽日日新聞』の記事にある投石の一件で、その大要は左の通りである。仙台市良覚院町で起こった石投げは、夏の夜に起こった。たちまちうわさになり涼みかたがた見物にくる者夥しく、そのためお寺の細い横町は人混みで通り切れぬ程になった。さて、人々がいつ怪石の降りくるかと待つうちに、九時三十分ごろに至って、同町の地先に突然石塊が降下した。それを見るとあたかも数年間土中に埋まっていたかのように、十分水気を含んだ縦四寸ばかりの楕円石であったという。そこでそれを拾い上げた人に目星を付け、それとはなしにその人を尾行した。彼は、東西南北と群衆の間を駆け巡る様子なのでなおも尾行していくと三十分程経てその人の右手にあたってドシリという音がした。彼はみずから石を拾い上げてさも珍しそうなふりをしたということなので、この原因は明らかに作為的だったことが知れた。石投げ怪聞は実はその男のその素振りから真相が暴露されたことになる。要するに調べていくと、その原因はすぐ分かるのだということになる。

青森県に浅虫温泉がある。明治二十六年にそこの小さな村で起こった不思議な話について。これは『東奥日報』の記者某と駐在所の巡査とが、実地を目撃したレポートである。その家は浅虫の山手にあり、都合三軒が住む相借家であった。街道に向かった二階には小笠原某、その下に江口某、その奥に海老名三郎という者が住んでいた。この三家族が同じ家屋に住んでいるところに怪異が起こったのである。

どういうことかというと、その家で、ある朝午前八時か九時ごろ、二階の小笠原某の家で突然棚にあった鈴が落ちた。家人は大いに驚いたところ、今度はそこにのっている蠟燭立が飛んで落ちてしまった。それが飛ぶときは音もなく飛び、落ちるときは大きな響きを発した。二階の不思議な出来事に、家人らはいずれも恐れてしまい安心できない。ところが同じ不思議な事件は今度は階下の江口家の方にも起こった。さらに続いて隣の海老名家にも起こった。この三軒は同日の間にいろいろな物品が飛びかかって、つごう十五、六回飛んだという。そして新聞記者が訪れた日もすでに十七、八回飛んでいたという。しかし記者と巡査が訪れた夜は十一時をすでに過ぎていて、夜中だったので、記者は一旦旅館に引き返し、同家の人々も一同眠りに就いた。翌朝六時ごろになると俄然、今度は江口方の仏壇にある大黒像が次の部屋に飛んできたのである。

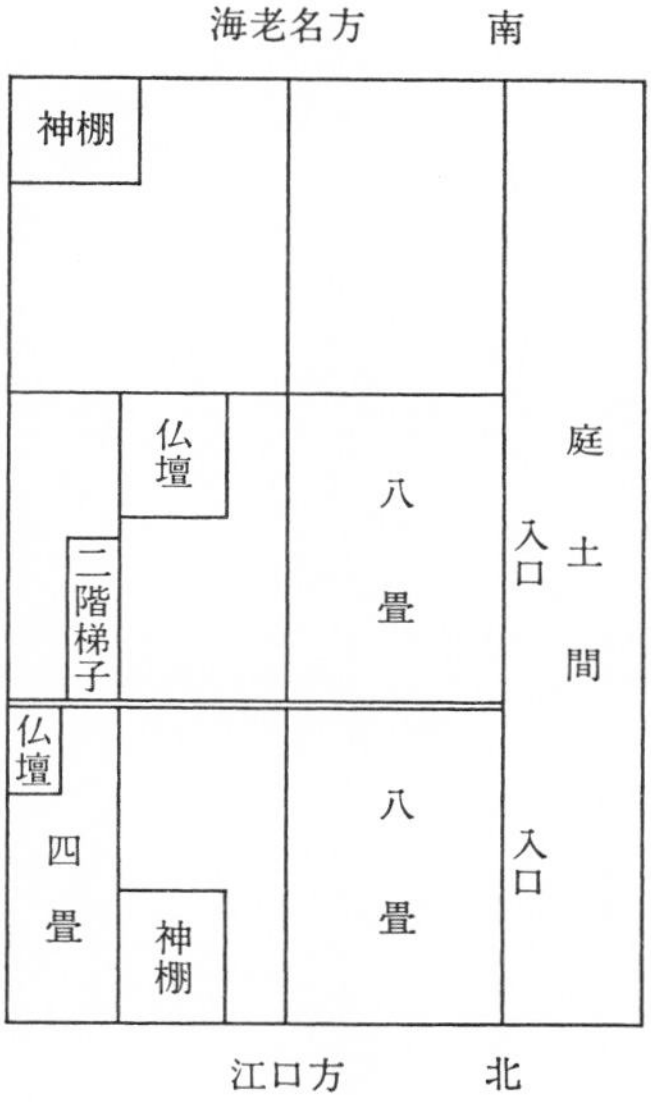

さらに海老名家の仏壇の鈴が江口家へ飛んできた。とくに不思議なのは海老名家で茶碗に水を汲んで仏壇に捧げ置いてあったのが、江口方に飛んでいったけれどその水はどこへもこぼれていないという。この事実は、翌朝記者が同家に赴く以前の出来事であった。記者が江口方にて炉を囲んで雑談をしていたときに、ガチンと怪しい響きがあった。それは仏壇のそばの戸を打ったような音である。記者をはじめ一同は立ち上がりその辺りを調べてみたところ、仏

壇の前の机の上に海老名方の鈴がころがっていた。この鈴は記者のいる前にすでに一回飛んで飛んできたもので、海老名家では再び飛び去ることをおそれ棚の上より下ろして置いたものを、記者がわざわざ棚の上に置いたものであった。午後また同じ状況でくり返されること十数回に及んだ。とくに午後四時から五時までの間が甚だしい。一時間に五回にも及んでいる。たとえば海老名方の鈴が江口家へ飛び込んできたので、居合わせた人々がこれを押さえようとした瞬間、江口家の鈴が海老名家方に飛んでいったという。人々はすっかり恐怖の念を生じ、大黒や恵比寿を祀る方がいいんではないかと話し合っていたら今度は突然大黒天が飛んできた。この鈴が落ちたとき、その近くに爪の音の如きものを聴いた。不思議の原因は探求中であるが、この出来事が最初に起こった日には二階に住んでいる小笠原方へ遠隔の地で死んだ者の骨が送られてきている。そしてその夜このような不思議が起こったのだが、遺骨のことを、家人は隠して他へ洩らさなかった。もっともこの三軒は猫二匹を飼っている。あるいは猫の仕業であろうかと推察する者もあった。そして右三軒が大掃除を行ったところ江口家の四畳間から二階へ通じる梯子があり、その裏から海老名方の仏壇のある部屋を通る一尺五、六寸くらいの穴が発見されたが、その床下には猫四匹のいるのが発見された。他に怪しいことはなかったという。青森警察署から、巡査部長が出張してきた。そして国鉄浅虫駅の電信取扱係には、「貴駅に化物出ずる由事実なれば行きてみたし」という問い合わせが続々とあって、この駅は繁忙を極めているというのである。

さて井上円了はこの報を得て、これは必ず人為的妖怪であろうと推察した。そしたらやはりしばらくすると次のような新聞記事が出されたという。

「青森県東津軽郡浅虫なる海老名、江口両家における種々の不思議な現象は先頃本紙に掲げておいたところ、遂に右は三人の女の仕業であることが判明した。この詳報を聞くに青森警察署長内田信安氏は、特に浅虫に出張して取り調べたるところ、右は海老名方の二階に止宿せる館山おきん（四十九歳）娘おはぎ（十九歳）の両人の仕業であると断定し、駐在巡査葛西平次郎氏をしておきん母子の挙動に注意せしめたり。よって葛西氏は青森駅長花田氏とともに同家に赴き偵察せしに江口の娘おしゅん（十五歳）という少女も共謀し、袖の下に箸を隠しもっていましも投げんとするところを両氏は発見するにより、そのままおしゅんを拉致しだんだん尋問せしに、全くおきんの教唆によっておはぎとともに種々の悪戯を為し、海老名、江口両家の品物を人知れず隠しおきては投げつけしなりという。即ちその原因について、おきん、おはぎ等は詰問せしも一向に口を開かず、今もって判然せざれど、かく人間の仕業と知れし以上は不思議もたちまち消滅して、人々一笑に付したりとぞ。」（井上円了『妖怪談』新編妖怪叢書４）と書かれている。四十九歳の母親と十九歳と十五歳の娘が犯人であったというわけである。警察官が取り調べた結果そのように判明したという。井上円了は必ずこういう怪談には若い女がからんでいるものと結論づけている。

大正年間の、もう一つの例をあげておきたい。これは鹿児島に起こった怪事である。当時の『朝日新聞』にのせられている。市内永田町山下虎之助氏の家で不思議な出来事が相次いで起こった。ちょうど春の日の吹く風もなまぬるく、人の気も変になろうとする真っ昼間のこと、机の上の絵具がスーッと消えて井戸のなかに血のごとく溶けてしまった。そして化粧瓶がひとりでに走りだし、ハッと思うと大きな石が音もなくコロコロと座敷にころがり込んできたという。

家族はとうとういたたまれず冷水町へ移転して、やれやれと安心して胸撫で下ろし、その日ばかりは事もなく過ぎた。近隣の人もその家屋敷に何かの因縁があったのだろうと噂していた。ところが翌日になると金魚鉢から金魚が一匹姿を消した。さらに次の日、下駄が一足どこかへ消えてしまった。そのまた翌日、朝から茶盆大の大きな石が縁側にコロコロと落ち、砂がバラバラと障子に当たり、雨戸がガタリと開き石が飛び込むという物騒さ。細君が念のために記したところによると石が十一回、砂の舞い込むことは数知れずという。この噂が伝わると、警察署では、いかにも奇怪千万のことであるが、とにかく何者かの悪戯に相違いないとして巡査部長と一名の署員が私服で現場に出張し、同家の内外を警戒していた。その間もお盆の大きさの石がコロコロ、砂がバラバラ、障子がスーッと開くという有様である。しかし苦心の捜査の結果、とうとうこの家の下女、西桜島村出身で当時市内池の上町講道学舎付近に居住する新助の長女坂上ツルの挙動に不審の点あるのを発見した。そこで、細君と謀り、下女に命じて台所で湯を沸かさせ、台所口の六畳間の障子を閉めた。部長は畳にからだを擦りつけて、障子の穴から窺っていたのである。巡査の方は屋外に潜んでツル女を監視していたところ、午後三時四十分、下女のツルはいそいそとして薬罐をさげ戸外に出てきた。見張りの巡査が目を皿のごとくにして見つめていると、突然ツル女の形相が変わった。赤黒いちぢれ毛を逆立て、目は異様に輝き、あたかも一寸ばかりも飛び出したようで、口をきりりと結んで庭の片隅に行き、飛鳥のように砂を摑むや屋内目がけてパラパラと投げ込んだという。そして、あとはケロリとして破顔一笑。薬罐をさげて台所に入ってくる。そして、そこに揃えてあった巡査の表付きの下駄をヒョッと摑んだときの顔つきのものすごさに、さすがの巡査もゾッと身の毛が立ったという（井上円了『おばけの正体』新編妖怪叢書6）。

そこでツル女を厳しく取り調べた結果、遂に投石の正体が分かり、怪異現象の真相も分かったということになり一件は落着したという。井上円了は「この鹿児島の出来事は一種の発狂的に属するものである。余はこれを投石狂と、名付けておいた。即ち病的作用である」としている。

この下女の仕業は、ある異常な心理の作用によって発作的にこういう状態になったという。ツルの形相が

「赤黒いちぢれ毛を逆立て、目は異様に輝き、あたかも一寸ばかりも飛び出した」とあるからだろう。これは下女の悪戯と言われながらも、そこには若い女のもつスピリチュアル・パワーが働いているのである。つまり、突きつめていくと妖怪は人間の行為であるが、これは憑依現象のタイプでもある。一種の霊が乗り移っている状態を示しているのである。なぜそういう状態に、この下女が追いつめられていっているのかという、女性の精神構造についての説明はなされていないが、問題はこういう現象が若い娘、そしてとくに下積みの生活で働いている下女に収斂されてくるということである。

5　霊の発現

ところで昭和五十三年の『読売新聞』の行った全国世論調査の結果で興味深いことは、霊魂の存在とか、迷信などといわれているものに対する関心度が非常に高いということである。

たとえば仏滅の日に結婚式を挙げるかどうか、という質問に対して約六割の人はそれを気にするという。仏滅も暦で決めたものであるが、明治以後になってから急にはやりだしたもので現代の民俗として定着した感がある。大安、仏滅、先負、先勝、赤口、友引、の六曜の知識によって決められた暦にもとづいており、仏滅の日は六日に一度やってくる。その日に結婚式をなぜ避けるのか理由づけは誰も明確ではない。しかし縁起かつぎであることは誰もが知っている。仏が滅すると書くから「死」と関係するというわけで、予め避けようとする。それを気にかけるかどうかという問いに、五七・五パーセントが気にすると答えたという。

一方、友引の葬式に対してやはり五六パーセントの人が気にしている。友が友を呼ぶからだ。死者が、同じ世代の友だちをあの世へ引きずり込むというのでこの日を避けようとする。このパーセンテージがやはり六割近くを占めていることは興味深い。

占いとか、おみくじとかを気にする人々もほぼ同じようなパーセンテージを占めている。トランプ占いとか、星占いとか、占いの方式はいろいろ変化しているが、いずれも客層は若い女性であるという。しかも二十歳代がピークを占めている。おみくじも女性の方が多く引くという。常識的に言えば、迷信の類は近代化がすすめば消滅するはずだと思われてきた。ところがそうはならないで、とりわけ女性に圧倒的に多く支持されている。二十代の若い女性がトップであり、つぎに四十代以上の男性にも多い。しかも働き盛りのインテリ、知識人、高学歴の層に集中しているという。つまり数字的にみると、日本人の約八〇パーセント近くの人たちが運勢判断、縁起かつぎ、霊魂の存在を認めると答えている。かつては年寄りの人たちにそうした傾向が多かった。知識人とは無縁の非合理的世界に属する次元の問題だと言われているものばかりが、逆に高学歴のインテリ世代を引きつけているという傾向が示されていることになる。

かつて井上円了が指摘した迷信として枠づけられている現象への関心が、近年圧倒的に多くなってきた傾向がある。世論調査の結果は昭和五十年代の状況であるが、これはまた、日本の現代社会だけの問題ではなくて、ヨーロッパとか、アメリカの文明諸民族間に起こっているという傾向でもあり、なぜそうなるかが一つの問題となるのであろう。

ところで次に紹介するのは、アメリカのスピリチュアリズムとしてとらえられた事例である。ハイズビル事件といわれているもので、これはシャーロック・ホームズの著者であるコナン・ドイルが世間に広める役割を担ったといわれている。彼は一八四八年アメリカのニューヨーク州ウエイン郡ハイズビル村に発生した奇怪な事件、いわゆるハイズビル事件というものを素材にして小説を書いた。これは、「ジョン・D・フォックス氏の家における神秘な騒音に関する報告」という報告書によっている。（以下の内容は田中千代松『新交霊思想の研究』共栄書房に引用されたものによる）

コナン・ドイルが示した資料によると、ハイズビル事件というのは、一八四八年三月下旬、ハイズビルに住むフォックス家で不可解な物音が発生したことにはじまっている。何かを叩く音、家具を引きずる音、ときにはベッドが揺り動かされる音。フォックスの妻マーガレットはメソジスト信者で、彼女は署名して宣誓をし、次のような証言を行っている。

騒ぎが起きた最初の夜に皆起きて明りをつけて家のなかを隈なく捜したが、騒音はその間続いており、だいたい同じ場所で聞こえたという。一八四八年三月三十一日金曜日の夜は妨げられないで休息ができるようにと、早くベッドに入ることにした。しかしそれはいつものようにはじまった。この部屋別のベッドに寝ていた子供たち、この子供は娘二人。姉娘は十四歳で母と同名のマーガレット。妹は十一歳で名はケイトである。姉妹はトントン、トントンと叩く音を聞き、それに対し指先をパチリと鳴らしてみることを思いついた。妹のケイトが「お化けさん、私のする通りにしてごらん」と言いながら指を鳴らした。お化けに対し女の子が呼びかけたわけである。すぐさま同じ数だけの音が答えた。姉娘が同じようなことをしてみると、やはり求めただけの回数の音が応じた。そのとき私（母親）はその場にいる誰も答えることのできないテストを課してみることを思いついた。母親は騒音に向かって、自分の子供たちの年齢を順に音の数で示すことを要求した。たちどころに子供たちの年齢がどれも正確に、銘々のを区別するため十分な間隔を置いて答えられた。そして七人目にきたとき、より長い休止をしたあとで三つの音が与えられた。それは一番末の死んだ子の年齢にあたっていた。

そこで叩音を通して相手に呼びかけていったところ、この音の主は、数年前に三十一歳でこの家のなかで殺された行商人の霊であり、遺体はこの家の地下室に埋めてあるということが分かった。この事件はフォックス家がこの家に住む以前のことである。加害者は生存しているかと尋ねると、答えはイエスであった。こうした詳細な答えを得るようになったのは、霊の同意を得て近所の人々に来てもらってからであった。その一人であるデュースラーはこういった。私はこの騒音の起きた家のごく近くに住んでいる。今度のことを私が初めて耳にしたのは一週間前のこの前の金曜日、三月三十一日の夜であった。このとき夜の九時ごろであった。自分たち夫婦が引き上げるとき、すでに十三、四人が来ていた。とても怖がって部屋に入ろうとしない人々もいた。デュースラーはアルファベットを何回もくり返して、霊がそれを選んで、叩く音で字を綴り合わせていく。そうすると名前がチャールス・ロスマということになった。ロスマは五年前に大金を持ってこの家に泊まったが、火曜日の夜に殺されたという。デュースラーが音の主に、君を殺したXというこの家の二代前の居住者を裁判に掛けることができると思うかと尋ねた。答えはノーであった。このジョン・D・フォックスは妻による証言の真実性を証明するために、妻との署名日付けが同一である陳述書でこう言っている。私は妻マーガレット・フォックスの上記の陳述書が読み上げられるのを聞いて、そのすべてが真実であることを証明すると。彼女の言っているのと同じ叩く音を、彼女によってのべられたような問いに対する答えとして私も聞いた。他にたくさんの問いがあったが、同様な方法で答えられた。ある種の問いは幾度も尋ねられたが、いつも同じ答えであった。いずれにせよ、決して何の矛盾もなかった。これらの騒音は自然の方法のどれかで起こされたものだと説明することはできない。私たちは家の内外にある、あらゆる窪みと隅を、もしやその騒音を立てる何か、もしくは誰かが潜んでいるのではないかということを確かめ得るかと何度も探索した。しかしその秘密を証明し得る、もしくは得そうな何物をも発見できなかった。大勢の人々がこの家を訪ねてくるため、日常の仕事ができない。それで私はこれが自然の方法で起こされているのか、それとも超自然の方法で起こされているのか、早く確かめたいものだと思っている。地下室内の発掘は水が引きしだい再び続けられるであろう。そうすればそこにかつて人間が埋められた痕跡があるかどうか確かめられる。もしその痕跡があるなら、私はその音が超自然的な原因によるものであることを疑わないであろう。しかしその後そこで穴を掘っていったけれど、水が湧き出てきたため中止したとのべてある。この辺りはどうも低湿地帯であったらしい。

ハイズビル事件とは以上のようなことであり、後年、一体の人骨がその場所から発見されたということである。しかし骨が発掘されたと言われているが、それは伝聞資料であって確かではない。重要なことは叩く音が続いて、一家がロチェスターに移るとこの音もついていったということである。ここで初めてこの事件が評判となったのであり、ロチェスターの怪音として知られるようになった。ハイズビルから二十マイルのところにロチェスターがある。ここは一八五〇年には大学が建てられた都会である。フォックス夫妻は大勢の見物人が押し掛けてきたので、二人の娘たちを、成人していた上の子供たちのいる家へ避難させた。しかしそれぞれ二人の娘たちにその叩く音がついていったのである。したがってその叩音その他の異常現象は引っ越した先のそれぞれの家でも発生した。マーガレットが避難させられたリー・フィシュの家での異常現象は多彩を極めたものであった。そこでこの二人の姉妹の持つ特別な資質を媒介として発生したものだと推定された。この姉妹はあの世とこの世の二つの世界を仲立ちしている霊媒であると考えられるに至ったのである。

ロチェスターのリー・フィシュ家で起きた現象が活発であったのは、姉のなかに滞在している霊媒能力が一緒になって活動しはじめたためであると解釈された。フォックスの息子デービット・フォックスが住んでいたハイズビル家を訪れたロバート・デル・オーエンは、フォックス姉妹の霊媒能力は隔世遺伝によって受け継がれたものであると考察している。

コナン・ドイルは見えない世界からの働きかけの全体的の方向がいまや拡大してより重要な転向をしだし

たといっている。これはもはや殺された一人の男の訴えの段階ではなくなってしまった。殺された行商人の霊はたんなる先駆けとして使用されたもののようである。彼が突破口と方向とを見出したいま、無数の知性的存在が彼の背後に群がりきたったのであるという。霊魂がこの世に出現するという形が、音を一つの媒介にして、霊媒を通してこの世に何かを伝えてきているという具体的な資料がここに提出されたことになる。

さてこうした現象を信ずる人々はそれが本物であると信じている。ところがこのことについて眉をしかめて否定する世間の人々は多いのである。眉をしかめるというのは、これは悪魔の仕業だと考える教会の伝統によって支配された人々、それからもう一つは知的な、科学的通念から強い抵抗感を抱いているという場合、とこの二通りがある。眉をしかめた人々は当然それが一種のペテンであるということを証明しようとした。そして彼らは、フォックス姉妹たちの異常現象を調査、研究することにした。この姉妹の周辺の人々はこの調査委員会を受け入れた。批判者側は五名からなる研究調査委員会を組織して、姉妹の異常現象を実際に実験した。しかし彼らはその現象をペテンであると断定できる資料を摑むことができなかった。そこでその報告を不満とした人々は、最初の調査委員会の構成員を含まない、別のグループによる第二次研究調査委員会を組織して実験した。しかしこれらの人々もこれがインチキであることを判定することができなかったという。そこで新聞の報道がますます世人の関心を高めていき、人々は、次第にこれはペテンであるというように考えだし、姉妹たちは世間の排撃を受けるようになり、リンチを受けかねない状態にもなった。一方、この評判が高まるにつれて異常現象を起こす他の人々が次第にクローズアップされていった。つまり霊媒たちが続出してきたのである。霊媒は、みんな女性で、オーバーンのタムリン夫人、ベネディクト夫人、彼女らはケイト・フォックスのサークルで開発された著名な霊媒たちで大勢それに続いてきた。交霊会開催の要請が高まるにつれて、彼女たちはふつうの職業に就けないようになり、結局専門の霊媒にならざるを得なくなってしまったのである。そしてこれは一種の市民運動のようになってしまったという。霊媒が続々あらわれ交霊会が相次いで行われるようになっていったのである。

ロチェスターと同じくニューヨーク州にあるバッファローのバッファロー大学のドクター三人がフォックス姉妹の異常現象を直接研究した。これは大学による最初の共同研究であった。この三名の研究者は観察の結果を次のように発表している。脛骨の上部、すなわち膝の関節に近い部分と内側との間に介在する筋肉は、その骨の上方の表面を動かし、また大腿骨の下部の表面を側方に動かす動作をして事実上多少の脱臼を生ぜしめる。これは足の明瞭な運動なしに意思の作用によって引き起こされ、かなりな音を立てるが、骨が元の位置に戻るときは第二の音を立てる、とのべてこれを一つの結論にした。

つまりフォックスの姉妹が膝の関節を脱臼させて、それによってパチンパチンという音が出てくる、つまり叩音によって会話が生まれているのだ、という大学のドクターたちの診断なのである。

これを聞いてフォックス姉妹側は怒った。彼女たちはその三人のドクターに宛て抗議文を出している。彼女たちを詐欺師だという非難に甘んじることはできないというわけである。そこで自分たちが選ぶことのできる男三人、女三人の友人たちの出席を条件として、正当で礼節ある検査を喜んで受ける用意があると表明した。この神秘的な次元が解剖学的、もしくは生理学的な原理で説明できるものなら、調査の結果インチキが暴露されるのは、それは当然のことだろう。この問題について世の人々が深く関心を抱いているように見受けるので、下記署名者らはできるだけ早い機会に調査を応諾する用意があるということを提言しようとした。この後援者たちのなかには『ニューヨーク・トリビューン』紙の創立者で、編集長かつ合衆国下院議員になったホレース・グリーディも加わっていた。彼は新聞記者であり編集者であり、かつ社長であり国会議員であった。ホレース・グリーディは、彼女たち姉妹の完全な正直さと善良な信仰を深く見届けたと記している。この事件は彼女たちの作為ではない。われわれは徹底的に吟味して全くその結果には満足する。しかし、連続二時間におよぶ叩音の主たちとの協議の間におけるわれわれの問いと受け取った答えを、そのまま印刷するようなことをすれば、われわれはすぐさま非難されるであろう。つまりそういう次元は、他界した霊たちの言葉であるとする理論を余りにもあからさまに支持するものであると非難されるであろう、とのべている。このことは一八四八年の出来事であった。このホレース・グリーディは、当時進歩主義者として知られた人であり、奴隷制度に反対して労働組合運動を支持した人であった。同じ年にマルクス、エンゲルスの『共産党宣言』が出ているが、この『共産党宣言』が出た年にハイズビル事件が起こっていることもたしかに興味深いものがある。

この種の領域は、心霊科学の分野から、独自の研究が重ねられてきており、さまざまな実験が重ねられている。スピリチュアリズムのなかから、たんなる怨霊や祟りの世界を克服して、霊的知性との交信を可能にする段階を生み出したとする新スピリチュアリズムが形成されたのは十九世紀後半にかかった時期であった。右のハイズビル事件＝ロチェスター・ノッキングは、その意味で画期的な出来事だといわれている。霊との交信を叩音を媒介にして受けるという具体的方法が可能になったことが、次第に信者たちを獲得できる志向を示すことになり、新宗教運動へと展開するに至ったのである。

ところで日本でも、十九世紀後半、平田篤胤らによって神秘的現象に対する検証を試みる作業があった。とくに篤胤が江戸に在住していた折にまとめた『仙境異聞』と『勝五郎再生記聞』は、現世ともう一つ別の世界とのメッセンジャーの役割を果たした十五歳以下の少年たちからの聞書きを基にした内容によって構成している。あの世から帰還したという勝五郎少年に面接し、再生してくるプロセスを客観的にとらえようとする。また仙童寅吉の話も、天狗である山人によって、「隠り世」の空間を移動した経緯が示されている。

一方で荒唐無稽のケースになりがちな素材を、篤胤は具体的かつ客観的にとらえることにより説得力のある結果を導き出そうとしている。とくに生まれ変わりをしたという少年たちの潜在意識のなかにみる他界のイメージを具体的に描いてみせたのである。

こうした世界が維持されていく基盤には、前述したような現代社会に生きる人々の間における、霊魂やあの世、非合理的な俗信の諸相に対する関心度の深さが影響するだろう。そこで妖怪のイメージは、たしかに心霊科学の分析や考察の上で、具体的な属性の存在することが明らかにされているようであるが、なお民俗学的には、それが信仰伝承のなかに包括されてかつ日常生活化している心意のありようについての分析については、まだ不十分のものといえるのである。

さかさまの幽霊

服部幸雄

お岩怨霊の出現

現行演出による『東海道四谷怪談』蛇山《へびやま》庵室の場におけるお岩亡魂の出現が、門口《かどぐち》に吊ってある提灯《ちょうちん》からになっているのは周知のことがらであろう。提灯には「三界万霊」の文字がある。大道具・小道具に奇抜な仕掛け物の多いこの芝居の中でも、お岩の「提灯抜《ちょうちんぬ》け」の演出は格別に有名で、ほとんど知らない者がないほどである。

お岩役者は「漏斗《じょうご》」（続に「朝顔」とも）と呼ぶ衣裳を着て足を隠し、道具の後方に拵えた「箸箱《はしばこ》」にうつ向きの形で臥し、提灯がパッと燃えるのにタイミングを合わせてそのまま道具の前方へ押し出され、破れた提灯の中から醜悪な顔と手を出す。

その時、下から撞木《しゅもく》が上がってくるので、これに両手をかけると、そのまま撞木は下に下がるから、お岩は頭を下にして、逆さの姿で下へおりてくることになる。

お岩の亡霊は逆さの形で出現するのである。その出現のさまそれ自体の意味するところについて、従来誰も注目した人はなかったが、これはいささか考えてみる価値のある、おもしろい問題を含んでいるように、私には思われる。

蛇山庵室におけるお岩怨霊の出現を「提灯抜け」の演出にしたのは、実は文政八年（一八二五）七月江戸中村座における初演の時ではなく、天保二年（一八三一）八月江戸市村座で、三代目尾上菊五郎が五回目の上演に当たって採用したとされている。これも、それに先立つ『甦紅葉汗顔見勢《はじもみじあせのかおみせ》』（文化十二年七月河原崎座）において、累《かさね》の亡霊出現に用いて好評を博した手法をここに応用したとのことである。

初演時の台帳によれば、忠臣蔵と同時進行の形で仕組まれているこの作品の大詰蛇山庵室《へびやまあんじつ》の場は雪景色で、その積もる雪の中にしつらえた流れ灌頂《かんじょう》から、産女《うぶめ》の姿の亡霊が出現する演出だったことがわかる。それを、盆提灯から出ることに改めた改訂演出では、しぜん季節が冬から夏に変わった。

「提灯抜け」の手法は、四代目鶴屋南北のくふうとも、また三代目菊五郎が大道具の長谷川勘兵衛と相談して考え出したとも伝えられているけれども（1）、実際にはこの趣向は彼ら化政期の人たちによる独創ではなく、すでに約一世紀以前の正徳のころには行なわれていた明証がある。

正徳三年（一七一三）四月刊の役者評判記『役者座振舞《ざぶるまい》』京之巻に、「けいせい八重車に、けいせいかづらきと成、……治部左衛門福田殿にころされ、死霊てうちんの中よりあらはれ出、所作事は手に入た芸、云々」（花井小山三評文）とあるのがそれである。

軒先に吊られた提灯の中から出現するからには、その幽霊の形は逆さだったに違いない。「さかさまの幽霊」には、それなりの歴史と伝統があったことが考えられる。

だいたい、亡霊が提灯の中から出現するという発想そのものが奇想であった。それは、のちになって、とうてい人間が出られそうにない小さいところから出るというけれん、その仕掛けのおもしろさをねらっての

図１（上図）　文久元年（1861）７月中村座『東海道四谷怪談』。提灯抜けのお岩の亡霊（五代目坂東彦三郎）。三代目歌川豊国画。

図２　明治25年（1892）10月歌舞伎座『皿屋舗化粧姿見』。お菊亡霊（五代目尾上菊五郎）、浅山鉄山（九代目市川団十郎）。豊原国周画。

創案だったように語り伝えられたけれども、必ずしもそうばかりではなかったはずである。この演出にはもっと根源的な必然性があったと思われる。それは、提灯の独特な形状である。提灯のような球形で、しかも内部が空洞になっているモノには、霊魂が宿っていると考える民俗の心意が働いていたのだと思われる。玉・珠は、本来魂《たま》と同根の語であった。近世初頭に至ってようやく都市民の間に普及しはじめた丸籠形の提灯は、言わば近世のウツボであった。

　軒に吊った提灯の中に宿っている霊魂が、幽霊の姿をとって立ち現れる時、その形は自然逆さにならざるを得ない。幽霊は提灯から出るという所作の条件のために、止むを得ず逆さになって出現したのだろうか。(2)

妾おみよの譚

　元禄十五年（一七〇二）正月二十八日から、京の都万太夫座で上演された二の替り狂言、『傾城壬生大念仏《けいせいみぶだいねんぶつ》』は、近松門左衛門作、坂田藤十郎主演による上方元禄歌舞伎の代表作である。典型的なお家騒動の結構によって仕組まれたこの作品は、坂田藤十郎による酒糟買《さけかすがい》のやつしおよび仕方話《しかたばなし》の芸と、中村四郎五郎扮する忠臣三宅彦六の子殺しの筋を中心的な見せ場としながらも、壬生《みぶ》地蔵の開帳を当てこんだ壬生狂言の趣向、道外方《どうけかた》金子吉左衛門による道化芸などなど、一座の役者の得意芸を生かした数々の見せ場を配し、一編の狂言としてみごとな展開とまとまりを見せている。

　いまは、そうした傍流的な見せ場のひとつとして設けられている、「妾《てかけ》おみよの譚《ものがたり》」に焦点をしぼってみようと思う。

　おみよ（嵐喜世三郎《きよさぶろう》）は高遠家《たかとおけ》の下邸に奉公する腰元である。民弥《たみや》が追放される以前に愛された女性だが、一途に民弥を慕い、家宝の地蔵像を持ち出して放浪中の民弥に渡そうと、綱渡りをして蔵に忍びこむ。

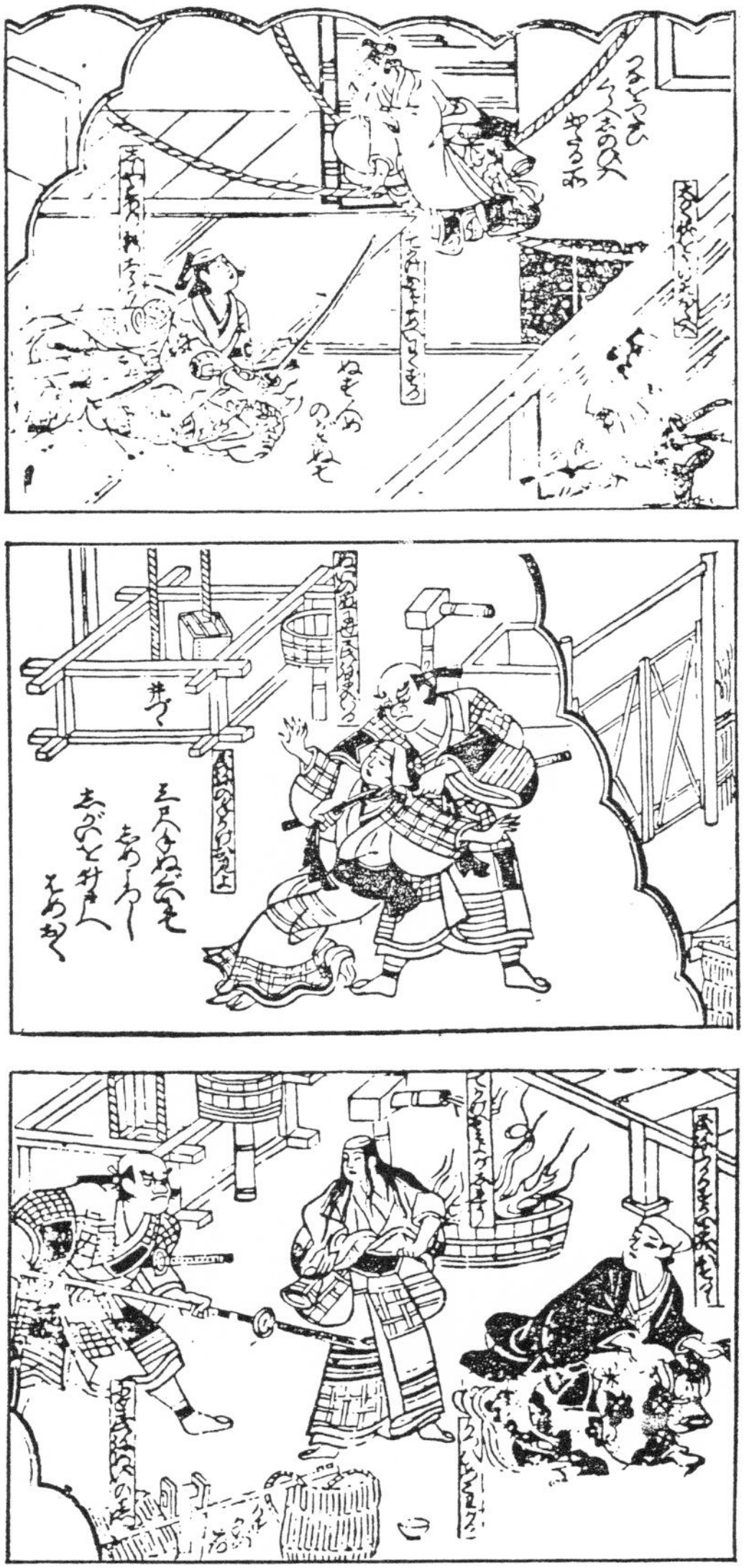

図3　狂言本『傾城壬生大念仏』挿絵より、おみよを描く3点。

民弥の許嫁かつ姫の館に、お家横領をたくらむ悪人一味の香勾《こうわ》縫之丞が民弥の贋者《にせもの》となって入りこむ。真相を知ったおみよは、それをかつ姫に知らせようと姫の館にやってくる。そして、相手が当の贋民弥と知らず、そのことを話してしまうため、殺される羽目となる。

（かつ姫に逢いに）行かんとするを、（贋民弥は）しかと捉へ、三尺手拭にて首を締め、「是非逢はふと云と命を取ぞ」と締付《しめつけ》れば、「あゝ、苦しや。扨《さて》はかつ姫が云付て殺さするな。怨《うらみ》の一念いづくへ行かふぞ」と罵《のゝし》るを、締付〳〵遂に締殺すこそ胴慾なれ。扨体を井の中へ投入るゝと、屋鳴り頻りにすれば、恐れて彼処へ逃入ける。

この館へは糟買《かすかい》の姿にやつした本物の民弥が偶然来ており、かつ姫と濡れ事になる時、盥《たらい》に汲んだ井戸水の中から、おみよの亡霊が現れる。死んだおみよは、かつ姫が嫉妬の念から自分を殺させたと信じていて、冥府から逆に嫉妬の炎を燃やしつづける。

「(前略) 是、かつ姫、恨めしい。おれが殿様に逢はふといふを妬《ねた》み、情なくも、ようもおれを殺させた。此怨《うらみ》の一念いづくへ行かふぞ。そちを殿様と添はする事はならぬぞ」「是は覚へのない事を、迷惑な」と恐れ給へば、民弥は「扨はそちは死んだか。姫はさやうな心底な者ではない。悪人共が仕業であらふ。可愛や〳〵。怨を晴らせよ」「いや〳〵、一所じや、殿様も憎い〳〵」

民弥の説得も、おみよの怨念を解消し、その死霊を解脱《げだつ》させることはできない。ここでおみよの怨霊による嫉妬の恨みの所作になる。あるいは早くも髪梳《かみす》きの演出を伴っていたかも知れない。

小唄〽憎いぞや、また愛《いと》しさに腹立《はらだち》や。かねて夜毎に変る物とは、誰《た》がいひ初《そ》めし黒髪の、もつれて解けぬはの、妬《ねた》ましや、殿は秋野の真赭《ますほ》の薄《すすき》、余所《よそ》へ靡くが憎ござる、いふにも余る言の葉の、うら吹く風の便りさへ、なき玉結ぶ文とても、くるゝ夜毎に寝られねば、袖はなん〳〵〳〵なん〳〵涙にうき年月を経《へ》、此年月を経、心の水も湧出《わきいで》、反《かえ》つて熱《あつ》や苦しや堪へがたや、胸の火の川水の川、怨の炎情の雫、空には煙大地は波の、ちり〳〵〳〵、男一人を二筋の、我よ人よと争ひし、女心ぞはかなさよ。

右の所作のうち、おみよの亡霊は当面の恋敵、嫉妬ゆえに自分を殺させた(と思いこんでいる)かつ姫および自分を見捨てた民弥に祟り、さまざまに苦しめる。

そこへ贋の民弥がふたたび登場し、槍で突き殺そうとしておみよの亡霊と争う。

(おみよの亡霊)「そちは怨めしい。ようもおれを殺したな。早くも廻る因果の苦しみ、思ひ知れ」と散々に締付、苦しめれば、やう〳〵と振解《ほど》き、大手を拡げ引摑み差上れば、逆《さかさま》に肩に立《たつ》を、どうど投げ、小袖に引包み押伏せ、侍共《さむらいども》を呼出し、「確に殺し、死骸を井戸へ打入置いた女めが是へ現はれた故、取て押へた」と、衣《きぬ》おつとれば形なし。「是は不思議や」といふ所へ、云々。(以上の本文は日本古典文学大系『歌舞伎脚本集・上』を用いた。傍点は筆者)

引用の本文はすべて狂言本に拠っている。長文の引用になったことを御許し願いたいと思う。この狂言本の叙述は極めて具体的かつ詳細であり、これによって当時実際の舞台の様子を想像することができるので、あえて原文のまま提示した。

『傾城壬生大念仏』における「妾《てかけ》おみよの譚《ものがたり》」は、以上で全部である。

この一日の長い狂言の中で、妾おみよの件りが占める位置は決して大きくなく、明らかに傍系の一趣向に過ぎないが、若女方嵐喜世三郎《きよさぶろう》の人柄《にん》と彼が得意とする芸風とを生かして、ひとつの見せ場を構成している。

この狂言におけるおみよの演技術には、元禄歌舞伎に大流行を見せた趣向の中で、若女方芸の一系統が成立していたことを確認するために、格好の典型が見えている。

それは、悋気事《りんきごと》(嫉妬事)、怨霊事《おんりようごと》、軽業事《かるわざごと》(からくり事)という三つの「事」を、それぞれ独立のものではなく、一連の演技の類型《パターン》、同時に劇《ドラマ》の仕組みの類型とする方法である。古風な傾城の役の表現を究極の理想とした、その同時代に、やはり若女方の演技術として、こうした方向が確立していたことは、注意しておいていいことであろう。

さらに、その軽業事の中に「逆《さかさま》に肩に立《たつ》」幽霊の姿もあったことを記憶しておこうと思う。

怨霊事の性根

元禄期前後の歌舞伎に関する諸資料（狂言本・役者評判記など）を見ていると、いわゆる怨霊事・軽業事による舞台表現の例が目立っており、これらの含まれていない狂言を探す方が難しいほどである。前期の歌舞伎の中で、若女方の芸としての怨霊事・軽業事は欠くことのできない要素だったと言ってもよいように思う。

当然このことについては早くから注目されていて、たとえば黒木勘蔵氏「劇の幽霊物の系統」[3]や「元禄時代の歌舞伎劇」[4]の中の「超人間的の特色」、郡司正勝氏の「『かるわざ』の系譜」[5]などに基本的な指摘がなされ、比較的近年にも高畠由紀氏の「元禄歌舞伎における怨霊事」[6]や井上伸子氏の「『頼政物』の展開と変質」[7]などの成果を見ている。

元禄歌舞伎の怨霊事が、ストーリーの仕組みの上で当時の観客大衆にもてはやされる理由があったと同時に、その仕組みを舞台上に具象化するための軽業事の演技術の伝承や洗練があったことについても、すでに指摘されているところである。郡司氏は前掲論文の中で、「女方のもつ軽業の技芸が、嫉妬事、あるいは怨霊事という劇的シチュエーションと結び付」いており、「元禄劇の『怨霊事』といえば、まずかるわざ事と思って間違いがない」と言い切っている。その指摘は鋭かった。

元禄期の都市社会において、格別に怨霊事がもてはやされたことの精神史的な意味については、かつて考察したことがある。[8]その一方に、早く寛文・延宝期における『花山院后諍』（井上播磨掾正本）や『殿上之うはなり討』（宇治加賀掾正本）に代表される、弘徽殿女御《こきでんのにょうご》と藤壺との嫉妬の争いを仕組んだ浄瑠璃や歌舞伎の大流行、また『醒睡笑《せいすいしょう》』（巻之六「悋気」）、『軽口露《かるくちつゆ》がはなし』（巻の四「悋気ばなし」「同講のくはだて」）、ともに『醒睡笑』所収話の類話）、宇治加賀掾正本『あふひのうへ』、近松門左衛門作『蟬丸』、井原西鶴作

『好色一代女』(巻三「妖孽寛闊女《わざわいのかんかつおんな》」)などに悋気講《りんきこう》の存在が明らかな反映を示しているとおり、町人社会におけるもっとも身近かで興味を持たれた異常事態が女性の悋気(嫉妬)であったことも明白である。歌舞伎の舞台における若女方の悋気事(嫉妬事)がもてはやされたことにも、当然それに見合う背景があったのである。いわゆる「花山院もの」のテーマは、后争いの悋気事(嫉妬事)の果てに敗者となって怨霊に変じた藤壺の怨霊事であったと言っても過言ではない。

日常ならざる怨霊の舞台的形象化にあたっては、日常ならざる演技と演出が必要不可欠であった。ここに、「かるわざ」「からくり」「仕かけ」「早替り」「けれん」などの芸や演出がくふうされ、その演技のためのあくなき肉体的鍛錬、修業が課せられねばならなかった理由がある。そのために、天性の身の軽さ、すばやい動作が有利であったに違いないが、郡司氏が述べたとおり中世の蜘蛛舞《くもまい》(「蜘舞」「蛛舞」とも表記される)の技芸をたしかに継承しているわけで、稽古の積み重ねによる技芸の習得が必須であったのは無論である。高い所に張った一本綱を渡ったり、木戸、欄干、屏風などの上を伝わって歩き、さか立ちや宙返りをしてみせるといった特殊な技芸のできる若女方が、怨霊事重視の歌舞伎界にあって重用されたであろうことも当然考えられる。

ところで、「怨霊事」およびそれに結びついた「軽業事」が、狂言の一趣向として仕組まれるとき、すなわち劇《ドラマ》としてのストーリーの展開の中で演じられるとき、それは醜悪な顔や姿で怖がらせたり、飛んづ跳ねつのサーカスの域に止まることはできない。つまり、劇《ドラマ》の「劇的なるもの」との結合の姿においての「怨霊事」であり、「軽業事」なのであるから、そこに劇術から劇そのものへの飛躍が果たされている。その飛躍を媒介するものが、「恨み」「一念」――とくに平素は内に秘めている女の一念の異常な形での顕現ということであった。後世のいわゆる変化《へんげ》舞踊の嚆矢に擬されている水木辰之助の『七化《ななば》け』(元禄十年顔見世、京都万太夫座所演）も、「大和屋甚兵衛にころされ・一念が・則ぼんなふのいぬと成・又姿をかへくげと成・ぢいと成・子と成・おんれうと成・ついにふうふと成ました」（『上京の謡始』の狂言本による）と見えるように、殺された女の一念が凝って、様々に姿を変えて顕現するという、いわば怨霊事のパターンを趣向化する方法によって仕組まれ、かつ演じられたものであった。

殺された女の怨霊が、生前の嫉妬の恨み、あるいは死の苦患の恨みを一身に負うて、成仏できぬまま、瞋《しん》恚《い》の炎に身を焼いて苦しむ姿・形を現して舞台に登場する。その造型は、「傾城のあどめもなく、ぼんじやりとしたる事」の全き表現を理想として洗練されつつあった若女方芸の対極に位置するものと言っていいだろう。

いつの時代にあっても、あらゆる面で対極的な二つの傾向を併存させているのが、江戸時代の歌舞伎の大きな特徴であったが、ここでも女性美の創造における日常性と非日常性に向かっての対極志向が反映している。

いかなる時代、いかなる様式の劇《ドラマ》にあっても、人間の愛の情念の強さがテーマとならないわけがない。歌舞伎の場合、「ぬれ事」「やつし事」「傾城事」などと同じ重みをもって、時としてはそれらを超える力をもって、女性の一念の瞋恚のすさまじさ、怖ろしさを強調する悋気事（嫉妬事）、怨霊事が仕組まれ、観客の喝采を浴びつづけたのは至極当然であろう。

封建体制の閉塞的な状況の中で、日常の貞淑にして万事につつましやかに行動することを強いられた「女性」の典型が、内心に秘めている愛の血の熱さ・強さを表に出してアッピールするために、怨霊事はたったひとつの道であった。弱い立場の女性は、怨霊となることによって、はじめて立場を逆転させることができた。換言すれば、女性はその「一念」のすさまじさによってのみ、男性と対等もしくは優位に立つことが可能であった。かくして、歌舞伎の怨霊事は、闘争的なまでに激しい愛、燃えるような情熱的な愛の裏返された表現ということになる。

怨霊事（その発現の表現としての軽業事）を得意とした若女方の役者は、基本的に「恐ろしい形相」「一念の凝った性根《しょうね》」「怨霊にふさわしいことばや身ぶり」が表現できることが条件となり、たとえば「あまり美しい顔つきなので、こういうことには似合わない」と批判を受ける役者も当然いた。

怨霊事・軽業事は、決して単純な形ではなく、性根の表現でなくてはならなかった。そのことは、元禄劇がいかに局面本位で趣向のある見せ場や役者の持ち芸を十二分に披露することを中心に構成されていたとしても、決してないがしろにしていたわけではない。

「お化けは心安く、幽霊は心苦しく勤むるなり。ただ後の怖きは、死ぬ時に見物に心を入れさせて置かねば、幽霊ばかり出ても怖くなき事なり。されば、死ぬ時に十分怨みの残る事を大切に勤むるなり」（『積善翁筆記』）と語ったのは、文化・文政期の怪談狂言の代表的名優だった三代目尾上菊五郎である。菊五郎の語るのは、いわゆる怨霊事に性根が重要であるということの強調に他ならず、そのことは時代を遡る元禄期においても別ではなかった。

このように考えてくると、元禄期以来、歌舞伎の怨霊事・軽業事の背景には、「女の一念の強さ」「女の情念の顕現」という、はっきりとした性根が据えられており、それが役者に自覚されていたことが確かめられる。そして、その状況の起こり来たる由因を調べてみれば、ほとんどの場合は対抗すべき女性を想定しての恋争い、嫉妬なのであるから、怨霊事・軽業事の前提となる演技類型は悋気事（嫉妬事）であると言っても、ほぼ間違いはない。

すなわち、悋気事、怨霊事、軽業事は同一の演技体系の中に存在するから、怨霊事や軽業事を得意とした役者は、同時に悋気事にも適した役者であった。

悋気事・怨霊事・軽業事

次に、悋気事、怨霊事、軽業事を演じた若女方役者の評を通じて、それらの「事」の特色を眺め、あわせて前章に述べたことがらを確かめてみたい(9)。

最初に悋気事（嫉妬事）において、その芸の評価の基準となる演技を整理してみる。

悋気事においても、もっとも重視されたのはせりふ術であった。「けいせい大ぶと成。……わしうにあふてりんきのせりあひ。こうせきすゞしくようきこへます」（万年暦・大坂・玉川半太夫）、「夫左京とりんきのせりふよし」（略請状・大坂・花井あづま）、「てるておぐり祝言の所にて。少シりんきのせりふ猶以うつりよし」（二挺三味線・江戸・津川半太夫）、「清水で水茶やさんして。かもんの介とのりんきのせりふ。又どうもいへませぬぞや」（舞扇子・大坂・松本重巻）、「ゐまの小四郎女房と成。……おつとの手かけかとりんきのせりふ大てい」（謀火燵・京・萩野長太夫）、「ゐけんになぞらへりんきのせりふ思入はお名人」（箱伝授・大坂・市村玉柏）、「みだいおとはの前と成。……重巻殿とぬれを見て。殿様あぢでござんすとりんきのせりふ得物……重巻殿としつとの所作事。一きはすぐれてみへます」（座振舞・江戸・筒井吉十郎）、「喜世太殿とりんきのせりあひあつはれ〳〵」（三蓋笠・大坂・津川かもん）、「悋気の智（血）が逆上して。口舌のつき物。口ばしる躰など」（舞扇子・大坂・水木辰之助）など、悋気事評の中で、対抗すべき相手の女性（妻あるいは妾）または当の夫に対して怒りをこめたせりふを用いてせりあふ演技を批評したものが極めて多い。むろん、りんきのせりふが巧みでなかったことの難も見える。「ひろ綱妹白妙となられ。花里殿とりんきいさかひ。しやべり過られて。せんだく屋のかゝしうのごとし」（拳相撲・江戸・嵐和歌野）、「いかにしても下屋敷などにかこはれ•奥さまとあがめらるゝ程の身には•たまとのせりあい•はしたなき物のいひやうそぶり•あはれ今少のつしりとさせましたい物じや▲……根からうぶの奥さまといふにあらず•元はうてなといふけいせい•いひかはせし男の紋を外の女が付てゐたら•むつとしてせりあふまい物でなし•此所のつしりとしては狂言の分《わけ》がたゝぬ•はしたないといやれど•りんき事は下ざまより•至つた衆におほい事じや」（二挺三味線・京・山本かもん）などはその例である。

つづいて、「りんきぶかい仕内」「りんきのしこなし」「りんきの思入」「りんきのつめひらき」「りんきのせりあひ」など、思入れや仕内《しうち》（身体的行動）で嫉妬を表現することである。「人のおくさまとなつてりんきに身をもやしはらたつるふぜいよくうつりて上手」（野郎立役舞台大鑑・上村吉弥）と評されるように、全身を使って抑え難い嫉妬の怒りの激しさをストレートに表出する演技の多いのは当然で、それは「大きなる芸」ともまた「女形ながら手強い芸」とも見なされる芸であった。

しかし、悋気事は事がらの性質上、表面と内心とを別にする、やや複雑な芸を要求されることも多かった。「りんきせぬ思入に•しかもりんきをふくむ目付•とりわけよろし•」（御前歌舞妓・京・嵐喜世三郎）、「夫十石殿妹ぶんと成•おその吉三殿へ心にはしつとをふくみ•うはべにてうつくしきあいさつ•又折ふしは詞に針をまぜてのしかた•大ていで此所が成物か」（五重相伝・京・萩野八重桐）。

右の嵐喜世三郎評に見えているように、悋気事にとって、顔面表情、とりわけ眼の演技が重要とされていた。「わけて今度のしつとの舞•文蔵をみてうらめしげなる目つき•おうしうを見てはねたましきけしき•物いはずして舞給ふうち•目つき身ぶりにてよくはなさるゝ」（口三味線・京・上村吉三郎）、「其後一念にて•屋敷へかよひ•りんきのいきはり•めもとの様子」（万石船・江戸・上村吉三郎）、「女房おせんと成•……八重桐殿を前の女房としつて•しつとの目づかひうつりよし」（色茶湯・大坂・尾上右近）はその二、三の例である。

悋気事には、人間として生きている間の悋気事と、殺されて怨霊となってからのそれとがある。両者には、その凄みの表現に演者なりの強弱のくふうは加えられていたとしても、基本的には両者同質の演技である。したがって、悋気事は怨霊事の演技術の中に包含される場合も多いわけである。「物こしおんきよくぬれ事ことにおんりやう事ゑてもの皃《かお》みせかさねのまへ……勘三郎とのりんき事とうもいへませぬ」（千石通・坂田荻之丞）のように、怨霊事の名手が悋気事の出来を認められるのは自然の理であった。つまり、怨霊事の演技術を構成する三大要素は、悋気事、所作事、軽業事であった。かくして、これら一連の演技体系の中核は怨霊事であることも明白になる。

悋気事は「女形ながら手強い芸」であって、しかも多くの場合は怨霊事、軽業事への展開を予想させる芸であったから、どんな若女方でもできる芸ではない。そこで、たとえば「第一りんき事の大名人」（謀火燵・江戸・筒井吉十郎）、「とかく此君はりんきがお家か」（願紐解・大坂・藤村荻之丞）、「りんきめいた芸はお家」（二和桜・大坂・佐野川花妻）のように、悋気事を「お家の芸」と自他ともに認める名人が出現したのである。

悋気事は結果的に死の不幸を招来し、やがて怨霊となって出現し、霊界からの嫉妬の眼を向けて祟る。先に記しておいた『傾城壬生大念仏』のおみよの場合は、その典型であった。おみよを演じた嵐喜世三郎の評を評判記で確かめると、次のようにある。「手かけおみつ《ママ》になられつなへ取付。蔵へしのび入地蔵をぬすみにゆかるゝ所。身がるに見えます。後にぬいの丞にころされ。一念たらいの中より出ての所作事大きによし」（二挺三味線・京）、「妾おみよになられ。似せ民弥にころされ。死霊の所作大きによし。縫殿《ぬひ》之丞肩にのほりて・さかさまにならるゝ所いかふ身かろく見えます」(一挺鼓・京)。その喜世三郎は、「万の芸のきよ三郎いやしげなくおひめさまやくよしいきりやうしりやうしつとよくうつります」(評判色三味線)とも、また「夕ぎりに・伊右衛門女房と成・ゆうれいの・思入すさまじく・屏風をつたひ中がへりなど身のかるさ鵝毛菊のごとく」(舞扇子・京)などと評されてもいる。「評判色三味線」の評文に見るように、喜世三郎は「賤しげなくお姫様役」も似合う美貌の若女方だった。その役者が「生霊、死霊、嫉妬」「かるわざ」の名手でもあったのである。

早川初瀬《はつせ》も、その代表選手の一人だった。評に言う。「しよさ事よし・やつし事にやわずぬれ事よし・中がへりかるはざをゐたり」(三国役者舞台鑑)、「おんりやうかるわざもなさるゝげな」(万年暦・京)、「たき口が妻に成・……後に恨を云・しつとをうつさるゝ思ひ入大きによし・扨三ゐ寺へおつかけ行・井づゝのかるわざ・竹をわたりひつくりかへらるゝ身のかるさよし」(略請状・江戸)。早川初瀬も悋気事、怨霊事、軽業事を得意として認められていたことがよくわかる評文である。

最後に、こうした独自の芸風・芸質を持った若女方役者が一座に居る場合、狂言の仕組みが類型《パターン》化することを示す例として、一、二の評文を掲げておこう。

「第一かはゆらしきしだし・身をなげかけてのかるわざ・……いせのやゐがきになられ・障子の中にてしつとの思入せうじにうつり大きによし・三番目のおんりやうごとあぢをやられ」(三世相・江戸・早川初瀬)、「けいせい道芝……本妻に男をねとられ・ねたみの一念桜の木より生《いき》れう出ての所作事」(友吟味・京・袖嶋げんじ)、「高はしと云けいせい・……やしきへ行姫へりんきのせりふうつりよし・……其後幸十郎殿に実にころされ・其死れうあげやの夜着の中より出て・大和山殿へうらみ・竹嶋殿をくるしめらるゝ思ひ入」(友吟味・京・山下亀之丞)、「尾花狐に村雨と成・……筒井殿(松風役)としつとの時・……伝五郎殿にれんぼせられめいわくさう成皃付吉《よし》後にれんほかなはぬによりなんなく伝五郎殿にころされ給ふ時くるしさう成思入吉《よし》次に松の木の上より出おんりやうのしよさ拍子事かるわざ」（色将基大全綱目・江戸・中村源太郎）。

　軽業事が拍子事や所作事と同じ系統の芸と考えられており、かつ「かるはざくるひ事よし」（三世相・江戸・小嶋平七）と評されるように、「狂い事」とも系統を一にするのは、当然とはいえ意義のあることと思われる。

図４　早川初瀬の二本綱上での所作事。狂言本『愛護十二段』挿絵。

　女としてのやさしさ、男を恋慕する純な心情と裏腹の関係にある内面の「強さ」「激しさ」の表現が悋気事であるからには、その表出は醒めた精神における「強さ」「激しさ」の表現である「女武道」とは明らかに異質の芸であり、それは「狂い事」に近づく。物に憑かれる状態、物に狂った状態において、はじめて価値の転換が実現し、女は男と対等の、あるいは男を超える強靭な「力」の所有者となる。言わば「さかさま」の力の発現である。[10] その「力」は、歌舞伎狂言にあっては、お家のため、または愛する男のために発揮されることもあれば、より私的に自分を死に至らしめた敵（人間）に報復するために使われることもある。

　この言わば逆髪の女、瞋恚の炎に身をこがす女は、舞台の上には非日常の狂気にもとづいて形象化されねばならない。

　そのための手段が、身軽さという役者の天性と修業を活用し

図5　木戸の上でさかさまに立つ玉やう夫人。狂言本『大職冠二度珠取』挿絵。

ての軽業事なのであった。

　元禄十四年五月、江戸山村座で上演された『大職冠二度珠《たいしよくかんにどのたま》取《とり》』という狂言がある。その二番目、大職冠鎌足の妻となった浜荻（早川初瀬）が大職冠とともに眠るうち、胡蝶の姿と化して牡丹の花に戯れている。中国から来て、大職冠を恋慕する玉《ぎよく》やう夫人《ぶにん》（生島大吉）はその様子を見て嫉妬の心抑え難く、一念が獅子に変身して胡蝶を食おうといどみかかる演技があった。嫉妬の一念によって獅子と化した玉やう夫人は、木戸の上でさかさまに立つなどのけれん芸を必然のものにしたのである。『傾城壬生大念仏』において、嵐喜世三郎の扮したおみよの亡霊がはじめ盥の中から出現して所作事をし、遂には敵役の肩の上でさかさまに立ってみせるなどの軽業事を演じたのも、その由因は民弥への狂おしいばかりの愛であった。別の狂言の評ではあるが、「りんきの所男を思ふ心ざし・誠らしうてよし」（御前歌舞伎・京）と喜世三郎は誉められている。

「男を思ふ心ざし」の「誠らしさ」こそ、実に悋気事、怨霊事、軽業事の演技に通底する性根に他ならないのである。そのことを当時の観客は知っていた。嵐喜世三郎や早川初瀬、上村吉弥、坂田荻之丞、嵐和歌野、市川玉柏、花井小山三ら若女方たちは、たとえ芳沢あやめとは別の道を歩んだとしても、やはり元禄期の歌舞伎の花に違いなかった。『役者拳相撲』の評者が、嵐和歌野の芸を評して、いみじくも誉めたように、「りんきしつとの筋は得物《えもの》故に。下の見物衆。大ぶん受とられましたぞ」、上等の桟敷の客ではない土間で見物する庶民大衆は、むしろこの芸を喜び迎えたのであった。

さかさまの幽霊

さて、怨霊事の表現としてはさまざまのものが演じられていたことが知られるが、私が格別の興味を惹かれるのは、さかさまに立つ幽霊の姿である。これこそ軽業事の代表芸の一つであると言っていいが、嵐喜世三郎は何の意味もなく、たださか立ちの形がおもしろいから演じただけのことだろうか。どうもそうではないらしい。

そのことを考えていくと、幽霊がさかさまの形で出現し、さか立ちの姿で歩くことは、当時は決して珍しいことではなかったことがわかる。元禄期前後の民衆たちが、素朴にそう信じていたと思われる例がいくつも見当たる。

図6　狂言本『一心女雷師』。

元禄十二年（一六九九）六月江戸山村座で上演された『一心女雷師《なるかみ》』で、絶間姫《たえまのひめ》に恋慕する頼豪法師が、計画をめぐらし、絶間ゆえに死んで幽霊になったと見せかけて、姫を口説こうとするところがある。

「きつと思ひ出したり。幽霊の形になり、絶間ゆゑに死にたると誑《たばか》り、心を引いてくどかん」と、弟子坊主が手に足袋をはかせ足にして、逆様なる形に成つて待ちゐたり。……彼《か》の幽霊よろぼひ出で、「あゝ苦しや、堪へがたや。……其方を深く思ひそめしが、さすが出家のあからさまには申されず、やる方なさに井戸へ逆様に身をなげて死にました。修羅の苦患の苦しさを、少しは推量し給へ」と手足をふるはせかきくどけば……[11]。

狂言本の挿絵には、絶間に幽霊と信じさせるための方便として、さかさまの姿をこしらえている頼豪の演技が描かれている。この場面はむろん軽業事ではないので、弟子坊主の手に足袋をはかせて上にあげさせ、足に見立てるという滑稽な演技になっている。この場の趣向は、ある目的のための計略としての「幽霊のまね」であるけれども、当時の観客大衆の中に「さかさまの幽霊」に関する知識が存在したことを前提としない限り、この趣向そのものが成立し得ない。これが、当時の人びとの常識の中に在ったのは確実であろう。そして、「さかさま」の理由については、「井戸へ逆様に身をなげて死」んだ者の幽霊だから、その時の姿のまま、さかさまの形を顕したのだとする、それらしい説明が加えてある。

近松門左衛門作の浄瑠璃『けいせい反魂香《はんごんこう》』（中之巻）で、かねて狩野四郎二郎元信に恋慕していた遠山は、婚礼の当日、姫の行列の前に白無垢姿で現れ、銀杏の前に懇願して七日間だけ元信と添うことになる。だが、それは悶死した遠山の魂魄が仮に姿を現したのであり、五日後に元信の幻覚の中で、襖に描いた絵図を辿り、連れ立って三熊野詣でに行くように見えるが、それは夢幻で、やがて遠山は幽冥の彼方へと消えてしまう。

その幻の三熊野詣での道行きの中で、元信が見た遠山の姿は尋常のものではなかった。彼女はさか立ちして歩いていたのである。

元信しんく〱きもにそみ。……なむ日本第一大霊験。三所権現とふしおがみ。かうべをあげてめをひらけばなむ三宝。さきに立たる我妻はまつさかさまに天をふみ。両手をはこんであゆみ行。はつとおどろき是なふ浅ましの姿やな。誠や人の物語しゝたる人のくま野まふでは。あるひはさかさまうしろむきいきたる人にはかはると聞。立居に付てよひより心にかゝること有しが。扨はそなたはしんだかと。こぼしそめたる涙よりつきぬなげきと成にけり。

はづかしや心にはろくぢをあゆむと思へ共。さかさまに見へけるかや。四十九日が其中は。しやばのえんにむすぼゝれ姿を見せて契りし物を。いもせの中にこはげ立あいそもつきばいかゞせん。かはる姿のつゝましやあひ見ることも是かぎりと。なくこゑ計身をしぼる。（本文は『近松全集』第五巻による。傍点は筆者）

図7　黒本『はんごかう』挿絵。

この本文によって、当時人の評判に、亡者の熊野詣では「さかさま」かまたは「後向き」か、いずれにしても尋常ではない歩き方をすると考えられていたらしいことがわかる[12]。逆に言えば、苦患をまぬかれようとして亡者たちも争って参詣するというほど、熊野の信仰が普遍的だったことの反映でもある。

かつて松田修氏は、この点に注目し、「さかさまなるものに霊異の力を認めることは、おそらく日本の伝統的発想なのである[13]」と述べた。氏は、「熊野一帯がデーモンの国であることは、ここで繰り返すまでもないことであるが、それをずばりと表現すれば、さかさまの国でもあろうか。『さかさま』とは最も具体的な非日常であり、現実と生のうらがえしの世界なのである」と「さかさま」の意味について考えたうえで、熊野に限らず日本各地に「さかさまの国」があること、入間川の逆女伝承や入間詞、さらには熊野新宮船田にあった「さかさ楠」（枝がさかさまに生い茂った楠）などの例を挙げ、これら「さかさまイメージ」と『日本霊異記』（下巻）の「法花経を憶持する者の舌、曝《さ》りたる髑髏《ひとかしら》の中に著《つ》きて朽ち不《ざ》る縁第一」に出る倒懸の修行者とは深いところで血肉を通わせているのではないかと論じている。『霊異記』の話というのは、ある修行者が熊野の山の巌の上で、「麻の縄を二つの足に繋ぎ、巌に懸かり身を投げて死せり」、すなわち巌上からさかさまの姿でぶらさがった形で投身自殺をしたというのである。そして、三年後、その死体は朽ちて髑髏となっていても舌ばかりは腐らず、なお法花経を読誦していたという凄絶な話である。松田氏はこの修行者の死にかたについて、「文学以前、文字以前、熊野はデーモンの国であり、デーモンたちは、さかさまをそのメルクマールとしていた——おそらく、例の無名の修行者は死後の己れのあるべき姿を、意志的に、生の終焉において選びとったのである」と想像している。松田氏のこの論は、「さかさま」の意味について論じたおそらく唯一のものであり、その卓越した着眼に敬意を表すのにやぶさかでない(14)。

同じく近松門左衛門の浄瑠璃『天神記』の三段目に、白太夫の娘十六夜の亡霊が出現して悪人の藤太に仇をなす描写に、「十六夜形をあらはして、藤太がたぶさむんずととり、我身はあしをさかしまに、くもをふんでひきあぐるは、天よりつゝたるごとくなり」とある。十六夜の怨霊も虚空の雲を踏んで、まるで天から吊ったようなさかさまの姿で示現したのであった。

西鶴の『好色五人女』（巻二）のうち、「踊はくづれ桶夜更けて化物」の冒頭に、大坂天満の「七つの化

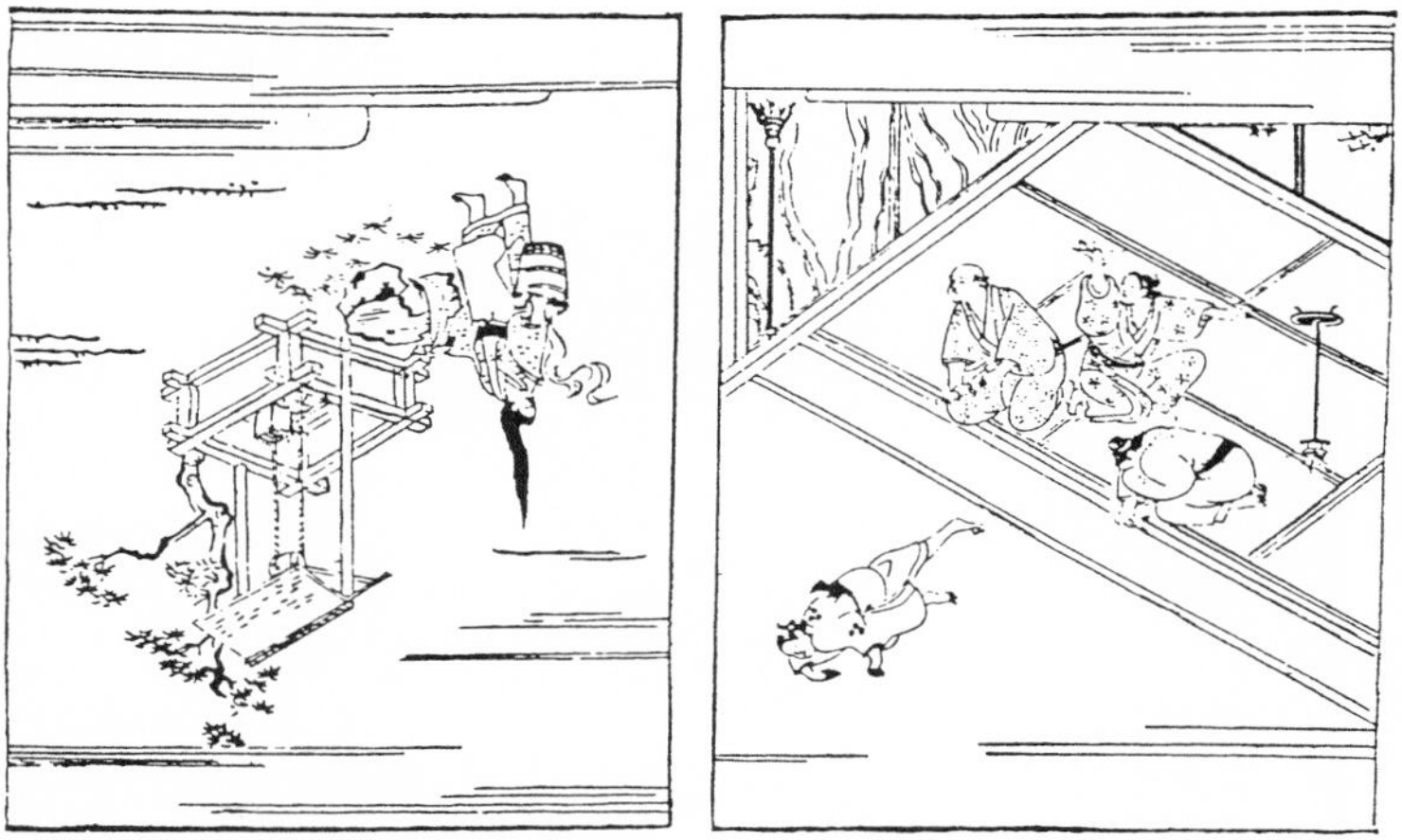

図8（左右）『西鶴織留』の「逆絵」。

物」を列挙する中に、「曾根崎の逆《さかさま》女」を挙げている。特に補足する説明はないが、その必要がないほど当時有名な怪異だったことをうかがわせる。これもおそらくは嫉妬の果てに井戸に投げこまれて殺されたあわれな女の幽霊が、夜な夜な出現する噂を背景にしたものと思われる。

ここまで述べてくると、かのあまりにも有名な『西鶴《さいかく》織留《おりとめ》』（「家主殿の鼻柱」）の「逆絵」（謎絵）についても語るべきであろう。これについては、以前拙稿「逆髪《さかがみ》の宮（中）[15]」において触れたことがある。

問題の逆絵は、次の物語に関連する挿絵である。

下京七条通りに借家して扇折り屋を営んでいた夫婦があった。ところが、その女房が口さがない女で、ほんの茶呑話の折に「家主の内儀の鼻は天狗の媒鳥《おとり》のようだ」と言ったのが災いして、家主と大喧嘩のすえ、夫婦でも口論となり、結局その家を出なければならなくなる。それからというもの、二年と経たないうちに十箇所も転居する。最初の転居先では南隣りの女房が狂人で、突然刃物を抜いて近所を走り廻るのに驚き、次の所では昔から逆柱《さかばしら》の怪異で、夜な夜な虹梁《こうりょう》が崩れるような屋鳴りがする。以下転々と居を移すが、いずれも住みにくく不吉なことが生ずるため、結局は夫婦喧嘩をしたあげく、夫は奥州白石へ、妻は九州の平戸島へと生き別れになる。

その箇所の挿絵が問題の絵で、見開きの右図には屋鳴り震動する逆柱の怪異を表現したと覚しく、燭台、箒、板戸、襖（襖絵）のいずれもがさかさまに描いてある。柱の上下は不明だが、本文とのかかわりから言って逆柱であるのは当然で、それが屋鳴り震動の根源であろう。そこに三人（男一、女二人）の人物を描き、土間に一人の少年が倒れている。逆柱の怪異が屋鳴りの音響とともに広く信じられていたことは、寛保二年正月刊の役者評判記『役者柱伊達』（京）の役者目録にある見立てに、「御出世はきびしうなりわたる　さか柱」（笠屋又九郎）などとあるのによってもわかろう。[16]

左図は、井戸の近くに手桶を持った逆髪の女が立っているところを描いた絵の全体を、そっくり上下さかさまにして刷ったものである。何故このような謎の絵が描かれているのかが古来話題となってきた。もっとも、この逆絵の女は、再版本（正徳二年刊）では版木から削り取られており、いっそう不審感を増幅させている。

この絵の解釈については、かつて信多純一氏が、逆幽霊というものの存在をふまえた上で、周到な推論を展開した。[17]

その結論によれば、「ここは逆柱の怪の家での出来事であろう。夜半、虹梁の崩るるごとき屋鳴りに加えて、物皆逆さになる不思議が起り、そして井の傍に髪を長くたらした逆幽霊が出現した。眉を落したこの年増の女性は、視線を扇屋夫婦にきっと向けている」と読み、さらにこの逆幽霊は扇屋主人の姉ではなかったかと推論している。すなわち、夫婦が大喧嘩になり、離縁を宣告された妻が「いかにも出てゆくべし。我追出さるゝからはそなたの姉御の頓死なされた時の首尾を世間へ沙汰して、おいとま申」と脅迫めいたことばを投げつけると、男が手を突いて詫びる話が出ていることから、「姉の突然の死は、実は弟〔服部注―扇屋の夫〕の所為ではなかったか。その様は、井戸に手拭手桶をさげて水汲みに行った姉を、背後より突き落し、不慮の出来事と世間を欺いたものと容易に推理できる」とし、姉殺しの理由も、文末の夫婦別れの時の妻のわめきせりふ、「姉の銀盗人め」の一言に暗示されていると見て、「姉の事件を隠微に現わし、彼等について廻る不運は実は因果の理に乗るものであり、人の業の深淵をはっきりと覗かせる、作者の高次な遊びの姿勢」を読み取っている。極めてすぐれた論であって、異議をさしはさむ余地はない。だが、この論も、信多氏が絵画資料をも使って、いわゆる「さかさまの幽霊」の存在について論証しているからこそ説得力を持ち得たのである。

信多氏は『因果物語』『他力本願記』『念仏大道人崙山上人之由来《ろんざんしょうにん》』『傾城蓮川《はちす》』の狂言本挿絵などを証として、「以上の諸例から自ずから判明するように、〝逆幽霊〟として西鶴当時かなり知られている図柄であり、非業の死を遂げた亡者の体なのである。更に言えば、その死にざまが、井や川に逆様に沈められた姿、そのままに現われたもののごとくである」と述べている。

信多氏の論証をふたたび繰り返す愚は避けるべきであるが、その資料解釈に付け加えたい点もあるので、これらをも含めて紹介することとする。

『因果《いんが》物語』（巻二の一）および『諸国ゐんくは物語』(18)に収める「妬て殺せし女主の女房をとり殺す事」は、おおよそ、次のような話である。

濃州の牢人が日暮れになって舟で川を渡る時、「足を上になしてさかさまに立たる人」が現れ、自分は庄屋の家で使われていた女だが、不慮の妬みによって非業の死を遂げた、敵《かたき》を取りに行きたいので舟に乗せて

図9　『因果物語』挿絵。

図10　『諸国ゐんくは物語』挿絵。

くれと頼む。断りがたく乗せてやると、女は「さかさまながら」乗ってきた。無事向う岸に着き、ややあって漕ぎ帰ろうとすると、またその女が来て、庄屋の門に貼ってある牛王屋札をはぎ取ってくれと頼み、その上でやすやすと庄屋の内に入って女房をとり殺す。そのあくる夜、もはやさかさまではなく真様《まさま》の姿となって牢人の家に来て、苦患をまぬかれた礼を述べる。牢人が、わけを尋ねると、もとこの女は庄屋の妾で、女房が深く嫉妬し、夫の留守中に井戸に突き落として殺し、世間へは自害と言いふらしていたことを物語る。

かの亡霊ハ庄やの手かけ也。女房ふかくねたみけるが、夫《おとこ》有馬へ湯治しける留守に、下男を頼み、川向《かはむかひ》に古き井のもとの有けるに、彼女をすかし出し、井のはたに立より、古き井なれども水よくすみて人影のあり〱とみゆるといへば、彼女立よりてのぞきける所を、さかさまにつきはめてころし、世には身をなげたりと披露しけり。其夜より亡霊となりて、くり舟の渡りに来り、さかさまにたちて人にはみえけり。(古典文庫本『絵入

因果ものがたり』による。傍点は筆者）

嫉妬が原因で、本妻の命令によって古井戸の中へ突き落とされ、殺される。その怨念が「さかさまの幽霊」となって出現し、敵である庄屋の女房を取り殺し、それによって、「昨夜おもふ敵をとりて今ハ真さまに成て、身のくるしみをのがれたり」と牢人に感謝したというのだから、「さかさまの幽霊」は成仏しきれず迷っている苦患の魂の表象であることになる。亡霊みずから、その苦しみに堪えかねて、早く成仏したい、「常のごとく真さま」になりたいと願っているのである。

この話の類話が、延宝五年刊の『諸国百物語』[19]（巻四ノ一）に載っている。「端井弥三郎、幽霊を船渡しせし事」がこれである。この話では、さかさまの姿で船に乗せてくれと頼む「さかさまの幽霊」は庄屋の本妻であり、夫が妾と共謀して本妻を殺してしまったことになっている。幽霊は、「よくよく見れば、女、丈なる髪をさばき、口より火焔を噴き出だし、逆さまになり、頭にて歩きける」という姿だった。そしてその姿形の来由について、「怨みの念が残り、祟りをなさんとして発現することができないようにと、さかさまに埋められたのだ」と説明している。弥三郎は、この女を船に乗せて渡してやる。女は思いのまま川向うの庄屋の家に行き、後妻に入った妾の首を引き抜いてしまう。この話はそこまでで、怨みを

図11 『諸国百物語』挿絵。

図12 『他力本願記』四段目挿絵。

晴らした女が真様になることはない。あとで女の言っていた場所を掘ってみると、言葉のとおりさかさまに埋められた女の死骸があったとして話を終らせている。怨みの晴れた幽霊が真様になって喜ぶ話と違って、この話にはいささかも救いがなく、あくまでも暗い。

　次に、延宝七年卯月刊の加賀掾絵入浄瑠璃正本『他力本願記』[20]の四段目である。

　出羽の国ゆりの里、さゝじまへいまのぜうなかまさという武士の妻が、このほど原因不明の奇病に苦しんでいる。医療を尽くすが効験はさらになく、「大ねつさらず、口ごもり、めはあきながら人を見しらす。あまつさへ、ちかき比《ころ》より、よふけ人のしづまると、ひかり物とび入ッて、としやうじひゞきなり渡り、家をゆする事、あたかもぢしんのことく也。病人おびへ玉ぎりて、五たいなふらんもんぜつす」という状態だった。まつしま藤太夫むねかげという累代の家臣は、「北の御かた、つねにしつとふかくましく〳〵て、御召つかひの下女はした、つみにおとし給ひ、めぐるむくひたちまち来て、かれらがおんねん御身をなやますと存候」と、病気の原因を怨霊の祟りと読み、たまたま都から来ている聖僧のしんくう上人を招じ入れて亡者の弔いをしてもらうことになる。上人が料紙に六字の名号《みようごう》を書き、壁に掛けると、さかさまの死霊が現われるが、名号の利徳によって退散させられる。しかしなお成仏できず、五輪の形となるが、これがやはりさかさまの形で立っている。だが、上人の十念によって、これも光を放って飛行し去り、直ちに妻の病気は夢から覚めたように本復する。

「さかさまの幽霊」の出現のさまは次のとおりである。

　ひかり物、屋の内にみち〳〵て、さもすさまじき女はうの、あしそらさまに手をついて、なげしのうへにあらはれ出、いかれるまなこをくわつと見出し、から〳〵と打わらひ、びやうにんをねらひより、とびかゝらんとせし所に、有かたや御みやうがう、たちまち大じやとあらはれ、かのあくれうをおひはらひ、おひもどしおひかへし、しばらくふせぎ給ひしは、きめうなりける、しだい也。

そしてまた、回向ののちに念珠でもって打つと、「さかさまの幽霊」はにわかに「さかさまの五輪」と変ずる。その部分の本文は、次のとおりである。

　然れ共、此五りん、さかさまに立けるが、かすかに女のこゑとして、「あら有がたや、あひがたきたりき念仏のくりきにて、しんゐのほのほはきへぬれど、まださかしまに立なるゆへ成仏をとげがたし。とても事の御りやくに、たすけさせ給はれ」と心の内より聞ゆれば、云々。（本文は古典文庫『古浄瑠璃集〈大英博物館本〉』による。傍点は筆者）

この物語に見える、「嫉妬―井戸に転落死―怨念―さかさまの幽霊」という一連の連想イメージは、まさしく歌舞伎演技における「嫉妬事―怨霊事―軽業事」のイメージ連関に対応するものである。

次に、元禄六年刊の説教節正本『念仏大道人崙山上人《ろんざんしょうにん》之由来』[21]六段目の本文である。

崙山上人が荒れ果てた無人の寺に立ち寄り、近くの老人に尋ねると、「この寺にはいつのころからか変化魔生の者が住み、住持をはじめ人々を殺し、さまざまに怨《あだ》をなしたので、化生寺と異名され、たれも住む人はない」とのこと。上人は、しからば自分がこの寺に止まって、妄悪迷いの者共を救済してやろうと、仏前

図 13 『念仏大道人崙山上人之由来』挿絵。

に坐して声高く念仏を修行している。

夜半になると、門前から化生の者が現われ、仏前へ近寄って、さめざめと泣き、助けてくれと懇願する。迫力のある語りの本文を掲げる。

すでに其夜も、やはん斗《ばかり》の事成に、門前より、けしたるすかたあらはれ、かみはながく、さか様に、あしをはそらにおしあけ、ちうをかけりてぶつせんへ、まつすぐに近付、口よりくわゑんをふき出し、さめ〳〵となきけるが、上人を一めみて、につことわらい、おきなをり、只しほ〳〵といたりけり。

上人御らんし、何者成ぞと仰ける。時にもふじや申様「されは某は、むかし此寺のもん前に有し物なるが、わらはかおつと、二道かけ申ゆへ、水《（みづ）》から是をせいし申せしを、おつとはわらはをにくみつゝ、あれなる井のうちへ、さか様におとされ、むなしく成て候。それゆへかれらを取ころし、此身もくるしみたへやらねは、たすかりたくぞんじ、まよひ候へ共、へんげのものぞとおどろき、みなあいはて申たり。あはれと思召れなば、たすけ給へ、御僧」と、ちの泪《なみだ》をぞながしけり。（本文は『説経節正本集』第三による。傍点は筆者）

またしても、男の「二道かけ申」すこと、すなわち夫が妾をつくったことを嫉妬した女が殺されて、亡霊となって逆に二人をとり殺して恨みを晴らしたが、自身の閻浮《えんぶ》に流転する苦患は収まらず、どうしようもなく苦しく堪えがたいので、解脱成仏を得たいと、迷って出現する「さかさまの幽霊」である。
上人が、「なぜ最前、仏前で愚僧を見て悲しみの泪の中に、にっこりと笑ったのか」と尋ねると、女の幽霊は、「さん候、初めは、此身のくるしきゆへ、かなしみのなみた也。又、御そう様を見まいらせ、悦びわらい候は、たつとき上人にあい奉り、此くげんをたすからん事の、うれしさに、扨こそ、わらひ候」と答え、またさめざめと泣いた。上人はあわれと思い、十念をさずけると、さかさまのあさましい姿は消え失せ、金色の光の中に真様の形を現わし、西の空へと昇天していく。女は成仏得脱したのである。

この女も井戸の中に投げこまれて殺されたかわいそうな女だった。尋常ならざる「さかさま」の形で出現するこの幽霊は、決して人をおどし、とり殺そうとしたわけではなく、自分自身の苦患から救われたいと願ってあさましい姿を現していたのだと語る。

図14　狂言本『傾城蓮川』挿絵。

これらの他、元禄十二年（一六九九）大坂嵐三右衛門座上演の『傾城蓮川《はちす》』の狂言本挿絵に、[22] 海面を龍に追われて逃げていく「さかさまの幽霊」の姿があり、横に「今川さかゆうれいにげる」の文字が記されている。そして、この場面は「水からくり」で演じた旨の記載がある。この次の絵では、「今川か一念大じやとなる」と説明があり、半身大蛇に変じた今川の幽霊が、奴二人を海中に引[23]き入れて苦しめる様が描かれている。僅かに残されている本文によ

図 15　青本『思案閣女今川』挿絵。

ると、梅川文蔵がなる川の渡し舟で、高枕して夢を見ている。その時、「今川がぼうこんさか様になつて、なみをけたて、文蔵の枕もとに来り、我は是今川かゆうれい也、角兵衛が手にかゝり、しづめにかけられしかど、口惜とおもふ一念にて角兵衛はとりころしぬ、云々」とある。事情はくわしくわからないが、竹姫の一念も大蛇となって出現していることから推して、文蔵をめぐる嫉妬の争いの果てと見ておそらく間違いはなく、海中に沈めにかけて殺害されたものだろう。これによって、「さか幽霊」ということばが用いられていたこともわかる。なお、『許多脚色帖』貼込みの狂言本の表紙裏に、『第三　今川が一念さかゆうれい火のくるまのせめをうくる事』と見え、傾城今川の役を若女方浅尾十次郎が勤めたことも知れる。

さかさまの怪異性の伝承

前節に見たとおり、近世初頭における都市民の間の「さかさまの幽霊」に関する知識は、現代のわれわれの想像以上に常識的なものだったことが推察できる。

「さかさまの幽霊」に関する大衆の常識は、江戸中期になって決して失われてしまったわけではなかった。

たとえば、明和四年（一七六七）板行の青本『思案閣女今川』(24)には、白糸の滝の中から「さかさまの幽霊」が出現したことを記し、その典型的な姿を描いた挿絵を載せている。そのことばに、「みつからは久国にころされ、にはのつき山にうつめしまつよひと申女也。云々」とあり、これは井戸の中へ落とされた死ではなかったもののようである。「さかさまの幽霊」は、底なしの無間《むげん》地獄をめざしてまっさかさまに落下していく肉体の、その恐怖のイメージの表象でもあった。その形は、最初は（あるいは基本的には）冥界との通路と信じられた井戸の中へ突き落とされ、まっさかさまに墜落していく時の身体の形そのままに立ち現われたものと考えられていたかも知れないが、実際には必ずしも井戸で殺されなくとも、「さかさまの幽霊」は出現した。それは前述のごとく、金輪奈落の果てへまっさかさまに落下する観念の産物だからで、同時に地獄で受ける苦患責苦の表象でもあったからである。つまりは浮かばれないでいる霊、解脱できない迷える魂魄が形を与えられたものということである。

能の『求塚《もとめづか》』では、二人の男から恋慕されて、いずれか一人に靡《なび》くこともできず、世をはかなんで生田川に身を投げて死んだ女が、そのあと二人の男も女の塚の前で差し違えて死んでしまったことを知り、その罪を身に受けて長い年月を経て成仏できないでいる。菟名日処女《うなひおとめ》の亡霊は旅僧の前で、八大地獄においてさまざまな苦患を蒙っている様を見せようと言う。その一節に次のものがある。

而うじて起き上れば、獄卒は標《しもと》をあてて。追っ立つればただよひ出でて。八大地獄の数々苦しみを尽し御前にて。懺悔の有様見せ申さんまづ等活黒縄衆合。叫喚大叫喚。炎熱酷熱無間の底に。足上頭下《そくしょうづげ》と落つる間は三年三月の苦しみ果てて。少し苦患の隙かと思へば。鬼も去り。火焔も消えて。暗闇となりぬれば。今は火宅に帰らんと。云々

ここでは、無間《むげん》地獄へ墜落していく姿の表象として、とくに「足上頭下」という表現を使っている。この

図 16 『往生要集』寛文 11 年板挿絵。

図 17 『新板絵入 十王讃嘆抄』(山岸文庫本) 挿絵。

観念が中世以前における「さかさま」の宗教的意義づけだったと思われる。『往生要集』の絵入板本や『新板絵入十王讃嘆抄』など、近世初期に絵入りで出版された通俗的な仏書の中には、阿鼻地獄の様子を描いた挿絵に亡者たちが業火《ごうか》の中にまっさかさまに堕ちていく姿の描きこんであるものがある。仏法を絵解きしたいわゆる「仏法浄土双六」にも、業火に向かって堕ちていく亡者の姿が描かれ、「永沈《ようちん》」と書かれている。永沈とは文字どおり、永遠に沈落してふたたび出ることはできない場所の意味である。そのことから、一般語に転じて地獄、奈落の底の意味に用いられたことばである。源信の原『往生要集』の述べる「頭面は下にあり、足は上にありて、二千年を逕て、皆下に向ひて行く」姿、すなわち、「足上頭下」の視覚化であったのはむろんである。

江戸時代後期の黄表紙の一種である『早野勘平若気《わかげの》誤《あやまり》』(十返舎一九著、寛政八年刊)は数ある忠臣蔵のパロディの一つで、勘平が鉄砲で誤って殺した定九郎を、あくまで猪だと思いこんでおり(したがって縞の財布も取らず）、定九郎の足を二本切って帰り、女房のお軽とともに河原に獣肉屋《ももんじや》の見世を出す。
九太夫がその料理を取り寄せて息子の足とも知らず食べていると、定九郎の幽霊が現われ、足を切られて極楽にも地獄にも行けず、中有に迷い難渋しているので、何とか足を工面してくれと頼む。九太夫は勘平の家へ行き、与市兵衛の足を切って持ち帰り、定九郎に付ける。与市兵衛が足をなくしたことを西方極楽の親玉があわれんで、蓮台に車をつけて与えたため、彼は易々と極楽へ行く。一方、定九郎の方は、地獄で鬼たちの責苦にあうが、剣の山に追い上げられる時、「あしは与一兵へがあしなれば、ひよつとつるぎにさわつてけがでもしては、ほとけたちへいゝわけなし、このうへはさかさまにたつてあるくべしとて、むたいをいつてさだ九郎をせめさいなむ」。その絵はさかさまで歩く亡者の姿を描き、煙管をもって坐る鬼のせりふとして「これがすなわちたびやのかんばん、あしがうへゝあがつております」とある。与市兵衛の足が人面瘡となっており、その口には煙管をくわえている。まったくふざけた内容であるが、「さかだちして剣の山を歩かされる亡者の姿」の創出は決して黄表紙作者の独創ではなく、その背景として長い心意伝承の記憶が作用していたような気がする。かの『けいせい反魂香』に出た、亡者の三熊野詣での姿も想起される。

図18　江戸期の「仏法浄土双六」より（部分）。

しかし、これらのさらに深い地平に横たわっていたイメージは、「さかさま」そのものが担った畏怖すべき攻撃性ではなかっただろうか。「さかさま」には不可思議な霊威が備わる[25]。「さかさま」には日常的な平穏や無事に向けて闘いを仕かけるデーモ

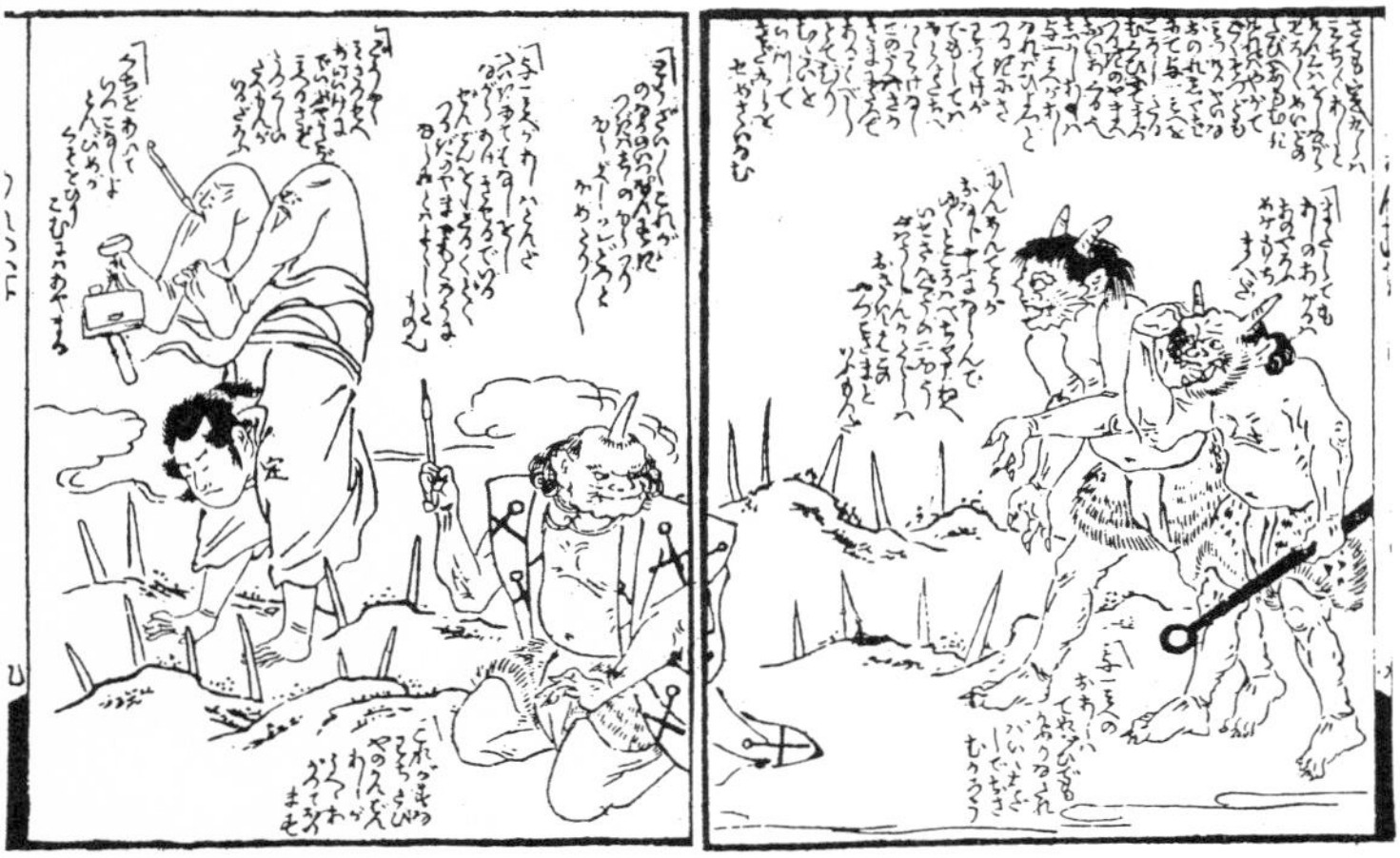

図 19 『早野勘平若気誤』挿絵。

ンの激しいエネルギーが鬱積しているのではないか。「さかさまの幽霊」の出現するときも、逆柱の怪異が発動するときも、ともに「戸障子響き鳴り渡り、家をゆすること、あたかも地震のごとく」（『他力本願記』）であった。そういう爆発的なエネルギーが「さかさま」に具象化されていた。それが身分制度の壁を破り、男尊女卑の封建体制の秩序を混乱させるのに有効だった。「さかさま」は時として反秩序、反体制の有効な武器ともなり得た。[26] そういう「さかさま」の精神史を理解しないでは、近世の幽霊がさかさまの姿で出現することのある本当の意味もわからないし、幽霊以外の「モノ」が「さかさま」になることの意義を正当に解読することもできないだろう。

嫉妬のすえに、夫与右衛門の手で川の中に沈めにかけられた累の怨霊は、さかさまの姿で出るのが当然であったし、『傾城壬生大念仏』のおみよと同様、「嫉妬―井戸―怨念―幽霊」の類型的系譜のまったき体現者であった皿屋敷のお菊などは、「さかさまの幽霊」として出現することこそ「正統」だったと言える。

かくして、化政期の『東海道四谷怪談』のお岩の亡霊が軒に吊った提灯から出て、「さかさま」の姿で顕現することにも、相応の正当性があったと言えそうである。

歌舞伎の悋気事（嫉妬事）、怨霊事、軽業事の背景には、本稿に述べたような、江戸時代の大衆の精神文化レヴェルにおける、はるばると広い想像世界が広がっていたことを考えてみることも、決して無意味なこころみではないと思う。

注

（1）『芝居秘伝集』（岩波文庫『舞曲扇林・戯財録』所載）

（2）『東海道四谷怪談』初演の翌年（文政九年）正月に出版を見た『名残花四家怪譚』という合巻がある。この本の蛇山庵室の場面では、お岩の亡霊が最初は初演のとおり流れ灌頂から産女の姿で出現するのであるが、二度目にはさかさまの姿で出現したことを特筆している。「話のうしろへ天井のうちより、怪しやお岩が幽霊さかさまに現れ出で、藤兵衛をしめ殺し、虚空はるかに飛び去りしかば……」というのがその本文である。

（3）黒木勘蔵「劇の幽霊物の系統」（同著『近世演劇考説』所収）。大正十三年八月成稿。

（4）黒木勘蔵「元禄時代の歌舞伎劇」（同著『近世演劇考説』所収）。大正十五年四月成稿。

（5）郡司正勝「『かるわざ』の系譜」（同著『かぶき―様式と伝承』所収）

（6）高畠由紀「元禄歌舞伎における怨霊事」（『成蹊国文』第六号、昭和四十八年一月刊、所収）

（7）井上伸子「『頼政物』の展開と変質」（『立教大学日本文学』第五十号、昭和五十八年七月刊、所収）

（8）服部幸雄「近世芸能における変化について（上）（下）」（『芸能史研究』第二十七、二十八号、昭和四十四年七月、同四十五年一月刊、所収）。のちに『変化論―歌舞伎の精神史』に収録。

（9）以下に引用する役者評判記の評文は、いずれも『歌舞伎評判記集成』所収本によった。『野郎立役舞台大鑑』を除き、他の書名から「役者」の二文字を省略して示す。それぞれの典拠は括弧の中に、書名、巻名の順で記した。

(10) たとえば、コメディ＝フランセーズの女優ジャンヌ・モローは、嫉妬について語る中で、「嫉妬は苦しみであり、堪えられないほどの肉体的混乱だということ」を言い、それは「真の狂気、完全な発狂」であり、「真の嫉妬というのは存在を滅ぼす嫉妬」であると語っている(マドレーヌ・シャプサル編『嫉妬』鈴木晶訳による)。

(11) 狂言本『一心女雷師』(『元禄歌舞伎傑作集・上』)一五九頁。

(12) 女性の亡霊が、さかさまあるいは後向きの姿で熊野詣でをすることは、青本『五衰殿熊野本地』(宝暦十一年または安永二年の刊本)の中にも採り入れられている。本文に言う、「なによりもあはれなるは、女人のくまのまふでなり。一どさんけい申さんといのりて、ついにむなしくなるとも、そのれいこんくまのもふでするのは、あるいはさかさまうしろむきなり。ひるはてんのおそれあるゆへよなく〳〵まいる」。さか立ちしたり、後向きに歩いている亡霊の絵を載せてある。

以前、廣末保氏は近松の『けいせい反魂香』における、亡者のさかさまや後向きの熊野詣での趣向につき、これを近松の創り出したものとする観点から、次のように考えている。「ただあらわれて消えるものといった幽霊ではなく、活潑に活動する幽霊ともなれば、日常的な空間だけではまにあわなくなる。近松は、亡者が逆さまに歩くといったイメージによって、次元の異なった二つの空間を上下から交錯させ、そこに超現実的な空間をつくりだしたのである」(『もうひとつの日本美』昭和四十年刊)。この趣向が近松の手による独創か否かについては論の分かれるところであろうが、仮に私論のように当時民間習俗ないしは伝承として語り伝えられているところを近松が舞台的形象として掬い上げたと考えたとしても、「非日常的な異空間の創出」という近松の斬新な意図に関しては廣末氏の論と齟齬《そご》する点はない。

(13) 松田修著『日本逃亡幻譚——補陀落世界への旅』七五頁。

(14) 象徴としての「さかさま」は、非日常の極として、たとえば後述の逆柱の怪異のごとく、それ自体が平穏な日常に挑戦的に発動する攻撃的でデモニッシュな霊威を内包する一方、死者の葬送儀礼中に多々見られる例のごとく、死者に近づこうとする魔ものを退散させ、あるいは依り憑かせまいとする、いわば外界に向けて働く強力な霊威を備えてもいた。後者の例としては、千葉県千倉町白間津、新潟県十日町市孕石、島根県平田市塩津などの地方で、人が死んだ時、着物を逆さにかける習俗、佐賀県佐賀郡富士町市川、壱岐島芦辺町、長野市七二会、長野県上水内郡小川村、同北安曇郡美麻村などの地方で、死人の枕もとに箒を逆さにして立てかける習俗（これを「さか箒」と呼ぶ）、一般に死人に着せる着物を左前にする習俗、湯灌の湯を「逆さ水」（先に水を入れ、後から湯を注ぐ）にする習俗、死人の髭を剃るのに下から上へと「逆さ剃り」にする習俗、逆さ水を死人にかける時は柄杓を逆手に持って傾ける習俗、屏風

図 20　『名残花四家怪譚』挿絵。

図 21　『五衰殿熊野本地』挿絵。

を上下逆さに立てて死体を囲う習俗、死人の膳は飯碗と汁椀の位置を左右逆にする習俗などなど、おびただしく存在している。

歌舞伎の伝統的な演出にもその習俗の反映が見られる。たとえば『鏡山旧錦絵』の尾上部屋の場で、自害した尾上の遺体を逆さに立てた屛風で隠し、その上に長刀を横にして載せる演出が伝わっている。

川原慶賀が人の一生のエポックとなるいくつかの場面を描いた絵巻が残っている（オランダ・ライデン国立民族学博物館蔵）。この中の死の場面には逆さ屛風の習俗が描き出されている。

斎藤たま氏の『死とものの け』（新宿書房刊）はこれらの諸例を掲げ、「人の死の折には、普通とは逆さの行為がなされる」「ふだんには決して見られない逆さの行いが葬式には多くなされる」ことを指摘して、これらに通底する心意を「逆さ論理」と名づけている。アイヌにあってもこれらと類似の習俗が行なわれていたことが知られている（中川裕氏の教示による）。波平恵美子氏の「水死体をエビス神として祀る信仰」（『福神信仰』所載）という論文によると、エビス神祭祀の儀礼として、門松をさかさまに立てたり、供物を葬式の時と同じようにして左膳にして載せることが行われるとし、ここにこの神の注目すべき性格を見出している。すなわち「儀礼的価値の逆転」である。同氏は、このことは「エビス神が通常の神とは反対の価値と結びついていること」を示していると考え、エビス神の境界的・両義的性格の神としての信仰のあり方を問題にしている。すなわち、エビス神が「さかさまの神」としての性格を持つ点を特筆しているのである。

この種のことは決して日本に限った習俗ではあるまいと思われる。一例をあげれば、イングランドのジプシーは死体に着せる衣服をうらがえしにする習慣があることが報告されている（ジュディーヌ・オークリー著『旅するジプシーの人類学』）。なお、パリでは、結婚式帰りの新郎新婦の車の後部に、さかさまにした箒を二本立てる習慣が古くから行なわれており、魔除けの意義が託されていたという（樺山紘一『中世の路上から』）。

(15) 服部幸雄「逆髪の宮（中）」（『文学』昭和五十三年五月号、所収）。

(16) 逆柱の怪異は、「さかばしら」「さかさばしら」と呼ばれて、江戸時代を通じて広く信じられていた。前句付に、（前句――ちとの間に取替にけり）「家移りに見付出したる逆柱」（元禄、高天鶯）と見え、雑俳に「さかさ柱が怪の出どころ」（ケイ、二四、90）、「安店の逆さ柱に気が付す」（ケイ、嘉永本、26）などの句例が見られる。ところが、逆柱にはいまひとつの働きが考えられていたことが窺われる。同じく雑俳に、「逆柱什物帳にのせられて」（ケイ、一〇、

図22　川原慶賀によって描かれた逆さ屏風。

ロ、14）、「鉋なく建し伽藍に逆柱」（ケイ、一二、50）などの句があり、これらは「逆柱」が大寺院建築の中で意図的に行なわれることがあったのを反映した句と見なされる。それがどういう意図目的にもとづいたものなのかはいまだ解明されていないが、除魔の呪《まじな》いとしたものではないかと思う。これこそ「さかさま」の発動せずにいない強力な霊の力、その爆発的なエネルギーの発揚を期待して、あえて逆柱を用いて呪いとしたのだと考えている。

日光東照宮には陽明門に一本、本社内部に二本の合計三本の逆柱が発見されている。おそらく他の寺院建築にあっても発見されるのではあるまいか。

枝や葉がさかさま……下向きに垂れるようになって繋っている樹木がある。「逆さ杉」「逆さ松」「逆さ竹」「逆さ銀杏」など、さまざまな樹がある。その多くは寺社境内にある老樹木で、これにはいろいろな伝説や縁起が語り伝えられる例が多い。常識を逆転させる異様、異形の姿は、人々にある種の恐れを抱かせたに違いなく、威の猛々しい神霊の宿る木とも考えられたものであろう。「逆さ木」の伝承と「逆柱」とは精神史の深層において繫がっていたことは、まず疑いあるまい。

図23 『さんせう太夫』(天下一説経与七郎正本) 挿絵。

(17) 信多純一「西鶴謎絵考」(『語文』三十二輯、昭和四十九年九月刊、所収)

(18) 古典文庫182『因果ものがたり』(平仮名十一行本) および古典文庫185『因果物語二』(平仮名抄出本) 所収。

(19) 高田衛編・校注『江戸怪談集・下』(岩波文庫) に翻刻が収められている。

(20) 古典文庫224『古浄瑠璃集〈大英博物館本〉』所収。

(21) 『説経節正本集』第三、所収。

(22) 『近世文芸叢刊・6』の『絵入狂言本集・下』所収の「よせ本」中に含まれている零本。

(23) 『許多脚色帖』一に貼り込まれている狂言本の零本による。『日本庶民文化史料集成』第十四巻、三三二頁。

(24) 大東急文庫善本叢刊『青本黒本集』所収。

(25) 説経節『さんせう太夫』のうち、太夫のもとを逃げ出した厨子王丸がさる国分寺の聖にかくまわれて追手から逃がれるところがある。この時、聖は護摩をたき、太夫調伏の祈りを行なうが、護摩壇の中央に掛けた不動明王の画像はさかさまであった。本文に、「矜羯羅制吒迦、倶利迦羅不動明王の、剣を呑うだる所をば、真逆様に掛けられたり」とある。天下一説経与七郎正本『さんせう太夫』および佐渡七太夫正本『せつきやうさんせう太夫』には聖が不動明王の画像をさかさまに掛けて祈っている挿絵がある。これも不動明王の降魔の霊威をいやがうえにも強力たらしめようとする呪法なのであろう。

同様の調伏法が『曾我物語』にも見えている。ここでは比叡山の聖僧恵亮和尚が惟仁親皇を皇位に即けようとして、兄の惟喬親王を呪詛調伏する。その時、恵亮は、大威徳明王の絵像をさかさまにかけて祈っている(巻第一「惟喬惟仁の位あらそひの事」)。小松和彦氏によると、いざなぎ流の「呪詛《すそ》の祭文」で呪いを引き受ける「唐土じょもん」が、逆さま川で逆刀を振り、人形に衣をさかさま（裏返し）に縫い着せて「呪い調伏」（因縁調伏）を行うことがあったという（『日本の呪い』による）。「さかさま」の恐るべき呪力を信ずる点において、いずれも同じ発想に出るものと言ってよかろう。

(26) B・A・バブコック編『さかさまの世界―芸術と社会における象徴的逆転―』（昭和五十九年刊）には、「さかさま世界」の逆転の原理に関する興味深い考察があり、多くの示唆に富む。

人間の想像力の産物である「さかさま世界」は、十六世紀から十八世紀にかけて西欧諸国で流行した辻売本《キャップブック》や瓦《ブロードシート》版に見られるように、男女夫婦の役割の逆転、主人と下僕との地位の逆転、人間と動物、動物と動物の逆転など、権力・身分・地位・日常的秩序をあえて〈逆転〉させることにより、そこに諷刺や反抗の意を寓せしめる方法が一般である。だが、それらの中に、地球を上下さかさまに描いたり、空中にある都市や水車小屋がさか立ちしているように描いたりする例があるように、人間や「もの」を「さかだち」にする形を積極的にとらせる場合もあった。しかし、この両者が本質的に別のものではないことは、たとえば、瓦《ブロードシート》版から直接着想を得ているらしいドイツのクリスティアン・ヴァイゼの一六八三年の学校劇《シュールコメディ》『さかさま世界の話』で、「粉屋が驢馬を背負い、子供がお爺さんを揺りかごに入れてあやし、生徒たちが先生を牛耳り、患者が医者に薬を飲ませ、といった具合に」一般の〈逆転の原理〉が舞台上に具象化されながら、いよいよ「劇がクライマックスにくると、地方判事の『当世風《アラモード》』氏がさかさまの衣裳で現われ、みんなに倒立ちをさせる」演出があったという（ディヴィド・カンズル「さかさま世界―ヨーロッパにおける瓦版の一類型とその図像学」による）。

鶴屋南北作『東海道四谷怪談』において、大きな鼠が猫をくわえていく様を見せる（作品では鼠を子年生まれのお岩の怨念を象徴する動物として扱っている）のは、前者の〈逆転の原理〉と発想を共通にしている。鶴屋南北が日常ならざる〈怪異世界＝デーモンの支配する世界〉を象徴する記号として、この「さかさま」を発想したことは否定できないところであり、これが、やがて怨霊となったお岩が夫民谷伊右衛門を苦しめて死に至らしめ、また召使の小仏小平が主人伊右衛門を殺す手助けをするといった「逆転」の形成と発想を同じくしているのも間違いない。三代目瀬川如皐の『東山桜荘子』において、浅倉当吾の亡霊が領主織越政知を苦しめる権力・地位の逆転も同様である。日本の近世演劇における「さかさま世界」の実現は現実の戯画化という形を採って表現することができず、亡霊と怪異の幻想という虚構の作為の中で、かろうじて可能になったと言ってもいいのである。

追記　本稿の内容は、昭和五十三年十二月二日に行なわれた芸能史研究会、第二回東京例会において口頭発表したものをもとにし、いささかの考察を付加したものである。その折に、有益な示唆とお導きを賜わった信多純一、外村久江両氏にあらためて厚く御礼申し上げる。

応挙の幽霊

——円山四条派を含めて——

河野元昭

平成六年十月十五日、私は長年恋い焦がれていた円山応挙（一七三三〜九五）の幽霊に、生まれてはじめて対面することができた。この久渡寺《くどじ》（青森県弘前市大字坂元字山元）に所蔵される作品（挿図①左図・②）は、すでにカラー図版として紹介されたこともあり、(1)応挙という画家に少なからぬ関心をもってきた私としては、いつも実見したいものと思いながら、その機会はなかなかに得られなかった。それというのも、これは秘仏的作品であって、毎年旧暦五月十八日に一時間だけ公開されることになっているからである。いつも時間の調整がつかず、来年こそは来年こそはと思いながら、遂にここまできてしまったというわけである。ところが、本論を執筆することが決まってから、弘前大学教授の須藤弘敏氏が青森県および弘前市の文化財調査の一環として、これを調査するという情報がもたらされた。これを見ずして、「応挙の幽霊」などという文章が書けるはずがない。私は無理をいって調査の一行に加えてもらい、ただこの一点を見るために、羽田から弘前へと向かったのであった。

応挙の幽霊図と反魂香イメージ

久渡寺所蔵本は、予想に違わずすぐれた作品であった。乱れ髪の美人が経《きょう》帷子《かたびら》に身を包んで、右手を懐に差し入れている。腰から下は掻き消されて、空中にボォッと浮び出たように見える。繊細優美なる乱れ髪、眉、睫毛など（挿図②）、画家の卓越した描写技術が遺憾なく発揮されている箇所である。画面右下への流し目や、わずかに差された口紅のなまめかしさは、これが幽霊であることを忘れさせてしまうほどだ。この作品には、筆者を示す款記も印章も見出されないが、その相貌描写から見て、円山応挙かその弟子の筆になる作品であることは疑いない。そこで、応挙の基準作である「人物正写図巻」（天理大学附属図書館蔵・挿図⑧）や「江口君図」（静嘉堂文庫美術館蔵・挿図⑥）と比較してみるならば何ら遜色のない作品であることが理解されるにちがいない。むしろ、応挙に学んで和美人の名手として名を上げた山口素絢（一七五九〜一八一八）の作品などと比べるならば、その品格やリアリティーにおいて、ずっと勝っているといってよいであろう。私は久渡寺本を応挙の作品と認めておきたいと思う。ただし、表装はいわゆる描表装であって、絖本《こうほん》地《じ》に水墨で柳が描かれているのだが、この部分は画技もあまり高からず、応挙以外の可能性が高いように思われる。この系統の幽霊画に描表装が多いことは、充分注目しておいてよく、これはこれで考察に値する問題である。

　本図を収める箱の蓋には「反魂香之図　洛陽　丸山主水筆」とあり、蓋の裏にはその由来が記されている（挿図①右）。長文にわたるが、重要なものであるから、全文を引用しておくことにしよう。なお、片仮名は平仮名に改め、誤字を正し、適当に句読点を加えて濁点を振るなど、読みやすくするため、私意による若干の改変を加えてある。

丸山主水筆の幽霊は天下に三軸あり。其始筆は当寺の什軸なり。天明四甲辰季二月三日を以て森岡主膳元徳の寄進にかゝるものにして、世々当寺の重宝として珍蔵来りしが、明治二十四年即ち森岡守衛の代に至り、借してこれを棟方滝根に質となし、期を経るも守衛これをうくるの志なし。よりて滝根これを他に譲らむとして佐々木清治郎にはなせしに、氏これを諫めて曰、これ天下の重宝久渡寺の什物なるは、三歳の童子といへども知らざるはなし。若しこれを他に譲らば、却て御身の不祥を得ん。我れこれが為

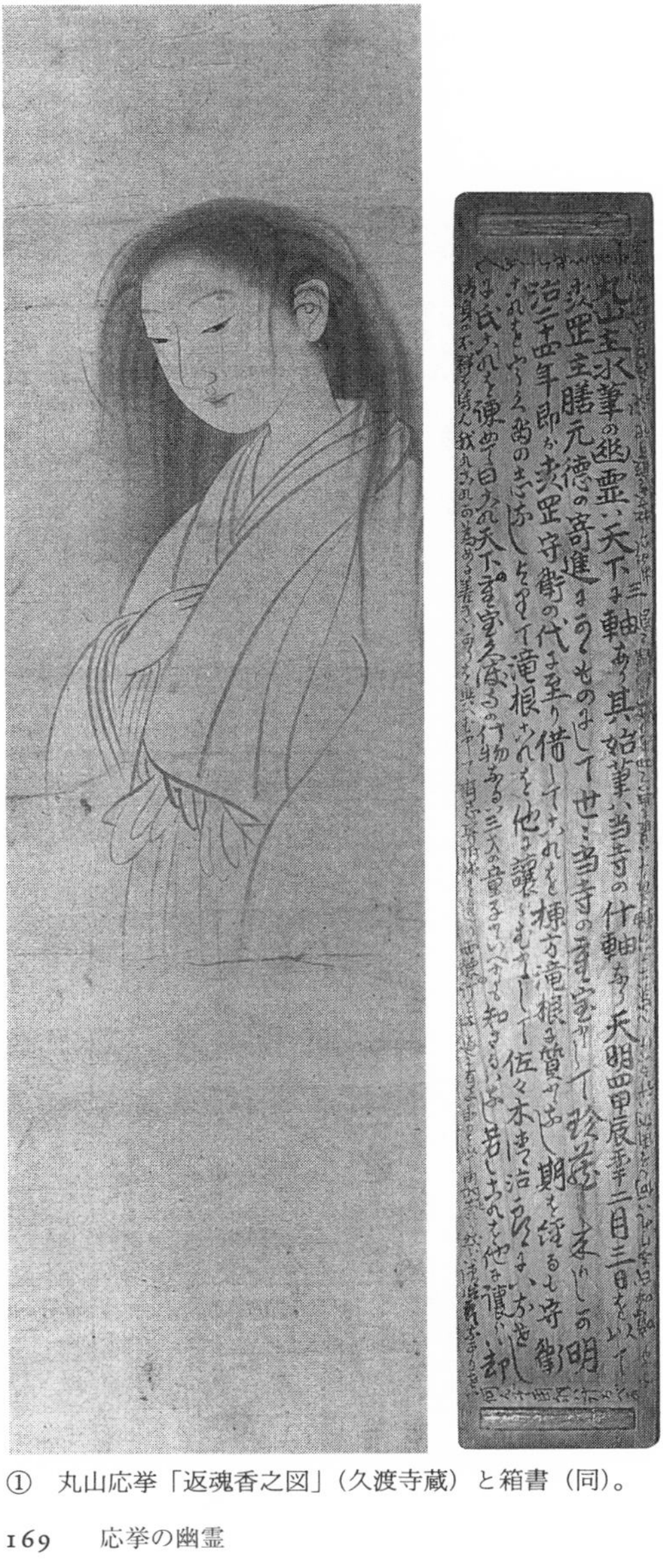

① 丸山応挙「返魂香之図」（久渡寺蔵）と箱書（同）。

めに善きはかりを与えむとて、有志寄付帳を造り、両徳の計をなし、遂に有志の助力を以て再納となれり。然らば清治郎なかりせば、何んぞ再納は計るべからず。嗚呼、氏なければ何んぞ再納は計るべけん。実にこの軸に取りては最も与て功あり。□深く感あるを以て拙文を顧ず、記して永く後世に氏の功と幽霊が辛苦を知らしめん。

この箱書が、いつ、誰によって書かれたものか不明だが、きわめて重要な内容が含まれている。まず注目されるのは、本図が「返魂香之図」と呼ばれていることである。「反魂香《はんごんこう》」と書くのが一般的なので、以下これに従うことにする。反魂香はたくと立ち上る煙のなかに亡き人の姿が現われるという香の名で、漢の武帝の命により、方術師が西海聚窟州の香木反魂樹から精製したものといわれている。特に武帝と李夫人の故事をもってよく知られており、狩野一渓（一五九九〜一六六二）が著わした画論『後素集』の神仙の項には、次のように記されている。

反魂香図　李少君、字雲翼、泰山に居す。漢武帝の時、反魂香をたき、烟の内后李夫人の姿をあらわして武帝にみせしむるなり。

応挙自身も反魂香を意識していた可能性は決して低くない。本図を応挙以外の幽霊画と比べたとき、もっとも異なる点はその妖艶な美しさだからである。ところで、幽霊とは何か。幽霊に関する啓蒙的名著の著者である諏訪春雄氏の定義にしたがえば、次のとおりである。

幽霊もまた広い意味でのカミである。しかも正当に祀られないカミであるという点も妖怪と同じである。しかし、幽霊は人間であったものが人間のかたちをとって出現したものである。これに対し、妖怪は人間以外のかたちをとって出現する。前身が人間であるか、人間でないか、現状が人間のかたちをしているか、人間のかたちをしていない（人間のかたちの崩れたものを含む）か、という点に幽霊と妖怪を区

別する一つの目安がある。(2)

これに加えて、諏訪氏は死との関わりを重視する。幽霊はかならず死者であり、死が幽霊にとって絶対に必要な条件となるが、妖怪はおおむね生者であるという。つまり、諏訪氏は日本人の伝統的思考にのっとりながら、柳田国男(一八七五〜一九六二)と同じように、幽霊と妖怪を区別して考えるのである。

一方、新しい妖怪学を樹立せんとする小松和彦氏は、「『幽霊』は『亡霊』とほぼ同義に用いられている語で、死者が死後に生前の姿でこの世に現れたものを意味している」と定義している。(3) そして、小松氏はかの妖怪学の権威井上円了《えんりょう》(一八五八〜一九一九)と同じく、幽霊と妖怪を区別せずに、幽霊を妖怪の一つ、それも死霊の特殊なタイプとし、生前の姿で生者のまえに現われる死霊と見なす。つまり、幽霊と妖怪が同じか違うかという古くからの大問題については、対蹠的見地に立つ諏訪氏と小松氏であるが、幽霊そのものの定義については、死者が人間の姿で現われたものという点で一致していることがわかる。したがって、これをもって幽霊の定義とすれば、幽霊必ずしも恐ろしげである必要はない。というよりも、幽霊の顔は極端に美しいか、極端に醜いかのいずれかであるという。(4)

事実、江戸時代以前の幽霊はそれほど恐ろしいものではなく、私たちの幽霊に対する一般的イメージは、江戸時代以降の幽霊によって形作られているといわれている。諏訪氏はこの間の事情について、「近世を代表する幽霊は累《かさね》、お菊、お岩の三人である。いずれも女性であり、男性から非道な扱いを受けて亡霊となると、恐ろしい怨霊となって祟りをなした。かの女たちの物語はくり返し、小説、講釈、演劇などに採りあげられてひろめられ、近世だけではない、日本の全時代を通じての代表的な幽霊となっている」と述べている。(5)

また、原道生氏は四代目鶴屋南北(一七五五〜一八二九)が決定的役割を果たしたことを指摘している。中国でも明代まで時代が下ると、陰惨でじめじめした幽霊が出現するようになるという指摘は興味深い。(6)

美術史を専攻する私としては、小説などだけでなく絵画、特に浮世絵を加えたいところだが、それはともかく、恐ろしい幽霊のイメージは、決して近世以前にさかのぼるものではなかったのである。したがって、恐ろしくない応挙の「反魂香図」は、幽霊画の伝統をよく受け継いだものともいうことができるのだが、これを近世の幽霊画のなかに置いてみるならば、その浪漫的画趣においてやはり特異な作品にちがいない。それは応挙が反魂香を意識していたためであったのではないだろうか。

李夫人は兄李延年の傾城傾国の詩が縁となって武帝に召され、その寵愛を一身に集めたのであるから、当然美人であったのだろう。先の逸話はいかにも浪漫的な香りに満ちている。白居易の「李夫人　嬖惑《へいわく》に鑒《かんが》みるなり」は、天子が美人に溺れることを戒めながら、二人の情愛を歌い上げている。『源氏物語』にも『太平記』にも引かれるこの諷諭は、日本人の反魂香イメージを決定づけたものにちがいない。その美しい一部を掲げてみよう。

翠娥髣髴平生貌　　美しき眉生きてるよう
不似昭陽寝疾時　　病臥の時とは見違える
魂之不来君心苦　　魂《こん》来なければ帝悲しみて
魂之来兮君亦悲　　魂来ればまたそれはそれ
背灯隔帳不得語　　灯《ともしび》ほのか壁の陰帳《とばり》越しにも語られず
安用暫来還見違　　すぐ消えるなら来なましものを

わが国では謡曲「反魂香」が生まれた。この謡曲では、父を尋ねる旅に没したあと、反魂香によって現われるのが年若い娘となっている。もっとも、これは現在廃曲となっているようであるが、そのクセの部分は謡い手の自在な技法を聞かせるべく独立させた闌曲として演じられている。いずれにせよ、反魂香のイメージはきわめて浪漫的であったのである。久渡寺本には、その反映があるように思われてならない。

ここで興味深く感じられるのは、全生庵コレクションのなかに、「還魂香」（第19図・挿図③）と題される作品があることである。もちろん「還魂」と「反魂」とは同義で、たとえば、供養のため亡き人の書状を漉き返して作った紙を還魂紙と呼ぶことがある。本図は中国風の蒔絵机の上に置かれた鼎《かなえ》から香の煙が立ち上り、経帷子に身を包んだ乱れ髪の女が立ち現われる場面をとらえる。亡霊は浮世絵風、

② 円山応挙「返魂香之図」（部分）。

③ 作者不詳「還魂香」。

芥子の花は南蘋《なんぴん》風、煙は洋風というように手法が混在し、落款印章もなく、画家を擬定することはできないが、応挙より少し下るころ江戸で作られた作品であろう。筆者はともかく、明らかに反魂香の表象を描いたものであるが、それが幽霊画として三遊亭円朝（一八三九〜一九〇〇）により収集されたわけである。画面の上半分だけを見れば、完全な幽霊図となる。久渡寺本の理論的プロトタイプとして、このような作品を想定することも不可能ではないだろう。

次に、箱書で注目されるのは、応挙の幽霊図が天下に三本あり、久渡寺本がその初筆であるとする点である。久渡寺本のほかに二本あることになるのだが、まず取り上げるべきは、カリフォルニア大学バークレー校美術館で所蔵する作品（挿図④）である。久渡寺本とまったく同じ図柄であるが、こちらには応挙の款記「戯図」と印章「応挙之印」「仲選」が入っている。十年ほど前アメリカのスペンサー美術館で行なわれた展覧会「日本の幽霊と悪魔」に出品され(7)、最近日本で出版された図録にも紹介されている(8)。実をいうと、私はいまだ実見の機会に恵まれたことがないのだが、それらの図版によると、これも大変すぐれた出来栄えを示すもののようだ。あるいは、款記印章を伴っているのであるから、これこそ基準作とすべきかもしれないのだが、実見の機会をまって再考したいと思う。

さらに、全生庵幽霊画コレクションのなかに、伝応挙の一本が見出される（挿図⑤）。久渡寺本と比べてみると、これも図様はほとんど一致している。しかし、全生庵本では全体に薄い隈《くま》がかかっており、これが顔にまで及んだために、若干陰惨な感じを与える結果になっている。陰影表現を一種の隈のように使って、怪奇表現に効果を発揮した葛飾北斎（一七六〇〜一八四九）や歌川国芳（一七九七〜一八六一）も思い出される。全生庵本には落款印章はないが、なかなかによい作品であり、久渡寺本ときわめて近い関係にあることは疑いない。

ところが、もう一本大正十三年（一九二四）の『山田家入札目録』に応挙の幽霊図が載っている。先の諸本とほぼ同じ構図で、落款印章が加えられている。これでよく似た応挙の幽霊図が四本そろったことになるが、箱書にある三本とはどのような関係にあるのであろうか。このほか、若干漫画的な伝称作品なども紹介されたことがある。(9)

もう一つ箱書で見逃せないのは、久渡寺本が天明四年（一七八四）二月三日に寄進されていることである。月日まで特定されているところを見ると、何か拠り所があったのであろう。もっとも、これからはこの年以前、つまり応挙五十二歳以前の作ということしか知られないが、明和七年（一七七〇）の「人物正写図巻」（挿図⑧）などと通いあう要素が看取される点から、応挙とすれば明和年間、三十歳代の比較的早い作品と仮定しておきたい。

写生派の応挙がなぜ描いたか

応挙は何よりも写生を重視した画家であった。弟子奥文鳴《おくぶんめい》（?〜一八一三）が編んだ『仙斎《せんさい》円山先生伝』によれば、応挙は弟子に対して次のように語ったという。

紀伝は其ことを叙して其形を載する能はず。賦頌は其美を詠じて其象を備ること能はず。これを伝るものは画図なり。故に真物を臨写して新図を編述するにあらずんば、画図と称するに足んや。豪放磊落気韻生動の如きは、写形純熟の后自然に意会すべし。

「故に門に遊ぶの徒専ら造物に本づき製作をことと」しなければならないのである。応挙の庇護者であった円満院の祐常《ゆうじょう》門主が、応挙の語ったことを書き綴った『萬誌』のなかにも、もちろんこのような写生理論が繰り返し現われる。(10)

④　円山応挙「幽霊図」(カリフォルニア大学バークレー校美術館蔵)。

⑤　円山応挙「幽霊図」第１図。

図出来るほどならば、生物にて写し学ぶべし。之れに依りて、予亦日記の小冊を以て日々図之れを得る。山川草木禽獣虫魚人物、何にても生を見て図写し置くべし。

しかも、応挙はただ写生による外形の再現を勧めただけではなかった。その根底には、真理への絶対的信頼があった。「真をとくと覚へ、人物鳥獣其真を写し気を写す第一とし、其上理を学て意を付くべし」と語っているのである。ここには真を絶対視した中国画論の影響を見て取ることができよう。応挙は朱子学の根本理念ともいうべき「格物窮理」という語さえ使っているのである。それでは、このような応挙がなぜ幽霊のようなこの世に存在しないものを描こうとしたのであろうか。たとえ、応挙が幽霊の存在を信じていたとしても、写生することは不可能であったろう。その答は、やはり応挙の写生観に求めることができる。確かに応挙は写生を重視したけれども、目に見えるものしか描いてはならぬなどという偏狭な考えに凝り固まっていたわけではなかった。ここに応挙の写生理論における最大の特色があるといってもよいであろう。先の「図出来るほどならば」の一節に続いて、応挙は次のように述べている。

　見難き生は画本に依るべし。見ざる物も生物数品写す内、自然と図も出来るべし。動く物、写し難き人物鳥獣等、宜しく細工の人形等画本に用ゆべし。故に予も漢人物数巻、和人物男女鳥獣等の形小《ママ》屋は画本として秘蔵す。

見ることができず、写生ができないものについては、画本（手本）を参照すること、あるいはそれとよく似た生物をいくつか写生することを勧める。また、人物鳥獣のように実在するものであっても、動いて写生しにくいものについては、人形などの細工物を参考にせよというのである。別の箇所では、具体的な画本として『三才図会』『万宝全書』『書画譜』などを挙げ、人間の骨法（骨組）については戸田数馬から到来の外科書のなかに出ているとまで述べている。事実、応挙は実際に見ることができぬ中国の仙人でも、古代の人物でも、龍でも虎でも平気で描いた。その多くは画本によったにちがいない。虎は「虎図粉本貼付屏風」（本間美術館蔵）や「写生雑録帖」（個人蔵・挿図⑦）から推測して、毛皮だけを入手して、それを基に描い

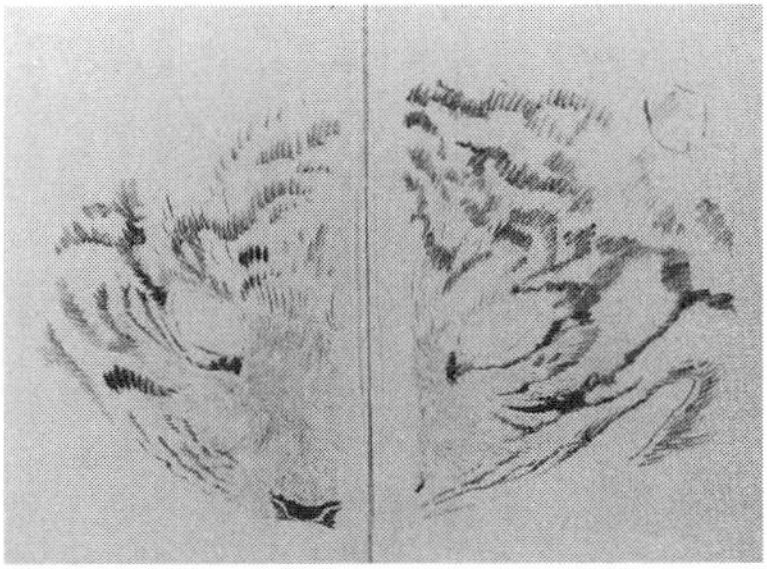

⑦　円山応挙「写生雑録帖（虎の毛皮図）」より。

⑧　円山応挙「人物正写図巻」（天理大学附属図書館蔵）。

⑥　円山応挙「江口君図」（静嘉堂文庫美術館蔵）。

たのであろう。
十九世紀写実主義の大家ギュスターブ・クールベ（一八一九〜七七）は、新古典主義やロマン主義の理想化を否定し、猥雑な現実の題材を好んで取り上げた。彼は「天使を描いて欲しかったら、私のところに連れてきてくれ」と言ったという。このようなクールベに比べるならば、応挙は写生を重視したにもかかわらず、写実主義と呼べないどころか、古典的モチーフへの傾斜において、むしろ新古典主義の画家であったことになる。偶然性を厭い、自己の美的観念によってフォルムの補正を施し、全体的調和を第一義としつつ、対象のエッセンスだけを理想的様式によって表現せんとする応挙は、理想主義の画家だといってもよいであろう。

このような応挙が、たとえ実際に写生することはできないとしても、幽霊を取り上げたことは不思議でも何でもないであろう。それはちょうど、仙人や龍と相似た主題であった。空想上の存在であるが、一定のイメージはでき上がっていた。それらをいかにも見えるがごとくに描くこと、これが重要な課題となる。応挙は仙人を描くのに実際の人間を、龍を表わすのに蛇を写生したにちがいない。存在しなくても、あるがごとくに表現するためである。幽霊を描くにあたって、応挙は生身の美しい若い女性を写生したにちがいない。あるいは「人物正写図巻」のような、すでにある写生の成果を利用したにちがいない。いるがごとくに表現するためである。

もっとも、安西雲煙（?〜一八五二）著『近世名家書画談』の「応挙写生に妙を得し事」によると、応挙は死んだ壮女の顔を見て幽霊を描いたことになっている。あるいは、金子静枝によると、巷間さまざまな伝承があったようである。[11] 重病の妹を写生したもの、大津に養っていた一妾てる女が没して枕頭に現われたところを描いたもの、宿痾《しゅくあ》の妻が厠《かわや》に立ったところを蚊帳ごしに眺めて写したものなどである。金子も「応挙の厲鬼《れいき》図何ぞ一に止まらむ、其実況の真非将た孰れを採らむ、……蓋し応挙は女厲の図のみ描きし故、後人種々の説を付会せしもの歟」と述べているように、これらは単なる逸話にすぎないにちがいない。しかし、それが事実であったとしても、死人や重病人の顔をそのまま本絵（完成画）に再現することはしなかった。写生をいかに本絵化するかについては、応挙は意外に語っていないのだが、写生と本絵を同一視していなかったことは事実である。応挙は本絵を二つに分けて、掛幅・屛風・襖絵などの遠見の画と、画帖などと思われる近見の画とした上、両者で描写を変えよといっている。いずれも真のごとくに見せるためだが、写生と異なる本絵独自の価値を認めたものと考えてよいだろう。幽霊画においても同様であったはずで、死者をそのまま写生しても、幽霊にはならないのである。

仙人図や龍図と同じように、一幅の鑑賞絵画たらしめること、そこに応挙最大の狙いがあった。すでに気味の悪い幽霊のイメージはできあがっていたが、それを見えるがごとくに再現する道を選ばせなかったのは、理想主義者としての応挙であった。その際応挙にある示唆を与えたのは、やはり反魂香の心象ではなかったのだろうか。もちろん、応挙は「難福図巻」（萬野美術館蔵）や『仙斎円山先生伝』にみえる空也堂の十想図双幅、あるいは『近世名家書画談』が挙げる真盛寺の地獄変相図のように、迫真的な死体描写を行なったけれども、それらでは宗教的因果応報を視覚的に表わす必要が求められた。幽霊図には、そのような直接的目的はなかったのである。

応挙無脚幽霊創始説

久渡寺本系統の幽霊図は、下半身が掻き消されている。一般にこのような足のない幽霊を考案したのは、応挙だとされている。たとえば『〈さへづり草〉松の落葉』（『広文庫』第二巻所引）なる随筆には、次のような一節が見えている。(12)

今人幽霊といへるものは、足なきもののやうに思へり。しかるに百年已前描くところの冤魂には、ことごとく足あり。……扨て此の足なき幽霊は、いつ頃より出来《いでき》しといへるに、こはいと近く、丸山応挙〈主水〉よりおこりし也。丸山主水、ふと冤鬼のかきかたに工夫をつけて画き出でしより、一時に海内にひろまれり。

このような随筆によって、応挙の無脚幽霊創始説は広まったのである。ところが、諏訪春雄氏によると、無脚幽霊のもっとも古い絵画資料は、寛文十三年（一六七三）刊行の古浄瑠璃『花山院きさきあらそひ』で、藤壺の怨霊は腰から下が描かれていない。続いて実録本『死霊解脱物語聞書』（元禄三年、一六九〇）や、近松門左衛門作の浄瑠璃『傾城反魂香』（宝永五年、一七〇八）および『持統天皇歌軍法』の挿絵などにも、無脚幽霊が登場するという。したがって、厳密にいえば応挙の無脚幽霊創始説は誤りであるが、浄瑠璃本の挿絵などはあまり注目されなかったのであろう。少なくとも肉筆の遺品に徴する限り、応挙より明らかに年代の上がる無脚幽霊は知られていない。先の逸話を読み替えて、無脚幽霊をはじめて肉筆画に描いたのは応挙であるとすれば、当たらずといえども遠からずといえるかもしれない。

江戸時代以前の幽霊画は多くないが、それらにはみな足がある。たとえば、辻惟雄氏は江戸初期の岩佐又兵衛（一五七八〜一六五〇）筆「山中常盤物語絵巻」（ＭＯＡ美術館蔵）においてさえ、応挙の原型ともいうべき常盤御前の亡霊に、抜かりなく足が描かれていることを指摘している。やがてそれが足を失っていく理由として、歌舞伎の幽霊がいわゆる漏斗《じょうご》（先のすぼまった衣裳）で足を隠したこと、あるいは先に見たような応挙の影響力がいわれている。しかし、諏訪氏はこれらを無脚幽霊の観念が流布したのちにできあがったものとし、雲は死者の乗物である、超越存在は雲や足を使わずに飛行できる、亡者は地獄で鬼卒に足を斬られるといった伝統的観念が、無脚幽霊を生み出したのだと結論づけている。確かに卓見である。

それでは、問題を応挙に限定して考えてみよう。応挙が無脚幽霊を描く契機として、まず挙げられるのは先行する図像の影響である。寛文年間に無脚幽霊のイメージが生まれていたとすれば、当然応挙はそれらから大きな差し響きを受けたにちがいない。応挙が写生主義を標榜しながら、画本によって見難きものも描くよう勧めていたことはすでに指摘したとおりで、この場合も例外ではなかったのである。次に、反魂香との関係である。応挙は反魂香を意識していた可能性が高いのだが、そうだとすれば、香の煙によって当然足は隠れてしまうことになる。先の浄瑠璃『傾城反魂香』の挿絵や全生庵コレクションの「還魂香」（第19図・挿図③）でも、もちろん足は煙のなかに消えている。

しかしそれらにも増して重要なのは、応挙の画風自体である。実際の女性見えるがままに、そして鑑賞絵画として描く応挙の幽霊は、足がないことによって初めて幽霊たりえた。たとえば、佐竹永湖（一八三五〜一九〇九）筆「幽霊図」（第15図・挿図⑨）は足まで描いてあるが、一瞥して幽霊だとわかる。しかし、久渡寺本に腰から下も描き加えてしまえば、それは普通の美人画と区別できないものになってしまう。美人が足を消されることによって、一瞬にして霊的存在へと昇華する。それは応挙の巧むところでもあったし、鑑賞者の称賛を集めた点でもあったのだろう。応挙の無脚幽霊創始説が生まれたのも、むべなるかなと思われてくる。このようにして生まれた応挙の幽霊画は、やはり「新図」であり、自負の結晶であった。凡百の幽霊画があくまで絵空事としての恐ろしさに終始するのに対し、真のリアリティーを具える結果となった。『萬誌』のなかの言葉「万物正写先づ形を写し得て、気を写すべし」は、幽霊画においても実践されていたのである。

蘆雪の幽霊画を中心に

⑩　長沢蘆雪「幽霊図」(奈良県立美術館蔵)。

⑨　佐竹永湖「幽霊図」(第15図)。

応挙の幽霊画は弟子たちにも影響を与えたが、もっとも大きな霊感を受けたのは長沢蘆雪《ながさわろせつ》（一七五四〜九九）であった。「神来の画才、縄墨を以て羈絆すべからず。走筆縦横、奇想天外より出づ。その構想と布置とに至っては、応挙に勝るものあり」といわれる蘆雪が、超越的存在である幽霊という主題に、強い興味を引かれたのはごく当然のことであった。よく知られる作品として、奈良県立美術館所蔵（挿図⑩）と心遠館コレクションの二本がある。前者には教順寺の僧幻華雲幢（一七五九〜一八二四）、後者には頼山陽（一七八〇〜一八三二）の賛がある。これらには応挙からの差し響きが明らかに看取されるが、師のごとき艶冶な雰囲気はすでになく、一般的な幽霊の心象そのままに、怨念に満ちた相貌が印象的である。このほか、応挙本にほとんどそのまま倣った作品として、「髑髏に仔犬図」と「白蔵主図」を左右に添えて三幅対とした藤田美術館所蔵本（挿図⑪）がある。あるいは、単なる伝称的作品も紹介されたことがある。[13]

興味深いのは奈良県立美術館所蔵本で、教順寺は安芸（広島県）賀茂郡原村の真宗寺院であるから、おそらく本図は寛政後期に広島で描かれたものと推定される。幻華の賛は画趣と付かず離れず、ちょっとユーモラスな感じが陰惨さの救いとなっている。

幽魂何所怨　　幽霊何を怨むのか
停立将黄昏　　黄昏時《たそがれ》に一人立つ
試問冥途事　　冥途《めいど》はいかがと尋ねれば
睚眦《がいさい》無月言　　月がないのと恨めしげ

しかし、蘆雪の幽霊画ということになれば、何よりもまず「山姥図額」（厳島神社蔵・挿図⑫）を取り上げなければなるまい。これを大して評価しない見方もあったが、グロテスクを様式美に高めて非の打ち所なき点、やはり傑作というべきであろう。寛政九年（一七九七）五月、広島城下第一の呉服商といわれた富士屋

⑪　長沢蘆雪「幽霊図」（藤田美術館蔵）。

⑫　長沢蘆雪「山姥図額」（厳島神社蔵）。

の七代目藤井喜兵衛正道が筆頭願主となって奉納した絵馬である。厳密にいえば、本図は山姥を描いたものであって、幽霊ではない。言うまでもなく、正徳二年（一七一二）大坂の竹本座で初演された近松門左衛門（一六五三～一七二四）作の人形浄瑠璃「嫗山姥《こもちやまんば》」に取材する作品である。

その筋に注目してみよう。父の仇討ちを果たせぬ煙草屋源七実は坂田時行は、馴染みの遊女荻野屋八重桐にその不甲斐なさを責められる。恥じた時行は、みずからの魂を八重桐の体に宿らせ、男児となって生れ変るといって自害する。神通力を授かった八重桐はやがて山姥に変身、男児怪童丸、のちの坂田公時《きんとき》を生み落とす。つまり、山姥は八重桐の霊的存在である点で、幽霊の性格を色濃くにじませている。それだけではない。この人形浄瑠璃は謡曲「山姥」を基本としたものだが、この世阿弥作の五番目物は典型的な夢幻能で、山姥（後ジテ）が中年の女（前ジテ）に身を変えて現われるのであるから、もうこれは完全に幽霊だといってよい。文字どおりの山姥を描いた遠山記念館所蔵本などを含めて、幽霊画のヴァリアントと見なすこともできるのである。

応挙の久渡寺本と比較したとき、その違いに改めて驚かされる。師弟関係にある二人が、同じ霊的存在を描いて、これほどまでに異なる表現に到達したのだ。ここにも江戸絵画の豊饒を見ることができるだろう。蘆雪は応挙に学んだけれども、写生にはそれほど熱心ではなかった。蘆雪の作品から感じられるのは、正確さよりも生動感である。応挙の言葉でいえば、真よりも気を重視したことになる。その生動感は遊戯的精神、光に対する鋭敏な感覚、技法の自立の三つによって生み出されており、それはこの額絵にもそのまま当てはまる。久渡寺本と厳島神社本の違いは、このような画質の差異によって生まれたものなのだが、発想の基盤においても、大きな開きが看取されることは興味深い。すでに指摘したように、久渡寺本では反魂香という漢的あるいは能的イメージが中心をなしたのに対し、厳島神社本では歌舞伎的表象が重要な役割を果たしているように思われるのである。

寛政中ごろから、上方の歌舞伎では「嫗山姥」が何度か演じられている。寛政四年（一七九二）七月、京都の東ノ芝居では切狂言として「苧源氏《みばえげんじ》出世《しゆっせ》山姥《やまんば》」が選ばれ、八重桐後ニ山姥を嵐雛助、怪童丸を三桝大五郎が演じた。寛政七年（一七九五）三月から四月にかけ、大坂の中村座では切狂言として「嫗山姥」が上演され、八重桐を嵐小六、怪童丸を嵐三五郎がつとめた。このとき舞われた「道行山廻《やまめぐり》旭のよそほひ」は、景事《けいごと》（道行）であったことゆえ、小六が着た衣裳は、特に華麗なものであったにちがいない。その四ヵ月後、雛助一座は上洛し、亀谷座において再度「嫗山姥」を上演、景事も同じにしつらえた。寛政九年（一七九七）正月、京都因幡薬師の蛭子屋吉兵衛座でも切狂言に「嫗山姥」を選び、嵐光五郎が八重桐に扮している。

この間、江戸の歌舞伎で「嫗山姥」が演じられたことはないから、とりわけ上方で歓迎された狂言であったにちがいない。蘆雪は制作に際し、またはその少し前に、「嫗山姥」を実際に見る機会をもっていたことになる。また、筆頭願主藤井正道もこれらを、特に寛政四年の「苧源氏出世山姥」を見ていた可能性がある。この額絵には、蘆雪や正道の歌舞伎体験が反映しているのではないだろうか。

もちろん、応挙の場合も歌舞伎と関係づけられないわけではない。応挙の生きた時代、上方歌舞伎では近松の『傾城反魂香』が何度か取り上げられている。いわゆる丸本物である。京都に限っても、安永三年（一七七四）秋には芳沢座で「反魂香」が演じられ、三桝大五郎が又平を勤めている。天明四年（一七八四）九月には中山座で、寛政四年（一七九二）二月には姉川熊次郎座で演じられている。もし応挙がこれらを見たり評判を聞いたりすれば、その名称からも内容からも何か啓示を受けた可能性は考えられるかもしれない。

しかし、反魂香という中国的あるいは謡曲的香りと比べたとき、歌舞伎的心象はずっと弱くなる。これに対し、蘆雪の「山姥図額」には、先に述べたような歌舞伎の幻想性とエロティシズムが、色濃く入り込んでいるのではないだろうか。人形浄瑠璃や能の世界も無関係ではないが、それだけでは、かかる怪奇美は生まれなかったにちがいない。私見によれば、この額絵には延命長寿と富貴繁盛という当時の商家の二大願望が読み取れるのだが、[14] いまは歌舞伎との関係さえ確認できれば、それで充分である。つまり、応挙の久渡寺本と蘆雪の厳島神社本の余りに異なる画面感情の背後には、共通する夢幻的な謡曲を差し引ければ、古典的な中国文化と現世的な歌舞伎という、よってきたるイメージの違いがあったのである。

こうして、幽霊は円山派の画題上一つのレパートリーを形成することになったが、それは四条派にも受け継がれた。全生庵コレクション五十幅のうち、実に十四幅が円山四条派の作品であって、浮世絵系の十幅を

⑬　呉春「幽霊図」(心遠館コレクション)。

抜いて、流派別の一位を占めている。応挙の幽霊画がいかに強い影響力を後世に残したか、一目瞭然たるものがある。もちろん、それぞれの画家が個性にしたがって作画を試みており、応挙の画風をそのまま襲っているわけではないが、画系の祖が幽霊画で有名であったという事実が、これらの画家をして同じ画題に向かわしめたのであろう。私の趣味をいえば、菊池容斎（一七八八〜一八七八）や渡辺省亭（一八五二〜一九一八）のようにあまり幽霊らしくない作品、つまり応挙の美意識をよく継承しているものに心惹かれる。このほか、私が実見した四条派の作例として、心遠館コレクションの呉春（一七五二〜一八一一）画に松村景文（一七九七〜一八四三）が描表装を加えたもの（挿図⑬）などを挙げることができるが、全生庵コレクションを除くと、それも寥々たるものであると言ってよいであろう。

後記――その後、山下裕二氏の「応挙の幽霊から――幽霊イメージの誕生と流布」（『別冊太陽』98〈幽霊の正体〉一九九七年）が発表された。このなかで山下氏は、応挙の幽霊には反魂香イメージの反映があるとする拙論を引き、それを実証する重要な作品として、恩賜京都博物館編『応挙名画譜』（一九三六年）に載る「反魂香図」（田中宗一氏蔵）を挙げた。鼎風の香炉から立ち上る煙のなかから、楊貴妃のような唐美人が現れる図柄で、もちろん腰から下は完全に掻き消されている。このような画集に載る応挙作品を失念していたのは不注意の限りで、私の推定を補強してくれた山下氏に心から感謝したい。山下氏は田中本を応挙の真筆ではないだろうといっているが、図版から見る限り、あえて疑う必要はないように思われる。応挙その人が反魂香図を描いていたとなれば、同じように脚のない幽霊に反魂香の浪漫的心象が投影されるのはむしろ当然であるし、応挙無脚幽霊創始説を反魂香のイメージと関係づけることもずっと簡単になるであろう。
また山下氏は、応挙の幽霊図として私の挙げたもののほかに、仙崖義梵の賛をもつ出光美術館所蔵本や、胡粉の没骨による経帷子が印象的な吉川観方コレクション（福岡市博物館）本を紹介している。

注

（1）辻惟雄「江戸時代の怪奇画」『上田秋成』（図説日本の古典17）集英社　一九八九年。
（2）諏訪春雄『日本の幽霊』岩波書店　一九八八年。
（3）小松和彦『妖怪学新考—妖怪からみる日本人の心—』小学館　一九九四年。
（4）阿部正路『日本の幽霊たち—怨念の系譜—』日貿出版社　一九七二年。
（5）原道生「怪異の出現—歌舞伎の場合—」『明治大学公開文化講座VI　妖怪』風間書房　一九八七年。
（6）竹田晃『中国の幽霊』東京大学出版会　一九八〇年。
（7）Stephen Addis "Japanese Ghosts & Demons — Art of the Supernatural —" George Braziller. Inc., New York. The Spencer Museum of Art, Kansas. 1985.
（8）安岡章太郎・佐々木丞平『応挙』（『水墨画の巨匠』10）講談社　一九九五年。
（9）阿部主計『妖怪学入門—日本の妖怪・幽霊の歴史—』雄山閣　一九六八年。
（10）佐々木丞平『応挙関係資料〈萬誌〉抜粋』「美術史」一一一　一九八一年。
（11）金子静枝「円山応挙（名家伝）」『少年世界』三ノ一七　一八九七年。
（12）『松の落葉』といえば、『日本随筆大成』二期22に収録される藤井高尚の随筆（文政十二年序）が知られるが、本書にこのような一節は見出せない。『国書総目録』には『〈さへづり草〉松の落葉』なる書は登録されていない。ただ『さへづり草』なる書はあるが、これであるか否かは確認できなかった。
（13）粕三平『浮世絵の幽霊』（芳賀芸術叢書）芳賀書店　一九七三年。
（14）河野元昭「蘆雪試論」東京大学文学部美術史研究室『美術史論叢』一一　一九九五年。

幽霊の〈像《イメージ》〉の変遷

高田衛

幽霊の顔

全生庵の幽霊画コレクションを見ると、そのすべてが肉筆画であることの強みが迫ってくるのである。幽霊画としての傑作は、浮世絵版画、草双紙の類にも少なくない。いやもっと凄烈なのはざらにある。しかしこの肉筆画コレクションがすぐれているのは、肉筆画であるがゆえに、幽霊の顔付きが、表情が、ものをいっていることである。

たとえば「幽霊画」（図1）の女は切れながな眸を伏せて、静謐な表情を見せている。無感情でおだやかにさえ見える。しかし、その切れながの眸がもし動きだして観る人を直視したら、それはどんなに凄いまなざしであることか。その表情の抑制ゆえ、秘められた怖しさが伝わってくる。また、たとえば「幽霊画」（図2）の女は、苦悩が刻みこまれた顔をしている。ムンク（一八六三〜一九四四）の〈叫び〉ではないが……。それでいてこの女は笑っている。苦悩によって歪む顔が、その歪みによって不思議なおそろしい微笑をもたらそうとしている。「柱によりかかる幽霊」（図3）の女を見てみよう。この女は、ひたすら何かを恨んでいる。その目はどこを見ているのかわからないが、何かやりきれなさを湛えて、それはやがてどこかへ向かって流れだすだろう。

半眼をあけた「燭台と幽霊」（図4）の女は、あたかも死相を表情としているかのようだ。死相。それは生とは絶対的な差異の中の相だ。それは観る人にいつかしのびよる死の影を暗示してやまない。

肉筆画であるがゆえに、このコレクションの幽霊たちは、顔、そして表情を持っている。そのことが、このコレクションの絵に、奇妙な謎や魅力をもたらしている。

しかし、その反面で、これらの幽霊たちの〈姿《イメージ》〉が類型化《パターン》していることにも気づかざるをえないだろう。ここに見る幽霊たちは、多くは溶暗部を背景に、立ち姿、上半身、さばき髪、白衣、うなだれた頭部などにおいて、特徴的といっていいだろう。そして多くは足が描かれることはないのだ。我と我が顔を、姿態を、そして肢体を、これ見よがしにあからさまに、突きつける姿はほとんどない。彼ら彼女らは隠身なのだ。本来は見えないはずのものなのだ。その彼女らが、なぜかその暗影の中から、あるいは薄明の中から、その不吉さを恥じるように現れているのであって、近世二百五十年の歴史の中で、こんな風に幽霊のスタイルが定型化したとでもいっておこうか。

たとえば「皿屋敷」（図13）の女や、「幽女図」の女は顔を隠している。隠すことによって、自らが現世の人々にとって、見てはならない禁忌《タブー》の中の存在（？）であることを暗示しているのだ。図13では、女の袖は透けており、向う側の行灯の台が見える。覆われた顔もじつは透いてみえるかもしれないし、あるいは（顔が）無いのかもしれない。これらもまた、先述した幽霊の類型化《パターン》の可変的な一例なのである。

このように幽霊像の型がほぼ定まってきたのは、十九世紀に入ってからのことである。念のために云っておかなければならないが、日本の近世という時代は、十七世紀から十八、十九世紀にかけて、合理主義的な

図1　筆者不詳「幽霊図」(部分)。

図2　飯島光峨「幽霊図」(部分)。

図3　飯島光峨「柱によりかかる幽霊」(部分)。

図4　谷文中「燭台と幽霊」(部分)。

思想、価値観、判断力が、急速に発達した時期である。それを光をめざす思想と仮に称するならば、その光度はなかなかのものだったのである。しかし物理的には光が強まれば、その影も濃くなるわけである。合理的実証的思想の反動として、人々の中の、無力感や被害観や怨み、得体の知れぬ怒りや執念、貪欲、犯罪などの、闇の思想や感情もまた肥大する一面があった。

異界的なものに対する怖れに発する幽霊の観念が、そうした感情によって深化され、ことに三都を中心にした、マチの芸能や文学、美術や市井情報によって、独自でありながらも説得力にみちた普遍的表現として浮びあがる、そうした意味での十九世紀が幽霊を定型化したのである。

幽霊の〈像《イメージ》〉が、こうしてなだれをうって一定の類型《パターン》へと傾向化したのは、その意味では十九世紀（近世後期から幕末・明治への時期）の文化の多面的な相貌の一端を示すものであった。

辺地・遠国の地方では（たとえば民話で示されるように）かならずしもそうではなかった。柳田国男（一八七五〜一九六二）が『妖怪名彙《ようかいめいい》』で示しているように、幽霊を指す呼称にしても、何百というバラエティーが保存されており、妖怪・幽霊の〈像《イメージ》〉も、それぞれの在地性にもとづき、類型化を拒んでいた。今回はそのことはさておくことにする。

類型化した姿のつよい全生庵幽霊画コレクションといえども、たとえば「桟橋の幽霊」、「木魚の怪」、「海坊主」、「怪談乳房榎図」（図10）のように、アーキタイプ的な古い幽霊像を示唆する画が見られるのだが、ほんらい幽霊の〈像《イメージ》〉は、けっして画一的なものではなかったのであった。では、日本では、とくに近世日本では、幽霊の〈像《イメージ》〉は、どのような淵源から、どのようなバラエティーにおいて、どのように流動し展開したのか。

本稿では、右のような課題において、主として近世初期（十七世紀）に刊行された、古版怪異小説集の挿絵を材として語ってみようとおもう。もちろん紙幅に限りがあるのでここに語る内容は、幽霊の〈像《イメージ》〉の変遷をめぐる限られた一端でしかないことをあらかじめおことわりしておく。

生きていた幽霊たち

「幽」とは、語義的には、ほのかでよく見えないさま、あるいは暗い所をさす。「霊」とは、霊魂のことで人の目に見えるわけがない。すなわち幽霊とは目に見えない霊であると、明治期の井上円了博士（一八五八〜一九一九）あたりから何度もくりかえされていた議論だが、これが偏痴奇論に聞えるのは、早くから亡霊、死霊と同義でこの語が用いられてきた歴史があるからである。中世、能あたりでは、しゃぐまを冠《かぶ》り、仮面を付けた役者たちが、舞台の上から高らかに、「我こそは平知盛《たいらのとももり》、幽霊なり」と自ら名のる芸能様式もあったわけである。

近世前期の古版怪異小説集では、化け物、変化《へんげ》などの名で、幽霊と妖怪は未分化に語られていた。人間のみならず、動物・草木・器物などにはすべて精霊があって、まれに化けるというアニミズムの思想がゆきわたっていたのであろう。厄介なのは、それらが化けて人間の姿で登場することで、幽霊に似た妖怪が居り、妖怪に似た幽霊も居たことである。それらの区分は容易でなく、また区分にこだわりすぎるのも無意味で、それじたいが妖怪学的な一課題となるのでここでは深入りしない。

はじめにとりあげたいのは、生前の姿そのままに出現する幽霊の〈像《イメージ》〉のことである。

たとえば㋑図（宿・二の十二）[1]では、右側の琵琶法師がひきならす平曲のメロディーを悲しげに聞く十二単の姫が描かれている。この話は誰もが知っている「耳なし芳一」の類話で、団都《だんいち》という座頭が、赤間関《あかまがせき》の御殿に呼ばれて平曲を吟誦する話である。実はここに描かれる女性はみな壇ノ浦で入水した平家の女性たち

（その幽霊）である。姫は恋人の平通盛《たいらのみちもり》に死別し、自ら入水した小宰相の局（の幽霊）に他ならない。生前の姿そのままで、この世に出現するものとして、挿絵は描かれている。㋺図（曾・四の九）[2]もその類話で長野善光寺での話。越後のうん市という座頭が、数年ぶりで善光寺の比丘尼寺を訪ね、以前から知り合いのけいじゅん尼を訪ねたのである。ところがけいじゅん尼は彼を一室に連れ込んで、昼も夜も彼を外へ出さないのだ。数日後、うん市は他の尼僧たちに助け出されるが、そこで聞くとけいじゅん尼は三十日前に死去していたのだった。うん市は幽霊（死んだ尼僧）に閉じこめられていたのだった。この話を聞いて尼僧たちは、けいじゅん尼の弔いと、除霊を兼ねて、百万遍の念仏を興行するが、そこへもけいじゅん尼（幽霊）は現れてうん市に取りつく。しばらくしてうん市の膝を枕に眠りはじめたので、その隙にうん市は逃げた（逃げる

㋑図　琵琶を抱いているのが団都。左上に小宰相の局。

㋺図　けいじゅん尼がうん市の膝を枕に寝ている。

途中、またしてもけいじゅん尼が現れ、うん市は耳を失う結果になるが）。㋺図は、その百万遍念仏の場面で、右側の座頭がうん市、その膝に寝ようとするのがけいじゅん尼の幽霊である。尼僧の生前の姿で挿絵は描かれている。

　生前の姿のままで描かれる幽霊は、しかし、基本的には歴史上の人物が多い。㊇図（宿・五の四）は、東海道を旅した僧が、富士の裾野で見た幽霊で、具足姿の男は曾我十郎祐成《そがじゅうろうすけなり》（一一七二〜九三）、美しい女房はその愛人大磯《おおいそ》の虎《とら》の、それぞれの幽霊である。当時、よく知られていた曾我兄弟の話、その後日譚である。また、能因法師《のういんほうし》遺跡で有名な古曾部《こそべ》（現高槻市内）に時折り出現する幽霊は（宿・五の五）「甲冑《かっちゅう》帯せし男、緋縅《ひおどし》に見えて、弓、緩かに持ち」現れ、つづく武者はと見れば「白糸の鎧に、直垂《ひたたれ》世の常にして、下髪《さげがみ》に鉢巻の女房、白柄《しらつか》に蛭巻《ひるまき》したる長刀《なぎなた》脇に掻い込み」という女武者であった。

　彼らは生前の姿そのままで現れることによって、彼らの内なる物語、かつて激しく生き、いさぎよく死んでいった物語（それは幽霊出現の意味を示す）を、語りつづけるわけである。有名な「牡丹燈籠」の物語の女もそうであった。㊁図（伽・三の三）(3)の女童に牡丹花の燈籠を持たせ、男荻原新之丞《おぎわらしんのじょう》にながし目を送って魅了する美しい女性が、すでに死者であることがわかる姿であれば、この奇妙な恋物語が成立するわけもないだろう。この女性、二階堂《にかいどう》左《さ》衛門尉《えもんのじょう》政宣《まさのぶ》の息女弥子《いやこ》の幽霊だが、名門に生れながら引きつづく戦乱の中で、家は没落し、みずからも生前に恋を知らず死去した悲しみが、かく生前の姿で、現世に出現させたのである。「一人の美人、その年廿《はたち》ばかりと見ゆるが、十四、五ばかりの女の童《めわらは》に、美しき牡丹花の燈籠持たせ、さしも緩《ゆる》やかに打ち過ぐる。芙蓉の眥《まなじり》あざやかに、楊柳の姿嫋《たお》やかなり。桂の眉、緑の髪、云ふばかりなく」と本文に記している。さて、この㊁図と全生庵コレクション「怪談牡丹燈籠図」（図5）とをくらべてほしい。同じ物語に材をとりながら、絵はこんなにも違っているのだ。図5（月耕の「怪談牡丹燈籠」の図）

㈧図　甲冑の姿の曾我十郎。大磯の虎が迎えている。

図５　尾形月耕「怪談牡丹燈籠図」(部分)。

㊁図　新之丞が弥子に引き入れられる。若党は逃げる。

㊀図　荻原新之丞をふりかえる牡丹燈籠の女。

では、二人の女は死人であることがあきらかである。そして不吉だ。もちろん古い物語挿絵でも、死は暗示されていた。㊁図につづく㋭図は、美しい弥子が死霊と気づかれたあと、新之丞を無理やり自邸に引きずりこむ所。死者と契った新之丞は、もちろんこのあと弥子の死棺の中で、女と身体を重ね合わせながら死ぬのだ。

死者への畏怖、そして恐怖

この話からも知れるように、幽霊への恐れのなかに、死者への畏怖・恐怖の感情もあることは、はやくからいわれている。全生庵コレクションの「数珠を持つ幽霊」（図6）のように、なかば骸骨と化した死者が、頭に三角布を置き、経帷子《きょうかたびら》を着て、数珠まで持ちながら、すいっと立ちあがってくれば、これはもう有り得べからざる死者の復活で、こんな怖い姿はあるまい。若い人ならゾンビ現象というかもしれないが、近世前期怪談にも死者蘇生の説話は多かった。

㋬図（平・二の十五）[4]は、ひとたび死去した男が、現世に残した金に対する妄執のせいで蘇生し、棺を破り、霊屋をこわして這い出てくる場面。この男は生きている死者であって、何度死んでも死にきれずに生きかえるのである。この男は「死の苦痛」を、くりかえしくりかえし苦しまねばならないのだ。これほどむごたらしい話はないだろう。その醜怪さが奇談となったのだった。おのれの煩悩と執着のゆえに、死んでも死ねない無残さは、井原

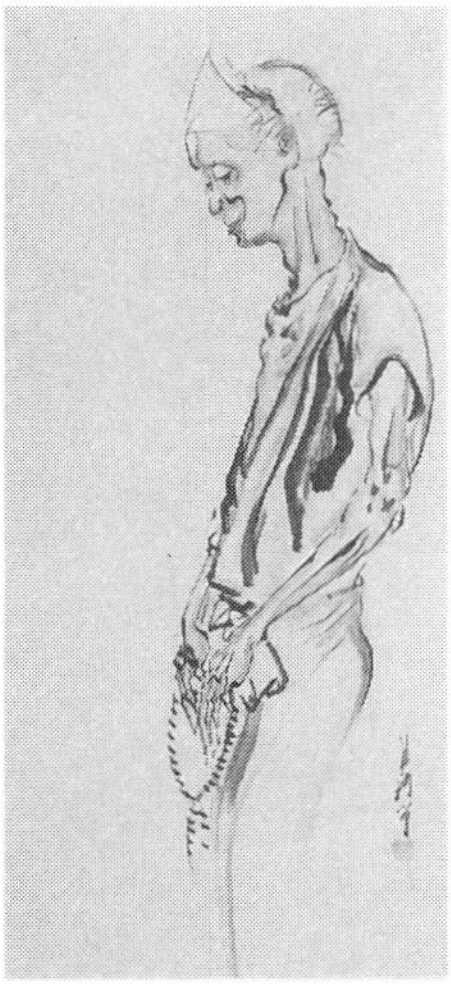

図6　尾形月耕「数珠を持つ幽霊」（部分）。

西鶴が自己の小説のモデルにしたことで著名である。しかし一般に死者蘇生の恐怖というのは、そんなものではない。

　復活するはずのない死者が蘇生することは、死者が妖怪（幽霊）に化し、凄まじいタタリをもたらすという信仰にもとづくのである。㋣図（曾・二の六）は図が薄くなって見にくいけれど、中央やや右に切腹して死んだ筈の武士が、その夜のうちに生き返って、左側の輿（棺を収める）から出現し、夜伽する僧たちを殺しまくっている姿である。人が死ねば納棺し、一晩は通夜といって親族や僧侶が側に付きそって、読経しつつ夜を明かすのだが、この話ではうかつにもその通夜にあたって、僧侶たちは眠ってしまったのだ。その間に死者が棺を破って出現し、僧を殺しまくったのである。これが幽霊の怖さの本体である。

　㋠図（新・三の三）[5]も同じような場面である。ある富商の妻が死去し、大勢の僧侶たちを呼んで通夜をしたのだが、その夜突然灯が消えて、棺桶の蓋がひらき、死人が現れた。そして隣室に寝ていた下女りんの首を捻じきって、また棺の中に入った、というのである。この下女は死んだ妻の眼を盗んで、主人と通じていたのであって、死んだ妻は死後にその怨みを報いたという話である。三角布、経帷子の死人が剃髪の姿なのは、宗旨によっては死去した時に女人の髪を剃る習俗があったことを示す。下の方、別室には首をちぎられた下女の骸《むくろ》が描かれている。

　そういう死者への恐怖は、㋷図（曾・四の五）にもあからさまである。葬礼の席上で、棺輿を破って出現したこの女房は、宇都宮某という豪族の妻で〈おちやあ〉という名であった。生れついて慈悲心のない、残酷な心の持主であった。「彼の死人、棺の内より怪《け》しからぬ姿にて立ち出でぬ。白昼の事なれば、諸人、あれや〳〵と云ふ程こそあれ、見る内に面《おもて》変りて、眼日月《まなこじつげつ》の如くにして、髪は空《そら》ざまに生《お》ひ上《のぼ》り、歯がみして立つたる有様、真《まこと》に面を向くるべきやうもなし」と本文にしるしている。その凄まじさは、素朴な画にも

㋬図　霊屋から這い出すのが、死ぬたびに蘇生する男。

㋣図　切腹した男が立ち上って僧侶たちを殺している。

㋠図　死者が下女の首を持って棺桶の中へ戻ろうとする。

㋷図　葬礼のさなか、鬼女となって甦った女。

㋦図　左の女三人が切支丹の幽霊。右に驚く男たち。

よくあらわれている。

あまりにグロテスクな絵がつづいたので、㋦図（諸・二の十六）[6]をここに示しておこう。かつて伊勢の乙部《おとべ》（現三重県津市乙部のあたり）で、女の切支丹《キリシタン》信者を極刑にして焼き殺したことがあった。その二、三日後、かずきをかぶった美しい女性が数人現れて、切支丹を焼いた穴のあたりで骨を拾っていた、というのである。縁者などではなく、彼女らこそ逆さ吊りの上、焼殺された切支丹の女たちであったというのである。切支丹信者の幽霊の絵は珍しいものに属する。

女の首

全生庵コレクションの第42図（図7）は、「蚊帳の前の幽霊」というタイトルだが、事実は女の首である。見ようによっては、「雨中幽霊図」（図8）も女の首と受けとっていいだろう。宮田登は「女の首」には古来強烈な霊力・呪力が感受されるものであったと述べている（「『女の首』のフォークロア」、『季刊江戸文学』第一号、一九八九年）。長い女の髪にも呪力があることが信じられているが、それ以上であったらしい。そして幽霊が女の首のかたちで語られることは早くからあった。

越前国北の荘《しょう》（今の福井市）にあった話である。ある旅人が夜道をかけて沢谷《さわや》という所にさしかかった時、道ばたの石塔から鶏が一羽とびおりて来た。変だと思ってよく見ると、それは鶏ではなくて、女の生首だったというのである。しかもその首は旅人を見てニヤリと笑うのである。旅人は気丈な男だったので刀を抜いて斬りかけた。すると女の首はするすると逃げた。旅人は追いかけた。やがて府中の町の近くまで来て、女の首は消えた。じつはこの女の首は、ある女性の生霊《いきりょう》であったというのである。その挿絵が㋸図（曾・一の二）である。

図７　禮朴「蚊帳の前の幽霊」（部分）。

図８　兵藤林静「雨中幽霊図」（部分）。

生霊もまた幽霊なのであった。後に述べる「離魂病《かげのわずらい》」、つまりドッペルゲンガーの現象をふくめて、死霊のみでなく生霊の幽霊伝承も考えなければならないのである。この話では女の首は生きている。死体の一部でしかないはずのものが生きている。

㋾図（曾・五の二）は、女の化粧の図である。しかし女は自分の首をとりはずし、これを水盤台の上において化粧している。イギリスのゴシック小説などには古城の中の幽霊が、自分の首を抱え、首なしの身体のままで出現する話がよくあるが、わが国にそんな器用な幽霊がいると思う人は少なかったであろう。御覧のとおりチャンといるのである。本文は、「夜いたく更けて燈し火《ともび》かすかなるに、己《おの》れが首取りて、前なる鏡台にかけ置きて、鉄漿《かね》を付け、化粧《けわい》して、又わが軀《むくろ》に

㋸図　女の生首が逃げ、男が抜刀して追いかけている。

㋾図　自分の首をとりはずして化粧する女の生霊。

継ぎて、さあらぬ躰《てい》にてぞ居たりける」。

㋻図（諸・二の十三）は奥州小松城（現山形県西町）で起った出来事。御留守居番の妻の経験である。「ある夜、雪隠《せっちん》へ行きければ、向うより、鉄漿《かね》くろ〳〵と付けたる女の首ひとつ、飛び来たりて、妻を見て、にこ〳〵と笑ふ。この妻、恐しくは思ひけれども、かやうの物に、見まけぬれば、悪しきと心得て、目を見ひらき、睨みつけて居られければ、かの首睨み負けて、次第々々に遠ざかりゆきて、つひに消え失せけると也」。その後もいろいろな怪異がおこる話であって、この女の首は、妖怪と生霊とを兼ねたものであった。

㋕図（新・二の四）は、若い僧が美しい娘の首を切りとって、大事そうに布に包もうとしている図だが、これには長い話がある。じつは青年僧と娘は恋仲であった。僧が遠い旅に出る別れに際して、娘は別れを承知せず、自分を殺して、首を一しょに連れて行けと迫るのである。僧はやむをえず娘の首をとって、これを包みにし、共に旅に出る。目的地に着いたあと、僧は自室に首を隠し、夜な夜なその首と物語をし、女の首

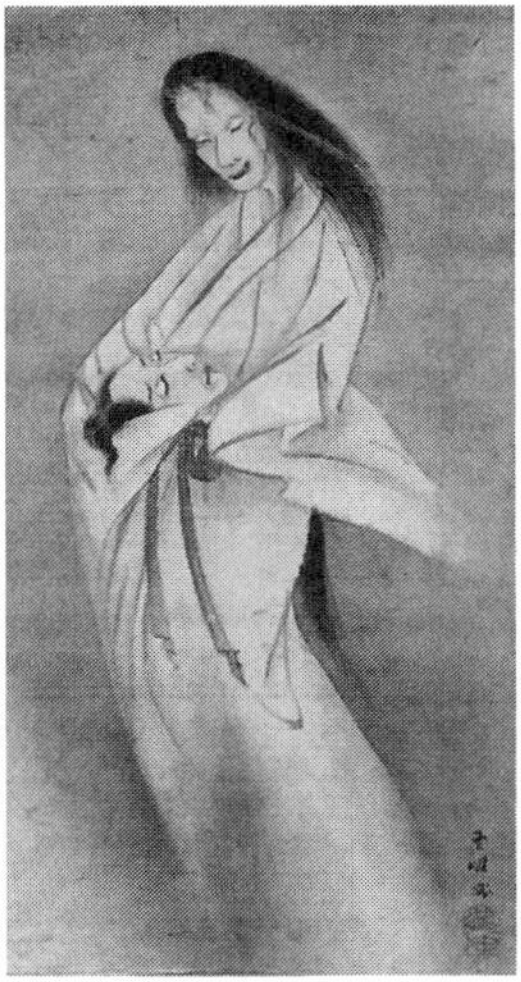

図９　川上冬崖「生首を抱く幽霊」（部分）。

㋻図　睨みまけた女の首は笑う。女を介抱する夫。

も生きているときと同じように、僧と愛を語らうのである。奇怪な話だが、これが材となって鶴屋南北（一七五五～一八二九）の『解脱《げだつの》 衣累《きぬかさねの》 蓮葉《はちすは》』という作品が出来たことを付記しておく。

こうして「女の首」を話題にする以上、話は元にもどるが、㋠図のように、死霊に首を捻じとられた側の女も話題にしなければなるまい。

全生庵コレクションの内、もっとも怖ろしい図

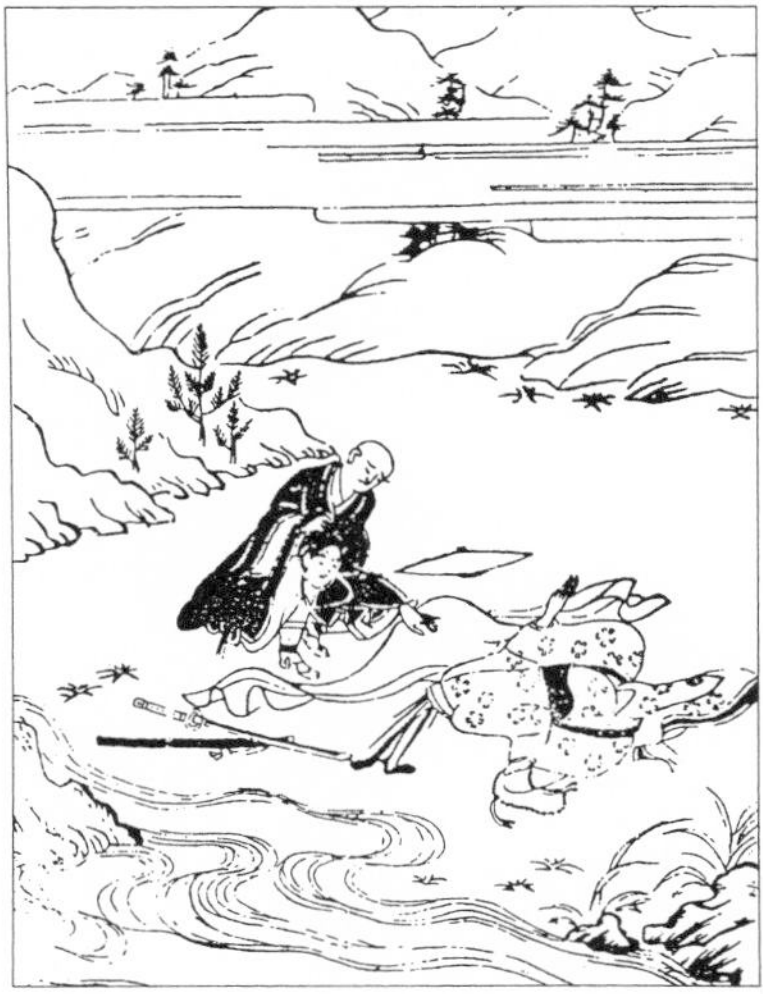

㋕図　女の首をとって、それを包み、旅に同伴する若い僧。

の一つは、「生首を抱く幽霊」（図9）であろう。生首を抱くとは云い条、この首は、この幽霊がどこかから捻じとってきた血みどろの首に相違あるまい。幽霊にとって恨みある者の首には、やはり無念の相が浮んでいるし、それを見下す幽霊の表情には、どことなしに快《こころよ》げな薄い笑みが浮んでいるようだ。

幽霊画には、すべてその背後に、かくされた物語があることは先述したが、この絵にはどんな物語が秘められているのであろう。

これと同じような図柄が、古い怪談集の挿絵に見られる。㋵図（曾・四の七）がそれである。近江国佐和山で起ったことだが、この国の領主の側近である重臣某の本妻は生前から夫が目をかけた妾をひどく憎み、また夫をも酷く恨んでいた。病にかかって重篤となり、その臨終の床に夫もかけつけたのだが、彼女は、「この年月の恨み、生々世々《しょうじょうせぜ》忘れ難く候」と云い、夫の飲ませた末期の水を、夫の顔にザアッと吐きかけ、歯がみをしながら死んだという。なかなかすごい死に方であったわけだ。

ところが、その本妻は死後すぐに幽霊となって出現し、「妾の所へ忍び、首を捻ぢ切り、消すが如くに失《う》せ」たのだそうな。やむを得ず、その武士は妾の葬礼をいとなんだ。その挿絵の㋵図の下半分に描かれているのは、棺輿を担った妾の葬列である。ところが、この葬列がとある橋にさしかかったところ、本妻の幽霊が、捻じ切った妾の首を手に提げて、じっと葬列を見ていた、というのである。㋵図の女幽霊をよく見ていただきたい。

この本妻幽霊は、彼女の乳母《めのと》（老女。身分の高い女性であったことがわかる）がこれを見て、「あまりにあさましい御姿よ」と歎いた声を聞いて、消えてしまったという。妾には男の子が二人いたが、その二人とも病死した、と話は結ばれている。

すごい話だが、一般には怪談の中の幽霊は、どうしても怨霊として語られることが多い。「生首を抱く幽

ヨ図　にくい妾の生首を手にさげ、橋に佇んで、葬礼の人々を見ている女の幽霊。

タ図　先妻の幽霊が出現して、後妻の身体を引裂き殺す。

霊」（図9）の女は、まさに怨霊以外の何ものでもないであろう。怨霊という云い方では手ぬるいかも知れない。彼女はすでに「鬼」になっている。

怨鬼・鬼女・悪魔

全生庵第29図（図10）は、円朝怪談の「怪談乳房榎図」の幽霊であるが、その相貌は「鬼」以外のなにものでもないだろう。同じく「花籠と幽霊」（図11）の女についても、それは云える。お化けである以上は、その怖ろしさが、人間ばなれした「鬼」の相貌で〈像〉《イメージ》化されるのは当然であった。

十七世紀の古版怪異小説集の挿絵では、そういう幽霊は、鬼として描かれている。上田秋成（一七三四～一八〇九）は「鬼化」と書いて「もののけ」と読ませていた（『雨月物語』）。人が死んで幽霊となることは、すでに「鬼」になることであった。「鬼」という漢字の象形は、もと死者の崩れてゆく顔をあらわす象形文字であることを、十八世紀の人たちは既に知っていた。

㋟図（諸・三の五）は、豊前国速水郡で起った物語。安部宗兵衛という冷酷な男は常に妻につらくあたって、責め殺すと同様な死なせ方をした。妻の没後、七日もたたないうちに新しい女房を迎えたが、案の定、妻の幽霊が現れた。「かの女房、腰より下《しも》は血潮にそまり、丈《たけ》なる髪をさばき、顔は緑青《ろくしょう》の如く、鉄漿《かね》黒くつけ、鈴の如くなる眼《まなこ》を見ひらき、口は鰐《わに》の如くにて（略）宗兵衛がそばに寝たる女房を、七つ八つに引裂き、舌を抜き、懐へ入れ、もはや返り候。また明晩参り、年月の恨み申さんとて、消すが如くに失せにけり」と、本文で説明している。その幽霊は、すでに鬼として描かれている。

㋹図（曾・一の六）も、さる男に愛された女が、その男の本妻に責め殺されて、主家に恨みを報いる怨霊である。はじめは「いと貴《あて》なる女」の姿で現れたが、恨みを報いる段になっては、「さて女は、たけ一丈《いちじょう》もあるらんと思《おぼ》しくて、空《そら》ざまに生ひ立ち、髪は銀《しろがね》の針を並べたる如く、角《つの》さへ生《お》ひて、朱《しゅ》まなこ、牙《きば》を噛みたる有り様、たとへていはん方《かた》もなし」という次第であった。図で右の方、謝っているのは主人ではなく、主人や子の病気を診た医師である。

㋞図（片・上の五）(7)は、やはり女の嫉妬にからむ話。右の男は、左の女（吉田作兵衛の北の方）の家来。北の方から無理に作兵衛が寵愛する妾の殺害を命ぜられ、やむをえず首を取って北の方に差し出したところ、北の方は狂喜して、妾の首に喰いつき、髪の毛を引きかなぐり抜く場面である。この北の方はまもなく死去し、鬼女となることを、挿絵が暗示しているといえよう。

ところで、これら鬼女の姿は、同時に「蛇《じゃ》」に通いあう〈像《イメージ》〉であった。いうまでもないであろうが、能の般若の面は「中成《ちゅうなり》」という「蛇」になかば成っている、の意である。「道成寺」の面については、「本《ほん》成《なり》」という。すでに完全に「蛇」に成りきっている相貌、の意なのである。

㋡図（新・六の三）は、妬心《としん》のつよい女性が病死したあと、なぜか「即身蛇のかたち」によって生きかえ

図11　松本楓湖「花籠と幽霊」(部分)。

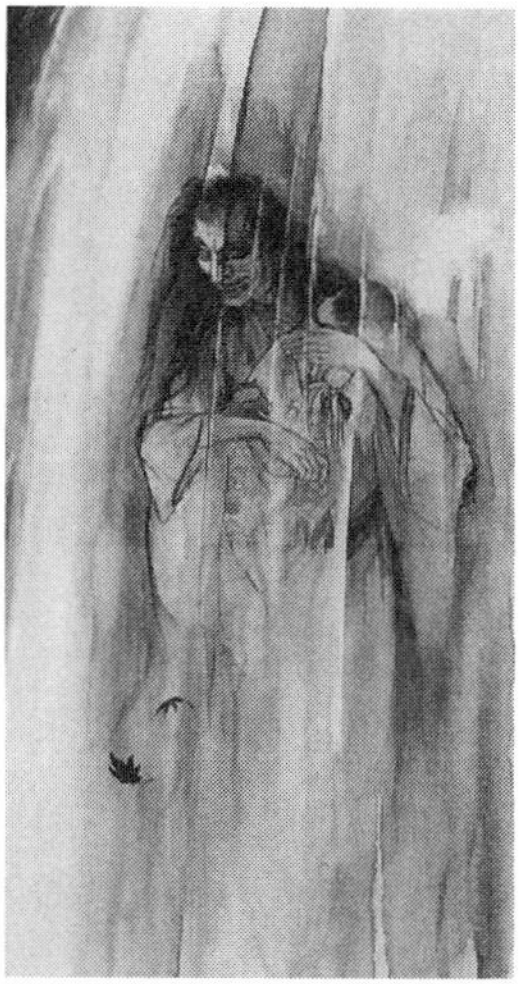

図10　伊藤晴雨「怪談乳房榎図」(部分)。

㋞図　家来に命じて、夫の愛した女の首をとった妻。

㋹図　主人の妻に怨みを報いるため、鬼女となって現れた下女の幽霊。

㋧図　豪雨の中で蛇身と変じた女の幽霊。

㋡図　妬心のつよい女が、病死して鬼女（蛇）となる。

る怪談である。彼女は死人なのである。死人だから異類と化したのだった。「身の皮、鱗《うろこ》立ちて、木に彫りたる蛇の如し、髪空《そら》ざまに上りて、叢《むら》だつ芦のごとし」などと書かれている。この姿、現代人には鬼にしか見えないであろう。ここでは、蛇と鬼は同格、同質なのであった。そしてもちろんタタリをなす、幽霊の一種でもあった。

死して鬼、あるいは蛇と化すのは、もちろん女ばかりではない。㋧図（新・三の一）は、女が死して蛇と

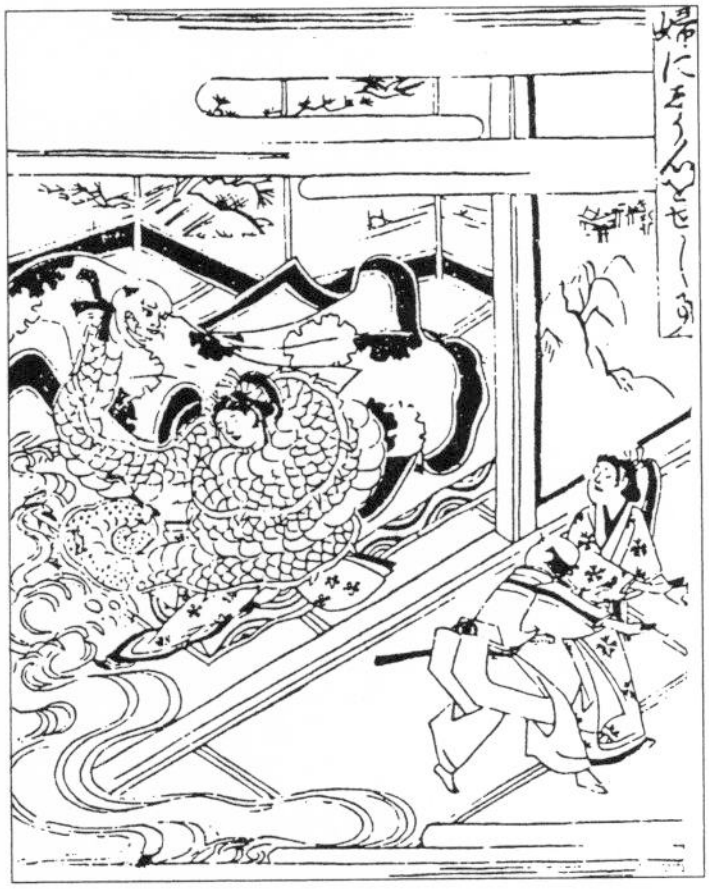

㋤図　死にさいして蛇身となって、若い女への執着をあらわす男の幽霊。

化す奇談の挿絵であり、㋤図（諸・二の十二）は、男が死して蛇身となって、若い女への妄執をとげる図である。㋥図の女の身体に蛇体の尾が描かれていることに注意。

怨念や執着、そして因縁という不思議な理法の下に、幽霊の〈像《イメージ》〉はそれなりの広がりを持っていたのだった。

子を育てる幽霊

全生庵コレクションの第44図（図12）は、赤子を抱いている女性の図である。「姑獲鳥図」という題がついていて、これは「うぶめ」と読むのだが、この件については後でふれよう。

子供を抱いて出現する幽霊の伝承は、ずいぶん古く、たとえば古代説話集『今昔物語』にまで溯ることができる（ただ、ここでは女は幽霊というより妖怪だが）。子を遺して死んでゆく女の話は、いつの時代も数限りなくあって、遺す子どもに愛着があるために死んでも死にきれないという、哀れな女性への同情も、当然のことながら、どの時代にも通ずる心理であった。いまでも民話・伝説の類に、死んでなお赤子を育てるために、乳もらいをする幽霊、飴屋の戸をたたく幽霊の話がのこっていることを、御存知の人は多いはずである。

図12　南海「姑獲鳥図」（部分）。

㋶図（伽・十三の二）は、一見なんの変哲もない母子哺乳の図である。しかしこの母が幽霊なのだった。伊予国風早郡（現在の愛媛県北条市）の話である。悪疫がはやり飢饉があって、多くの人が死んだ年のことであった。ある兄弟が生き残ったのだが、弟の妻も死んでしまった。赤ん坊がいたが男手ひとつで育てるのも心細いかぎりであった。ところが、その弟の所へ、夜になるとしのんでくる女がいた。あまりに度かさなるので、兄が見かねて忠告したのだが、弟は涙ながらに答えた。「毎夜来るのは実は妻の幽霊です。はじめて出現した時、赤子が乳がなくてひもじいでしょう。その悲しみゆえに来ましたと云うので、怖いながら子を抱かしてやりました。髪を撫でながら乳をやるのです。後には待ちかねて夜を通して語らうようになりました」と。

兄はそれを聞いてかえって疑念を生じ、「幽霊などいるわけもない。弟は化け物にたぶらかされているに違いない。自分が始末しなくては」と決心して夜を待った。図では、右下に夫婦の和合をのぞく男（兄）が書かれている。案の定、夜ふけにやってくる女がいた。兄は走りよって切り伏せた。悲鳴をあげて女は逃げた。翌朝血のあとを尋ねて追ってみると、弟の妻を埋めた墓の前で、弟の妻の屍《かばね》が血を流して倒れていた、というのである。

女は、弟のいう通り、弟の妻の幽霊だったのである。その夜、赤ん坊は飢え死に、兄も弟も死にはてたと、この話は結ばれている。

類話は多い。死去したはずの妻が訪ねてきて、二年も子どもを育てたあと、卒塔婆《そとば》となって消えた話もある。㋰図（片・中の二十三）がそれである。母に去られた子どもは、卒塔婆にしがみついて泣いている。この話は「卒塔婆幽霊」という呼び名で知られている。

また、こんな話も伝わっている。武田信玄の部将に原加賀守昌俊《はらかがのかみまさとし》という勇士がいた。その妻は同国辺見《へみ》某の女だった。まだ若くして難産で苦しんで死去した。だが、死後百ヶ日ほどして菩提寺の僧が、死んだはずの妻を連れてやってきたのである。大いに怪しんで聞くと、塚がにわかに崩れて、内から女が這い出てきた

㋶図　赤子に乳をやるため毎夜、現れる妻の幽霊。

㋰図　子を育てた上で、卒塔婆となって消えた女の幽霊。乳児が卒塔婆に抱きついている。

ので聞くと、そなたの妻だというので連れてきた、という。妻は甦った、というわけである。そこで心をつくして手当をする内に身も心も回復した。そして次の年に男児を出産した。その子が三歳になった時に、妻は、「実はわたしは人間ではない。地蔵菩薩のお力で三年間の生命を許された亡霊です。とうとう御縁もつきました。あの世へ行かねばなりません」といい、夫と子どもに別れを告げて消えていった、というのである。㋒図（伽・五の四）はその場面を書いたものだ。母を慕う子どもと、未練をのこしながら去ってゆく母が書かれている。そして、この子が育って、のちの名将原隼人佐《はいとのすけ》昌勝となったというのである。この名は『甲陽軍鑑』にも見えるので、実在した人物と考えられる。

子に乳をのませ、あるいは育《はぐく》む幽霊の話があるかと思うと、子連れ幽霊の話もあった。㋼図（伽・四の五）がそれで、左側の男が野路忠太《のじちゆうた》といって江州の商人、陽人《ようじん》である。あとの三角布、白衣の経帷子の四人は幽霊である。妻の幽霊（中央）は、夫に「六年前に

㋖図　七歳に成長した子の幽霊をいとしむ男。

㋒図　子を育てた上で、別れをつげ消えてゆく女の幽霊。

亡くなった子を見たいですか」と問い、「逢いたい」と答えると、七歳に成長（?）した子どもを見せる。夫と妻の間に描かれているのがそれで、「容貌《かほかたち》うつくしく、利根《りこん》才智の生まれつき、おとなしやかに見えたり」などと書いてある。他の二人は、女童（侍女）の霊と、乳母（妻の乳母）の霊である。この話は、中国小説の翻案で、日本の民俗にもとづくものではないけれど。画の幽霊のスタイルが、早くからととのっている（ただ、足がはっきり描かれているが）ことを知る資料になるであろう。

しのび泣く幽霊

古版怪異小説集の挿絵にあらわれた、幽霊のさまざまな〈像《イメージ》〉を見てきたわけだが、鬼か蛇かと見まがう妖怪スタイルの幽霊の〈像《イメージ》〉がある反面で、㋖図に典型的に見られるような、三角布・白い経帷子・さばき髪という死装束《しにしょうぞく》の姿が、何といっても一般的であり、幽霊〈像《イメージ》〉のおよその傾向を代表していることがわかってきた。

とはいっても、そういう姿が、十七世紀の人々にとっても「幽霊」なる、見えざる不可思議なものを、想像したり錯視したり、幻影を感じたりするときに、もっとも思い描きやすい姿であったというだけのことかもしれない。

奇怪で不吉で怖ろしい〈像《イメージ》〉を感じとるのは、かならずしも目からだけではなかった。深夜、あるべきはずのない場所で、悲しく痛切な人の泣き声が聞こえた場合、その者の姿が見えない（見ることができない）ゆえに、人はどんなに身の毛をよだてることか。狐や狸、時には鳥の鳴き声が、女のしのび泣きの声、または赤子の叫びなく声に聞こえることはままあったであろう。全生庵コレクション「皿屋敷」（図13）や「幽霊図」（図14）の幽霊たちの背後にはそんな泣き声があるように思われる（泣き声ではなく、無気味な笑い声でも同じことだが、ここではふれない）。

図13　池田綾岡「皿屋敷」（部分）。

図 14　萩原芳洲「幽霊図」（部分）。

先にも記した、難産のあと赤子を遺して死んだ女、あるいは赤子ともども亡くなった女性の、中《ちゅう》有《う》に迷う霊魂のあわれさを、幻聴かもしれないその泣き声の悲痛さに結びつけて、「うぐめ」という幻想が生じたのは、中世末のことであった。

㋔図　泣くうぶめ。通行人たちがおどろいている。

㋨図　泣くうぶめ。怪しんで射る男。

『日葡辞書』に、すでに「ウグメ」の語が載っている。その「うぐめ」が「うぶめ」に転じたのであった。

寛永四年（一六二七）京都近郊での話だが、ある人の下女が妊娠したまま病死し、まもなく産女《うぶめ》になったという噂がひろがり、実際に夜になると、赤子の泣き声が道路から聞こえ、次第に遠ざかってゆくことがあった。「例の者通るぞ。泣く声聞けと云ふ。さらばとて聞くにその声呂《りょ》にして、〈わあひひ〉と泣く。二声までなり。平調《ひょうちょう》にして、頭《かしら》は高く後《あと》は下れり。引く事長うして、一声のうち二間斗《にけんばか》り歩むべし。その声の哀れさは、今も身にしみてこそ侍れ」（宿・五の一）という観察記録が残っている（「呂《りょ》」「平《ひょう》」とは音律の調子をいう語）。

では、それはどんな姿のものかというと、㋨図（宿・三の二）のように想像されていた。その声は「夜更け人しづまれば、声も澄みわたりてあじきなくぞ侍る」とある。姿は、「黒髪をさばき白きものを着たり。腰より下は見えず」とある。実際の図には腰の下に蓑のようなものが描いてあるが、これは下半身が血に染っていることを示すのである。

類図は少なくない。㋔図（百・二の五）[8]はその一つである。この絵の本文ではうぶめの泣き声を「をばりよう、をばりよう」と泣くとしている。オギャアという声をそういうふうに聞いたのであろうし、「負われう」（おんぶして、の意）という幼児語にかこつけたのかもしれない。西鶴（一六四二〜九三）もうぶめの泣き声は、「おわりよう」と記していた（『好色一代女』）。

それだけではなく「産女《うぶめ》」は「姑獲鳥《うぶめ》」という鳥であるという、中国渡来の説をたてているところも、この書（『百物語評判』）の一つの特徴であった。全生庵第44図（図12）の子抱き幽霊が、「姑獲鳥図」と題されるのは、この理由による。産女＝姑獲鳥説がずい分長い間行なわれ、信じられていたのは、夜鳥の不吉な叫び声と赤ん坊の泣き声の類似によるものであろう。ある「うぶめ」退治の話では、姑獲鳥の本体は五位鷺《ごいさぎ》であった（絵省略。諸・五の十七）。

近世の幽霊の原型をなしたのは、この産女《うぶめ》をめぐる〈像《イメージ》〉だという説が、折口信夫（一八八七〜一九五三）や江《え》馬務《まつとむ》（一八八四〜一九七九）以来、多くの人たちによって行われている。〈像《イメージ》〉だけでとらえると問題はあるのだが、幽霊観念の変化という問題とかさねて考えるならば、一定の説得力ある説として、いまなお有効性を持つようにおもわれる。

なぜなら、白帷子・三角布など死装束によって（つまり亡者の姿によって）示される幽霊〈像《イメージ》〉を導きだした機縁が、この「産女」幽霊を原型として考えられるからである。

仏教的な思想では、亡者は冥界において裁かれる者、苦患《くげん》をしいられる者であった。㋗図（宿・二の八）がその典型的な例である。そういう亡者たちが、何らかの意志を現世につたえるとき、地獄、たとえば箱根地獄や立山地獄から現れるのが、正常ルートであった。㋳図（善・四の七）[9]や、㋮図（新・五の三）がそれ

㋳図　箱根の地獄に出現する幽霊。知人を手まねきする。

㋗図　地獄の鬼に串ざしにされ火あぶりにされる女の幽霊。誓願寺で見られる幻影。

㋮図　箱根の山に出現した女の幽霊。

である。㋳図では、地獄で焼かれた焦身の姿で現れているが、㋮図では帷子を着した亡者の姿である。
亡者の姿であることによって、物を云わずとも自己の意志を、つまり自己が現実ならぬ存在であることの意味を伝えることができるのである。

幽霊〈像《イメージ》〉の類型と変型

生者にとって、幽霊は本来あってならないものであった。生きている人の想像力のみが、死せる者の再臨の幻影を感受しうるとしても、生者と亡者の間には絶対的な断絶がなければならなかった。当り前のことをいっているようだが、これが近世の決定的な幽霊〈像《イメージ》〉の論理だった。

屍衣をまとうという意味だけでなく、亡者は生きているものとの決定的な差異によって、その〈像《イメージ》〉を論理化しなければならなかったのである。

亡者の姿こそ、それであった。

幽霊のすべてが、現世への怨念にかりたてられ、怨鬼化しているわけではない。『雨月物語』「浅茅が宿」の原話にあたる古版の怪異小説では、恋しい夫のもとに出現する妻の姿は、亡者の姿でありながら、悲愁の中に優美さをたたえている。㋘図（伽・六の三）がそれである。夫にありし日の姿を一目見せるために現れたものの、もはやそこにはありし日の姿はない。それが幽霊である。全生庵「幽霊図」（第9図）、また「幽霊図」（第1図）に通う姿である。

現世への復讐のために出現する幽霊、㋫図（曾・三の三）の女も、同じ姿である。しかし、ここでは復讐の行為にはしる時、女の姿は変貌する。「彼の女、鬼神の姿となりて、眼《まなこ》は日月の如くにて光り輝き、身には鱗生《お》ひ真《まこと》に面《おもて》を向くべきやうもなし」と本文は書いている。

男に裏切られた㋙図（善・五の八）の女は、姿は亡者の姿だが、その怨念のほどは、「夫の前にひざまづき、血の涙を流し、ひたもの恨みを云ひては、つく息を見れば、まさしく炎を吐きけり」と、やはり鬼神に化している。挿絵は、その鬼化した姿は描かず、亡者の姿の女が男の足をもぎり取ろうとする行動をのみ描いている。亡者という異形だからこそ、復讐への執着は、より凄まじいのである。

そういう異形化がいちじるしいものが、さかさまの幽霊である。㋓図（片・上の七）、㋢図（諸・四の一）

㋗図　墓地に出現した女の幽霊。通行人に向かって、あの燃える墓へ連れて行けと頼んでいる。

㋘図　夫が不在中に死し、帰ってきた夫の前に現れた妻の幽霊。

㋓図　渡船を乞う、逆さまの女の幽霊。

㋙図　先妻の幽霊が現れて、夫の足を引きぬく。

は同趣の話である。

尾州名古屋での話である。ある浪人が美濃国からの帰途、くり舟のある川にさしかかったところ、しきりに呼ぶ者がいた。見るとなぜか逆だちした女で、「わたしは此の地の庄屋の身内ですが、わけあって非分《ひぶん》の死をいたしてしまいました。仇をとりたく思いますので、この舟で向う岸に渡して下さい」と云う。奇怪な奴とは思ったが、否めば祟りをするかもしれないと、「よし」とひき受け、川を渡してやった。そのまま見すてて帰ろうとすると、逆だち女がまた追ってきて、「是まで来たものの、家には入口にお札《ふだ》がはってあって入れませぬ。とてものことに、このお札を剥ぎとって下され」という。嫌なこととは思ったが祟られるのも困ると思い、女のいう通りにしてやった。とたんに女は家の内に飛びこんだとおもうと、家内ですごい悲鳴があがり、大きな騒動の音がした。あとで聞くところによると、この逆だち女は庄屋の妾で、庄屋の本妻に憎まれ、庄屋の旅行中に本妻の命で荒くれ男によって殺されたものであるという。これは殺された妾が、逆だち姿で庄屋本宅までたどりついて、本妻をとり殺した騒ぎであって、浪人は逆だち女の仇討ちの手だすけを(結果的に)したことになった、というのである。これは㋓図の話だが、㋢図もほぼ同じ話で、ただ浪人の名は織田信長の家臣端井弥三郎と、やや特定された話題になっている。

全生庵のコレクションには、逆さまの幽霊の図はない。この幽霊の〈像《イメージ》〉は古く、十九世紀にはすたれていたからであろう。

さかさまの幽霊も異形だが、最後にもう一つだけ、ちょっと変った幽霊の〈像《イメージ》〉を紹介しておこう。

会津若松の某家の事件だが、奇妙な出来事がうちつづく内に、ひとりの若い女が家のなかへ入ってきた。「その姿を見れば、肌には白き物を著《き》、上には黒き物を著て、いかにも色白き女房、髪を捌《さば》き」と本文は記している。㋐図(曾・二の三)である。亡者の姿ではない点が特異である。しかし、人にはただちにお化け

㋐図　左側、黒衣の女の幽霊。右の女は、おどろいてお祓い箱を突きつける。

㋢図　逆さまの幽霊を舟で渡す男。

に見える姿であったらしい（挿絵では黒衣がかえって魅力的である）。そこでこれを見咎めた主婦が、御祓い箱があったのでこれを取り上げて投げつけると、女はそのまま消えたという。三日目にはこの女が、台所の大釜の前で火を焚いていたという。四日目は、家の外の垣から家内をのぞきこんでいたという。隣の主婦が騒ぎたてると、「音など立てるな」と云いすてて消えた。五日目には、杵《きね》を持ってきて庭をとうとうと打ちたたいて廻ったという。まことに奇妙なお化けがあったものである。次の日は来なかったので、皆で「もう来ないだろう」と話していると、虚空から女の声で、「いや五度とは限らぬぞよ」と声がしたという。七日目の夜、夫婦が寝ている枕許へ女がやってきて、二人の頭をかち合せ、その上、夜具の裾から冷たい手を入れて、夫婦の足を撫でたという。夫婦ともに失神した上、その後しばらく物狂おしくなったというのである。

　話はそれだけである。

　誰かが殺されたとか、さらわれたとかいう話ではない。しかもこの話の題は、「怨念深き者の魂、迷ひ歩く事」という。

この話を知ってから、皆さん、全生庵コレクションの「枕元の幽霊」（図15）を、もう一度見てはいかがであろう。わたしは責任はおわないけれど。

注

（1）「宿」は『宿直草《とのいぐさ》』の略。二の十一は、巻二第十一話の意。『宿直草』は荻田安静著、延宝五年（一六七七）刊。

（2）「曾」は『曾呂利物語《そろりものがたり》』の略。『曾呂利物語』は編者不詳。寛文三年（一六六三）刊。成立は刊行時より数年早かったと考えられている。

（3）「伽」は『伽婢子《おとぎぼうこ》』の略。『伽婢子』は浅井了意著。寛文六年（一六六六）刊。この話は『剪燈新話』「牡丹燈記」の筋書をそのまま生かした翻案。

（4）「平」は、平仮名本《ひらかなほん》『因果物語《いんがものがたり》』の略。平仮名本『因果物語』は、鈴木正三の門人による編。寛文元年（一六六一）以前の刊行といわれている。

（5）「新」は、「新御伽婢子《しんおとぎぼうこ》」の略。『新御伽婢子』は、西村市郎右衛門編、天和三年（一六八三）刊。

（6）「諸」は、『諸国百物語《しょこくひゃくものがたり》』の略。『諸国百物語』は編者不詳、延宝五年（一六七七）刊。

（7）「片」は、片仮名本『因果物語』の略。片仮名本『因果物語』は義雲雲歩編、寛文元年（一六六一）刊。

（8）「百」は『百物語評判』の略。『百物語評判』は

図15　中村芳中「枕元の幽霊」（部分）。

山岡元隣談、山岡元恕編、貞享三年（一六八六）刊。

(9)「善」は『善悪報はなし』の略。『善悪報はなし』は、編者不詳、元禄年間刊。

III

芝居と幽霊

累曼陀羅

服部幸雄

一

〽のふ情なや恨めしや、身は煩悩のきづなにて、恋路に迷ひ親々の、仇なる人と知らずして、因果はめぐる面影の、変り果てにし恥づかしさ、悋気嫉妬のくどき事、われとわが身に惚れすぎし、心の内の面《おもて》なや、さはさりながらむごらしい、生みの両親《ふたおや》今の親、わが身にまでもこのよふに、つらき心は前《さき》の世の、いかなる恨みかいまわしと、くどきつ泣ひつ身をかきむしり、人の報ひのあるものか無きものか、思ひ知れやとすつくと立ち、振り乱したる黒髪は、この世からなる鬼女の有様、摑《つか》みかゝれば与右衛門も、鎌取り直し土橋の上、襟髪つかんで一ゑぐり、情《なさけ》容赦も夏の霜、消ゆる姿の八重撫子《なでしこ》、これや累の名なるべしと、後に伝へし物語り、語り伝えて。

右は有名な清元《きよもと》の『色彩 間 苅豆《いろもようちよつとかりまめ》』（二代目松井幸三作詞）の歌詞の後半部分である。『色彩間苅豆』は四代目鶴屋南北作の狂言『法懸松成田利剣《けさかけまつなりたのりけん》』（文政六年六月・江戸森田座上演）の二番目序幕として書かれた。

通称を「累《かさね》」と呼ぶ一幕の舞踊劇は、現在もしばしば上演され、「累」といえば、誰しもまずこの舞台を想起することであろう。

なるほど、『色彩間苅豆』は構成もよく整い、曲もなかなかの名曲で、これが近代に復活上演されてのち流行曲となったのは当然といえる。だが、もともと一日の通し狂言の中に配されていた一場面を独立させた作品なのだから、そのための制約を受けているのはやむを得ないところである。

この作品の中では、与右衛門とその子を宿した累とが心中しようと決心し、「義理ある親たちや、生みの親へもよそながら、今宵限りの暇乞い、不孝の罪は幾重にもお免《ゆる》しあれ」と拝んだその時に、草刈鎌の刺さった助《すけ》(累の父親の名)の髑髏《どくろ》が木下川《きねがわ》堤に流れ着き、その怨念でにわかに累の顔が変り、足萎《な》えになる。それを見て恐れた与右衛門が累を殺すので、怨念が凝って亡霊となって顕われ、連理引きに与右衛門を苦しめるところで終る。これによるかぎりでは、助の髑髏が突如出現する不思議、またそのことによって累の相好が変ったり足萎えになったりすることの意味がもうひとつわかりにくい。これについては、与右衛門が累に向かって殺す理由を話すせりふで、「この与右衛門が金五郎と云ひし時、其方《そち》が為には実の親、菊が夫の助を殺せしその報ひ、めぐりめぐりてその顔の、変り果てたは前世の約束、其方が為にはこの与右衛門、即ち親の敵なれば、騙してこの場で返り討、これも因果と諦らめて成仏せよ」と説明している。

だが、右の説明は、何となくわかったようなわからないようなことで、われわれにとっては理解しにくい。与右衛門は累に、「因果の道理を今ここで語つて聞かせん」といって右のせりふをいうのだが、その昔に他人の女房だった菊と密通し、それを知った夫の助を惨殺した報いが、「めぐりめぐりて」助の娘である累の相を変えることになるのが、なぜ「因果の道理」になるというのだろうか。この点について、作者は狂言の大詰で、累の亡霊自身のことばとして、「親の敵と知らぬ身の、契りを結び与右衛門と、死なんとせしとき父の怒り。さるによつて、面体変つて、親に等しき悪女の相好」になったのだと語らせている。つまり、親の敵と知らぬまま惚れてしまった与右衛門に心中立てをしようとするのを父親の怨念が怒って、娘の姿を変え、そのことによって与右衛門に報復したというのである。ここで重要なことは、累が急に面体を変え、足萎えになるのは、他ならぬ「親に等しき」姿になったのだという点である。換言すれば、累の身に助が「かさね」合わされたということ、更にいえば、累が助になったということなのである。そこで、助の断末魔の姿を、現前の累の姿との二重構造の中に見た与右衛門が、「因果」のむくいの恐ろしさを感じるのである。

この点が、累説話の根幹となる絶対的なモチーフなのだが、『色彩間苅豆』の一幕だけの上演では、この重要な点がよくわからない。しかも、累惨殺という木下川《きねがわ》堤の一件は、累説話の中ではあくまでも中間的な一齣であり、後の場面で累自身の怨念が他者（おりえという女性）に「かさね」合わされることによって、更に与右衛門を苦しめ、最後には念仏の功力《くりき》によって解脱《げだつ》するという最終的な型が示されないのだから、累説話としては不完全な一断片に過ぎないことになる。

累の亡霊が、他のどんな亡霊とも違っている特性は、まさしくその名が示しているように、親の死霊・怨念を「かさね」負うて生き、自身もまた死霊となって他者の身体の上に「かさね」合っていくことである。そこに格別に強力な怨念の具象化を果たしたものである。死霊が他人の身体に憑依し、その身体を借りて怨みを述べたり、祟りをしたりする例は数多い。たとえば『東海道四谷怪談』のお岩の場合にも、それがあった。だが、その死霊に一代前の親の死霊が重なっている、その意味でめぐる「因果」を抱えこんでいるという例は、累以外にはなかったのである。

二

文政六年（一八二三）六月に上演された『法懸松成田利剣』は、四代目鶴屋南北が仕組んだ累狂言五作のうち、年代的には最後に生まれたものである。この作品で南北は、一番目を「日蓮上人一代記」で、二番目を「祐天上人一代記」（累解脱物語）で仕組んだ。江戸時代を通じて、おびただしい数の歌舞伎狂言・浄瑠璃・読本・合巻などに仕組まれた累説話は、他のいろいろな「世界」と結び合わされ、複雑な展開を見せている。そして、その流れは近代における三遊亭円朝の『真景累ヶ淵』にまでつづいている。

江戸時代の人たちが、怪異譚や怪談狂言を格別に好んだことは事実であるにしても、元禄期から幕末・明治に至るまで、まさに江戸時代二百五十年間を通じて累説話を愛好しつづけたということは注目すべきことである。

江戸時代の怪異譚ブームは元禄期に起こり、享保以後もその傾向はつづき、文化・文政期に至って全盛期を迎えるといった傾向を示している。元禄期に登場した亡霊と文化・文政期に立ち現われるそれとの間には断絶があり、性格的にもかなりの変化が見える。亡霊は交替したのである。しかるに、累は例外だった。累説話は元禄期から宝暦・安永・寛政期を通じて、その人気を失わず、文化・文政期に至っていよいよ盛んにもてはやされたのである。したがって累説話は、とくに江戸の町の人たちから長期間にわたって好まれつづけた代表的な怪談だったといっていいと思う。

その理由としては、累説話の背景が下総国岡田郡羽生村（現在の茨城県水海道市羽生町）という、江戸の庶民にとって比較的身近な場所で実際に起こった事件として認識されていたことが挙げられる。しかし、さらに根本的な理由は、因果律に支配され、怨念をかさね合わせて祟る御霊《ごりよう》への恐怖が、江戸人の宗教感覚に深くつながっていたことによるといわねばならない。

ここで、われわれは、累説話の「実説」と称されているところについて考察してみる必要がある。

累の実説は、寛延二年(一七四九)板の『新著聞集《しんちょもんじゅう》』(神谷養勇軒著)、文化元年(一八〇四)序を持つ『近世奇跡考』(山東京伝著)、弘化・嘉永初頭に執筆されたと思われる『伝奇作書』(続篇中の巻・西沢一鳳著)などに記事を見るが、いずれも大同小異で、それらの拠ったところは元禄三年(一六九〇)十一月、山形屋吉兵衛から出板された『死霊解脱物語聞書』であるらしい。この本は上・下二冊本である。相当に人気を集めた書物らしく、二十年ほど経った正徳二年(一七一二)に、山形屋吉兵衛と栃木屋清兵衛の連名で再板している。同じ板木を使い、上下をまとめて一冊本にして発売した。

その内容の概略は次のとおりである。

下総国岡田郡羽生村の百姓与右衛門はやもめ暮しをしていたところ、世話する者があって他村から妻をめとった。その女房は助と呼ぶ男の子を連れ子にして来た。その助は目が悪く、足萎えだった。与右衛門は、このような子を養育しても何の役にも立たない、急いで誰かにやってしまえとののしっていた。母親は憐んだが、一緒に出て行けと責められて、やむを得ず、助が六歳の四月十九日、糧《かて》摘みに連れ出して、松原の土手から川の中に投げ込み、殺してしまった。

それ以後は、夫婦むつまじく、翌年に娘を出産した。取り上げて育ててみると、不思議なことに、男と女との違いこそあれ、姿は昨年殺害した助とまったく同じで、目が悪く、足萎えだった。与右衛門も母親も因果に怖れおののいたが、さすがに血を分けた娘ゆえに捨てることもできず養育した。この娘の名を累《かさね》といった。

累は成長したが、やがて両親が世を去り孤児《みなしご》となった。親はいくらかの田地を残していったので、名主が憐れみ、代々百姓の家を潰すまいとの厚意から入聟を世話した。これが次の代の与右衛門を名のった男である。

ところが、累は「顔かたち類ひなき悪女にして、剰《あまつさ》へ心ばへまでもかだましきゐせもの」であった。容貌が醜いばかりでなく、心の曲った愚かな者だったという。与右衛門は、もともと親譲りの田地を目当てに入聟したことではあり、何とかして累を殺して別の女を妻に迎えたいと思い込み、ある日のこと累殺害を計画した。

正保四年八月十一日のことである。夫婦は畑に出て刈豆を抜き、これを累に背負わせて暮近く家路をさして帰る途中、絹川辺に来かかる時、「なさけなくも女を川中へつきこみ、男もつゞゐてとび入り、女のむないたをふまへ、口へは水底《みなぞこ》の砂をおし込、眼《まなこ》をつつき咽《のんど》をしめ、忽ちせめころして」しまった。残酷な殺人の手口がリアルに描写されている。与右衛門は累の死骸を同村の浄土宗法蔵寺へ背負って行き、頓死の体《てい》にして土葬し、妙林信女と戒名をつけて、世間には素知らぬ顔で過ごしていた。

その後、与右衛門はかの田地などを自分のものとし、女房を六人まで迎え入れた。前の五人はいずれも子がないまま死んだ。六人目の女房に一人の娘が生まれ、その名を菊とつけた。この娘が十三歳の年八月中旬、その母親も死んでしまった。この六人の女房を取り殺したのも、すべて累の怨念のなす業であった（のちに累の亡霊のことばとして、「汝がかわゆしと思ふ妻、六人をとりころす」といっていることから、嫉妬という累の一属性が引き出されてくる）。

さて、母親の死んだ年の暮に、金五郎という聟をとって菊と婚姻させ、与右衛門の老の助けにしようとしたが、翌年の正月四日から菊が患いつき、同月二十三日には床に倒れ、口から泡をふき、悶《もだ》え苦しんだ。そして与右衛門に向かって、「我は菊にあらず。汝が妻の累なり。廿六年以前絹川にてよくも〳〵、我に重荷《おもに》をかけ、むたひに責殺しけるぞや。……菊がからだに入替り、最後の苦患をあらはし、まづかくのごとく、おのれを絹川にてせめころさん物を」とつかみかかろうとするので、与右衛門は法蔵寺に逃げこむ。

村中の者がこぞって法蔵寺をはじめ近在の寺や道場で数々の祈禱や百万遍などを行なったが死霊が菊から離れず、村人たちも困り果てていた。たまたま祐天という僧が、飯沼の弘経寺《ぐきょうじ》の檀通《だんつう》和尚の許に修学していたが、羽生村の者が和尚にこの話をして、死霊が得脱《とくだつ》するよう願い出たのを聞いた祐天和尚は、進んで羽生村に赴き、奇特の法力をもって十念を授け、遂に「寛文十二年三月十日の夜亥の刻ばかりに、累が廿六年の怨執悉く散じ、生死得脱の本懐を達」せしめた。そして、戒名も理屋松貞信女と改めた。

ところが、翌月またも菊に死霊が憑いたので、ふたたび祐天和尚が来て問答をして、本名をただすと、それは助の霊で、累が得脱したことを羨んで来たのだと答える。祐天は、単到真入童子と法名を書き、仏壇に貼ると、雲煙のように子供の影が去って、死霊は解脱した。寛文十二年四月十九日のことであった。

その後、菊は出家して比丘尼となることを望み、村人たちも詞を添えて強く願い出たが、祐天は許さず、在家にあって念仏を唱え他力本願によって極楽往生を願えと諭す。菊は聟を取り、田地もよく稔るようになって、その家は栄えたという。

以上が、『死霊解脱物語聞書』のごくあらあらしい大筋である。

わずらわしくなるのを避けて、いずれも省略に従ったが、この書物の内容——そのテーマとなるものは、要するに『祐天上人一代記』の一齣として展開する浄土教布教のための説教譚に他ならない。名主と累の死霊との対話、祐天和尚と死霊との対話、死霊の要求する念仏興行や石塔建立等々、いずれをとってみても、実に詳細を極めた浄土教教義の啓蒙に満ち満ちている。なかでも、累の死霊に導かれた菊が地獄極楽の有様を眼のあたりに見聞して帰り、村人たちの前で話し聞かせる「菊本服して冥途物語の事」の一章などは、いわゆる浄土変曼陀羅の絵解きに用いる説教に等しい内容を備えている。『近世奇跡考』は羽生山法蔵寺に、累・助成仏得脱の絵曼陀羅があるとも記している（現存するものは新しく描き改めたものである）。

本書は、『死霊解脱物語聞書』と題したように、ことさらに「聞書」の体裁を採っていることにも注目したいと思う。

本書の途中、累の死霊が解脱して、物語が一段落ついたところに、次の文章が挿入してある。

右此かさねが怨霊得脱の物語、世間に流布して人の口に在といへども、前後次第意《こゝろ》詞色々に乱れ、其事慥かならず。爰に甲某彼《かの》死霊の導師顕誉上人拝顔之砌《みぎり》、度々懇望仕、直《じき》の御咄を深く耳の底にとゞむといへども、本より愚痴忘昧《もうまい》（四字原文のまま）の身なれば、かく有難き現証不思議の事どもを、日を経んまゝあとなく廃忘せんほいなさに、詞のつたなきをかへりみず書記し置者也。猶此外にも累と村中との問答には聞落したる事あるべきか。

これによれば、「聞書」とは、顕誉上人すなわち祐天上人からの直接の聞書の謂《いい》である。とすれば、この一書は言ってみれば浄土教布教僧たる説教師によって語り伝えられた説教用の台本に等しいものではないのか。関山和夫氏の命名に従えば、まさしく「説教文学」の代表的作品の例といってもよい。彼らの唱導のための格好の譬喩談が、すなわち累説話成立の背景だったのである。

『死霊解脱物語聞書』の中で、近隣の村々の百姓たちが寄合い、名主を中心にしていろいろと知恵を出し合ったり、死霊得脱のために奔走し合う様子が克明に描かれていること、すなわち累の怨念の発動が村落共同体全員のおそれとして認識されていることも、その意味から興味深く、また右の考えに立ったときよく理解できることがらである。

私は、累の死霊が菊の身体にかさなって与右衛門を苦しめる時に、「我数〳〵の妄念虫と成て、年来《としごろ》汝が耕作の実をはむゆへに、他人の田畑よりも不作する事、今思ひ知るや否や」と呪い、すべての解決した大団円に、田畑が豊作になったことを特記しているのを見る時、この物語がまさしく下総国一帯の農村部に、説教僧たちによって語り広められた姿をそのまま文字に止めているものであると考えないではいられない。累の怨霊は、かの虫送りの呪的行事として有名なサネモリさんに重なっているのである。その媒介が、田の稲を荒らす害虫が御霊の化身であるという民俗心意に依ることはむろんであろう。

かく見る時、江戸時代を通じて江戸という都市で庶民大衆に迎えられた累説話も、その説話の背景に、関東地方一帯の貧しい農村の日常生活を抱えこんで成立していることが明らかである。都市の知識人が観念的に作り上げた怪談とはおのずから異質であった。こうした土臭い生活の在る説話を喜び迎えたところに、江戸という都市の複雑な、しかも特殊な性格が見出されるのであるが、このことについて今は深入りしない。

三

ところで、この鄙《ひな》の匂いの浸みこんだ因果譚を江戸の文化がパターン化するためには、いくつかの改変と演出とが加えられねばならなかった。

そのもっとも重要なものは、累を生まれながらふた眼と見られぬ悪女であるという設定を完全に棄て去ったことである。西沢一鳳は『伝奇作書』で、「是ら怪談にて題につかふ累は醜女なれば色気薄く狂言になり兼《かね》、よふ〳〵明和に粧 水絹川 堤《よそほいみずきぬがわづつみ》と題して浪華にて浄瑠璃とし、安永に伊達競阿国戯場《だてくらべおくにかぶき》とて江戸浄瑠璃に仙《ママ》代萩と混じて狂言とはなりけり」と記している。主役となる累が最初から醜女では、女方の花の芸を看板とする歌舞伎狂言にとって仕組《しぐ》みにくいのは当然である。元禄期にはいまだ累狂言は登場しなかった。享保十六年（一七三一）市村座の盆狂言に「大角力藤戸源氏《おおずもうふじとげんじ》」（津打治兵衛作）が出て、その二番目に累説話を仕組んだのが、累狂言の嚆矢であるとされている。この狂言は近江源氏の世界へ累説話を綯《な》い交ぜにした作であるが、台帳を残さないのでくわしい筋がわかっていない。ただし、見せどころは絹川の船中で与右衛門が累を殺すところと、その怨霊が絹川堤で与右衛門に祟りをする場面の水入りや宙乗りの仕掛けであったらしい。与右衛門の鯉つかみまであったというから、本格的な夏狂言の形式のごく早いものといえる。確実ではないが、この時すでに前半の累は醜女ではなくなっていたのではないかと想像される。そして、与右衛門の後妻の嫁入りに死霊が重なったらしく、「嫉妬」の情念は強く押し出されていたと見られる。

元来醜女だったのではなく、むしろ純情可憐な美女であったという、累のイメージ・チェンジにとって、芭蕉が「奥の細道」の旅中に那須野で出逢った六つばかりの賤が小娘の名を聞いたところ「かさね」と答えたので、「聞きなれぬ名のやさしければ」と関心を持ち、自分も「いく春をかさねかさねの花ごろも　皺よるまでの老も見るべく」(『みの虫』)の歌を詠み、同行の曾良も「かさねとは八重撫子の名成るべし」(『奥の細道』)の句を詠んだことが、示唆を与えるところがあったのかも知れない。本稿の冒頭に掲げた『色彩間苅豆』の歌詞のうち、累が幽霊立ちになって立ち上がる部分に、「消ゆる姿の八重撫子、これや累の名なるべし」として、曾良の句を引いているのを見ても、この想像は許されるであろう。もっとも、浄瑠璃の世界では、ストーリーの途中から累が悪女の顔に変わる趣向が現れていた。土佐節正本『桜小町』において、わだつみ豊玉姫の垂迹である累が悪女の面を着けたところ、肉付きの面になって離れなくなったという脚色が行われていた。

賤の美女として登場した累は、舞台上で、すなわち観客の面前で、何らかの因果によって死霊に乗り移られ、醜女・足萎えに変身を果たさねばならぬことになった。そして、この累自身の変身が、累狂言の重要な見せ場となった。かくして、与右衛門も観客もすでに知っている累の変身を、彼女だけが知らないという皮肉な設定、鏡を見せることによって彼女自身に変身を確認させるという加虐趣味的な演出が重要なシチュエーションとして定型化する。

早川雅水氏がこの点に着目し、「鏡と変身の演出」の論文で、次のように書いている。「この型の内、代表的なのは一連の累物であろう。『高尾宮本地開帳』（天明六年）から、南北の『法懸松成田利剣』（文政六年）にいたるまで、すべて累が鏡を見るシーンが全編を通じての最大のクライマックスシーンであり、特に累物中の傑作『伊達競阿国戯場』（安永七年）では、八幕目与右衛門内の場から大詰鬼怒川の場にかけて、まさに鏡がテーマとなっている場面とさえいえ、自分の変貌を知らない、哀れな累が、いつ鏡を見るかというスリリングな興味が全編を貫いている」。そして、『四谷怪談』のお岩の変貌の例をも参考にして考察を進め、「重要なのは、鏡によって自己の変貌を認知した瞬間、彼女等はその変身を完成するという点である。……彼女等は自己の変貌を認めた瞬間から、可憐な女、貞淑な妻から、嫉妬の女、怨念の女へと性格的にも変身を遂げてしまう。皮肉なことに、鏡に映る己の変り果てた姿を自分と認めたときには、今までの自分ではなくなって、まったく違った人格になってしまうのである」（「芸文研究」27号所収）。

鋭い分析であると思う。私がこれにつけ加えるとすれば、累が鏡によって確認した自身の変貌こそは、この女が他ならぬ「かさね」になったことの証しであり、彼女が鏡の中に見たものは因果への恐怖であるということである。

その点で、累狂言は宗教的な性格を色濃く持ちつづけており、劇的展開の必然性によって毒薬を盛られて変貌するお岩の場合との間に一線を画しているということができよう。

いまひとつの改変は、累に「嫉妬する女」の性格を強調したことである。これについても早川氏が前記論文で次のように指摘している。「（累が）歌舞伎の世界に入り、そこで代表的なヒロインにまで成長しえたのは、実に、彼女が『嫉妬の女』としての性格を賦与されたからにほかならない。そこに歌舞伎作者の創意工夫があるわけだが、このように歌舞伎のヒロインが、ドラマティックな役柄となるためには嫉妬が必須条件となるのである」。

いわゆる実説の中での累は、数々の妄念のひとつとして、与右衛門がめとった六人の後妻を次々と取り殺した。それは醜い自分を殺して「異女《ことおんな》を迎えん」という思いを抱いた男に対する報復であるから、嫉妬の念がないはずはない。しかし、それをことさらに強調して表面に押し出したのは、早川氏の説いたとおり、それが女方の芸の類型として有効だったからである。およそ歌舞伎狂言の中で、女性—女方—の劇的かつ激しい怒りは「嫉妬」を原因とする場合がすべてであるといってよい。

累狂言の類型としては、因果を負うて「かさね」られた累が与右衛門に殺され、もう一度、他人の身体に「かさね」合わさっていくことによって怨念を顕わさねばならない。その最終的な復讐の場面は、さまざまな道具の仕掛けを工夫し、これを駆使する怪談狂言の代表として、人気を集めることになった。

さらに、「めぐりめぐる因果」を象徴する小道具として、必ず草刈鎌が用いられることをつけ加えておこう。『聞書』における累惨殺の様子はあまりにも残酷であるが、草刈鎌はどこにも出て来ない。歌舞伎における「殺し」の局面類型における刀を草刈鎌に換えただけのことであるが、これが累狂言を農村をバックとする事件として印象づけようとする意図にもとづくことはいうまでもない。累にかかわる因果を象徴するこの小道具は、どの累狂言にあっても、実に効果的に使われている。

四

最後に、代表的な累狂言のいくつかを掲げておこうと思う。

享保十六年夏市村座の『大角力藤戸源氏』のことは前に述べた。これにつづいて、江戸では『名山累曾我』（享保二十年正月中村座―曾我の世界）、『累解脱蓮葉《かさねげだつのはすのは》』（元文四年七月市村座―景清の世界）、『開闢今川状《かいびゃくいまがわじょう》』（延享元年七月市村座―東山の世界）、『珍敷江南橘《めずらしきこうなんのたちばな》』（宝暦六年八月森田座）、『累二世月浪《かさねふたよのつきなみ》』（安永三年八月森田座―小栗判官の世界）、『伊達競阿国戯場《だてくらべおくにかぶき》』（安永七年七月中村座―伊達騒動の世界）、『隅田川柳伊達絹』（天明二年三月市村座―同上）、『高尾宮本地開帳』（天明八年八月桐座―同上）などなど、一番目の時代物の世界の中に仕組みこまれて、数々の累狂言が作られた。このうち、『伊達競阿国戯場』の累は傑作で、「身売りの累」と通称されて、以後の累狂言に大きな影響を与えた。そして、現代も上映される。この作品は翌年に浄瑠璃化された。人形浄瑠璃で、伊達の世界から切り離して上演するときは、『薫樹《めいぼく》累物語』の外題を使うのが習慣になっている。

上方では、『下総国累譚《しもうさのくにかさねものがたり》』（寛延二年三月大坂角の芝居）、『粧水絹川堤《よそおいみずきぬがわづつみ》』（天明六年八月京都万太夫座）、『草紅葉錦絹川《くさもみじにしきのきぬがわ》』（文化六年七月中の芝居）など、いずれも上方式の世話物として仕組まれて上演された。

四代目鶴屋南北の作品としては、『阿国御前化粧鏡《おくにごぜんけしょうのすがたみ》』（文化六年六月森田座・俗称「湯上りの累」）が最初のものである。重井筒の累という美しい芸者が湯上りの化粧をしているとき、お国御前の怨霊が重なるという趣向、与右衛門が累を殺すところを三代目尾上菊五郎が二役早替りで演じて好評を得た。続いて台帳だけを残して上演を見なかった『解脱衣楓累《げだつのきぬもみじがさね》』（文化九年八月稿）があり、『累淵扨其後《かさねがふちさてもそののち》』（文化十年八月市村座）、『慙紅葉汗顔見勢《はじもみじあせのかおみせ》』（文化十二年七月河原崎座）と進んで、最後の作が『法懸松成田利剣』（文政六年六月森田座）であった。

読本では曲亭馬琴の『新累解脱物語』（文化四年刊）が名高く、『累辞《かさねことば》絹川堤』（福亭三笑・文政二年刊）、

『八重撫子累物語』(笠亭仙果・嘉永六〜八年刊) などいくつかの合巻も作られた。

それぞれの作品により、背景となる「世界」が異なり、さまざまの仕組みが行なわれたが、そのいずれにも共通する大筋は、累が、本人の関知しないところで負うてしまった因果の縁《えにし》を背負う因縁の子であり、その因果のゆえに殺された末、怨念が他人の身体に重なって顕現して怨みを晴らすことであった(『伊達競』は趣向の関係で後段を欠いている)。

「累」が近世を通じて代表的な怨霊であり得たことには、いくつもの要因があった。仏教的因果観や輪廻転生の思想が日常次元の問題として庶民生活の中に存在したことは、その大きな理由であろう。だが、その底流として、逃れようといかにもがいてみても人為をもってはどうにもならない身分や家の封建的呪縛の中にあって、愛をも信じられぬ人間不信があり、それが悲しい女の業《ごう》のかたまりのような累に限りない同情と共感を寄せたのだということを見落としてはなるまい。

因果におののく人たちの解放は、所詮六字の名号を唱えることによる仏の救済にすがる他はなかったのである。閉塞的な社会体制における大多数の物いえぬ弱者の怒りと怨念とが重なり、飽くことなく「かさね」を形象化しつづけたといえようか。

追記 『死霊解脱物語聞書』のテキストは、拙著『変化論《へんげ》―歌舞伎の精神史』(平凡社、一九七五年刊) および『近世奇談集成1』(叢書江戸文庫26、国書刊行会、一九九二年刊) に翻刻が収載されている。なお、累説話に関しては、高田衛『江戸の悪魔祓い師』(筑摩書房、一九九一年刊) にくわしい分析がある。

累とお岩

川村湊

　一八六八年という年号を私たちは記憶している。イヤアロッパさん明治だよ、という語呂合わせの文句として、明治維新、大政奉還、江戸遷都と続く歴史的な出来事の発生を刻む年号は、そこから「近代」が始まるにふさわしい紫色の袱紗に包まれた手文庫の中に収められ、それ以前、それ以後のだらだらと続く数字の羅列から聖別されているように思える。

　だが、その年号を境に「近世」が終わって「近代」が始まり、一夜明けたら、頑迷固陋な封建人が近代人になっていたというストーリーを信じるわけにはいかない。ガス灯がともされ、電気が人の意思を伝え、鉄の馬が線路を走り出すには、やはりかなり時間がかかったのだ。それまでは、草深い田舎でなくても、日の暮れた後の江戸の暗闇がそこかしこに残っていたのである。そして、その闇の中に生息し、闇を呼吸して生きていたような〝妖かし〟のものたちの存在も。

三遊亭円朝は、その『真景累ケ淵』のマクラで、「狐にばかされるといふ事は有る訳のものでないから、神経病、又天狗に攫《さら》はれるといふ事も無いからやつぱり神経病と申して、何でも怖いものは皆神経病におつつけてしまひますが、現在開けたえらい方で、幽霊は必ず無いものと定めても、鼻の先へ怪しいものが出ればアッといつて臀餅をつくのは、やつぱり神経が些《ち》と怪しいのでございませう」と〝開化〟の幽霊話退治を皮肉っている。啓蒙家たちは、怪談話を荒唐無稽な迷信であることを信じて疑わなかった。だが、彼らの身の回りをちょっと見回しただけでも、妖しい〝神経〟の病が生みだした幻影は消え去ることなく、中有の闇に浮かんでいたのである。

しかし、ある種の怪談、ある特定の層の人々に語り伝えられてきた幽霊の話は、この近世と近代との境目に開いた地割れのような〝距離〟を跳び越えることができずに、前近代という草叢の中に姿を消してしまわざるをえなかった。草双紙、芝居、読本、芝居絵などによって、ある意味では江戸期庶民の親しい〝ヒロイン〟であった「累《かさね》」。この累伝説が江戸期において持っていた人気を、現代の我々が追体験することは難しいことかもしれない。「彼の累と云女房、顔かたち類《たぐ》ひなき悪女にして剰《あまつさ》へ心ばへまでも、かだましきゐせもの也」と実録本に書かれている累は、たとえば江戸期のもう一方の幽霊のヒロインであった『四谷怪談』のお岩さんと較べても、その立場の悪さは歴然としているのである。

たとえば、小さなことだが、私たちは「お岩さん（様）」と呼ぶことはあっても、「累」に〝お〟や〝さん〟をつけて呼ぶことはない。こうしたことからも、累と岩との差異は明らかだろう。草深い田舎で、川の水底の砂を口におし込められ、「眼をつつき咽をしめ」、責め殺された百姓女と、塩冶浪人・民谷伊右衛門の妻で、落ちぶれはしたもののれっきとした武士の娘とでは、死霊となり、怨霊となった後までも、〝身分〟による差別待遇を受けているようである。

女の怨霊

そもそもお岩に較べて、累は現在ではほとんど知られていないというべきだろう。下総国岡田郡羽生村に起こった死霊騒動は、江戸期においては、「累伝説」として庶民の深層の意識に暗い影を投げかける説話として語り続けられてきた。たとえば、山東京伝の集めた、奇事、奇譚の随筆集『近世奇跡考』にはこうある。

> 下総国岡田郡羽生村百姓与右衛門妻かさね、正保四年亥八月十一日、夫与右衛門が為に、絹川において殺害せらる。其所を今にかさねが淵と云。与右衛門、後妻をむかふる事五人、みなかさねが為にとり殺

豊国『かさね』。与右衛門、醜女の妻・累を鬼怒川堤で殺害する（早稲田大学演劇博物館蔵）。

される。六人めの妻、娘きくをうむ。きく十三の年、寛文十一年亥八月中旬、その母も又とり殺さる。翌寛文十二年子正月四日より、累が怨霊又きくにつきて苦しめけるを、同年三月十日、尊き教化にあひて、かさね成仏し、きく一名をたすかりし事、〔死霊解脱物語〕元禄三年板本。

この最後にあげられている仮名草子本『死霊解脱物語聞書』を筆頭として、「累伝説」は主なものだけでも、曲亭馬琴の『新累解脱物語《しんかさねげだつものがたり》』、四世鶴屋南北の『法懸松成田利剣《けさかけまつなりたのりけん》』、そして前述の円朝の『真景累ケ

累に荷を負わせ、殺意を胸に彼女に従って鬼怒川堤を歩く与右衛門。『累曼陀羅』より（茨城県水海道市法蔵寺蔵）。

菊についた累の怨霊の図。山東京伝『近世奇跡考』より。

淵』と、歌舞伎狂言、読本、合巻、落語として数多く作品化されているわけだが、円朝の〝累ケ淵〟を掉尾として明治以降、新たな表現ジャンルによって作品化されるだけの生命力を失ってしまったようである。これは、お岩さんの話が、舞台からスクリーンに、木版刷りから活字本へと、時代を超えて受容されて来たのと、対照的なことであるといえるだろう。

もちろん、こうも言えるかもしれない。つまり、お岩さんは狂言作者・南北が、伝説としての「累」のイメージなどを取り入れて再創造した新たな〝女の怨霊〟の決定版なのであり、そこでは累は岩の中にいわば吸収されてしまっているのだ、と。すなわち、お岩の怪談も、江戸期の庶民層の間で広く信じられ、語り継がれてきた〝怨みを呑んで死んだ女〟「累」の伝説の生まれ変わり的な物語なのであって、まさにお岩自体にそれらの女の怨みが〝かさね〟られているのである、と。

そういう意味では、お岩は南北によって「近代」的に解釈された累であり、「合理」的な発想によって作り直された怨霊譚であるといえるかもしれない。そして、なぜ南北がそのような「累伝説」の新生、再生を試みたかといえば、南北の時代においても、すでに「累」は不可解で、不合理な〝前近代的〟な「御霊信仰」となっていたからであると答えることが可能ではないだろうか。

〈可愛い女〉

〝実録〟性を強調する『死霊解脱物語聞書』と、南北の累狂言『法懸松成田利剣』の設定とを較べてみれば、そのへんの事情はある程度明らかとなるだろう。たとえば、南北の狂言では、実録の累がもともと醜女、悪女であった(「顔かたち類ひなき悪女にして……心ばへ、かだましきゑせもの也」)という設定を改変して、男との恋路のために親をも世をも棄てようとする、けなげで可愛い〈恋に生きる女〉という、歌舞伎芝居好み

国周『四谷怪談』。累と並ぶ江戸の醜女、お岩（早稲田大学演劇博物館蔵）。

の女に仕立てあげている。それは『四谷怪談』でお岩がもともとは貞淑で純情な〈可愛い女〉であったという設定と照応するものだろう。お岩が稀代の醜女、悪女に変化するのは、鏡の中に毒物によって変わりはてた自分の姿を見いだした時であり、夫・伊右衛門の裏切りを知ったその瞬間に、人間ならざる〝怨霊〟へと〈変化《へんげ》〉したのである。それとほぼ同様に、恋に目がくらみ、その惚れた男に殺されることも知らずに、むざむざとつき従って来た哀れな女という設定の南北劇の累も、やはり〝怨霊〟そのものの白熱した権化として姿を〈変化〉させるのである。

だが、お岩と累との違いは、その次の場面だ。累を草刈り鎌で殺そうとする与右衛門が語ってみせる「因果の道理」――すなわち「この与右衛門が金五郎と云ひし時、其方が為には実の親菊が夫の助を殺せしその報い、めぐりめぐりてその顔の、変り果てたは前世の約束」という〝論理〟は、決して南北自体にも信じられてはいなかったのである。なぜ実の父親を殺された累が、その父の怨みを負って醜く変貌しなければならないのか。醜女にされたうえ、草刈り鎌で殺されるという累の境遇は、「近代」の開化の時代ならずとも、不条

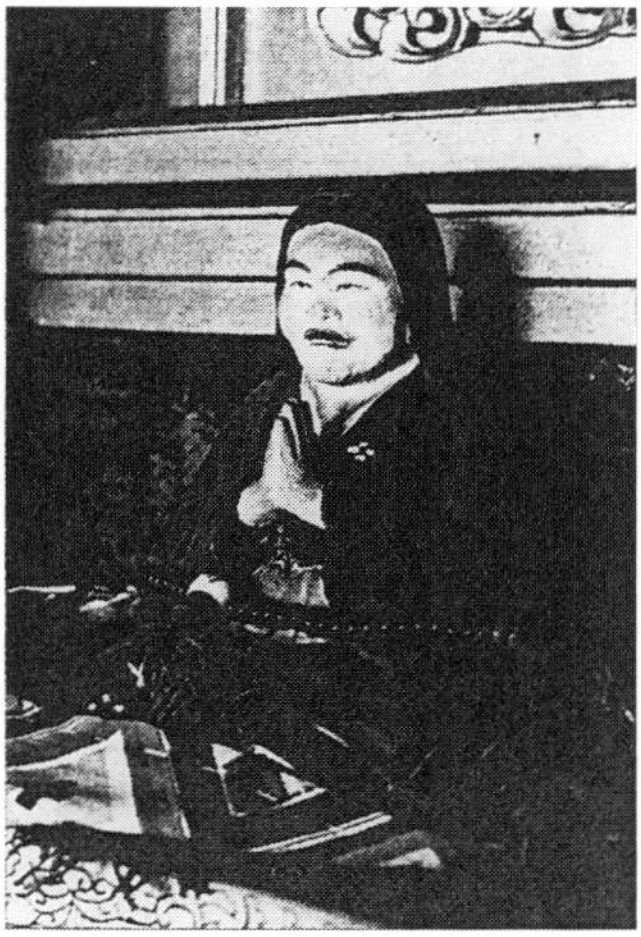

累の木像（法蔵寺蔵）（撮影＝平林正久）。

現代の累ケ淵（茨城県水海道市）。

理で不当なものであると思えるのだ。よりもよって親の仇に心中立てをしようとした累を怒って、父の怨霊が娘の顔を〈変化〉させたのだという、〝合理〟的な説明が劇の大詰めになって、とってつけたようになされるわけだが、これも南北自身が、与右衛門のいう「因果の道理」をそのまま信じていたわけではないことを表すものだろう。

　お岩の場合の怨恨は、私たちにも十分に納得の行くものとしてあるといえるだろう。伊右衛門の背信、悪行が、怨霊としてのお岩の復讐を呼び起こすことは、人間の心理として何ら不思議なことではないからだ。近代的、合理的に解釈すれば、お岩の亡霊は、伊右衛門自らが自分の深層意識の中から紡ぎ出した幻影というように、怪談抜きの心理ドラマとして『四谷怪談』を見ることも可能かもしれない。そこではお岩の亡霊は、愛と背信、欲望と倫理の葛藤の象徴として受けとめることができるのである。

名詮自性

　累が、このような「近代的」な合理性（そして、それを突き抜けたものとしての非合理性）に耐ええないものであることは、紛れもないように思える。元の伝承に戻ってみても、与右衛門に殺された累が怨まなければならないのは、当然与右衛門であって、むざむざと六人もの後妻を取り替え、引き換えさせる余裕を彼に与える必要などなかったのである。累に祟り殺された後妻たちこそ、今度は地獄の世界で累に復讐するべきではないのか。偏痴気論のようなことを言っていても仕方がないが、「累伝説」の世界は、そういう意味では、我々の論理、道理の世界とは違ったところに成立しているのだ。それは、妻が醜く、こころばえが悪いからと、川の淵に沈めて殺してしまうといった男たちの身勝手な論理が大手を振るってまかり通る世界なのであり、女たちは死に変わり、行き変わりして、そうした夫にかしずくことを強いられている、まさに、「封建」そのものの世界なのである。

ここに、たとえば馬琴がその『新累解脱物語』で明らかにしているような、「累」という名前の名詮《めいせん》自性《じしょう》のからくりがあるだろう。つまり、累は「めぐりめぐる」因果の法則が、女たちの身の上に次々と〝かさね〟合わせられること、まさしく、田を打ち、糸を紡ぐ女の忍従の生活が、個人としてではなく「女」という属性によって無限に〝かさね〟合わせられてゆくことを意味していたのである。

　汝はこれ珠雞《すけ》か累か、もし累ならば、などてわれを外《よそ》にして、物弁《わきまへ》ぬさくを苦しめ、只仮初《かりそめ》に媒《なかだち》せし、沙平のみを殺せるぞといふに、彼瘡答《かのかさこたへ》て、われ珠雞にあらざるにもあらず、又累にあらざるにもあらず、汝と汝平清三郎等を見るときは、或は珠雞、或は田糸姫、或は累なり、又苧績《おうみ》を見るときは、或は印旛、或は累なり……。

この怨霊の論理が、南北、馬琴の時代においても、もはや納得のし難い〝前近代〟の発想法に基づくものであったということは、南北、馬琴それぞれが、自分なりに自らの論理、道理によって何とかこの怨霊の論理を解釈してしまおうと苦心していることからも窺い知ることができるだろう。珠雞であり、田糸でもあり、累でもあり、そして菊であるという「女」の存在。それはもちろん代々「与右衛門」の名を名乗る「男」た

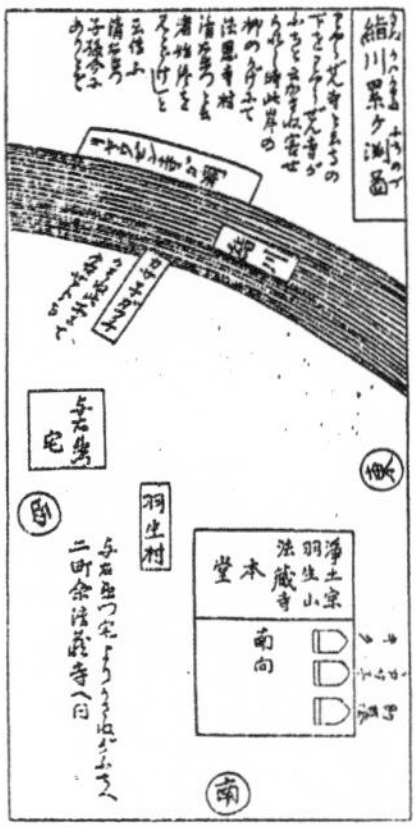

山東京伝『近世奇跡考』より。

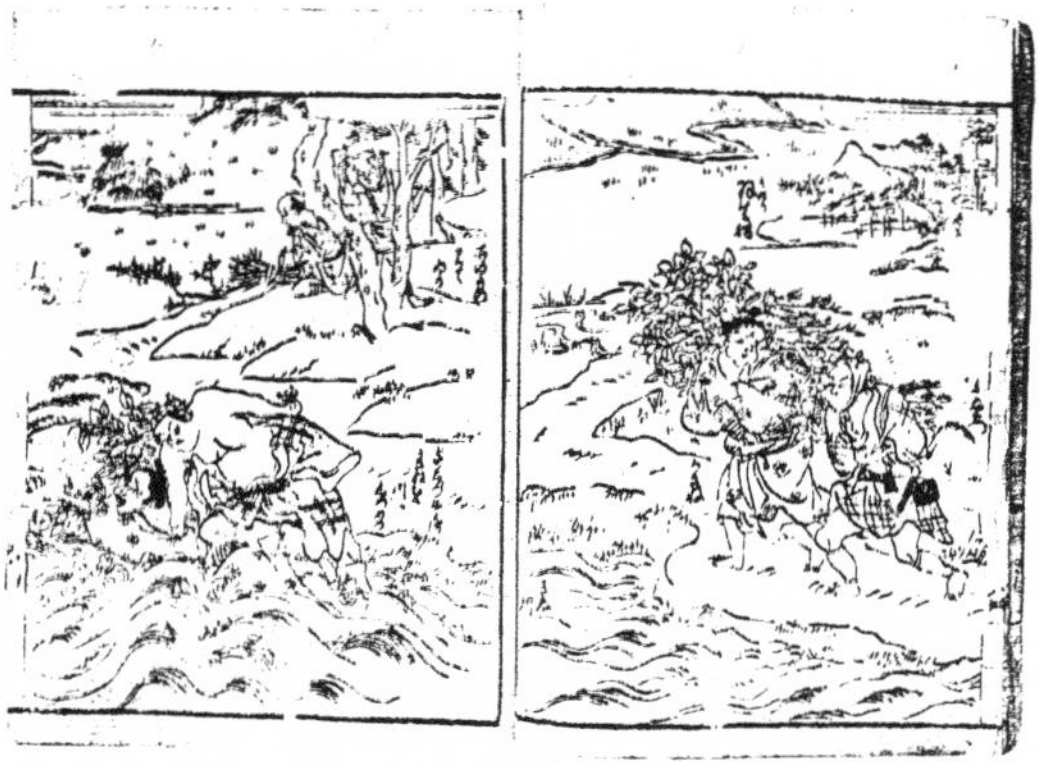

『死霊解脱物語聞書・上』挿画、累殺害の図（大洲市立図書館蔵）。

ちの系譜に見合うものなのだが、男たちが田畑や家屋敷を受け継ぐのにたいして、女たちはまさに往々と圧制、差別と苦難とに対する忍従と悲哀とを継承するのである。

だから、「累伝説」を受けとめ、それをさまざまな形で、語り継ぎ、伝え続けてきた江戸期の庶民たちは（特に女たちは）累や助や菊の非業な運命に自らの身の上を〝かさね〟合わせて見てきたのであり、その意味では累は民俗のもっとも深層にある「御霊信仰」の、きわめてプリミティブな形を示していると思われるのである。

農村都市

卓抜な累論である「累曼陀羅」を書いた服部幸雄氏は、その論文の中でこう書いている。「累の亡霊が、他のどんな亡霊とも違っている特性は、まさしくその名が示しているごとく、親の死霊・怨念を『かさね』負うて生き、自身もまた死霊となって他者の肉体の上に『かさね』合っていくということである。そこに格別に強力な怨念の具象化を果たしたものである」（『変化論』）。

ここで私たちは、もう一つの「御霊」の伝説世界、あるいは

北斎『百物語・お岩さん』(東京国立博物館蔵)。

男たちの〝怨恨〟と〝復讐〟の物語世界を思い出さないだろうか。いうまでもなく、それは「累伝説」と同じように、江戸期の庶民たちの心理と感性、その共同的幻想空間を強烈に枠取った「忠臣蔵伝説」にほかならない。江戸の精神、江戸の美学、江戸の文化の粋を集めて作りあげられた「忠臣蔵」の演劇的世界の深層に「御霊信仰」のあることを見いだしたのは丸谷才一氏だが、たとえばそうした「忠臣蔵」世界の〝裏側〟として、不義士としての民谷伊右衛門を主人公とする『東海道四谷怪談』の世界があり、そして、男たちの復讐とカタルシスのドラマに対して、お岩の陰惨で、グロテスクな怨霊のドラマが対置されていることは、すでに常識化していることではないだろうか。お岩の亡霊は、義士たち、あるいは不義士たちが、右往左往して、〝忠節〟やら〝義理〟やらを声高に喚きあっているのを、舞台裏から冷ややかに、しかも恨めしく眺めているはずなのだ。そして、さらにいえば、そうしたお岩の姿の裏側には、その存在自体を疎まれて殺された、数多くの「累」たちがいて、そのあてどのない、成仏しきれない〝怨恨〟を晴らす場所を求めて、中有をさ迷い、六道をへ巡っているはずなのである。

*

もう一つ、江戸という町が、草深い武蔵や下総の国の農村地帯に浮かぶ浮き島のようなものであったことをいっておきたい。下総岡田郡羽生村、現在の茨城県水海道市で起こった事件が、江戸の庶民の関心を引き付けたのは、江戸の町自体が、草深い野や虫のすだく田畑にとり囲まれた農村都市であり、そこから一歩離れたところにあるのは、平将門や八犬伝の伝承、伝奇の世界が広がる闇にも似た〝下総〟の国にほかならなかったのである。そこでは蜘蛛手に走る川筋が、田舎と都会を繋いでいる。累の殺された絹川と、お岩の浮かんだ隅田川のように、幾筋にも別れた水脈によって。

廣末保

幽霊の変貌

――東海道四谷怪談の方法――

南北の作劇といっても、ここではさしあたって、『東海道四谷怪談』を中心にして考えてみたいと思う。ただ、それが『四谷怪談』に独自の作劇法であるかどうかを見定めるためには、それなりの手続きがいるであろう。

まず南北にいたる以前の歌舞伎の作劇法が、どの段階にまできているかをしる必要があり、次に、南北自身が、『四谷怪談』にいたるまでの作品のなかで、どういう作劇法を蓄積していたかをしる必要がある。しかし、早急にそこまで立ちいることはほとんど不可能に近いので、ひとまず、『四谷怪談』そのものに即してみてみることにしようと思う。それも全体にわたって検討する余裕はないし――たとえば、『忠臣蔵』との関係なども当然、問題になるであろうが――とりあえず、南北の作劇法に分け入るための、幾つかの入口を覗き込んでみるということにしてみたいと思う。

『四谷怪談』は頽廃的、虚無的だといわれる。しかし、そうしたものが「悪」のエネルギーとでもいうべきものに転化されているところに、この芝居の価値があるともいえる。そしてそのためには、伊右衛門や直助権兵衛などを取りあげたほうが、手っ取り早いかもしれないが、反対に、お岩という、一見、伊右衛門や直助らとは対立的な、いいかえれば、悪というには程遠いような人物のほうから考えてみるのも、このさい一つの手だてになるかもしれない。

幽霊になるまえのお岩は、ほとんど行動力を持たない、とくに加害的な行動力を持たない女である。ひとくちにいえば、みじめな女であり、伊右衛門や直助との関係でいえば、その悪によって被害をうける被害者の立場にある。お岩の親の四谷左門は、伊右衛門に惨殺されるが、その裏田圃の場に潰し島田に吹き流しの手拭をかむった夜鷹の姿で、お岩は登場する。そして、親の仇を討ってもらうために、当の親の敵ともしらず、離別した伊右衛門とふたたび夫婦になる。陰険・陰惨、そして哀れでもあるが、運命のまにまに翻弄される下層庶民の不条理を、南北は、悪意にも似た喜劇的な目であばいているようにもみえる。しかし、南北の悪意や冷笑は侮蔑ではない。侮蔑からは、猥雑の美も悪のエネルギーも出てこない。

お岩をも、南北は悪のエネルギーをになうための重要な存在としてとらえる。毒薬を飲まされたあたりから、お岩は変化していく。

お岩が毒を飲まされ、息を引きとっていく過程は、お岩の顔がだんだんと醜悪になっていく過程でもあるが、それはまた、幽霊に変身していく過程でもあった。そしてその醜悪な顔は、一種の恐怖を与える顔でもあったわけで、被害者のもつ哀れさよりも、むしろ、加害者に転化していく、そういう顔である。つまり、南北は、お岩の醜悪な顔によって、このドラマを書いている——、とそういえなくもない。

被害者お岩が毒薬を盛られて殺され、そして幽霊になって恨みをはらそうとする、そういうことだけを、南北は書いていくのではない。毒薬を盛るということは、たしかに筋の上からも必要になるが、それと同時に、その毒薬は、お岩の顔を二目とはみられないものにしていく重要な道具としても使われている。「一念通さでおくべきか」というお岩の執念は、顔に対する女の心理と切り離せないだろうが、その執念を視覚的ににになっているのが、その醜悪な顔である。したがって、お岩にとってその顔は欠くことのできない顔であるが、それとともに、『四谷怪談』というこの芝居そのものにとっても、欠くことのできない顔である。ドラマの中心部をになっている顔である。恨みをのんで死んだ女の顔をどう作るかということは、当然、役者も考えるわけだが、南北は、役者の変身術にまかすだけではなくて、歌舞伎作者としての立場から、その顔を書くのであり、その顔を必要とするのである。毒を飲まされるということは、お岩にとっては全くの受身だが、やがて、毒を飲まされたお岩が、意志的に行動を開始しようとするその動きが、顔の変化という形をとってあらわれるわけで、顔の変貌は劇の行為である。劇的行為という概念からは、少しはみだすかもしれないが、そのはみだしている部分にこそ、南北の独自性があり、『四谷怪談』が悪のエネルギーを表現していくための決定的な要《かなめ》になっている。

被害者であり、悪とは縁の遠いお岩が、劇の主役として登場するのは、醜悪で加害者的な「悪」の顔への変貌を通してであった。それにしても、行動力のない、受身一方のお岩は、幽霊になってから、女として積極的なエネルギーを発揮しはじめるのだから、お岩を解放したのは、実は、伊右衛門や直助らの悪だったといえなくもない。

だが、顔によってドラマを構成するという方法は、ある意味では歌舞伎に固有の方法でもあった。まえにもいったことがあるが、近世になって歌舞伎が面をとりはらったとき、いきなり写実的な化粧があらわれたわけではなく、劇中人物の性格から合理的に割りだされた化粧のほかに、もう一つの化粧――呪術的な化粧が重なっていた。おそらく、その化粧のもつ呪術的な発想は、新しく登場してきた劇中人物のイメージと結びつきながら、独自な化粧の論理へと転換されていったのだと思われるが、たとえば、初代中島三甫右衛門が藍で隈《くま》どりした公卿悪《くげあく》によって時平《しへい》を形象したとき、時平の「悪」は歌舞伎として誇張され視覚化された。いいかえれば、「車曳きの場」の舞台は、公卿悪の顔によって書かれた舞台だといえなくもない。しかし、時平の公卿悪の強烈さは、いわば、瞬間的なものであり、静止的な絵であった。それにくらべて、南北の書いたお岩の顔は、劇の展開に、その内側から結合している。顔でドラマを書くという歌舞伎の手法は、『四谷怪談』をなりたたしめる本質的な作劇法として価値転換されていたといえるだろう。ところで、お岩を化物だという人がいる。実際は幽霊と化物は区別されねばならないそうだが、このお岩の顔は——顔だけでなく——幽霊と化物が混同されることによって成立している。結果的にみれば、両方の性格をあわせ持つことによって創りだされている。

お岩が化物の性格を持っていることは、幾つかの例をあげて説明することができるようだ。たとえば柳田国男の『妖怪談義』によれば、幽霊は丑満《うしみつ》どきにあらわれるが、お化は薄明にあらわれるという。しかるにお岩は必ずしも丑満どきにあらわれるとは限らない。また、幽霊は、これぞと思う特定の人間にむかってだけ出現するといわれるが、お岩の場合、その対象は、特定というにはあまりにも複数的である。お岩に対する伊右衛門・直助・喜兵衛一家といった加害者たちが、次々と結びつき関係しあっているということがあるにしても。また、夢の場で、南瓜や糸瓜などがお化の顔に変わったりして、お岩とお化は協力しあってもいる。いや、それよりもなによりも、お岩のその醜悪な顔そのものがお化的だといえるわけで、お化のイメージと結びつくことによってお岩の顔はできているのである。だが、どうしてお岩の幽霊はお化のイメージをかかえこんだのであろうか。それ以前の段階において幽霊はすでに甚だしく衰弱していて、そのままでは、葛藤をになう行動的な人物（？）にはなれなくなっていたからではないだろうか。

『桑名屋徳蔵入船物語《くわなやとくぞういりふねものがたり》』のなかで、徳蔵と幽霊檜垣《ひがき》の問答があるが、この美しい幽霊をまえにして、現実主義者で「悪」の（いわゆる悪人ではないが、檜垣を海のなかに放りこんで殺してしまった）徳蔵は、全然こわがらないし、そのため、幽霊はすごすごと退散するほかなかった。だから幽霊が、もう一度行動力を回復して、加害者的な積極性を持つためには再度の変身を必要としたともいえる。南北がそのことに関してどこまで意識的であったかはともかく、幽霊とお化を統一することで、つまり、お化とみられても仕方のないような醜悪な顔をつくりだすことで、加害のエネルギーを持ったお岩の幽霊を創りだしたということになる。（ここで、本来なら累《かさね》の面相との関係を論じなければならないところだが、このことについては後日にゆずりたいと思う。）むろん、観客は、お岩に対する同情を全く持たないわけではなく、また、女の業《ごう》といったものを感じもしただろうが、その閉ざされた業が、開放的な行動性を持って発揮されるためには、美しい幽霊ではなくて、お岩のような、醜悪さを必要とした。だから、伊右衛門とお岩のからみあいは、伊右衛門の悪とお岩の復讐という関係ではあるが、実際の舞台は、いわば悪の競演といった形をとるのだと思う。その、様式的にも完成された場の一つが、砂村隠亡堀の場であって、戸板に釘づけされたお岩の死骸は、伊右衛門とともに恐怖と悪の美を絵にすべく競演しているといえるだろう。

ついでに、ひとこと触れておくなら、お岩は一方で、御霊的なものとしても受けとられてきたようだ。御霊のもっている怨恨・祟りは特定の個人に対するものを含みながらも、もう少し普遍的で公的な性格を持っているが、お岩の場合も、伊右衛門・直助・喜兵衛一家といった特定の人間に対する怨恨や祟りを超えた恐怖心を観客の中に惹き起こす。また、お岩に扮する役者にも祟る。御霊的な悪が重ねられているといえよう。興行的にも、それは利用されてきた。幽霊・お化・御霊の伝統を統一することによって、「幽霊」は、ふたたび、そのエネルギーを回復したのであり、南北によって幽霊の革命が行なわれたということになる。

お岩もまた、悪の競演者であった。そのことを、わたしはもっぱら、お岩の「顔」に固執することで述べてきたのだが、伊右衛門や、直助の「悪」については、あらためて述べるまでもないだろう。ただ、この際念のためにいっておけば、『四谷怪談』の世界は、伊右衛門・お岩・直助といった頂点の部分のみで支えられているわけではなかった。よく伊右衛門の心理の必然性がとらえられないというようなことがいわれるが、伊右衛門だけに即して伊右衛門を形象しようとすると、どうしてもその心理なり行動なりの辻褄をあわせなければならなくなる。しかし、本来そういうふうには書かれていないのだから、心理主義的な演技をもとに、しかも、脚本の通りにやろうとすれば、たちまち分裂してしまう。では伊右衛門役者が南北の書いた伊右衛門をただ忠実になぞれば、自然に観客を納得させられるかといえばそうもいかないようだ。そこで、伊右衛門を解釈し直して、心理主義的な表現に耐えうるよう伊右衛門の性格を無理につくりだしたり、あるいは、思い切って書き直すということが起こる。近代主義的な演技、近代主義的な解釈を通して、『四谷怪談』をとらえ直すというわけであろうが、わたしにいわせれば、全く無意味な努力のように思われる。南北の『四谷怪談』は、そういう近代主義的な枠におさまらないからこそ面白いのであり、常識的なヒューマニズムで割りきれないところにエネルギーがあるのである。そして、問題は、伊右衛門の性格が、伊右衛門だけのなかで自立し、完結しているものではないというところにある。

伊右衛門・お岩・直助だけの芝居だというふうに考えると、全くリアリティのない芝居になってしまうのである。かれらを、その底部から支えているものがここで重要になるわけで、その他大勢の人物によってくりひろげられる底部の世界が、そのディテールにまでわたって、的確にとらえられたときはじめて、伊右衛門は、『四谷怪談』の主人公として、独自なリアリティを持つことができるのである。むろん、心理主義的方法でなくても役づくりにはいっていけるという、歌舞伎の演技に独自な発想が、『四谷怪談』の場合にも、生かされているわけだが、しかし、それだけのものではなかった。このことは現代の演劇を考える場合にも参考になるのではなかろうか。心理主義的にとらえようとすれば落してしまうようなエネルギーを、歌舞伎とは異った方法にしろ、われわれもまた追求しなければならないからである。ところで、この底部を支えている人物もまた、それぞれ幾段階かに分かれていて、たとえば、宅悦のような存在は、その底部を際立たせる重要な存在であった。こすからく、ねばりのある、転んでもただは起きないようなある種の庶民の生きかたが、実にリアルに描かれており、写実主義ということばで評価されるようなものをもっているのだが、しかし、この場合、写実ということばは曖昧で、少なくとも、自然主義的な写実ではなかった。南北は楽天的なユーモアと辛辣な冷笑のないまぜになった喜劇的な眼で、暗く、倦怠に淀んだ日常性をとらえている。日常性という観念は、しばしば自然主義的な「日常性」と同義に解されているが、南北は自然主義的な写実でなく日常性をとらえている。どうして南北は日常性をヴィヴィッドにとらえることができたか、どういうふうにそれはとらえられているかといったことが、いま南北を考える場合の問題として、われわれのまえに残されているといえるだろう。

洒脱でコミックな精神が、歌舞伎の伝統としてあった。そしてそれは、日常性と交流しながら、同時に日常性から自由であるといった精神のひとつのあらわれでもあった。日常的な対象を悪場所の論理のなかに組みかえたといってもよい。同時に、『四谷怪談』の場合、その日常性は、お岩・伊右衛門を中心とする非日常的な次元と出入りし交錯している日常性でもあるわけで、その交錯によって、日常性のなかに渦巻いている屈折したエネルギーがとらえられている。お岩は幽霊になった瞬間からたいへん行動的になってくるといったが、それは、日常的空間を不意に破って出現するというかたちをとる。日常的な空間が次の瞬間、非日常的な空間に変えられ、そして、その次の瞬間にまた、日常的な空間に返ってくる。日常性と非日常性が、たえず重なり交錯する。どこにでもある仏壇は、日常的な道具だが、それが、非日常的な空間のなかに転化される。即物的で、しかも超自然的だといってもよいであろうが、約束ごとふうの道具ではなく、即物的・生活的な実在感を持った道具だから、それが超自然的な道具に転化された場合も、娑婆のエネルギーと縁が切れるということがない。いいかえれば、超自然的、非日常的なエネルギーに、いつ転化するかもしれないものとして、その日常性はとらえられているため、ヴィヴィッドな即物性を持っているともいえよう。そして、こうしたからみあいがあればこそ『四谷怪談』の、あの底なし井戸のような無気味さや黒々とした哄笑もでてくるだろう。地獄宿とか三角屋敷などが、そういう意味でも、重要な場になってくるのだが、もし、自然主義を超えようとして、南北のとらえたような日常性を無視するならば、『四谷怪談』は、ただ変幻自在な幽霊を使ったからくり芝居に終わるだろう。といって、わたしは、『四谷怪談』の持つからくりを軽んずるつもりは少しもないのであって、意表をつくからくりの、その大衆性や、前衛的な役割を過小に評価してはならないと思っている。しかし、南北の場合、からくりは底なし井戸の淀んだ水を汲みあげるからくりでもあった。

さて、こういうふうにみてくると、お岩が醜悪な幽霊に変身していくという重要な瞬間に、宅悦をからませたことは、実に効果的だといわねばならない。はじめから日常性を完全に捨象した次元で、非日常的な幽霊が成立してくるというのではなく、あくの強い日常的リアリティを持った宅悦とのからみを通して、お岩の幽霊は成立するのである。(赤子の泣き声や蚊遣りの煙なども、日常性とのからみあいという点で、同じく効果的である。)所詮、幽霊とは娑婆への関心を捨て切れない存在なのだから、形而下的な性格をどこかに持っているはずだが、それにしても、ただ恨めしやというくり言だけで娑婆とつながっているような幽霊が、まま、いないわけではない。それにくらべて、お岩の幽霊は、娑婆と至近距離にいるし、拡散的な娑婆のエネルギーを多義的に集中化する力を持っているということができる。

『四谷怪談』をその底部から支えている世界は、一種拡散的ともいえる方法で取り出されているが、それは『四谷怪談』の底なし井戸的な深さと関係するものであって、たんに歌舞伎作劇法の一般的性格に還元できるものではないだろう。伊右衛門のことにもどれば、伊右衛門を心理主義的にとらえようとする試みは無意味だが、かといって、こうした底部を、劇の中心部にかかわる重要な要素としてとらえることができなければ、やはり、わけのわからない人物になったであろう。

『四谷怪談』をアレンジし直すときの難しさもまた、この辺にあるのではなかろうか。もし、拡散や偶然のもつ可能性を邪魔もの扱いにし、筋のつながりだけで辻褄をあわせようとすれば、日常性と非日常性の交錯は失われ、伊右衛門役者やお岩役者がいくら奮闘しても、悪のエネルギーは伝わってこない。いま、思いつきの一例を一つあげてみよう。お岩の母の櫛が、お岩から妹のお袖へと渡るが、その櫛を直助が金に変えようと持ちだす場面で、「それにしても、女と言《いふ》ものは、おやのかた身だの、妹にゆづるのと、大事にするといふは、成程、つみの深い物だぞ」という直助の科白《せりふ》がある。女の業の深さというものを、南北は小悪党の直助のことばによって的確に浮かびあがらせている。ほかならぬ直助にこれをいわせたというのは実に巧みだが、この科白は女の業の深さ——しかしまた、そういうものに縋って辛うじて生きている女というものを、ひとことのうちにとらえている。もし筋だけをつないで、こうした科白をカットすればどうなるだろうか。仏壇の灯が点滅し、盥のなかから青白い手がでてきて、櫛を持って出ようとする直助の足をとらえるといった場面をやってみせても、それはただの座興になってしまう。幽霊のエネルギーは、この女の業とも深くかかわっているからである。いいかえれば、そうしたものに縋って辛うじて生きている女の業を、行動的なエネルギーに転化しているのが、醜悪なお岩の幽霊だともいえるのである。なるほど、女の白い手が盥のなかからでてくるといった趣向を南北が考えたとき、見世物的なおもしろさをねらっていなかったなどとはいえないだろう。喜劇作者としての南北を考えないわけにはいかないからである。それに、幽霊の顔を醜悪なものにするといったふてぶてしさにしても、喜劇的な眼と全く関係がないとはいえないかもしれない。しかし、その喜劇的な眼が直助的な悪をつくりだしており、その直助の科白が、櫛をめぐって、女の罪深さをいいあてるという関係になっているのである。そして、その女の業をとらえることなしには、加害者に転じたお岩の悪の執念をもとらえることはできないのである。思うに、喜劇的精神と悪のエネルギーは、南北のなかで表裏の関係にあったといえよう。倫理的な善悪を超越したとき、はじめて悪のエネルギーは顕在化されるが、そのためには、弱者はつねに善であるといった基準をナンセンス化する旺盛な喜劇精神を必要としたはずである。

『四谷怪談』は、善玉と悪玉の葛藤する芝居ではない。善人はいても、悪玉と葛藤する善玉の主役はいない。したがって、悪はいわゆる悪玉ではない。もっとも、南北以前に、すでにその下地はできているわけで、その発展線上に南北を位置づけてみることも、『四谷怪談』を解明する一つの鍵になるであろう。

IV

文芸と幽霊

高田衛

怪談の発生

——文学史の側から——

三月十八日の夢

寛政十一年（一七九九）己未春三月十七日、馬琴は冥土へ行った夢を見た。いまの言い方でいえば三月十八日あけがたのことである。ふしぎにその夢は目がさめてからもはっきり覚えていた。筆まめな彼はそれを克明にノートした。「夢に冥土」という題で『烹雑《にまぜ》の記』に載っている。「痴人、面前に夢を不ㇾ説。われ又秘して、何にかはせん」とよけいな付言をつけて……。

物思へばながむる空も霞こめて、世は春ながらこもりゐつ。詞《ことば》かたきもがなと思ふ折、亡友某甲《なにがし》、忽然と来にけり。予《よ》、あやしみて、子《し》は曩《さき》に身まかり給ひぬと聞たるに、今訪はるゝことこゝろ得がたし。いかなる故やあると問《とへ》ば、友のいはく、その事に侍り。けふなん冥府《めいふ》放赦《はうしや》の日なれば、吾們《ともがら》たま〳〵遊行《うかれあるき》を許さる。いざ給へ、黄泉《よみぢ》の光景《ありさま》を見せまゐらせんといふ。予、遽《あはただ》しくこれと共にゆく程に、前程《ゆくみち》いくそばくそをしらず。又たえて東西を知らず。遂に忽地《たちまち》、友に後《おく》れて、ます〳〵こゝち惑ひにけり。山を踰《こえ》、水を渉《わた》り、ゆき〳〵て見かへれば道次《みちのほとり》に官舎《やしき》あり。門前に筵布《むしろしき》わたしたる上座《かみくら》に、嫗《うば》ひとりみつわぐみてをり。ちかくなる随《まま》にこれを見れば、荆妻《つま》が養母《やうぼ》会田氏《あひたうじ》なり。海月《くらげ》の骨にあふこゝちして、別離の情《まこと》を述るほどに、(中略)また外姑《しうとめ》に対《むかひ》て、わが親胞兄弟《おやはらから》は何処《いづこ》にをはする。あはし給ひてんやといへば、外姑《しうとめ》。答て、この事、容易《たやす》からずといへども、あはんと思へばゆきてたづねよ。路なほ遥《はるか》なりとて、叮嚀《ねんごろ》に指南《しなん》せられしかば、やがて外姑《しうとめ》に辞《じ》しわかれ、ひたと走ること、数十町にして、路いと陜く、忽地《たちまち》に暗くなりて、日のくれたるが如し。時に前面《むかひ》に物ありて、ゆるし玉《たま》へ、ゆるし給へと叫びしかば、胸まづうち騒ぎながら、その声を郷導《しるべ》にしてゆきて、これを見れば、身長《みのたけ》六尺あまりなるいとおどろ〳〵しき盲法師《めくらほふし》が、嚮《さき》に予《よ》を誘引《いざなひ》来れる亡友をうつ俯《ぶし》に踏すえ、汝《なんじ》何の為に陽人《ようじん》を伴ひ来れる。今もしこれを忽《ゆるがせ》にせば、必《かならず》地府《ちふ》の制度《さた》を乱さん。とくいへ。いはずやと罵《ののしり》つゝ打懲《うちこら》すにぞありける。

(略)忽地《たちまち》、袂を引ものありけり。驚つゝ見かへれば、外姑《しうとめ》なり。声をひくめて、よからず〳〵汝速《すみやか》に帰るべし。もし帰らずば、彼友ます〳〵苔《しもと》をうけん。人を苦しむるは善根にあらず。とく〳〵といそがしたり。われいまだ、親胞兄弟《おやはらから》に環会《めぐりあひ》奉らず。こゝよりむなしく帰らんは、遺憾《のこりおほ》きことといふべうもあらねど、何ともすべなくて、又外姑《しうとめ》に導かれ、旧来《もと》し路へかへると思へば夢さめにき。……

目がさめてみると、寝衣をとおすほどにびっしょりと汗をかいていたと馬琴は書いている。

そこに、日蔵上人ばりの地獄図があったわけではない。亡友を打擲するのは荒唐なる牛鬼、馬鬼どもではなく、「六尺あまりなる」盲法師であった。外姑は、とある屋敷の門前に筵をしいて糸くりをしていた。非日常というには、あまりに日常的な、そのくせ唐突な冥府の夢の光景ではあった。そして、それゆえにかえって、馬琴は、この夢にまがう方なき「冥府」を実感したようである。馬琴はこう書いている。「むかし、小野篁の生ながら冥府にゆきかひたる、笙窟《しやうのいはや》の日蔵の燋熱地獄を見給ひたる。その事、妄誕《そらごと》に近しといへども、夢としいはば誣《しう》べからず。けふよりしてわれは信ず。白氏が三夢記寓言にあらず。于時《ときに》、己未暮春十九日、家廟を拝して、自《みづから》記《しる》し訖《をはんぬ》」。時に馬琴、三十三歳。その名も夢を暗示する『月氷奇縁』[1]を書き下して、一流作家の地位を確立した日の、ちょうど五年前のことである。

住むところこそちがえ、この年六十六歳で京都に居た上田秋成が、歳も暮れがたになって、同じく死せる妻の瑚璉尼の黄泉からの手紙に接した夢をみた（『よもつ文』）のはおもしろい偶然である。同じ年にみた、それぞれの冥土の夢を比較すれば、二人の作家的資質のちがいは歴然たるものがあって興味ぶかいが、いまは触れないことにする。

闇の語り手たち

それよりも、たとえばこんな問題がある。馬琴に答えて、亡友は「冥府放赦の日」といった。お盆ならいざ知らず、三月十八日に地獄の釜の蓋があくなどとは聞いたことがない。しかし、誰もがただの日付と思うだろうこの日を、柳田国男翁ならば、けっして偶然に帰することはしないであろう。

「三月十八日は、けつして普通の日の一日ではなかつた。例えば江戸においては推古女帝の三十六年に、三人の兄弟が宮戸川の沖から、一寸八分の観世音を網曳いた日であつた。だから三社様の祭の日であつた。といふよりも全国を通じて、これが観音の御縁日であつた」[2]。しかも、それだけではない。「三月十八日は簡単に観世音の御縁日と、片付けてしまふわけにも行かぬやうである。例えば伝説上の小野小町、和泉式部、さては歌の神と祀らるる人丸大明神なども、すべて此日を以て命日として居り、いはば我々の昔語りの日であつた」[3]。

「昔語り」とは、先祖に近づく話のことに他ならぬ。柳田氏はまだ幾つかをあげ、そして述べている。「暦で日を数へて十八日と定めたのは仏教としても、何かそれ以前に暮春の満月の後三日を、精霊の季節とする慣行がなかつたであらうか」(4)。

馬琴は観音の信者ではなかったし、右のような知識があったとも思われない。しかるに三月十八日の夢は、この日を「冥府放赦の日」とし、奇怪にも過去形でもって、近代の柳田説を裏づけてしまうのである。わたしはこれを、できればただの偶然とみたい。けれど、生涯にただ一度の馬琴の（夢の）冥府訪問が、盆の精霊会でもなく、ましてただの日でもなく、当時なかば忘却の中にあった、さまよえる精霊たちの復活の日、そして闇の語り手たちの目ざめる日、三月十八日以外のどの日でもなかったという事実は強烈にすぎる。そして馬琴の冥府訪問の第一の目的が、口碑、昔語りの語り手としての先祖の歴訪にあったこと(5)と、それはあまりにもみごとに暗合する。

ちなみにいえば、翌十九日が馬琴の祖父興吉《おきよし》の命日であった。先祖（血筋）の物語への希求は、いわば闇なる秩序への憧憬であろう。夢がその道をつくるのだが、その闇の中から、小町、和泉式部、人丸大明神らに象徴される晦冥幻暈の伝説世界という、彼のもう一つの血筋が脈搏ちはじめる――たとえば、六尺豊かな盲目の法師である。琵琶法師にかぎらず、彼らこそが、畏ろしくも聖なる「昔語り」の語り手たちであったことは周知であろう――ことを、いったいどう考えればいいのだろう。

「けふよりしてわれは信ず」という一語は、目ざめて後の、したたかに寝衣を濡した冷たい汗を代償にして得られた一語である。何を信じたのか。いうまでもなく「闇」をである。けっして馬琴は、夢と現実を錯雑したのではない。そして、日蔵を、小野篁を、『三夢記』らの異国の幻想を信じたとき、馬琴は、冥土他界を夢にみた人たち、日蔵、篁、菅原孝標女、慈心房尊恵、近世でいえば京都鷹が峰の米穀商溝口清助、後人でいえば異邦人小泉八雲らの系列の一人、語り手、すなわち幻想の祖述者となったのである。わたしは、いま、にわかに馬琴巫覡説をたてようというのではない。いいたいのは、上田秋成が加島稲荷の六十八寿神授説を信奉し、本居宣長が吉野水分神社の申し子たることを確信したように、前近代人滝沢解には、内なる豊饒としての「闇」があったということである。三月十八日の夢は、その「闇」のありかを示したのであった。それこそ近代の作家が見うしなっていったものであった。それを囲繞する「夜」を失っていった以上、あたりまえのことに過ぎないけれども……。

闇・夢・そして怪異文学の成立

「昼夜を以テ云へば、昼は此世、夜は黄泉なり」（『記伝』九之巻）といったのは、他ならぬ本居宣長だが、三遊亭円朝が、その高座で最後まで瓦斯燈を拒否し、古風な燭台を守りつづけたのも、そのような夜—闇への固執といえばいえるのだ。

　とすれば、三浦梅園の「物の怪の弁」が、じつは「夢の弁」であった（『梅園叢書』）ように、夜—闇の世界に通う「夢」が、新しく意識化されるのは必然でなければならぬ。

　意外に気づかれていないことだが、「白峰」（『雨月物語』）の、あの崇徳院御霊の火を噴く怨念の激語が飛び交い、凄じい怨霊のイメージが明滅する山中の一夜は、西行の「さらに夢現《ゆめうつつ》もわきがた」い、新院悲運への痛恨の心の眩みにはじまり、文脈をたどれば、「あやなき闇にうらぶれて、眠るともなきに」（「眠るともなきに」とは眠ったことである）迎えた一夜に他ならず、「月は峰にかくれて、木のくれやみのあやなきに、夢路にやすらふ如」く、明けていった一夜であった。あえていえば、「白峰」とその原拠的作品『保元物語』諸本や『松山天狗』らとを、決定的にへだてるのは、その強烈な夢の世界への仮託であったのだ。

　近代人が、つい見おとしがちな、そんな夢への仮託は、『雨月物語』では、「浅茅が宿」にも「仏法僧」にも、もちろん「夢応の鯉魚」にも「貧福論」にも隠微にみられるところである。「夢のまさなきにはあらず」と左門が絶叫するとき（「菊花の約」）ですら、夢は踏まえられていた。

ド・ネルヴァルの、「夢はもう一つの現実である」（『オーレリア』）という有名なマニフェストが発せられたのは、一八五三年のことであったが、わが国では一七六〇年代、『雨月物語』をはじめ、都賀庭鐘の翻案「奇談」、建部綾足の古文「奇談」などで、それに相応する、かりに「夢」の趣向とよぶが、そういう小説的技術はすでにあったのである。庭鐘、綾足について、それぞれの「夢」の趣向を実証するのはたやすいことなのだ。

ただし、この場合の夢は、文学史のなかの古代・中世の夢とはまったく違っている。天才西鶴が、「生」の重味のこもった、どん底の現実とするどく対比して、その空無性をえぐりだしたように[6]（その聖性が否定され）、また宣長が「作り物語」の虚妄性に比して、その無常の寓意の観念性を暴露したように[7]（「夢」という語の比喩的伝統が批判される）、この二人に代表される二つの「夢」の近世的否定の後に、はじめて、幻想・虚妄としての近世の「夢」は、いわば文学的な特権をかちとったのであった。怪談一般から文学へと昇華する過程を、そういう「夢」の趣向が媒介していたことは、もうすこし注目されていいと思う。

さらにいえば、それ以降とて、怪異文学（芸能も）の展開を媒介する「夢」の趣向は、けっして無視できるほど微弱なものではない。『桜姫全伝曙草紙』（京伝）の桜姫のドッペルゲンゲル、『三七全伝南柯夢』（馬琴）の樹木霊の因縁など、読本《よみほん》のなかの文字どおりの夢的趣向はさておいても、南北怪談狂言でいえば、代表作『東海道四谷怪談』を論ずるのに、五幕目の夢の場を疎外するわけにはいかぬだろう。このドラマのお岩・伊右衛門の、男女としての根源的な葛藤と断絶、憎悪と愛と頽廃の主題が、奥深い闇につながる夢の幻想の中にはじめて構造的に顕現するではないか。『怪談牡丹燈籠』にいたっては、円朝の工夫が、じつは

「牡丹燈記」の他に、同じ『剪燈新話』の中の「渭塘奇遇記」(8)をひそかに粉本としているという事実によって、何よりも示唆的であろう。幽霊には足がないという常識に反する、カランコロンの下駄の音の恐さは、ありふれた日常的なものが、そのままで死の闇の底につながってゆくことの衝撃的恐怖であった。馬琴の夢でわかるように、そこには夢的な構造が――それが円朝の幽霊＝神経症論にもつながるのだが――天才的な話術によって配置されていた。

禁忌と犯し・怪談の論理

　かりに「夢」の趣向という視点をたてて、一七六〇年代および、それ以降の怪異文学と、怪談一般を内部構造的に弁別してみたわけである。

日夏耿之介翁の明快なまとめ（『徳川恠異譚の系譜』）にみられるように、前期から中期にかけて、板行された近世怪談集の多くが、百物語、または諸国咄の、どちらかの形態をとりがちであったことと、それは向い合うだろう。数人が一座して、互いに怪談を語り、聞くという「百物語」形式にしろ、あるいは単数または複数の人物の諸国の話の蒐集が披瀝されるという「諸国咄」形式にしろ、基本的には霊異記・今昔らの系統をうけつぐ、説話文学の埒外を出づるものではなかったということである。その意味で、一七六〇年代を境い目にして、近世怪異文学は説話の時代と幻想的文学の時代に二分できるだろう。

　ここまでは黒、ここからは白と、図式化することはもちろんできないにしても、『英草紙』の出現と時を同じうする『万世百物語』が、全収録説話のすべての語りだしに、「あだし夢」と冠らせたような例外をのぞけば、近世怪談集一般に「夢」への仮託がなかったのは、いうまでもなく、それら説話的作品が、はなしの方法に根ざしているからであった。はなしとはもともと、個の外部世界にあって個の内面世界を担うことばの質を持たぬ。そして、そこから怪談一般の論理を証明できそうである。

しいて「百物語」と「諸国咄」を、性格的に区別するならば、一方は夜の話であり、他方は昼の話[9]であったのではないかと私は想像するのだが、その「百物語」が好例になるだろう。

了意和尚の『伽婢子』は、すでに百物語の法式があったことを述べている。

> 昔より人のいひ伝へし怖ろしき事、恠しき事を集めて百話をすれば、必ずおそろしき事、恠しき事ありと伝へり。（巻十三）

「怪を語れば怪至る」と諺化した、その趣旨は、古い禁忌の存在を示唆する。おそらくそれは柳宗元の「夜坐鬼而恠至」（龍城録）、源氏物語の「夜かたらずとか女房のつたへに云ふなり」（横笛）[10]といった、古い「夜」のタブーにつながっている。それが述而篇（論語）の怪力乱神を語るなという戒めと結びついたのは早いことではないだろう。古い日本には、見ることができず、また見てはならない種類のカミが——たとえばオホモノヌシ——数多くましましたのである。それを見ることは、カミの怒りと制裁（災厄）を招くことであった。

けれど、百物語の法式化は、そういう禁忌の犯しがなかば儀式化しているということであった。「怪至る」という諺を生かしつづけつつ、むしろエンターティメントの要素をはらませて、「夜」の中から「怪」を招こうとする、このあざとい儀式をどう考えればいいか。そのことは、正三道人の筆録を門人が堅く秘して世に出さなかったにかかわらず、「頃《コノゴロ》犯ス者アリ、竊《ヒソカ》ニ写取テ、乱リニ板行ス」（片仮名本序）という『因果物語』の出版事情にも共通する。

山口剛先生の、精緻をきわめた怪談研究が多くをさいたのもこの問題であった。先生はこれを都市文化の固有な問題としてとらえ、その恐怖・グロ・美・そして笑いのなかに、過ぎ去った江戸や上方の、在りし文化のなつかしい姿を語った。〈半ば信ぜずして、かつ怖れる〉とひとくちで言えばそれまでのことながら、開化してゆく人間の意識形態（昼の怪談）と、零落してゆくカミガミ（自然霊）の怨恨（夜の怪談）の交錯と対比のうちに説かれる、近世怪談の精神構造こそ、史的研究の名にあたいすると私は思う。これに、「幽霊の方ならば、町の複雑した生活内情の下に発生しやすく」[11]という認識を加えるならば、禁忌とその犯しによってなり立つ、怪談の論理は、これら先達によってすでに明らかにされている問題でもあったのだ。『伽婢子』のいう、百物語の法式化は、近世町人によって点ぜられた開化の火が、闇のなかの自然霊を克服してゆく儀式であった。しかし、その法式では、一話ごとに蠟燭の火は一つずつ消されてゆく。すなわち、一つには、禁忌の「犯し」の方法によって、近世人たちが、自分たちの「夜」をとりもどす——奇妙な言い方だが、「闇」はまた聖なる世界でもあった——儀式でもあったのである。一方に、「人はばけもの、世にないものはなし」（『西鶴諸国咄』序）という現実の認識を伝統化し、一方に「罪無シテ殺サル、者怨霊ト成」（『因果物語』片仮名本、上之目録）という存在の情念を道理化する、近世怪談の二極並存は、いわば光と影との関係にあった。

社会形態や支配関係や、そういう人間支配（すなわち人間被害）の構造が固定化するにつれて、その人間関係の陰湿さ（女が男にたいする、従が主にたいする、貧が富にたいする、弱者が強者にたいする）、怪談を因縁ばなしの芸術、被害的心情の幻想に追いこんでいった過程ほどに、史的と称しうるものはないであろう。

（補）中国志怪之書の影響のことは、あえてふれなかった。これについては拙稿「中国説話の享受と継承」（『日本の説話・近世』）に、いくらか述べた。

注

（1）文化元年刊。『月氷奇縁』の「月氷」は「月下氷人」の略。「月下氷人」は男女の縁を結ぶ人のことで、「月下老人」と「氷人」との合成語。「月下老人」（続幽怪録）も「氷人」（晋書・芸術伝）も、夢の中に示現した人。つまりこの語は本来、夢の真実性をたてまえとしたことばなのだ。

（2）柳田国男「目一つ五郎考」（『一目小僧その他』所収）

（3）柳田国男「オシラ神の話」（『大白神考』所収）

（4）（1）と同じ。

（5）馬琴は書いている。「わが胞兄弟《はらから》はやく二親を喪ひにければ、口碑に伝る祖先のうへなど聞漏せしも少からず。家兄のみ、考妣の物がたりに伝へも聞給ひけん。これさへ去年の八月、四十の秋の露と消給へばむかしの事を問よしもなし。日来《ひごろ》、このことをいたう心苦しく思ひたるに、今ゆくりなくここ（冥土、論者補）に来つれば、親、胞兄弟はさらなり。その面影だに見もしらぬ祖父祖母にさへ、あひ奉らば、ねがふにえがたきさいはひならんと思へば……」。

（6）「小判は寝姿の夢」（『世間胸算用』）

（7）『源氏物語玉のをぐし』九の巻の「夢の浮橋」条。また『玉勝間』六の巻にも。

（8）男女が夢の中で契りあい、しかもそれが現実だったという話。拙稿「怪談師円朝―餓鬼序説番外」（『情念』第七号）参照。

（9）「諸国咄」形式の本質は世間話であって、のと『諸国里人談』その他のような、知識の採集書に展開した、と私は考えている。ただし「××諸国物語」の類は、また別で、高僧遍歴譚に似た、霊験譚の一形式なのではないか。

（10）直接には「夢」をさしているのだが、それだけではないであろう。

（11）柳田国男『妖怪談義』

産女ノート——文芸がとらえた産女とその周辺——

西田耕三

一

今は昔、美濃国渡という所に産女がいた。夜な夜な児を泣かせては通行する人間に抱くことを強要するという。その噂をきいた平季武は仲間に挑発されて怪異を試すことになった。馬に乗って出かける季武のあとを三人の仲間がひそかにつけた。九月下旬の暗夜、季武は川を渡って向こう岸につく。三人がこちら岸のスキの中に隠れて見ていると、季武は約束どおり証拠となる矢を地面にさしているらしい。しばらく間があって、季武は再び川を渡ってこちら岸へ来始めた。川の中程で女の声がして、「これを抱け抱け」という。子供の泣き声もきこえてくる。なまぐさい匂いがする。季武は「よし抱いてやろう」というと、女は子を渡した。季武が袖の上に受けとると、女は今度は「その子を返してくれ」といった。「もう返さない」といって季武はこちら岸に駆け上った。館に帰って袖を開いてみると、木の葉が少しあるだけだった。

産女とは、狐が人を化かすためにするのだという人もいれば、子を産もうとして死んだ女が霊になったものだという人もいる、と語り伝えているとかいうことだ。(『今昔物語集』巻二十七の四三「頼光ノ郎等、平季武、値産女語《サンセルヲムナニアヘルコト》」(1))

館に帰ってみると子供が木の葉に変っていたというところはいかにも狐の怪異らしいのだが、産女の正体をただ狐の仕業というふうに解してしまうと、産女説話のおもしろ味はなくなってしまう。かりに狐の怪異だとしても、子を抱いた女の怪異は、その形象自体のもつ喚起力で狐から離脱していってしまうだろう。その形象の意味づけこそが産女説話の骨子でなければならない。

産女の原義は「産せる女」である。『今昔物語集』巻二十七の十五「産《セル》女、行南山科値鬼逃語《ミナミヤマシナニユキオニニアヒテニゲタルコト》」(2)では、原義どおりに使われている。宮仕えする女、「父母《ブモ》・類親モ無ク、聊《イササカ》ニ知《シリ》タル人モ無ケレバ、立寄《タチ》ル所モ無クテ、只局《ツボネ》ニノミ居《ヰ》」るという孤独な状態で、どうしたわけか「指《サセ》ル夫モ無クテ懐妊《クワイニン》」してしまう。出産する場所のない女は考える。深山の木の下あたりで産めば、死んだ場合でも人に知られないですむし、無事であった場合はそしらぬ顔で帰ってくることができる。召使う女童にこのことをいい含めて、女は山へ入った。古い山荘のような建物があり、中に人の住んでいる気配がないので、そこで産むことにする。しかし建物に入ると奥から人音がした。女はせつなくなる。だが、出てきた老女は親切で、女は平産した。子は捨てるつもりだったが、捨てることはできなかった。二、三日後、女が昼寝をしていると、老女が子を見て「うまそうだ、ただ一口」といった。女はそれをほのかにきいて仰天し、老女は鬼にちがいないと思った。すきをみて、子、女童ともども脱出した。

このような古い所には必ず何か住んでいるのだからひとりで立ち入るべきではない、というのがこの話の教訓である。しかし、孤独な女が山に入って子を産むというせっぱつまった行為は、決して不自然ではない。この女には、出産という生理を社会化できないという認識があった。だからもっとも安全で有効な場所として人里離れた山を選んだ。いいかえれば、社会化できない生理に忠実に生きた。鬼女は社会化できない生理の外化された姿にほかならない。

柳田国男『山の人生』[3]は、産後の鬱病、発狂から山に入った女の例をいくつかあげている。なぜ山に入るのか。柳田は山の神の誘引ということを予想しているようである。あるいはアジールとしての山林[4]の心理的痕跡があるかもしれない。社会から隔離され、生理のみに生きることを強制された女の情念が、みずからをつきつめていって人里離れた山を選ぶのである。そういう意味で、懐妊、出産にともなう女性の孤独が、『今昔』の女の状況に象徴されていると考えてよい。同様に、女の産んだ子が私生児であったことも、社会化できない生理からみたとき、女にとって子はすべて私生児だということを意味している。

『今昔』の女は運よく平産し、心賢く脱出した。しかし、もしこの過程に障害が生ずれば、産せる女の孤独は孤独ですまなくなり、何らかの異常に転化するはずである。

丹波国橋立主膳は湯殿づとめのお菊と心安くなる。お菊は懐妊するが二年たっても出産しない。主膳の継母妙貞はお菊の偽りをいいたて、追放する。お菊は川に身投げしようとするところを船頭に助けられ、夫婦となる。三年三月目に胎内で母を呼ぶ声がする。自分は主膳の子であること、山伏の讃岐坊に封じこめられて生まれ得ないこと、父の屋敷で生まれようと思っていることをいう。屋敷に入ったお菊は妙貞と家老に殺される。首の切り口から子が生まれる。お菊の首は目を開き、胴へ移って首を継ぎ、幼子を抱いて行方不明となる。家出して馬方となった主膳は、客としてお菊を馬に乗せ、幼子を抱いてくるが、死霊だから他人にはお菊の姿が見えない。出遇った讃岐坊にお菊は恨みをいう。讃岐坊は妙貞に頼まれてしたことといって祈ると、お菊は消える。(『丹波与作手綱帯』元禄六年頃上演か[5])

お菊像が明確に産女の意識をもって創られているかどうか疑問だが、懐妊、出産にまつわる障害はたくさんとりあわされている。奇想天外でしかも類型的なこれらの障害を現実大に縮小すれば、産女の背後をなす悲惨な劇となる。そういう劇をくぐりぬけてお菊が意志したものは、子を夫に渡すことである。お菊はそのことのためだけに生きているといってよい。しかし、ついに子を夫に渡すことのできなかった女はどうするか。『今昔』の産女のように、人の往来の激しい場所に出て通行人に何かを訴え、回向を期待し、社会化を求めるのだ。その出現の様態はまったく橋姫などと同一である。

産死した女に他のいかなる習俗や説話的要素が付着し融合して産女が形成されてきたかは、今のところ恣意的に想像しうるだけである。ここでは、産女がどう理解されてきたかを示して一応の前提にしておく。『綜合日本民族語彙』[6]第一巻ウブメの項には「山口県豊浦郡乗貞や蓋井島では、身持の女の死んだ場合はそのまま埋めず、分身せしめてからでないとウブメになって出るという。普通ウブメというのは産女のことだが、ここのウブメは一種の怪物の意に解されている。」とある。「胎籠で死ねば、血の池を渡るといふ[7]」から、分身せしめなければならない。「かくある死人は、左鎌をうたせ、其身二つになさでは、浮かむ事なく、後の世、覚束なし[8]」

貞享三年刊の山岡元隣『百物語評判』は要領よく当時の産女理解をまとめている。[9]「世に語り伝ふるうぶめと申す物こそ心得候はね。其の物語に云へるは、産の上にて身罷りたりし女、其の執心此の者となれり、其の形腰より下は血に染みて、其の声をば[10]れう〱と泣くと申し慣はせり。」と客がいう。これに対して先生が答える。「うぶめと申すは、唐土にも姑獲鳥又は夜行遊女など云へり。玄中記には此の鳥鬼神の類なり、毛を著て飛鳥となり、毛をぬぎて女人となれり。是れ産婦の死して後なる所なり。此の故に二つの乳あり、好みて人の子をとりて己が子となせり、凡そ小児の衣類など夜は外に置くべからず、此の鳥来りて血を付けて印としぬれば、其の児驚癇を病めり、……（略）……もと生まるゝ所の気産婦なれば、鳥となりても其のわざをなせるにこそ侍れ。」

近世の随筆類はほとんどこれらの説の一部をとりあげて産女を説明している。共通するのは産女を鳥と解している点だが、なぜ鳥であるのかについては記していない。

二

西鶴の『好色一代女』(11)（貞享三年刊）の終末近く、巻六の三「夜発の付声」で、一代女は六十五歳の老残の身を難波玉造の町外れに侘住居している。ふと「観念の窓より、覗けば、蓮の葉笠を、着たるやうなる、子共の面影。腰より下は、血に染みて、九十五六程も、立ちならび、声のあやぎれもなく、おはりよく〱と泣きぬ。是かや、聞き伝へし、孕女《うぶめ》なるべしと、気を留めて、見しうちに。むごいかゝさまと、銘々に、恨み申すにぞ。扨は、むかし、血荒《おろ》しをせし、親なし子かと、かなし。」

かつて一代女がまだ若かった頃、それまでの激しい好色生活にもかかわらず、奉公先で素人女にまちがえられたことがある。そのとき一代女は「おかしや、愚なる世間の人、はや、子斗《ばか》り八人、おろせしにと。心には、恥づかはしく」思う（巻三の一「町人腰元」）。一代女にとって堕胎児九十五六は誇張ではない。それら胎児の亡霊を一代女は産女と見まちがえる。子を抱いて現われる女の姿から女をさしひき、女の役割をも子にせおわせたとき、その形象は、一見逆にみえて、実は痛切な産女の内面化を示すことになる。出生できなかった子が出産しなかった母に出現するのは、母を恨むためではなく、母と共同することによって生理の外に出られなかった悲しみを創出するためである。その悲しみは出産できずに死んだ女の情念により明確な輪郭を与えるだろう。別のいい方をすれば、出生できなかった子の回向と産女の怪異は同じ事柄なのである。

西鶴は胎児の亡霊を『懐硯』(12)巻四の三「文字すわる松江《ずん》の鱸」でも描いている。堕胎薬を売って渡世する浪人の娘が、四、五年の間に五回離縁された。そのうちに父母が死んだ。六回目の結婚初夜、娘自身は知らないのに、「いづくともなく此女の前後より。胞衣かふりたる赤子数《す》百人忽身にひしと取つき。水泳ぐまねして立ならびたる」を夫が見て、翌日すぐに離縁した。以前の離縁もすべてこれが原因で、親の罪のむくいであった。

純粋な胎児の亡霊が純粋な因果話の中におさまっている。ここには生理を生理のみととらえる視点がない。一代女のような悲しみのひきうけ手がいない。

一代女はそのあと惣嫁になる。しかしもはや寄りつく客はなく、それを色づとめのとじめとする。最終章「皆思謂の五百羅漢」では、京都大雲寺に参詣する。五百羅漢がある。「五百の仏を、心静かに、見とめしに。皆々、逢ひ馴れし人の姿に、思ひ当らぬは、独りもな」く、一代女は罪と恥に倒れ伏す。撞き鐘の音で我に返ったとき、法師が「此羅漢の中に。其身より先立ちし、一子、又は契夫に、似たる形もありて。落涙かと。」問う。返事もできずに、一代女は足早に門外へ出て行く。

定まる夫もなく、残る子もなく、生涯を閉じようとする一代女に対して、産女も五百羅漢も、生理にのみ生きた孤独を改めてつきつける。ざんげ物語としてのこの作品の内実をなすものは、無常感でも、因縁の恐怖でも、犯罪でもなく、社会に認知されることのなかった生理の悲哀と罪障感なのである。

産女の外面的な徴表は、『百物語評判』と『好色一代女』の重なりあうところにあると考えてよい。そういう基盤のうえに次の俳諧(13)が成立している。

春の風所帯まかせて女浪打　西毛
抱りよ負りよ吾からとなく　西和
嘸あらん夢も間もなき腎虚国　西虎

付け合いの流れの中に産女像の一部がかすめとられている。

産女は怪異であるから産女が出現したときはすでに〈事件〉は終っている。近松の浄瑠璃作品は劇的連関の中で、その〈事件〉に重きをおいている。懐妊の女の死である。

(1)「頼政」[14] 高倉宮の子を胎内にもつさぬき（頼政二女）を、平家方の田原又太郎忠綱は助けようと思ったが、ちょうどそこへ平知盛と、今は平家方に降人となっている宮の乳母子宗信が来たので、やむなく殺す。宗信はさぬきの腹を刺して子を殺す（一段）。

(2)「自然居士」三条家の長女光姫は懐妊のまま「何とぞ成べき事ならば身ふたつに成り後の世を、助かりたくは候へども、心にまかせぬ生死の道」といって死ぬ。継母の呪いである。夫はひとりで野辺の送りをし、死骸をそのまま放置して失踪する。卜部夫婦は死骸をみつけ、「身持な御方を取り置くには、左鎌にて腹をさき親子をわけて葬ふる由」と、刀で腹を裂くと、姫が誕生する。夫婦が養育する（一段）。

(3)「多田院開帳」頼光の子頼親、信夫勝秀の妻に一目惚れするが拒否される。頼親は怒り、孕女の腹がみたいといって、腹を十文字に切り裂き、胎児を刀に貫く。勝秀は妻の死骸を抱いて川底へ。子四天王がその辺を通りかかると、おしどりが出て一行をとめる。その夜「丑三つ過ぐる頃しもや河水たんきうとせぐりあげ怪しき形ぞ見えにける。」勝秀夫婦である。夫婦は頼親討伐を願う（四段）。

(4)「ひら仮名太平記」村上義光、大塔宮を助けるべく家につれ帰る。敵の来襲に、懐妊中の義光の妻は宮の衣装を来て身替りになる（二段）。

(5)「浦島太郎年代記」（享保七年）[15] 安康天皇の女御中蒂姫は大草香の仕業によって懐妊十五か月でまだ出産しない（二段）。隣家にあずけられた中蒂姫の左の乳の下を、府生諸門の妻が裂く。姫の実母であることがそのときあかされる。しかし裂いて得た子は袋子だった（三段）。その子は実は大草香の眉輪の翁だった（四段）。

(6)「賀古教信七墓廻」（元禄十四年以前）民部の省孝房の北の方は、夫の継母の弟に襲われ、「身二ツに成る迄の命をくれよ」と頼むが、刺殺され、谷川に捨てられる。その死骸が鳴尾川の井堰にかかる。あばらの疵から胎児が出生し、母にしがみつく。北の方の魂は水わけ柳の枝をたよりに青い焔となってのぼり、折から葬送中の高梨友風の死骸に入って蘇生する。北の方は柳にすがる子を救いあげて抱き、「世上の産ならひにて子は生れて母は死し、子は死して母生きたるためしはあれど、御身と我はいかなる因縁因果にや、かく浅ましの産養誕生は仏に似て、餓鬼道のみなし子かや」と嘆く。そして友風の幽霊が子を抱いた姿で、中山寺の上人にすべてを語り、子のことを頼む（二段）。のち遊女宮城野のざんげ話により、北の方も成仏する（五段）。

(7)「大職冠」（正徳元年）志度の浦の海人満月は、鎌足の頼みで中国から渡来の玉を探すべく、八か月の身重を海中に沈める。半死の状態で浮かぶと、鎌足はいゝ含めて、左鎌で胸を裂いて子を出し、人々にはそこに玉があったと思わせる。その子はのちに房前となる（三段）。

(8)「弘徽殿鵜羽産家」（正徳二年）花山院の女御弘徽殿と藤壺は月日も同じ相孕み。弘徽殿の伯父が人を唆かして藤壺を殺させる。藤壺の恨みで弘徽殿の庭には時ならず藤の花が咲き、弘徽殿は病気となる。藤の花はやがて蛇身となって襲う（一段）。のち、弘徽殿への恨みが的外れであることを知った藤壺は、「科なき弘徽殿恨みをなせし恥かしさよ、罪を許させたび給へ、懐妊の御身を三年三月封じとめ、悩みをかけしも我なすわざ、今胎内に持給ふは姫宮にてましませども、みづからが持ごもりし若宮の御魂と、変成男子に転じかへ奉る」と慙愧する（五段）。

(9)「天神記」（正徳四年）道真流罪の途中の舟路を蔵人が狙う。道真の北の方に恩義のある内裡上臈十六夜は、秦の兼竹との間の子を負って泳ぎ、蔵人の舟に近づくが、子もろとも射ぬかれる（二段）。十六夜は実家である筑紫の白太夫の家に現われ、いま浜に子を背負った女の死骸が流れているから、ひきあげて「矢がらをぬいて子を引分け二筋の煙となし」て供養してくれという。ひょんなことで十六夜の妹の聟になることになった兼竹は、十六夜が十六夜の幽霊であること、浜の死骸は十六夜母子のものであることを知る。兼竹の懇望で姿を現わした十六夜は「女の身の矢先にかかりうぶ子諸共死したるは、もちごもりも同じこと八寒の大海に浮沈む憂き思ひ」と嘆く（三段）。

(10)「孋《ふたり》静胎内捃」（正徳三年）懐妊中の静を捕えた梶原景季が、大津松本の大津二郎の旅宿にとまる。二郎は盗賊熊坂長樊の手下の摺針太郎の子。父の罪を滅すべく、今は悔い改めている。二郎の妻は、摺針太郎が常盤を殺した罰か、三度懐妊して三度とも死産、今四度目の懐妊である。静が男子を出産する。二郎は妻の腹を裂いて子をとり出し、静の子の身替りとする（三段）。

(11)「日本振袖始」（享保三年）夫の巨亘の悪はすべて自分の胎内に子がいるからだと思った妻は、みずから左鎌で腹をかき切って死ぬ（三段）。

(12)「傾城酒呑童子」（享保四年か）吉助の子を身ごもった遊女白妙は、病死を目前にして「持ごもりて死ぬる身の目をふさぐと其まゝ、井筒屋迄知らせてかのお人の回向が、受たいわいの」と泣く。人の手引きで忍んできた吉助は「くるはの中で持ごもりに殺した、きたないやつ」といわれないために白妙を身請しようとするが、金がたりない。そのうちに白妙は死ぬ（四段）。

(13)「津国女夫池」（享保六年）将軍義輝の遊蕩に我慢できなくなった御台所は、懐妊中の身で家出する。三好長慶は御台所の密通を捏造するために、乞食の孕女を殺して顔の皮をはぎ、御台所の死骸にみせかける（二段）。

近松にははっきりした産女の姿は見当たらない。辛うじて(6)と(9)にその可能性がみえる程度である。考えてみれば不思議なことだが、先へ先へと展開を要請される劇の仕組みからくるものだろう。そのかわり、懐妊、出産が遭遇する〈事件〉と人間関係に関しては委細をつくしている。それを支えるものは、仏説巷説の粉飾をまといながらも現実の生理をつきさす、ある確定的な視点である。つまり近松は、生理に執着し、そこに立脚することがそのまま社会性を獲得することを確信していたし、それゆえにこそ社会性を喪失した生理が悲劇になり得ることを知っていた。いわば生理がいかに社会的認知を受けるかが、劇の趣向と一致しているのである。そういう意味で、ここに登場する女たちはすべて産女の前身であるといってよい。ただしそれは産女にならない限りにおいてである。彼女らは、子を抱く母の像がもつ、生理と社会の幸福な一致を経験しなかったが、生理と社会の深い亀裂を身をもって証することで、かけがえのない生をかけがえなく生きた。ここにもまた、産女の背後にある情念の構造が示されている。

三

鶴屋南北の『東海道四谷怪談』[16]（文政八年初演）の大詰「蛇山庵室」はお岩の復讐劇である。お岩の死霊に民谷伊右衛門は悩乱する。暮六つの鐘がなる頃、「世上の人の回向など、受けたらよもや浮もふと、あとの祭りもこはさが一ぱい、産後に死んだ女房子の未来を」と、庵室の庭にしつらえた流れ灌頂に向かうが、白布に水をかけると水は心火となり、布の中からお岩が「うぶめのこしらへにて、腰より下は血になりしていにて、子を抱へてあらはれ」、伊右衛門を追う。そして血の足跡を、床に散乱する紙帳の上にも、庭の雪の上にも残す。伊右衛門が精いっぱいの言訳をすると、お岩は抱いた赤子をみせる。伊右衛門は喜んで受けとる。ネズミ（お岩の変化）が出てお岩は消える。伊右衛門が驚いて赤子をとり落とすと、赤子は石の地蔵に変わる。みずからの受けた苦しみはすべて返済せんとするお岩のすさまじい復讐はそれからである。

数少ない例外を除いて、近松劇の女たちは自分のおかれた状況を認識し、要請された目的にみずからの生理を馴致させて死んでいった。南北劇はそうではない。頼む夫に裏切られ、隣人に血の道の薬といって毒薬を飲まされ、醜貌をきらわれ、惨殺され、戸板にくくりつけられて川に捨てられたお岩は、何ひとつ納得していない。納得する理由がない。その残酷さが、お岩の死霊の残虐を呼びおこす。それは産女の枠をこえ（事実お岩の産女姿は一瞬だけである）、すでに怨霊一般といってよい。みずからの生理に回帰する余裕がないほどに、お岩は周囲の人々の悪意に翻弄され、ひき裂かれていたのである。

同じ南北の『独道中五十三駅』（文政十年初演）の産女は、小夜中山夜泣石の伝説をとりあわせたもので、石の中から赤子の泣き声がしたかと思うと、石がくだけて中から赤子を抱いた女が出るという趣向である。お松は五年前、母の薬代のために江戸吉原へ勤めに出て、そこで由井民部之助（こと中野藤助）になじみ懐妊する。生み落とすまでの暇をもらって在所に帰ってみると、年貢米の未進で母は入牢している。民部之助を恋しく思いながら、お松は二度の勤めに出ることを決意する。一方、お松の義妹お袖も都で奉公中に藤助の子を懐胎するが、江戸の藤助と女郎の噂をきいて嫉妬し、女郎の体面が見苦しくなるようにと願をかける。その女郎がお松であった。お松は醜くなり、身売り奉公の話はこわれるが、仲介の女が現われてお松は別の男に売られることになる。お松は辰の年月日時の生れであった。その男、江戸兵衛こそ、以前お松の父を討った者であり（お松はそのことを知らない）、そのとき受けた金瘡の治療のため辰の年月日時の生れの女の生胆がほしかったのである。お松の腹を裂いて生胆をとり出そうとすると、赤子が出る。赤子は門口へ捨て、お松の死骸は戸板につけて川へ流す。お松の産女はそのあとに出る。通行する盗人がお松に赤子を頼まれ、こわごわ了承すると、お松は嬉しそうに消える。だが、のちにお松の亡霊は母の猫石の精霊と合体してお袖を殺し、民部之助を苦しめる。

お岩もお松も生理より男との関係を優位においている。あるいはおかせられている。つまり産女としての切実さがたりないのだ。このことは彼女らを見舞った〈事件〉以上に惨劇だといってよい。惨劇は生理に根ざしているようにみえるが、逆に、生理が〈事件〉にみずからを売り渡した結果である。嫉妬の怨恨劇に近いものである。嫉妬は感情であっても生理ではない。南北は人間の感情の自然の流れを堰きとめ、なぶれるだけなぶった。なぶられた感情は死霊となって回復を求める。産女は死霊のその一コマにすぎないのである。

南北のこれらの産女は、山東京伝の『絵本梅花氷裂』『安積沼後日仇討』の産女からきたものだという指摘がある。(17)

『絵本梅花氷裂』(文化三年刊)——信州の唐琴浦右衛門は子供がほしくて妾藻の花をかこう。藻の花は懐妊する。五か月の頃浦右衛門は主君に従って鎌倉へ行く。妻の桟は隣家の悪人旧鳥蓑文太に唆かされて、藻の花に恨みを抱くようになる。土蔵に押しこめられて餓鬼の苦しみを味わった藻の花は、何とか脱出し、庭の金魚槽の水を飲むのだが、そこで蓑文太に横腹を蹴破られ、横腹の破れ目から生れ出た子を桟に殺される。

一方、鎌倉の浦右衛門はある日近くを散歩し、夕刻、地蔵の堂前を過ぎる。水子塚の石碑がある。胎内で死んだ多くの水子のことを思って無常を感じ、さて帰ろうとすると、「堂中に女の声のいとかすかに、かしこきものよいとし子よ、わごりよが乳母はいづくにぞ、かの山越て里にかと、子をなぐさむる声の耳なれたれば、こはいぶかしと身を転《ひるが》へしてかへりみるに、堂中の暗所に白きものを身にまとひたる女、みどり子を懐に抱て仏の前なる木魚を打ち、鈴《りん》をならして余念なく子を遊ばする体なり(18)」その姿が藻の花にそっくりなので、浦右衛門が近づこうとすると、女は地蔵の背後に隠れてしまう。故郷のことを思うあまりの気の迷いかと、歩き出すところへ、故郷から惨事の知らせがくる。

この読本は、最終的には浦右衛門の弟滝次郎らが蓑文太を討つ仇討話なのだが、主筋にまといつくように、藻の花の怨恨が金魚の怪を媒介にして桟に憑き、蓑文太に殺された桟の死霊が蓑文太を苦しめる。怨霊の転移劇でもあるのだ。しかし、藻の花の産女姿はあえかであり、むしろ怨霊の小休止の感がある。

『安積沼後日仇討』（文化四年刊）――夫の留守中悪人に迫られて家出し、子を産んで行き倒れたおりゅうが産女となって現われる。「よな〳〵子を抱きたる女の幽霊出で、人を呼びかけ、此子をしばし抱いてたまはれ〳〵といふ声いとあはれなり。これにあふ者ふた目と見ず気絶して倒るゝもあり。これは先日子を産みて死したる女の迷い出づるならんとて、のちには昼もこの辺を通る者なく、ゆききふつにたへたりけり。[19]」とある。姿も心情も可憐といってよいのだが、出現が一回限りでないところに恐怖があるのだろう。そして実はこの産女、小はだ小平次の霊魂だったのである。

京伝や南北は、人が人に憑く、あるいは人になりかわるということを構想の基本にしている。その分だけ個体の自立性は稀薄である。彼らはそうすることで何を狙ったのだろうか。それが魂魄ということだったのだろうか。

京伝は文化二年に『桜姫全伝曙草紙[20]』を刊行している。丹波国鷲尾義治の妻野分は、妾の玉琴を嫉妬して惨殺させ、大江山の谷川に捨てさせる。弥陀の二郎が付近を通りかかると、小笹の中に赤子が泣いており、傍に顔の皮をはがれ、腹の破れた女の死骸がある。二郎の懐の中で赤子は死ぬ。すると死骸の疵口から心火が飛んで赤子は蘇生する。玉琴の魂魄が子に還著したのである。この子は成長して清水寺の清玄となり、そののち長く（死後までも）野分の娘桜姫を熱愛して悩ませていく。清玄の背後には常に野分に対する玉琴の怨恨があった。

生理が魂魄に憑く、魂魄に化する。それは一般的な怨霊の構造である。魂魄に過重な負担がかけられる。

魂魄はあたかも〈事実〉であるかのように転変する。個体をこえた魂魄の自律的な運動は、放恣な趣向ともいえるし、閉塞社会の風穴ともいえる。しかし、産女の構造はそれとはちがうのではないか、お岩、お松、藻の花、おりゅうの情念は、怨霊一般に拉致されてはいるけれど、産女姿で登場するその瞬間だけは、怨霊から解き放たれているのではないか。産女姿になった瞬間、〈事実〉をなぞる魂魄の運動は停止してしまう。彼女らの産女姿があえかなのは、魂魄が中有に迷った状態にあるからである。迷った魂魄はどこに行くか。生理に憑くのである。このとき魂魄は、生理を賦活させるものとして、生理に個体性を与えるものとして存在する。

折口信夫は「小栗外伝」の中で「姑獲鳥《ウブメ》は、飛行する方面から、鳥の様に考へられて来たのであらうが、此をさし物にした三河武士の解釈は極めて近世風の幽霊に似たものであつた。さう言へば、今昔物語の昔から、乳子を抱かせる産女《ウブメ》は鳥ではなかつた様だ。幽霊の形を餓鬼から独立させた橋渡しは、餓鬼の一種であつた此怪物がしたのであるが、これは、姿を獲たがつて居る子供の魂を預つて居た村境の精霊で、女身と考へられてゐた。[21]」と書いている。折口によれば、餓鬼の本質は肉身親を欲する魂魄なのである。産女の餓鬼性は、『賀古教信七墓廻』や『絵本梅花氷裂』にみられる餓鬼そのものとの関連、産女説話と水辺との関係、産女出現の場所、水施餓鬼の修法、そして火車との関連などを媒介として辿ることができるだろう。子を抱く母の像が、もし折口のいうように子供の魂に肉身を与えたがっている精霊だとすれば、それが亡霊であるということのみによって肉身に手の届かないものとなり、精霊の形は幽霊化するほかないだろう。化政期の産女はそういう状況の中におかれながら、なおかすかに、みずからの生理に個体性が与えられればそれで十分なのだ、という原型の痕跡をとどめている。

化政期の産女の具体性はおそらく土俗との接触によってもたらされたものである。しかし土俗には土俗の自然による別の怪異が存在しただろう。

山口村の吉兵衛と云ふ家の主人、根子立《ねっこだち》と云ふ山に入り、笹を苅りて束と為し担ぎて立上らんとする時、笹原の上を風の吹き渡るに心付きて見れば、奥の方なる林の中より若き女の稚児《をさなご》を負ひたるが笹原の上を歩みて此方へ来るなり。極めてあでやかなる女にて、これも長き黒髪を垂れたり。児を結び付けたる紐は藤の蔓にて、着たる衣類は世の常の縞物なれど、裾のあたりぼろ〳〵に破れたるを、色々の木の葉などを添へて綴りたり。足は地に着くとも覚えず。事も無げに此方に近より、男のすぐ前を通りて何方へか行き過ぎたり。此人は其折の怖ろしさより煩ひ始めて、久しく病みてありしが、近き頃亡せたり。

(『遠野物語』[22] 四)

ここには近世文芸の画割とは無縁の土俗の想像力がある。吉兵衛の感じた怖ろしさは、魂魄そのものの怖ろしさと考えてよい。もちろんこの若い女を産女と断定することはできない。しかし、脇目もふらずに彼女がみつめていたものは、産女が希求していたものと、殆んどちがわないはずである。

注

(1) 日本古典文学大系25『今昔物語集四』岩波書店
(2) 同　右
(3) 大正十五年。『定本柳田国男集』(筑摩書房) 第四巻所収
(4) 網野善彦著『無縁・公界・楽』(平凡社、一九七八年) 一三二〜一三八ページ
(5) 高野辰之、黒木勘蔵校訂『元禄歌舞伎傑作集』(臨川書店) 下巻所収
(6) 柳田国男監修、民俗学研究所編 (平凡社、昭和三十年)

（7）『仏母摩耶山開帳』（元禄六年上演）、『元禄歌舞伎傑作集』下巻（前掲）一一四ページ
（8）井原西鶴『本朝二十不孝』巻三の一「娘盛の散桜」（横山重、小野晋校訂、岩波文庫九五ページ）
（9）巻之二第五「うぶめの事付幽霊の事」近代日本文学大系第十三巻『怪異小説集』（国民図書、昭和二年）所収
（10）今は「其の声をはれう〲と」と読まれているようである。
（11）横山重校訂（岩波文庫）。ただし引用本文の表記は私に改めたところがある。
（12）一『定本西鶴全集』（中央公論社）第三巻所収
（13）天和三年刊行の西鶴一門による「精進膾」（『定本西鶴全集』第十巻上所収）
（14）藤井紫影校註『近松全集』（朝日新聞社）を使用した。ただし引用本文の表記は私に改めたところがある。作品の収録巻数を記しておく。「頼政」（二巻）、「自然居士」（三巻）、「多田院開帳」「ひら仮名太平記」（四巻）、「浦島太郎年代記」（五巻）、「賀古教信七墓廻」（六巻）、「大職冠」「弘徽殿鵜羽産家」（九巻）、「天神記」「殩静胎内捃」（十巻）、「日本振袖始」「傾城酒呑童子」（十一巻）、「津国女夫池」（十二巻）
（15）祐田善雄「近松年譜」（『浄瑠璃史論考』所収）による初演年
（16）『鶴屋南北全集』（三一書房）第十一巻所収
（17）郡司正勝「治助・京伝・南北——劇と小説の交流について——」、『かぶきの発想』（弘文堂、昭和三十四年）所収。同書三〇四ページ
（18）第四齣《せき》「遇《あふ》ニ妾《しやう》-婦《ふ》幽《いう》-霊《れいに》ニ」（二十一ウ～二十二オ。ただしこの本の丁付けは十二丁から十五丁にとんでいる。）表記は改めたところがある。
（19）前編、十一オ。表記は改めたところがある。
（20）日本名著全集『読本集』所収
（21）『折口信夫全集』（中央公論社）第二巻所収。同書三六七～三六八ページ
（22）『定本柳田国男集』第四巻所収。同書一二ページ

幽霊出産譚

花部英雄

一

『続曹洞宗全書』の史伝の中に、「通幻和尚誕縁志」(元禄十二年)という一書がある。総持寺峨山紹碩の弟子、通幻寂霊の誕生を記したものであるが、ここに二つの誕生説が紹介されている。その一つは、通幻は京都の武士の生まれで、その母が清水観音に祈請して懐妊するが、出産間近に亡くなる。葬送後に墓中から児の泣き声が聞こえるというので掘り返してみると、子供が生まれていた。それが通幻であったと説くものである。この墓中誕生説は既に「通幻和尚行実」(慶安二年)に記されており、世に知られているものである。これに対してもう一つの誕生説は、鳥取の景福禅寺の和尚が土地の口碑を記録したものだという。その梗概を述べてみる。

因州石井郡浦住の細川氏には太郎丸、次郎丸の二子がいて、長子太郎丸は事情があって独り京に住んでいた。あるとき浦住に帰った折、岩淵長者の娘と知り合い、情を交わすが、別れて後に娘は病を起こし亡くなる。娘は土葬神《つげのさい》という墓所に葬られる。その頃京にいる太郎丸のもとに、ある夕方娘が訪ねてきて、父母に内緒で来たと言い、そのままそこに住むようになる。

三年の間に一子を儲ける。あるとき娘は父母に謝したいと太郎丸に告げ、三人で帰郷することになる。家の傍までくると、娘は太郎丸に先に行って事情を話してもらいたいと頼み、自分は子供と墓の所で待つ。太郎丸の話を聞いた長者は大変驚き、娘は死んで三年になると述べ、半信半疑ながら使いの者を墓に見に行かせると、子供が墓の上で泣いていた。その場所が娘の墓であったことから娘の子と知り、養い育てることにする。太郎丸は京に戻るが、翌年亡くなる。子は成長し、後の通幻和尚となる。

また異説があって、あるとき婦人が胡餅を買いに、たびたび土葬神を出入りしたと言い、その姿を見た者も多くいたという。今その餅屋の子孫がこれを伝えているという。

京に戻った太郎丸を追いかけるように娘の霊が現れ、同居して三年、子供を生むというこの話は完全な幽霊出産譚である。ただ、子供を残して娘が消えた場所が娘を葬った墓上であったということや、また異説として子育て幽霊の伝説が付随していることから、墓中誕生譚を巻き込んだ形の誕生説と言える。

ところで、通幻和尚誕縁志は以上二説を紹介した後で、これに論評を加えて、墓中誕生説をもとにして幽霊出産説ができあがったのだろうと述べている。そのあとに、母体が死んで後子が生まれたという例はあるが、死んだ人間が情交して子供を出産するなどありえないとするという一般的な考えに対して、

予云。不レ然。背清河張鎰幼女倩娘。其身病在二衡陽閨中一。而奔随二王宙一在レ蜀五年。遂生二二子一。後帰二衡陽一。与二閨中身一合為二一体一者。非二神魂之有レ所レ感而分離一耶。如二其神魂一。身死不レ亡。随レ所レ感而現レ形。一娘倩娘死生雖レ異。其所レ応是一也。如二羅愛郷一如二緑衣人一可二以為レ証。

と述べ、霊魂の不滅を説いている。ところで、ここの引例のうち「羅愛郷」「緑衣人」は明の『剪燈新話』

にあり、又「倩娘」は唐の玄陳祐「離魂記」のことと思われる。後に『太平広記』にも収録されるが、唐代の伝奇小説の一つである。内容の要約を記してみる。

清河《せいか》の張鎰《ちょういつ》には娘二人いたが、長女は早くに亡くなり、今は妹の倩娘だけである。この張鎰には王宙という甥がおり、一緒に住んでいて、倩娘とは相思相愛の仲であった。しかし張鎰はそのことを知らず、同僚の部下から倩娘への求婚があったので、これを受け入れ婚約を決めてしまう。倩娘はすっかりふさぎ込み、王宙もまた深く傷ついてしまい、都へ出て職を求めたいという口実で旅立つことになる。出発したその夜、碇泊中の船室にいる王宙のもとに倩娘が尋ねてくる。二人は契りを交わし、そのまま蜀に行き一緒に暮らした。

それから五年の歳月が流れ、二人の子供ができた。あるとき父母のことを思い涙ぐむ倩娘に、王宙は清河に帰り不孝を詫びることを決意し旅立つ。郷里に着くと、王宙は妻子を船に残し、まず一人で張鎰の家に行く。話を聞いた張鎰は驚くが、娘はその後ずうと寝たきりなので信じかねていた。そこで使いを船にやると、まちがいなく倩娘と二人の子供がいたという。それを聞いてなおも半信半疑でいると、下女が来て、部屋に寝ている倩娘が起き出したと告げる。あとを追いかけると、向こうから子供を連れて歩いてくる倩娘とぴたりと一つに合わさってしまった。それから四十年して王宙と倩娘は亡くなるが、子供の一人は県丞《けんじょう》、もう一人は県尉《けんい》となった[1]。

以上がその要約となるが、このあと作者はこれを記録するに至ったいきさつについて、「わたしは若いころ何度かこの話を聞いたことがあったが、それぞれ食い違いがあり、実話ではないかもしれぬと考えていた。ところが大暦（七六六―七七九）の末に、萊蕪《らいぶ》県の知事の張仲覌《ちゅうせん》に会う機会があり、話の顚末を詳しく語ってもらった。張鎰は仲覌の父がたの叔父にあたるので、話の細部にわたってよく知っていたのである。そこでここに記録することとした。」と述べている。話の性質上その信憑性を懸念して、あえて一言を加えたものと思われるが、それは別として、ここで興味深いのは陳祐がこの話を何度か聞き、「それぞれに食い違いがあ」ると述べていることである。これを信ずるなら、当時すでに民間説話として流布されていたことを物語っており、また知識人仲覘の語る内容とは違うものもあったと推測できることになる。このことはこの話の源流へと溯る場合に考慮すべきことと思われる。

ところで、この離魂記の話を先の通幻和尚誕縁志と比較してみると、構想において極めて類似していることがわかる。いまその要素を比べてみる。（ ）は離魂記の場合である。

深い仲の二人が事情あって別れることになり、男は独り都に行く。娘は死ぬ（病床に臥す）が、その霊は男のもとを尋ねていき、二人は共に暮らす。三年（五年）が過ぎて子供一人（二人）生まれる。娘が父母を懐しむため、一度皆で謝罪に帰省する。男が妻子を墓（船）に待たせて訪ね、事情を説明するが信じてもらえない。使いの者をやると娘は消えて子供が（妻子共に）いた。（二人の娘は合体する）。やがて子は成長し名僧（高い官位の役人）となる。

このように要点を押さえてみると、両者は同一話型の話といえる。これをもってただちに翻案とはいえないかもしれないが、その先後関係だけは明らかといっていいであろう。ただ両者において大きく異なるのは、娘の出現の正体である。話の展開からすれば、幽霊、分身のいずれにおいても内容に破綻をきたすことはないが、事が出産とも関わっていることからして、多少の説明が要るようである。

二

生者の肉体から魂が遊離して徘徊するという内容の話が、劉義慶の『幽明録』の中にある。

鉅鹿《きょろく》（河北省）に龐阿《ほうあ》という美男子がいた。これを垣間見た石家《せき》の娘は思いを寄せるようになる。まもなくその娘が阿の家を訪れるが、嫉妬深い阿の妻に縛られ、女中に石家に送らせる。しかし途中で煙と化して消える。そのことを娘の父親に語るが、虚言を言うと逆に怒る。その後また娘が夫の書斎に入り込んでいるのを見つけ、妻は縛って自分で連れていく。娘の父は驚き、奥にいる娘を呼びにやると、縛られていた娘が掻き消すように消える。後で娘に理由を尋ねると、龐阿を見てから身心ともにふわふわして、夢の中に龐阿を訪ねたところ縛られたと答える。父親は、純粋な心が感動すると、魂が人知れず現れ出るのだと納得する。その後阿の妻が病気で死に、娘は阿の後添いとなった(2)。

激しい思慕の情が娘の魂を遊離させるという非現実の世界を語りながら、その叙述に陰気さはなく、むしろ淡々としている。この淡白さが六朝志怪小説の特色とされるが、それはまた、こうした怪異な現象を半ば容認するような土壌があったことを物語っている。そのことに関連するが、娘の語る遊魂の様子が日本の昔話の中の「夢買長者」などにみられる遊魂譚と類似している。時空を超えての彼我一致の証拠であろうか。

ところで離魂の起こる理由をこの話では、「純粋な心が感動すると、魂が人知れず現れ出るものだ」と説いている。通常ではありえないが、ある強烈な刺激や衝撃を受けた場合、平常心を失って一種の自己喪失に陥ることがあるが、この状態が自然に離魂を誘発するのだと言えよう。それは倩娘が思慕していた王宙との別離を悲しむあまりに魂が抜け出たことにもつながるし、古くには純潔至誠の屈原が憔悴しきって日夜江畔を放浪する姿がそうである。こうした遊魂信仰は古く、また国を問わずあったもので、日本でも源氏物語の中で、六条御息所の生霊が葵の上を苦しめるのがその一例である。ただこうした遊魂譚の中で、妊娠、出産を説く例は遊魂記以外に知らない。

ところで、肉体と魂との分離を説くこの二元論的考え方は、死者においても同様にあてはめられる。いや死者の場合、本源的であり、より顕著な形で表われる。中国の儒教的な考え方によれば、人が死ぬと魂《こん》は天に帰り、魄《はく》は地に帰ると考えられていた。魄は陰神と言って、身体の感覚や作用の働きをなすもので、人間が息絶えた後も、死体が形を残している限りその中に留まっていると考えられていた。(3) こうした魂魄観を表わした説話は数多い。その中で六朝志怪小説を代表するのが、若くして死んだ女の霊が男のもとに現れるというパターンのようである。干宝の『捜神記』巻十六・十七は幽鬼（幽霊）に関する説話をとりあげたものであるが、そのうち女の幽霊と契りを結んだという話が、巻十六に四話みえる。東洋文庫の目次に従えば、394「夫差の娘」、395「墓のなかの王女（その一）」、396「墓のなかの王女（その二）」、397「幽婚」とある。このなかの「幽婚」を紹介してみる。

范陽（河北省）の盧充の家から西へ五里ほど行ったところに、崔少府の墓がある。充が二十歳の冬に狩に出かけた。一匹の麞《のろ》を追いかけて行くうちに道に迷い、立派な邸に着いた。門番は少府の邸であると言い、主人が待っているからと中に入れる。奥の部屋で少府に面会すると、少府はあなたの父から娘をあなたの嫁に欲しいという手紙を貰ったと言い、一通の書を見せてくれた。見ると、確かに幼ない頃亡くなった父の筆跡である。それからすぐに婚礼となり、宴会は三日に亘り、三日目に少府は娘は身籠ったようだから帰っていいと言う。そしてもし男が生まれたら返すが、女だったらこちらで引き取ると約した。門を出ると牛車が用意してあり、少府から着物と布団を贈られる。家に帰りこのことを話すと、それは崔少府の墓の中に入っていたのだと諭される。

それから四年後の三月三日、充が川辺で禊をしているところに二台の牛車が現れる。充が近づいて後戸を開けると、崔の娘と三つになる子が乗っている。もう一台の車から少府が姿を現わし、約束通り子供を返しに来たと告げる。娘は子供を充に返し、さらに金の椀に詩を一首書き添えて贈った。充は子供を連れて帰ると、家の者は気味悪がり、妖怪だと言って唾をかけるが、子供に変化はない。娘から贈られた金椀の詩を読んで、不思議な運命に嘆息した。

充は町に出かけて行き、その金椀に法外な値を付けて売れないように計らい、これを見知っている人を待った。老婢が早速見つけて主人に報告する。その主人とは、崔の娘の伯母にあたる人であり、確認のために息子を遣わす。息子は充のもとにきて、叔母が崔少府へ嫁に行き、女の子を一人生んだが、この娘が嫁入りしないうちに亡くなった。そのときこの金椀を棺に入れて葬ったのだが、それをどうして手に入れたのかと尋ねた。充はそれまでのありさまをつぶさに答えてやった。そのあと充と子供はその伯母の家に招かれる。親戚一同集まっていて、子供が母親にそっくりだし、椀も同様だと言う。伯母がきて姪の字《あざな》は温休と言い、それが幽婚を意味することから、生まれながらに数奇な運命であったことを改めて知る。その子は成長して立派な人物となる。その子孫も代々高官となるが、そのうち盧植《ろしょく》は特に著名な人物として名が知られている。[4]

この盧植とは後漢末の人で、字は子幹。今古に博通した学者で、尚学の官に昇った。性剛毅で大節があり、常に済世の志を抱いていたという。実在の人物であるという点、この話が通幻和尚と同様に伝説化して語られていたと言える。

さて、捜神記巻十六にみられる、生者と幽霊とが契りを結ぶという幽婚説話には、ある共通性がある。まずは女の出自が王女や高級官吏の娘というように高貴な家の出身女性たちである。当時の考え方によれば、上流階級で裕福な者の魂は精気が強く純粋で明るいとされる。[5]さらに一致しているのは、みな薄幸の女性たちで、結婚を前に病歿している。未婚や思いを残した死者の魂は容易にこの世を去らず、活発に活動すると考えられている。このような人物設定が、伝統的な説話手法の中にあることを物語っている。

次に男女の契りであるが、その場合いずれも男は死体と結び合っていたことになり、具体的で生々しい。「幽婚」の話では墓の中で婚礼を行ない、また棺に納めた金の椀を贈られたということがそれを暗示している。「墓のなかの王女（その二）」では、談生《だんせい》と情交した睢《すい》陽王の娘が、三年の間自分の体を灯りで照らすなと言う。しかし禁を破って見ると、下半身はひからびた白骨であった。幽明録にも「死後のお産」という話があり、子供を生まないで死んだ妻に繰り言を聞かせると、死んだ妻が起き上がり、人が寝静まってから交わりを結び、あなたのために子供を生みましょうと答えた。その通りにすると、それ以来妻の体がほの暖かく感じられ、果たして十月十日後に男児が生まれ、霊産と名付けたという。(6)時代は下って、宋の『夷堅志』の中に、死後葬られた娘が僧と情交して身籠ったという噂が両親の耳に入り、恥知らずだと言って死体を焼き殺すことにする。すると娘の霊が夢枕に立ち子を生むまで焼かないようにと懇願するが、構わず焼くと、脹らんだ腹の中に子供のいるのが見えたという。

これらの例はみな死体との交渉、妊娠、出産を語るものである。また逆に、死者との交わりを持った結果、精気を奪われ命を失ったという話も多くある。(7)テーマも型も異にした説話の中に死体交合モチーフが表われてくるというのは、これが先に述べた魂魄思想につながる伝統的な説話モチーフであったことを意味するものであろう。そうしてみると遊魂記の、魂が抜け出て子を儲けるという内容が、非常に特異であり、また孤立したものであることがわかる。遊魂記が知識人からの聞き書きであり、それ以外にも種々の相違した語り方があったということから考えて、その本源は死体との交合を語る幽婚説話にあったのではないかと推測される。そのヴァリエーションとして遊魂記が位置づけられるのではないだろうか。

そこで、このようにとらえた場合に、遊魂記と深いつながりを有する「金鳳釵記《きんほうさいき》」（明、瞿佑著『剪燈新話《せんとうしんわ》』所収）の内容が、その時代的変化としてうまく説明できるように思われる。まずはその梗概を記してみる。

元の大徳年間、揚州に富豪、呉防禦《ぼうぎょ》という人がいて娘があった。隣家に官吏の崔という人がいて息子があった。両家は親しく交際していたので、まだ幼かったが二人の結婚の約束を交わし、崔家から金制の鳳凰のかんざしが贈られた。ところが崔家は遠方に赴任していき、十五年の間音信が全くなかった。呉の娘興娘《こうじよう》は十九歳になっていたが、ひたすら許嫁の興哥《こう》を待ち焦がれていて、ついに病床に臥し、半年後亡くなってしまう。贈られたかんざしを髪にさして葬る。それから二ケ月後に興哥が訪ねてくる。両親とも亡くなり、やっとその喪があけたので急いで来たと告げる。防禦は娘の死を知らせ、身寄りのなくなった興哥を門の傍の小部屋に住まわせることにする。

半月後の清明の時節、防禦は娘の墓参に興哥を留守番にして家中で連れ立って行く。その中には興娘の妹慶娘《けいじよう》もいた。夕刻、出迎えに興哥が門の外に出ていると、後ろの駕籠から金のかんざしが落ちた。拾って届けようとするうちに駕籠は門の中に入ってしまった。興哥は仕方なくかんざしを手に小部屋に戻ると、その夜慶娘が訪れてくる。慶娘は強引に同衾をしいるため、ついにその通りにする。それからひと月あまり、慶娘が夕方来て明け方帰るという関係が続いた。そうしたある夜、慶娘はこのような逢瀬が発覚すると困るので、どこか他国へ行こうと誘う。興哥は同意し、かつて家僕をしていた鎮江の金栄を訪ねて行き、そこに落ち着く。

一年が過ぎようとしたある日に、慶娘は家に帰り父母に謝まりたいと言う。興哥もそれに従い揚州に帰ってきた。家の近くまで来ると慶娘は船に残り、金のかんざしを与えて興哥を先にやらせた。家に入って慶娘のことを詫びると、防禦は娘はずうと病気で寝たままだと答える。そこで念のためにと船に使いの者をやるが誰もいない。興哥は金のかんざしを出して説明すると、そのとき急に病床の慶娘が起き出し、姉興娘の声で、死んだ身でありながら興哥との因縁が絶ちきれずにこうして現れたが、どうか妹慶娘をわたしの身代わりに興哥と縁組させて欲しい、そうすれば病気もよくなると言う。家中の者はみな驚くが、なぜこの世に帰ってきたのかと尋ねると、冥府の役人が罪がないからと言って一年間の休暇をくれたので、この世に来て興哥との約束を果たしたのだと答える。そこで防禦が興哥との結婚を許すと述べると、霊は感謝の意を表し、慶娘はその場に倒れる。薬を飲ませると慶娘は夢から覚めた様子で、それまでのことは一切知らない。やがて二人は結婚し、金のかんざしを売った金で興娘の供養を鄭重に行なう。興娘は夢に現れて感謝の意を述べ、以後現れなかったという(8)。

清明の墓参のときにこの世に戻った興娘の霊は妹の身体に宿り、興哥との生活を送り休暇の一年を経てあの世に帰るという新意匠が加わり、内容全体が多少複雑な様相を帯びてはいるが、基本的な構成において離魂記と一致していると言える。これが離魂記の翻案であるかどうかは別として、倩娘の離魂、そして合魂のもつある意味での不自然さを、冥界との交通という伝統的説話形式に解消させたところに明代の怪異小説の合理性と新しさがあるように思われる。これが、ひとり作者の文芸意識によるものではなく、巨視的にみるなら時代の要請による変容と位置づけることができよう。伝統的な中国の幽婚説話が六朝の志怪小説から、唐の伝奇小説を経て明の怪異文学へと結実していく過程に、中国民衆の霊魂観とその変容をたどることも可能であろうが、ここではそうした流れの全体に離魂記をおいて、その意味を照射してみたのである。

三

さて、離魂記が幽婚説話を本源にしていることを述べたが、それが通幻誕生譚にどのように関わっているかである。図式的に言うなら離魂記、あるいはそれに類した説話からの翻案ということになるが、それだけでは済まされない問題も残る。視点を日本に移した場合でも、当然その受容基盤、受容後の変化といった新たな問題が出てくる。ここではその受容基盤に限って考えてみたい。

今昔物語集巻第二十七の二十四に亡き妻と情を交わしたという話がある。ある青侍が召し抱えられて他国に赴くことになるが、今まで暮らした女房を捨て、別の女を妻にして下って行った。不自由なく過ごしているうちに元の妻を恋しく思うようになり、任国の務めを終えて一緒に都に戻ったときにすぐさま元の妻の家を訪ねた。月の明るい晩、荒れた家に独りでいる女は、男を恨む様子もなく迎えてくれた。その後二人は睦まじく語り合い共寝した。翌朝、日の光の中に女を見ると、骨と皮ばかりの死骸であった。驚愕した男は隣の家に駆け込んで事情を尋ねると、男が出て行ったあと女は病気になり、まもなくして死んだ。誰もいないので死体もそのままであろうと答えた。そこで今昔物語の作者は、この奇異なる出来事に対して「魂ノ留《トドマリ》テ会《アヒ》タリケルニコソハ。思フニ、年来《トシゴロ》ノ思ヒニ不堪《タヘズ》シテ、必ズ嫁《トツギ》テムカシ」と解説を加える。

死んだ妻の執心が、再び夫と契りを結ばせたという作者の解釈は計らずも、中国の幽婚説話と一致した発想であり、また日の光にさらされた妻の骨と皮の死体は、捜神記の睢陽王の娘の下半身白骨の姿と重なってくる。今昔物語のこの説話構成の出所は不明であるが、底流において共通性があるように思える。ただ今昔物語の場合、死体交合に対して強い忌避の心情を抱いているところに彼我の違いを読みとることができる。

これより百年後になるが、鴨長明の『発心集』に類似した話が載せられている。第五の中の「亡妻現身《ぼうさいげんしん》、夫の家に帰り来たる事」である。

中ごろ、かた田舎に男ありけり。年ごろ志《こころざし》深くて相具したりける妻、子を生みて後、重く煩《わづら》ひければ、夫添ひ居て扱ひけり。限りなりける時、髪の暑げに乱れたりけるを、結《ゆ》ひつけんとて、かたはらに文《ふみ》のありけるを、片端を引きやりてなん結《むす》びたりける。かくてほどなく息絶えにければ、泣く泣くとかくの沙汰などして、はかなく雲煙《くもけぶり》となしつ。その後、跡のわざ懇《ねんごろ》に営むにつけて、慰む方《かた》もなく、恋しくわりなく覚ゆること尽きせず。いかで今一度ありしながらの姿を見んと、涙にむせびつゝ明かし暮す間《あひだ》に、ある時、夜いたう更けて、この女寝所《ねどころ》へ来たりぬ。夢かと思へど、さすがに現《うつつ》なり。うれしさに先づ涙こぼれて、「さても、命尽きて生を隔つるにはあらずや。いかにして来たり給へるぞ」と問ふ。「しかなり。現《うつつ》にてかやうに帰り来ることは、ことわりもなく、例《ためし》も聞かず。されど、今一度見まほしく覚せる志の深きによりて、有り難きことをわりなくして来たれるなり」その程の心のうち、書き尽すべからず。枕をかはすこと、ありし世につゆ変らず。暁起きて、出でざまにものを落したる気色にて、寝所《ねどころ》をこゝかしこ探り求むれど、何とも思ひ分かず。明け果てゝ後、跡を見るに、元結《もとゆひ》一つ落ちたり。取りてこまかに見れば、限りなりし時、髪結《ゆ》ひたりし反故《ほんぐ》の破《や》れにつゆも変らず。この元結はさながら焼きはふりて、きとあるべき故もなし。いと怪しく覚えて、ありし破《や》り残しの文のありけるに継《つ》ぎて見るに、いさゝかも違《たが》はず。その破れにてぞありける。「これは近き世の不思議なり。更に浮きたることにあらず」とて、澄憲《ちょうけん》法師の人に語られ侍りしなり。

今昔物語の中では、思いを残して死んだ妻の執心が霊となって現われたのであるが、発心集の話では、「今一度見まほしく覚せる志の深き」に感じて現われるというように、霊発現の機縁が死者から生者の側へと移行しているのである。さらにまた、現われて消えるときに反故文を残していく。これは霊発現を「夢かと思へど、さすがに現なり。」と語ることと基調を同じくするもので、ここでは話にリアリティーを加える説話的手法とみなすことができる。こうした変化は内容にも関係していて、例えば霊に対する見方をみると、今昔では霊であったことを知って驚愕しこれを忌避するが、発心集では霊と知って思慕、情交するのである。これは具体的には、死骸が干からび白骨化していたのと、茶毗に付してないこととのイメージの相違といえるだろう。その点、発心集は霊・肉二元論を越えて、霊それ自身が独立した存在として形象化されていることを示している。葬送の変化に対応した表現といえるが、同時にそれは霊魂観の変化を物語るものであろう。このように今昔物語、発心集を対比した場合、同じような話柄でありながら叙述、内容ともに差異を示している。説話の成長という観点からみれば、後者がより発展した形といえる。

ところで、発心集のこの話は「澄憲法師の人に語られ侍りし」とあって、その出所が明らかである。澄憲は比叡山竹林坊の安居院に住した人で、唱導の名人であった。その澄憲がこの話を唱導の一環として語っていたとすれば、その巧みな話術を通して十分洗練されたものになっていったであろう。先に述べた説話としての発展も、これに起因するものと思われる。そのうえ興味深いのは、こうした話が説教等に用いられていたという事実であって、それは後に通幻和尚誕縁志が曹洞宗景福禅寺の周辺で筆録されることと無関係ではあるまい。すなわちこうした話が仏教伝道のために採用されていたということは、幽霊出産譚を受け入れる基盤となりえたであろう。そしてそのことは単に仏教関係者にとどまらず、澄憲の話を聞いた聴衆の口を通して、さらに広く伝えられ浸透していった可能性が想像されるからである。こうした事情が話の形成に遠因ながら関わってくるものと考えられる。

こうした歴史的背景に、誕縁志の筆録される近世初期の時代的情況を重ねてみると、通幻幽霊出産譚の形成されていく背景が少しは明らかになってくる。すなわち『奇異雑談集』（成立年代不明、慶長十四年以後か）、『因果物語』（寛元一年）、『伽婢子』（寛文六年）、『本朝故事因縁集』（元禄二年）などの刊行にみられる一種の怪異談ブームがある。こうしたブームがどのようにして招来されたのか詳らかにしえないが、その一端には中国の怪談書の影響を見のがせない。前掲した剪燈新話の「金鳳釵記」の話が、奇異雑談集、伽婢子に翻案されていることからも、そのことが知られる。そうした機運の中に通幻幽霊誕生譚の形成される因由があったのではないだろうか。その一助として『因幡怪談集』(年代不明、宝暦ごろか)を例にあげることができる。

岩井郡湯村辺を道玄和尚通り掛られ候処今本光寺の辺にて赤子のなく声する故道玄ふしきの声哉とて其声を慕ひ行見らるるに其辺の墓の下也道玄其墓掘らせ見らるる処女の墓にて子産れて泣居たり其子引上け跡は元の如く埋め置其子を其辺の村民に右の訳咄し成人致さば拙僧弟子に致し度旨にて頼置れけり其後年経て道玄又来り彼子を頼置たる者の所へ行段〳〵せ話の礼謝して其子を直に弟子にして後に通玄和尚也則此通玄和尚の本光寺今の如く被致たる由此通玄は伯州退休寺の玄翁和尚のおとゝ弟子にて博識の僧にて能く人の知れる和尚也其女は浦留の者にて同所の何屋という酒屋へ奉公致し居る所又酒屋に手代壱人有り此手代も同所の者にて彼女と内ゝ契約致し居たり此女懐妊に成り如何の訳やらむ手代退身いたし大坂へ行挊暮す跡にて女右の通り相果けれ共手代其事夢にも知らす所に彼女大坂の手代か元へ来り何角恨む故男迷惑致す左もあらはとも口過をして暮さんとて知る人を頼預け置其身も一しほ精出し働らき三年程は彼是と暮けれ共物入は多く次第勝手向六ケ敷成り夫婦相談するは元浦留は二人共古郷の事也親類も有事なれは二人共一向帰らはどふか暮も付へし其上酒屋の旦那にも不埒の事共侘るならは若気の事なれは夫を見捨る様な家内にてもなし兎角帰るに相極メ用意して帰りける其足にて先親方の酒屋へ行女は外に待たせ置其身一人内に入旧悪の儀は兎角可申様無御座候何事も御免可被下と涙を流し侘けれは亭主思の外叱りもせす只其方退身以後右の女もケ様の事にて三年以前死去致したりと咄せは手代不審顔にて夫は合点参り不申私大坂へ参り三四ケ月暮内女参り私不埒の事共申に付私も迷惑いたしともに三年の間暮し則此度召連レ罷帰かどに待居申迚外へ出見れ共見へす其辺尋ぬれ共影もなし扨は我を慕ひ亡魂来りし成るへしと直に発心して出家となり菩提を弔ひけると也(9)

因幡怪談集のこの話は、土地の通幻伝説を記した『因幡民談記』（貞享五年）、『因幡誌』（寛政七年）などを参考にし、この通幻伝説を母胎にしながら、土俗を越えて、市井の男女のミステリアスな幽霊婚へと怪談仕立にしたものである。これがまた、通幻和尚誕縁志と極めて類似しており、その影響関係が注目されるところである。通幻幽霊誕生譚成立以後の変化については後日考えてみたいと思っているが、いずれにしても通幻和尚誕縁志の書かれる近世初期の怪談ブームが、その誕生譚に深い影響を及ぼしていたと考えられる。

注

（1）内田泉之助・乾一夫訳『唐代伝奇』（新釈漢文大系44、明治書院）
（2）前野直彬・尾上兼英他訳『幽明録・遊仙窟』（東洋文庫43、平凡社）による。
（3）竹田晃『中国の幽霊』東京大学出版会。
（4）竹田晃訳『捜神記』（東洋文庫、平凡社）による。
（5）前注（3）に同じ。
（6）前注（2）に同じ。
（7）前注（4）『捜神記』に「宿場の怪」という話があり、一度契りを結んだだけで男は死ぬ。
（8）飯塚朗他訳『剪燈新話・余話　西湖佳話（抄）　棠陰比事』（中国古典文学大系第三十九巻、平凡社）
（9）野村純一他編『日本伝説大系第十一巻　山陰』（みずうみ書房）の「岩淵長者の子」の項に、文献資料として掲載されている。

花部英雄

幽婚譚の系譜

——通幻伝説を中心に——

一

近世怪異談ブームのさきがけ的存在を果たした『奇異雑談集』に子育て幽霊の話が載っている。「国阿上人発心由来の事」である。

霊山《りやうせん》正法寺の開山。国阿上人は晩出家なり。在俗の時は。公方ほうこうの人にて。名字は橋崎。名乗は国明すなはち播州橋崎の庄の領主なり。相国鹿苑寺殿へ。めされてのぼりし時。旅宿すなはち。北山鹿苑寺殿ちかく。蓮台野のあたりにあり。伊勢の国丹生《にふ》の庄御たいぢの事あり。橋崎うけたまはりて出陣す。在陣の間に。るすの内婦くはいにんのうへに。大病をえてわづらふゆへに。不産して死去する。ふべんのゆへに蓮台野にをくりて土葬にするなり。すなはち死者を陣中につかはして。此よしをつぐるなり。陣中不便なるゆへに。作善をいとなむことあたはず。たゞ三銭をもつて。非人にほどこす。毎日かくのごとくほどこすに。とりみだす事ありて。二日間断してほとこさず。またあひつゞきて毎日ほどこす事。まへのごとくなり。陣事功なり名とげて開陳す。公方《くぼう》へ御礼申をはりてのち。蓮台野に行て。かの塚を見て。焼香念仏するあひだに。塚の下に赤子のなくこゑきこゆ。あやしみてしばらく聞処に。その一二丁みなみに茶屋あり。そのていしゆきたりて。橋崎殿へ御かいぢんめでたきのよし御礼申て。次に此間ふしぎの事候ほどに申候。廿四五日以前より。ゆふれいとおぼしき女人茶屋にきたりて。三銭をもつて餅を買てかへり候。毎日きたり候が。二日間断してきたらず。又さきのごとくきたり候。此二三日いぜんまできたり候。かへるをみれば北へ行候が。半町ばかりにして、きえて見えず候といへば。橋崎殿をどろきていはく。陣中にて非人にほどこすところ。ならびに。日かずのしだい。幽霊のきたる処にあひおなじきは。心ざしのかよふ所うたがひなし。しかれば塚をほりてみるべしとて。供衆鋤をかりてほれば。赤子有。とり出して是をば。茶屋のていしゆにつかはして。養育してみよとて。太刀かたなもたれたる武具をみな茶屋につかはし。明日私宅にきたれ。具足冑をもつかはすべしといへり。かのしがいは。すでに爛壊《らんえ》したり。もとのごとく土をかけてをくなり。たゞその子を思ふ処の。しうしんこんぱく幽霊に化して。子をやしなふて。今日まで赤子の。いのちありしものなり。あはれなる事かなとて。涙をながして帰宅す。すなはち発心の儀。公方へ御いとま申えて。関東藤沢に下り。出家して国阿弥陀仏と号し大道心修行五十年の間に。仏神に通じて。きどくおほき事。縁起につまびらかなり

右内婦土葬以下の事姑獲とおなじきゆへにこゝにしるす。もし毎日三銭ほどこす事これなくば。姑獲となるべきものなり

要旨をあげてみると、足利義満に仕える橋崎の領主国明は、伊勢出陣の折に身重の妻を亡くす。陣中のため作膳を営むことができず、代償に三銭ずつの施しをする。戦さが終わって亡妻の供養をしていると、塚の下から赤子の泣き声がする。不思議に思っていると、近くの茶屋の亭主がきて、以前から女の幽霊が三銭持

って餅を買いにくると言う。塚を掘り起こしてみると、屍のそばに赤子が生きている。哀れを感じた国明は子どもを亭主にあずけ自分は出家し、藤沢の遊行寺で修行を積み、後に霊山正法寺を開山することになる。

歴史的事件、人物に関わっているが、構成は子育て幽霊譚である。正法寺は時宗国阿派の本山で、延暦年間に伝教大師が開基したのであるが、その後荒廃していたのを国阿上人が永和元年に再興した。本堂に国阿の廟があるという。

ところで、この話は国阿の事績に触れるあまり、墓中誕生の子どもの将来については何も述べられていない。普通この種の話は、異常誕生によって将来偉業をなしとげたという形をとることが多い。それによって説話としての完結性を獲得するのであるが、この話ではそれが欠落し、反面それを補うかのように子の父が出家し開山になるという形で父子の立場をすりかえて、説話構成を完了させているようにみえる。何か意図があってのことであろうか。それは結びに「姑獲《こくはく》」という、日本でいえば産女のことを取りあげたことから考えて、中国の影響があるのかもしれない。近世初期の怪談集が大筋のところ、中国の怪異小説の翻案化という形ではじまっていたことと関連させて考えてみるべきかもしれない。

その中国との関連をいちはやくとりあげたのが南方熊楠である。(1) 清の類書『淵鑑類函《えんかんるいかん》』に「南墅閑居録」(元、吾衍)から収録した子育て幽霊の話を、南方は紹介している。宋の末年の蘇州のある餅を売る店に、冥幣を持った婦人が買いにくる。跡をついていくと塚に消えた。官に申し出て塚を開いてみると、婦人の死体の脇に子どもが座っていた。ある人が引き取り養育したが普通の人と変わらない。郷人は鬼官人と呼んでいたが、元の初めまで生きていたが、数年後に死んだという。

類話は南宋の『夷堅志』の「宣城死婦」「鬼太保」にもみえるし、また南宋乾道年間の『睽車志』にもみえる。ここでは幽霊が店の老婆のもとに現れ、墓中で出産して粥を買って育てていたと告げ、そのあとに良人が墓を掘り起こしたとき不思議に思わないようにと、金の釵を証拠に置いていくという展開をとっている。

このような中国の子育て幽霊の話を、民間伝承、文献資料から博捜して紹介してくれたのが澤田瑞穂氏の「墓中育児譚」（『伝承文学研究』11号所収）である。氏はその中で、子育て幽霊譚を通観して、「男女幽顕の交婚譚から発して、つぎには幽霊妊娠の話に進み、さらに発展して幽霊出産と墓中育児の話になる。」と概括している。このような説話の成長が、現実の恋の成就の方向と一致しているのはおもしろいものである。さらに日中の子育て幽霊譚の相違について次のように述べている。

日本の説話では、生まれた子は通幻《つうげん》とか頭白《づはく》上人とかいう偉い坊さんになって、亡き母の菩提を弔ったということになっているが、これまでに見た中国の説話では、偉い僧になったという話が一つもないのは、この伝承に仏僧が介入して我田引水の唱導説話に仕立てる機会がなかったことを示している。その子は生長してもせいぜい富商になるか書家になるか武挙合格が関の山で、大半は別段の異常もない人間として生涯を終るので、功名を立てて礼部尚書になったなどという話は一例もない。いかに奇蹟とはいえ、死人から生まれたとあっては不祥この上なく、何の名誉にもならないから、その血筋を引くなどという系図はつくられなかったのである。

ここに彼我の説話伝承の相違が端的に述べられている。そのゆきつくところは、日中の文化的背景の相違ということになるのであろうが、ここではその前に説話受容の問題としてとりあげてみたい。つまりは中国の怪異小説を受け入れる前の日本的土壌、また受け入れた後に、どのように日本風にアレンジしていったのかという問題についてである。話題を幽婚譚にしぼりながら、その結果近世の説話享受、伝承のあり方の一端が開かれればと考えている。

二

日本の幽婚譚を代表するのは通幻である。その出生にまつわる伝説について、いささか私見を述べたことがある。(2) いま簡単にその誕生譚に触れながら、その後入手した資料も加えて整理してみたい。

通幻の出生を記した文書に、「通幻和尚行実」(慶安二年)と「通幻和尚誕縁志」(元禄十二年)とがある。両者に五十年の隔たりがあり、内容も異なっているが、いずれも曹洞宗通幻派に連なる人によって書かれたものである。「通幻和尚行実」は、通幻の墓中誕生を示したもので、母が清水観音に祈請して子を授かるが、出産に臨んで死ぬ。墓地埋葬後、そこを通りかかる者がしばしば赤子の泣き声を聞く。不審に思って父が掘り起こしてみると、子どもが生まれていたという話で、その後出家して通幻と名のることになる。ここでは幽霊出現の条がなく、その結果奇異性は薄められているが、子育て幽霊譚に基づくものと考えてまちがいないであろう。この後、その事績に触れているがここでは省略する。この行実が後の通幻誕生譚の基本となったようで、『和漢三才図会』や『摂陽郡談』、それに『日本洞上聯燈録』などにも引き継がれている。

一方の「通幻和尚誕縁志」は、「古来両説有り」と述べ、行実の誕生譚以外に別の誕生譚も載せている。この別の誕生譚の経緯について、誕縁志を卍山和尚に書かせた永沢寺の悟舟はその序の中で、鳥取景福寺の和尚が「因州の通幻斉《ツケサイ》」に住んでいた頃、土地の口碑を訂正しながらまとめたものがあり、それを卍山にあずけたと述べている。その景福寺の和尚がだれであるか触れてなかった。

ところで実際その地を訪ねてみると、通幻の碑が建立されていて、「元禄十一歳　景福第十七世吉州単叟建焉」とある。さらに碑文によると、景福寺の弥峰禅師が通幻出生の地を祀るために、この地に香林寺を貞享元年(一六八四)に創建した。ついでに通幻の出生を調べておいた。その弥峰は宮城仙台の輪王寺に移り、元禄三年（一六九〇）に示寂した。その意志を継いで、それを碑文にして塔を建立することになり、その銘を吉州単叟が引き受け表わしたというのである。

さて建立のいきさつはそれとして、どのような誕生説が記されているのかである。ここにその碑文を翻刻した『旧岩美郡の石碑』（西尾護著）という本があり、書き下し文、大意まで載せられている。参考に、通幻誕生に関わる部分を引いてみる。

　茲ニ、因州前ノ景福ノ主弥峰禅師、幻祖ノ為ニ其ノ生縁ヲ質《タダ》シ別ニ伝ヲ作リテ云フ。世に謂フ、祖ハ洛ノ産トハ寔《マコト》ニ是レナリ。父ハ因州石井郡細川ノ太郎磨呂、母ハ本郡浦住岩湘ノ長者ノ女ナリ。太郎先ヨリ洛ニ寓シ、歳々郷梓《ゴウシ》ニ帰ル。郎ト女ハ一眄《ベツ》シテ相慕ヒ、未ダ何ノ語ヲ伝ヘザルニ誚《ソシリ》ヲ湊洧《シンイ》ニ受ケ、郎ハ纔《ハジメ》テ洛ニ回ル。女ハ是レヨリ精神恍惚《コウコツ》トシテ遂ニ病ニ死ス。父母哀慟《アイドウ》スルモ術《スベ》ナシ。宅外ノ一丘ニ窆《ホウム》ル。女ノ魂飄逸《ヒョウイツ》シテ京師ニ之《ユ》キ宛然《エンゼン》トシテ郎ニ就キ、伉儷《コウレイ》和協ス。居スルコトイクバクモナクシテ一子ヲ生ム。女郎《オンナ》ニ対シテ言フ、親ニ背キテ君ニ奔《ハシ》ル、大義ココニ斁《オワ》ルト。相携ヘテ郷ニ還ル。郎先キニ門ヲ入リテ云フ、告ゲズシテ娶《メト》リタリ、敢テ恕思《ジョシ》ヲ君ニ請フト。女幼ヲ抱キテ閭ニ在リ。父母コレヲ聴キ且ツ驚キ且ツ喜ビ趨《ハシ》リ出ズレドモ見ル所ナシ。特《ヒト》リ孩児《ガイジ》女ノ墳上ニ踞スルヲ覩ル。父母疑ヒ怪シミテ止マズ。墓ヲ発《アバ》キテ見ル。女ノ顔生ケルガ如シ。

　父母偲偲《シシ》トシテ惄《デキ》ス。秖《タダ》児ヲ挙ゲテ鞠養《キクヨウ》スルノミ。児動キテ墓上ニ啼《ナ》クコト人ノ将ニ去リテコレニ寄《スガ》ラントスル者ノ如シ。又婦人餅ヲ市《カ》ヒテ墓間ニ出入ス、邑人コレヲ見ルコト数次ナリ。コノ時ヨリ其ノ墓ヲ土葬神（ツゲノサイ）と名ズク。蓋シ郷ハ語リテ都気《ツゲ》ノ左伊《サイ》ト言フ。長者ノ裔ハ餅ヲ売ル家ノ孫ニシテ如今《イマ》ニ尚ホ在リ。其ノ児ハ誰ゾヤ、廼チ通幻師祖ナリ。称号ノ殊絶《シュゼツ》ナルコト是ニ於テ灼《アキラ》カナリ。

いまこの要約を記しながら、誕縁志との比較をしてみる。石井郡に生まれた太郎磨呂は京に住んでいたが、郷里に帰った折に岩湘長者の娘を一目見てから、互いに愛し合うようになる。将来の約束をしないうちに村人のそしりを受け、太郎磨呂は都へ帰ってしまう。誕縁志には村人のそしりの部分はなく、理由を明らかにせず都に行ってしまうとある。女は病気になり、やがて死ぬ。両親は悲しみ家の近くの丘に葬る。しかし女の魂は都に飛んでいき、夫婦となり一子を儲ける。誕縁志は居ること三年、その間、元享二年一子生まれたと生年を付す。程経て、女は親に謝したいと言うので一緒に郷里に戻る。まず男が長者の所にいき事情を説明し、女は村の入口の所で待っている。話を聞いた父母は驚き、すぐさま娘のところに走る。ここのところ誕縁志では、太郎丸の説明を聞いた長者は、娘は三年前に葬ったのにと半信半疑ながら、使いの者を出して確認させる。そして娘の墓の上で子どもが泣いていたということを聞いて駆けつけ、娘の魂がこの世と縁が切れずに留まっていたが、いまようやく宿縁が尽きてあの世に行ったのだと言って、子を引きとることにする。この件り、誕縁志の方は観念的である。それに対し碑文では、娘の墓に子どもがいたことを「父母怪しみて止まず。墓を発《あば》きて見る。女の顔生けるが如し。」とあって、情動的である。

　このあと碑文は幽霊の餅買いについて触れるが、誕縁志では子を長者にあずけた太郎丸は都に戻るが翌年亡くなり、また長者もまもなく亡くなる。子どもは祖母が養育すると述べている。この付会とも思えるような記事は、先の生年を明示したことと関連して、実は誕縁志を通幻和尚行実の記事に整合させようとしているのである。それはこのあと次のような感想を述べていることによっても明らかである。

　以レ予推レ之。師為二洛陽産一者二説一同。不レ及レ聴レ氷。其称二勇士某氏一者。乃細川太郎丸也。但為レ産二于墓中一者。前一説與二後異説一一同。而洛陽・因州両地混乱。蓋伝下呱呱泣二于墓上一之縁上。展転為下産二于墓中一之説上。終致レ令二両地混乱一也歟。

つまり通幻の二つの誕生説は本来同一のもので、ただ京都・因州の地域差が混乱を生じさせたのであるということである。このように誕縁志の筆録者卍山和尚は、両説を合理的に結合させるように碑文を手直ししているのである。その際、碑文のもつ土着的な面を削り落とす方向で、確からしさをもった教条的な誕生譚に仕立あげようとしている。これはひとり卍山の問題としてではなく、祖師の偉業を顕現化する方途から必然的に生まれてくるものであろう。

さらにもう一つ問題としたいのは、郷里に帰って長者に事情を説明する場面である。誕縁志では使いを出すことになるが、これとよく似た部分が『離魂記』（唐・陳玄祐）にある。王宙・倩娘は郷里の衡州に船で帰ることになる。

さて衡州に着くと、まず宙が一人で鎰の家へ行き、事情をのべてあやまった。すると鎰が言うには、「倩娘は病気で部屋に寝たまま、五、六年になるのだぞ。お前はなんというでたらめを言うのか」

宙が、

「いま、船の中におります」

と言ったから、鎰はたいそう驚いて、すぐしらべに行かせたところ、たしかに倩娘が船の中にいる。顔色ものびのびと、使いの男に向かって、

「お父さまはお達者か」

とたずねた。使いはふしぎでならず、大いそぎで駆けもどり、鎰に報告した。[3]

誕縁志はこのあとで『離魂記』の内容に触れていることからして、十分これを参考にして改めたと思われる。誕縁志と離魂記の比較についてはすでに述べたことであるが、[4]碑文も含めて離魂記の強い影響を受けていると言えよう。それに関わって、興味深い記事が碑文にある。すなわち、祖師の誕生をでたらめだという人がいるが、その人たちは、

仏祖の玄運跡ヲ異ニスレバ記サズシテ善カランカ。旃《コレ》ニ加フルニ干宝ノ捜神、顧況ノ広異・紅梅記・離魂記豈ニ尽クハ無カランヤ。死婦ノ霊ノ産ムハ幽明録ニ誌セリ。化女ノ餅ヲ市フハ頴林子ニ載セタリ。奇事ノ偶合スルコト支ト桑ト轍ヲ一ニス。

と、中国の志怪、怪異小説を列挙している。経典以外に、こうした書物が禅僧の間に浸透し、それらに目を通していたという事実は、ある意味で近世の説話をみる上で重要なことのように思われる。彼らがこれらの話を説教、教化に利用していたであろうことは十分に考えられる。近世初期、最大の教団になった曹洞禅が、その組織を通じて民衆教化のために、中国民衆に愛好されてきた怪異譚を利用しながら降下していくのである。それによって、それまでの説話世界に新たな彩りを添えると同時に、その内部に確実な変質をもたらしていくにちがいないからである。

三

日本の幽婚説話の流れについて、すでに「幽霊出産譚」でその一端を述べた。そこでは『今昔物語集』巻二十七の二十四話と『発心集』第五との比較を通じて、霊魂観の変化という跡づけをしてみた。ところでこの二つの説話はともに幽霊との一夜の交情を語るものであるが、問題とすべき妊娠出産を説くものではなかった。ところで時代が下って、『太平記』にこの種の記事があった。巻二十五の「宮方の怨霊六本杉に会する事」である。北朝の足利直義の北の方が怨霊の子を宿し、出産したというのである。

仁和寺を通りすがりの禅僧が夕立に逢い、六本杉の木陰に身を寄せていると、先帝の怨霊どもが集まってきて天下壊乱を相談する。それぞれの役割分担を決めていく中で、「われ等が依る所なる大塔宮、直義が内室の腹に、男子と成つて生れさせたまひ候ふべし。」とあって、大塔宮すなわち護良親王の霊が子種となって宿らせることになるのである。四、五日後、直義の内室は懐妊するが、それをめぐってさまざまな病気説がとびかうが、やがて男子を出産することになる。しかしこの子は四歳の年に俄かに亡くなってしまう。

太平記には妖怪変化の類いがしばしば登場する。いずれも南朝方の非業の死をとげた人物が怨霊となって現れ、その怨念をはらそうとするのである。しかし現実の秩序の世界によって統御されていくことになるが、現れて生者を苦しめることによって、やがてその怨念は弱まり慰撫されていくことになる。こうした鎮魂の機能を編者イコール語り手が担わされていたのであろう。先の場面で、禅僧が怨霊たちの密談を「閑《しづ》かに念誦して……目もはなたずまもりゐた」とするのは意味深長な表現である。彼ら禅僧が、この世と霊界との仲立ちを果たし、同時にこの種の伝承の役割を受けもっていたことが察せられるからである。

ところで太平記のこの記事は、幽霊と人間女性との間の子誕生を説くものである。これまでみてきた幽婚譚は幽霊と人間男性との関係であった。それからみると特異な話といえるかもしれない。ただ類例がないわけではない。時代は大きく下るが、安永三年（一七七四）に刊行された『煙霞綺談』に同型の幽婚譚が載せられている。煙霞綺談は多く三河遠江あたりの巷談を、遠州金谷の西村白鳥が記録したものである。

慶長年間、ある一城主《じやうしゆ》千沢《ちざは》某《それがし》死て後、其妻に執心こそ残りつらめ、夜毎に来りて枕をならべ、閨《けい》中《ちう》現在の時にかはることなし。度かさなりければ、乳母《めのと》の女房是を聞とがめ、不審《ふしん》に思ひければ、憚《はゞか》らず尋けるに、彼後室隠さずのたまひけるは、さればとよ、千沢殿比日夜がれせず吾《われ》を訪給ふなり。此世におはせぬ人とは思ひけれども、つゆばかり恐懼《きやうく》する事もなくして、益《ます〳〵》御いとをしみ深き思ひなりと語りける、ほどなく身ごもりたまひける。乳母の女房或夜《あるよ》千沢《ちざは》幽霊にむかひて申けるは、殿様はかくあさましき御心にて、御執着のふかくおはしませば、奥《おく》様の御名も立、御導師《どうし》も疎《をろ》そかにあるゆへなどゝ人のさたし申さんも、偏《ひとへ》に君の御心からなさしめたまふ所なりと、かきくどき申ければ、千沢答《こたへ》ていはく、其儀汝が申所至極《しごく》せり。去ながら我娑婆《しゃば》にありしときより、一子のなかりし事をのみ朝暮《てうぼ》念じわびしが、其執心《しうしん》のつみふかくして、なをも止《やむ》事を得ず、今かくのごとしと懺悔《ざんげ》したまひしが、本意のごとく玉のようなる男子を出 生《しゅっしゃう》あり。それより後には執着の念絶《ねんたへ》し故にや、彼幽霊二度来らず、実《じつ》に希《き》代《だい》の珍事《ちんじ》なり。其後彼後室《こうしつ》は、高木何がしへ嫁《か》しければ、高木迎《むか》へとりて養育《よういく》し、成人《せいじん》の後千沢《ちざは》の家督《かとく》を相続させけるとぞ。

作者の「実に希代の珍事なり。」と語るほどに、語り口が珍事な印象を与えない。太平記のあのおどろおどろしい記事に比べるなら、きわめて日常的な発想に基づいた話といえる。一城主が没後、継嗣を残すために夜ごと現れるのを、妻も乳母も「つゆばかり恐懼する事もなく」受け入れる。ここは家の存続を至上とみなす近世社会制度が強く反映されたものといえる。私たちの知っている例では、死者あるいは生者の、相手に対する強い執心が幽霊出現の機縁となっていたことと比べるならば、その違いがはっきりする。また身ごもったあとで乳母は、主君に向かって、このことが世間に知れれば奥様や引導を渡した導師の名誉に傷がつくからと、世間体を論拠にその出現をいさめるのである。このように社会性を十分に反映した話であることに、時代的な特色をみることができる。

それはこの種の話をどのように受けとめていたかという問題とも関わってくる。先にあげた太平記は怨霊慰撫という信仰的側面を持っていたのに対して、煙霞綺談は言うなら興味本位的である。奇談として取りあげながら、その構成、展開からは奇異性が感じられない。その一つは霊界、現実界といった二元対立がなく平面的な構成になっているのである。加えてその人物造型が平板なのである。ここでは幽霊の属性、あるいはそれを思わせる描写が何もなく、従って幽霊に対する畏怖、崇敬の念は起こってこない。つまり現実の人間と同等に扱われているのであり、それゆえに幽霊が現れなくなると妻はさっさと高木某に再嫁していくのである。まさに現実的なのである。これは四百年の時間差のもたらすものであろうが、それはそのまま語り手の差としても表れているのである。僧籍とは関わらない一市井人の手に奇談が担わされているのである。しかしここに至る道筋は飛躍的である。その間のことに、まだ触れなければならないことがある。

四

煙霞綺談より百年あまり前に書かれた『因果物語』（片仮名本、寛文元年）にも、幽婚譚の話が載せられている。編者は、仮名草子の作者でもある鈴木正三である。正三は四十二歳で武士をやめて出家し、諸国を巡歴しながら禅を修め、その後教化に力を注いだ人物である。この本は、その教化に用いた話を集めたものである。「幽霊来テ、子ヲ産事付亡母、子ヲ憐ム事」という題がある。

羽州《ウシウ》最上《モガミ》ノ山方《ヤマガタ》ニ。霊童《レイドウ》ト名付者《ナツクモノ》アリ。

彼謂《カノイハレ》ヲ聞《キク》ニ。最上《モガミ》ノ商人《アキビト》、京《キヤウ》ヱ上《ノボ》リ。女房《ニヨウバウ》ヲ持《モチ》ケルガ。捨置《ステヲキ》、最上《モガミ》へ下処《クダルトコロ》ニ。京《キヤウ》ノ女房《ニヨウバウ》、尋《タツ》ネ来《キタ》ル。此時《コノトキ》、山方《ヤマガタ》ノ女房《ニヨウバウ》ヲ去《サリ》。京《キヤウ》ノ女房《ニヨウバウ》ヲ家《イエ》ニ置《ヲキ》、子《コ》一人儲《ニンモフク》。其後《ソノノチ》、亦《マタ》、京《キヤウ》へ上《ノボリ》。本《モト》ノ宿《ヤト》ヱ行《ユキ》ケレバ。亭主《ティシユ》見《ミ》、其方《ソノハウ》ノ女房《ニヨウバウ》。死《シ、》テ三年《ネン》ニナル由《ヨシ》ヲ語《カタル》。

男聞《ヲトコキヒ》テ、扨々《サテ〳〵》、不思議《フシギ》ノ事《コト》カナ。彼女《カノヲンナ》、最上《モガミ》へ下《クダリ》。剰《アマツサ》ヱ、子《コ》一人有《ニンアリ》、ト、云《イフ》。

父《チヽ》聞《キヒ》テ、悦《ヨロコブ》コト限無《カギリナシ》。急《イソ》ギ最上《モガミ》へ下《クダリ》。彼家《カノイエ》ヱ行《ユケ》バ、女房部屋《ニヨウバウヘヤ》へ入《イリ》テ逢《アワ》ズ。父余《チヽアマリ》ニ堪兼《タエカネ》。部屋《ヘヤ》へ入《イリ》テ見《ミレ》バ。京《キヤウ》ニテ立《タテ》タル卒塔婆《ソトハ》也。戒名年号《カイミヤウネンガウ》疑《ウタガヒ》ナシ。

之《コレ》ニ依《ヨツ》テ、其子《ソノコ》ヲ。霊童《レイドウ》ト云《イヘ》リ

説教の素材に用いられたせいか、内容全体があらすじ風で、その点完成した話を求めるには物足りない。それは表現面ばかりでなく、テーマそのものにおいても十分その意図が伝わってこない。確かに怪異譚として、現実に死んだ女房が現れて子まで産んだということに還元させて、その霊異の不可思議さを表わそうとしたのであろうが、それにしては二人の女房を登場させたところに多少曖昧さがのこる。いま立場を「山方の女房」に置いたとすると、夫から一方的に捨てられ、また「京の女房」が訪ねてくるとすぐさま離縁されてしまうという設定にある。夫との齟齬や不仲の理由が説明されない限り不自然であるし、違和感さえ覚える。

問題はなぜに二人女房が構成上必要であったかということである。それについて思い出されるのは、今昔物語集巻二十七の「人妻、死後、会旧夫語第二四」である。ある男が生活苦のため妻を捨て、別の女を連れて他国に赴く。数年して京に戻ることになって、前の妻を懐しく思い訪ねて懇ろに一夜を明かす。朝の光に女を見ると、干からびた死体であったという話である。今昔の作者は女の執心を強調し、「年来の思ひに堪へずして、必ずとつぎてむかし。かゝる希有の事なむありける。然れば、さやうなる事のあらむをば、なほ尋ねて行くべきなり」と評するのである。女の執心が死後も霊としてのこり、夫への思いを遂げるといった、十分凄異を感じさせる話である。

この女の執心が、ひたすらに寡黙な「山方の女房」に重なってくるのである。すなわち、夫の一方的な行動に冷遇される「山方の女房」の執心が、実は「京の女房」を亡霊にさせ、挙句夫に報復を果たすというのが、構成の裏に隠された意味のように受けとれる。とするなら、ここに今昔以来の二人妻型説話の伝統を読みとることも可能となる。

ところで、こうした説話伝統に交差するような形の近世的特色も表われているはずである。先の話の要点をたどってみると、男が他所の地に行き、そこの娘と親しくなる。ところが男は、その女を残して去る。女は亡くなるが、その霊は男を追って行き、一緒に暮らして子を儲ける。あるとき男が妻の親に事情を打ち明けると、すでに死んだとしらされる。そこで娘を尋ねると子を残して消えるということになる。こう要約してみると、前述した通幻の誕生譚と近似していることがわかる。何らかの関わりがあったとみてよいだろう。

鈴木正三は諸国行脚し、種々の人々との交友を通じながら曹洞禅を修めていくが、その一人に丹波瑞巌寺の万安《ばんなん》禅師がいる。正三は万安に請われて『麓草分《ふもとくさわけ》』を著したとされる。この万安は、当時幕府権力を背景に大教団に成長した曹洞宗が、その内部で綱紀が乱れている現状を憂い、道元の昔に帰れという運動を提唱する。この宗統復古運動を継承するのが、月舟とその弟子卍山である。そしてついに卍山によって運動は実を結ぶことになる。[5]

この卍山が、前述したように「通幻和尚誕縁志」を永澤寺の悟舟から依頼され著したのであった。卍山と正三は万安を通じてつながるのであり、七十二歳の正三が江戸牛込に了心庵を構えた慶安五年に、若き卍山が江戸で修行を重ねてついに高秀寺文春のもとで悟得するのである。両者が直接面識があったかどうかわからないが、卍山は一風変わった正三を十分に知っていたはずである。

こうしてみると、因果物語の霊童の話と通幻誕生譚は無縁なものとは思われない。両者の直接的交渉は別としても、曹洞内部において同一の話柄を片や祖師の誕生譚に、片や教化の手段に利用していたという事実は、この種の話の伝承に教団が関わっていたということになる。その結果、各地にさまざま形を変えながら伝わるところとなる。その一例を、福井県武生市の龍泉寺開基縁起にみることができる。そのことを記した『越前国名勝志』(天文二一年)の「龍泉寺」の項から引いてみる。

当時開基ハ通幻寂霊和尚ナリ。能州総持寺ノ峨山紹碩和尚ノ弟子ナリ。則總持寺五塔頭中、妙高庵ハ通幻ノ開基也。当国龍泉寺・丹波永沢寺・江州總寧寺、是通幻ノ開基。宅良慈眼寺ノ開基天真和尚ハ通幻ノ弟子ナリ。是ヲ通幻派ト云フ。或人物語ニ云ク、京都ニ美麗ノ名ヲ得タル商人、商賈ノタメニ丹波国ニ至リ、或山サトノ大家ニ入、交易セントス、其家ニ人ナク、窈窕ナル女一人有テ、彼商人ヲ招キ入、馴々シク笑語ス。其詞多クホヤノト云フ。彼人腹アシク、過ツテ少女ヲ殺ス。父母帰リ来リテ是ヲ聞テ云ヤウ、国ノ詞ニテホヤノト云フハ、恋慕シタルコト也。然レハ我娘汝ニ深ク執着シタルモノナリ。汝詞ヲシラスシテ如レ是。シカレハ、汝ハ娘ノ形見トモ思フヘシ。今ヨリ此家ヲ譲リ與ヘシ、爰ニ居ラシムヘシトテ留メ置ケル。其後夜ヨリ娘ノ亡魂来テ、彼男と交ヲ結シト。一年余ニシテ、或時孩児ノ啼ク声アリ。父母怪ミテ、啼声ヲ留テ、是ヲ尋ヌルニ、娘ヲ葬リシ所ニ至ル。翌日墓ヲ穿チ見レハ、孩児アリ。父母是ヲ養ヒテ、後出家トス。通幻コレナリト云々。

　亦一説ニ云ク、通幻和尚胎内ニ在シ時、其母佐夜ノ中山ヲ通リシ時、旅行ノ牢人ノ侍ニ行逢ケルニ、如何仕タリケン、彼ノ孕女ヲ殺害ス。シカル所其カハネヨリ出生シテ、乳味ヲ吸フ。其近所ニ住ケル研屋、ソノ子ヲ拾ヒ取テ、養ヒ置ケリ。其ヨリ廿五年目ニ、彼浪人右ノ女ヲ切シ刀ヲ研屋カ方へ持来リテ、研セケル時、昔中山ニテ詮ナキ女ヲ斬ケル由懺悔セシヲ、彼子聞、扨ハ汝カ母ノ敵ナルヘシトテ、研屋ニ其刀ヲ乞ケレハ、則渡シケル故ニ、其刀ニテ敵ヲ討ツテ、ソレヨリシテ親ノ菩提ノタメ即時ニ出家シ、峨山和尚ノ弟子トナリ、名ヲ通幻ト云フト云々。何レカ是ナルヤ。右ノ刀ハ由縁アリテ今大野ノ城主土井家ニ今以て有之トソ。

　後半の佐夜の中山の話は類例があり、浅井了意の『東海道名所記』に似た話がみえ、また古くは『続太平記』にあるなど、よく知られた話のようである。寺社参詣や物見遊山の隆盛と相まって、各地の伝説が口コミや名所記事を通じて広まっていく近世的機運の中で、佐夜の中山夜泣き石伝説が、増補潤色されて通幻佐夜の中山誕生譚に仕立てあげられていったのであろう。

　さてここで問題とすべきは前半の内容である。ある商人が他所に出かけて行き、大家の娘に会うという発端は因果物語を思わせるが、後の展開はまったく異なる。娘は笑って「ホヤノ」と言うだけである。男は腹を立て娘を殺してしまうが、理由が単純幼稚である。帰ってきた娘の両親から事情を聞かされ、家督を譲られることになる。その夜に娘の霊が現れ契りを結び、一年後娘の墓中で子が産まれ、これが通幻であったという。「或人物語ニ云ク」とあり、これが伝承にあることを予想されるが、それ以上のことはわからない。ただ内容全体が話としてのリアリティーに乏しいことからすれば、ある長い「物語」の骨子をまとめたようにもみえる。

　ところでこの話が注目されるのは、ほぼこれと筋立てを同じくした話が、「通幻禅師出生由来記」「正法寺開山記」などの名称で東北の地に伝えられているからである。[6] その中から岩手県石鳥谷町の観音寺に伝わる「正法寺開山記」[7]の梗概を記してみる。

　奥州安達郡の亀井宗太夫の次男辰治郎は、村の若者四、五人と連れ立って伊勢参りに出かける。帰路、伊勢の松坂の扇屋に立ち寄ったとき、そこの娘からホヤノと言われて扇をもらう。そのことを同行の者に話して聞かせると、それは乞食《ほいと》の意味だと嘲笑され、怒った辰治郎は娘を斬殺する。帰郷した辰治郎は師匠の実源和尚のもとに件の扇を持参するが、余りに高級なもの故に、ついに事実が発覚する。実源にその非を諭された辰治郎は、白無垢姿に師匠から戴いた蘭蛇躰の香を持って、扇屋へと向かう。

　扇屋では娘の四十九日の法要中であったが、主人勘兵衛に事実を告げる。勘兵衛は前世の因縁と諦念し、代りに位牌と祝言をあげ後継ぎになるよう勧め、辰治郎も承知する。その夜、位牌を前にして香を焚くと娘お靏の霊が現れ、情を交わす。辰治郎の実家では兄左衛門太郎を扇屋に遣わしてお礼を述べさせる。その席で辰治郎と扇屋の姪にあたる見衛《みえ》との結婚話が持ち上がり決定する。辰治郎は千部の心経の書写を理由に日延ばしにする。そのうちお靏は懐胎し無事男児を出産する。その前々日に勘兵衛夫婦の夢にお靍が現れ、毎日墓に六文銭ずつ供えてくれるようにと告げる。その頃お靍に似た女が飴を買いに来るという噂が立つが、正体が知れない。

ところで、なかなか結婚の叶わない見衛は辰治郎に手紙を出し、その返事を貰おうと部屋を訪ねるが、すでに女がいることを知り勘兵衛にその旨知らせる。勘兵衛の追及の末に、ついにお靍のことを口にする。その夜三人は障子の陰からお靍の声を聞くが、懐しさのあまり姿を現し、お靍は消えて子供だけ残される。泣き止まぬ子供をお靍の指示に従い竹林に捨てると、そこへ峨山和尚が通りかかり拾い上げ、仏縁の子として育てる。子は後に出家して奥州江刺郡の正法寺開山となる。

結末は正法寺開山となって、通幻とは結びつかないが、「通幻禅師出生由来記」では開山を説かず、幽霊との間にできた子は「程ナク十歳ニモ成レバ、早能州ヨリ迎ヘ《(ヒ)》ノ輿ヲ被遣、其出立モ花ヤカニ、送ノ人々附添ヒテ総持寺へ社着《(コツ)》ニケル。和尚不斜ニ悦ンデ早通幻禅師ト改メテ、後住トコソハ賞シケリ。誠ニ不思義《(マヽ)》ノ事共ニテ、末世ニ名ヲゾ残シケル」(8)と、通幻に結びつく。これは「通幻禅師出生由来記」から「正法寺開山記」が作られていったことを物語っている。

ところでこの正法寺開山記と越前名勝志に記された龍泉寺縁起とは、筋立てが類似しているといっても、展開、叙述からして同一に論じられるものではない。正法寺開山記はすでに浄瑠璃仕立に作られており、その意味では信仰から娯楽へと享受の仕方が変わっているのである。そしてさらにこれが民間に降りて、やがて昔話「幽霊女房」へと姿を変えていくのである。そのあたりの事情について、後日稿を改めて考えてみたい。

注

(1) 南方熊楠「死んだ女が子を産んだ話」(『南方閑話』所収。『南方熊楠全集』第二巻・平凡社刊に収められる)。

(2) 花部英雄「幽霊女房溯源」(常光徹・花部英雄編『扇屋おつる――岩手衣川の昔ばなし』所収、みちのく民芸企画刊)。同「『正法寺開山記』の来歴」(『説話と思想・社会』所収、桜楓社刊)。

(3) 竹田晃訳『六朝唐宋小説選』(中国古典文学大系24、平凡社刊)

(4) 花部英雄「幽霊出産譚」(『昔話伝説研究』十三号所収)。

(5) 今枝愛真編『曹洞宗』(小学館刊)。

(6) 阿部幹男「正法寺開山記　解題と翻刻」(『釜南紀要』第二号所収)によると、七本の写本が確認される。

(7) 阿部幹男・花部英雄「正法寺開山記」(『昔話伝説研究』十二号に翻刻)。

(8) 金沢規雄「通幻禅師出生由来記」(『宮城教育大学紀要』第十八・十九巻に翻刻)。

禅僧と奇談文芸——『因果物語』と禅林呪法の世界——近世仏教怪異譚の原像——

堤邦彦

一　片仮名本『因果物語』の位置付け

近世怪異小説にみられる仏教的要素の淵源を僧房の唱導活動に求めようとするとき、『因果物語』の成立と刊行は、まさしく象徴的な出来事であった。すなわち仁王禅の提唱で知られる鈴木正三の法語に忠実な片仮名本三巻（寛文元・一六六一刊）と、浅井了意の手が加わった再編集本と目される平仮名絵入本六巻（寛文年間刊）の差違は、そのまま中世以来の口誦的な説法談義の系譜が近世出版文化の洗礼をうけて娯楽文芸性のまさる仮名草子作品に変容するプロセスを示す典型的事例とみてよい。庶民教化のてだてとして語られた片仮名本の因果譚が、読者の視覚的興味に訴えやすい平仮名絵入の草子スタイルに継承され、のちの怪異小説に多くの題材を提供するところとなった点をかえりみるなら、両本の変遷は唱導説話史における近世化（文芸化）の縮図ともいえるだろう。

それ故、両本の成立事情や編集意識の差違をめぐり、これまでにもさまざまなアプローチがなされてきた。(1)いま文学史の評価という側面から約言するなら、片仮名本は正三の布教活動に直結する唱導話材集、これに対して平仮名本の方は編者の恣意的改変を経た仏教怪異小説とみなす点で、諸説はほぼ一致すると考えてよかろう。

とりわけ片仮名本に正三その人の弘法精神が強く投影することは、門人雲歩の序文に端的に述べられている。

> 仏祖世ニ出、種々方便ヲ垂レ、譬喩言詞ヲ以テ苦《ネンゴロ》ニ因果ノ道理ヲ説示シ給フト云ヘドモ、年代深遠ニシテ、信ズル者少也。故ニ、正三老人、因果歴然ノ理、面《マノアタリノ》事ドモ記認《シルシトヾメ》テ、以テ諸人発心ノ便ト為ント誓。師、昔日、人来《キタリ》、左ノ如ノ事ヲ語毎《カタルゴトニ》、箇様《カヤウ》ノ事ヲ聞捨ニスルハ無道心ノ至也。末世ノ者如レ是ノ事ヲ以テ不レ救シテ何ヲ以カ救ンヤ、ト云テ是ヲ集ム。（下略）

また、これもよく引かれる資料であるが、恵中編『驢鞍橋《ろあんきょう》』をひもとくと左の言説に目がとまる。

> 夜話ノ次デ、諸人幽霊、様々意恨ヲ作《ナシ》タル物語ヲ数多語ル。師聞曰、サナクテハ〱、カホド大事ナル事ヲ知ズ、皆人毎ニ死バ、ナニモ無ヤウニ思ヒ、悪ヲ慎ム心モナク、後世ヲ恐ル人無間、角《カク》ナクテ不レ叶、扨々笑止千万ナル事也。（上75）

> 因果物語ハ、人ノ霊化物語ヲ作《ナス》毎ニ、加様ノ事ヲ聞捨ニスルハ無道心ノ事也。末世ノ者、加様ノ事ヲ証拠ト作シテ、進ズシテ何ヲ以進ンヤト云テ集給。（下132）

これらの記事がしばしば研究者の目をひいたのは、因果譚の採取に特別の意義をみとめた正三の弘法理念をあらわにするとともに、片仮名本の所収説話が実社会に語られていたことを明言する点にあった。むろんかかる特色は、平仮名本とは編集意識を異にする古い説話蒐集のありようを示すとみてよい。そのようにしてあつめられた因果譚が、板本化して巷間に流布したところに、片仮名本の文学史的過渡性を指摘することもそれなりの意味をもつだろう。

図1　鈴木正三像（滋賀県彦根市、報慈寺蔵）。

ただ、従来、出版という仮名草子時代の特性にこだわるあまり、唱導文化全般に果たした片仮名本の役割りが、やや見過ごされてきた感がある。正三のもとにつどうた僧俗が因果咄を持ち歩いた意味をどう考えるのか。あるいはまた、片仮名本にとりこまれた個々の例話は、話者の唱導僧の布法営為や教理教説とどうかかわるのか。これまでの『因果物語』論は必ずしもこの点を明確にしていないように思われるのである。

たしかに今日みるかたちに編集された片仮名本の条々は、「因果歴然の理」という正三サイドの編述規準に照らして主体的に取捨選択された話柄に相違ない。しかし見方によっては、そのほとんどが当代説法僧の語り伝えた因縁列話の世界をコンパクトに凝縮させたものであることも事実だろう。ある意味では、それらは近世初頭の唱導者の最もオーソドックスな話材傾向をおしえる一等資料にほかならない。片仮名本を仮名草子の一作品にかぞえるばかりではなく、ひろく弘法布宣史の流水のなかに位置付けることで、はじめて本書を支えた唱導説話の裾野がみえてくるのではあるまいか。

一方、かく考えてみて、すぐにおもいおこされるのが、中世〜近世の禅林に隠見する〈説話を用いた唱導〉の実態である。開山僧や法統の称揚を目的とする因縁譚、霊験譚が各寺院の縁起にまとめられ、土地の民俗とも習合しつつ、布法の場に口誦された形跡は、個々の事例にそくしていくらも検証される。すなわち、曾我亡魂の生まれかわり、通幻和尚の墓中出生、火車と禅僧をめぐる法力譚などの民間仏教説話の流伝に、曽洞宗各派（とりわけ峨山派）の活発な縁起説法の介在が見出されるのは、[2]その証左であった。禅林布法史の実情を鳥瞰するかぎり、禅僧と説話の交絡は、ひとり正三一門のみの特色とはいいがたいのである。

そこで教団全体の動向を視野に入れたうえで、ふたたび片仮名本にたちもどり所収説話の内実を解析しようとするところに本稿の基本的発想が存する。以下、亡霊鎮魂の話題を中心に、『因果物語』の基底をなした説法教化の原風景を垣間見てみたい。

二　亡魂救済の説話

片仮名本七七章一九一話の因果譚を、説話の生成時期や伝播経路、あるいは正三一門の日常的な宗教活動に直結する内容か否かといった観点から類別した場合、所収説話のなかに二つの対照的な流れが含まれることに気付く。

そのひとつは、正三の布法圏と直接的な交渉をもたない既存の諸国霊験譚である。京都大原の摂取院縁起で名高い蛇《くちなわ》道心の発心説話（上巻五）、日光山寂光寺の釘念仏由来（中巻二七）、越後国分寺・五智如来の利益（下巻一〇）などがこれにあたる。この系統の章段に共通するのは、いずれも『因果物語』より時代的にさかのぼりうる室町〜幕初の先行説話をあつかう点であり、[3]禅宗以外の宗派の因縁や、正三の足跡のおよばない遠国の話も目につく。片仮名本中巻末尾に、本書の編述を助けた諸国法類の存在にふれて

助縁

武州江戸　　緇素若干人

江州沢山　　僧俗若干人

尾州　　　　　　　　　緇素若干人
賀州　　　　　　　　　道俗若干人
越前　　　　　　　　　僧俗若干人
肥前　　　　　　　　　緇素若干人
肥後　　　　　　　　　僧俗若干人
城州京　　　　　　　　緇素若干人

寛文元辛丑季臘月上旬日助縁開刊

とある点を考慮するなら、古今遠近の説話が、ハナシの提供者となった正三周辺の人々の協力を得て片仮名本に流入した経緯は容易に想察されるだろう。

これに対して、片仮名本の大半を占めるいまひとつの説話群は、正三ならびに門弟たちの布法体験をふまえた近年の実見譚であった。

そこに描かれた僧侶の行跡が各人の史伝にあわせてかなり正確に書きわけられていること、そしてまた話の細部にいたるまで正三の交遊圏と合致することについては、すでに委曲がつくされている。(4)詳細は略にしたがうが、他方、唱導性のあらわれという視座から、とくに注目しておきたいのは、これらの章段にきわめて実際的な鎮魂儀礼や禅宗法儀にもとづく魔祓い呪法の世界が描出されている点である。すなわち章中に登場する正三ゆかりの曹洞僧（本秀・牛雪等）は、単なる霊異の傍観者・報告者にとどまらず、むしろ積極的に法力を示して荒ぶる怨霊の鎮圧と亡魂の救済にあたるのであった。信徒の求めに応じてさまざまな呪的能力を発揮し、霊異に対する畏怖の心意より人々を解き放つ。それは、たぶんに地域社会の実利公益にかなう草の根の仏法実践であった。このような禅僧と民衆の日常レベルの交流を反映するかたちで片仮名本の因果譚が語られたとすれば、そこに本書の宗教基盤をさぐることはそう難しくない筈である。この点を明確にすべく、片仮名本に頻出する亡魂済度のテーマを糸口として、問題の所在を整理することからはじめよう。

上巻三「幽霊夢中ニ人ニ告テ僧ヲ請スル事」の第三話は、三河足助・香積《こうしゃく》寺の十一世をつとめた正三門下の傑僧・三栄本秀の験力を描く。三河九牛平の某女に憑霊現象がおこり「七十日ガ間食スルコト叶ワ」ぬ状態におちいる。朝日巫女の口寄せで霊異の正体が餓鬼道に堕ちた百五十年前の幽魂とわかり、「本秀和尚ノ血脈ヲ申請《モウシウケ》、施餓鬼ヲ頼ミクレヨ」とうったえる亡者の望みをかなえるため、香積寺の教化をあおぐことになる。仏弟子のあかしを示す和尚の血脈系図が、荒ぶる死霊の鎮魂にいかなる効験をあらわしえたのか。上巻三の本文はこの点をつまびらかにするのであった。

則《スナハチ》、香積寺ニ使ヲ立頼ム。和尚、即《スナハチ》血脉ヲ授、下火《アコ》ヲ為、使ノ者ニ向テ、其方ニテ火ヲキヨメ、食《ショク》ヲ炊《カシ》キ、新シキ天目三ツニ盛、一盃ハ血脉《ケチミヤク》、一盃ハ万霊、一盃ハ病人ニ備ヘ、一門共尽クヨリ、念仏申ベシ。晩ノ五ツ時分ヨリ、爰元《コヽモト》ニテ吊《トムラ》フ間、左様ニ心得ベシ。若、病者食ヲ好ム事有バ、其病者ニ備ヘタル、食ヲクワスベシト、云付テ返シ給フ。其夜施餓鬼ヲヨミ、真実ニ吊《トムラ》ヒ給フ。然ルニ、彼病者、其夜四ツ時分食ヲ乞。

則、彼ノ一盃ノ食ヲ与ユレバ、皆喰、マダ喰ハント云ニ、血脉ノ食ヲ半分クワスレバ、病者トロ〳〵ト眠入。明日四時分マデイネ、起テ本復シ行水ス。

かくして悪霊の祟りが「余能《アマリヨク》治リケル故」に、ふたたび巫女を呼んで確かめると、亡者の口ぶりでいまは成仏したことを告げ、和尚の弔いに謝意をあらわす。章末に、寛永末年の出来事にして本秀自身の直談なることをことわり、さらには大坂より来あわせた正三の実弟がこの一件に深く感じ入り、本秀の血脈を所望した後日談を付すなど、全般に高徳僧による血脈授戒の功徳をつまびらかにせんとする明確な意図がうかがえる。

加えて、施餓鬼回向や下火（火葬）の仏事に関する行法をくりかえし説くことも、本章の際立つ特徴とみてよかろう。

民衆教化の場にふさわしい〈憑依する死霊の救済〉を例証として、祖先供養の大切さをとなえる点では、上巻十四「弟ノ幽霊兄ニ怨ヲ成ス事付兄婦ニ付事」の第三話も類話のひとつにかぞえうる。それは近江大塚村の霊異譚であった。追善法要をおろそかにしたため、「餓鬼ノ業」を受けた亡者が親族にとりついて狂乱する。結局、ここにおいても「本秀和尚ヲ頼ミ弔也……夫ヨリ治テ病者モ本復スル也」との結末が用意されるわけであり、高僧の法力を基調とする態度は上巻三の第三話とそう変わらない。

ちなみに、本秀を主人公とする話が目につくことも片仮名本の特色であった。『石平道人行業記』によれば、三栄本秀は元和九年（一六二三）のころ、三河千鳥寺で修行中の正三に「帰して晨夕参承」したといい、古くからの門弟であった。寛永・正保期には近江に教線をのばし、蒲生郡に高岡山妙厳寺（現蒲生町大塚）など三ケ寺を建立し（後述）、師の江州布法を助けている。そのような事情もあって、片仮名本の本秀関係説話には、近江を舞台とする亡魂済度が散見する。

たとえば上巻八「愛執深女人、忽蛇体ト成事付夫婦蛇ノ事」の第三話は、大塚村の六左衛門夫婦が死後に二筋の蛇と化した奇事をとりあげ

正保年中、本秀和尚、其ノ村妙厳寺ニ住有テ弔給ヘバ、蛇失也。其石塔、妙厳寺ノ卵塔ニ掘込給。塔ノ頭斗、少出テ居也。

として、本秀の蛇念供養と卵塔由来にいいおよぶ。

図2　高岡山妙厳寺（滋賀県蒲生町）。

図3　三栄本秀像（妙厳寺蔵）。

また、上巻十「罪無クシテ殺サル丶者、怨霊ト成事」の第一話では、蒲生郡市子村の安部氏が無実の下人を成敗し、蛇形に変じた怨念に悩まされる。正保三年の正月、同家の依頼をうけた本秀は、さっそく安部の屋敷をあらため、神祠をとりのぞいて「塔婆ヲ立、血脉ヲ収、七日弔」う方法によってみごと積年の遺恨を消滅解脱せしめたという。同様の慰霊方法は下巻九「怨霊ト成僧ノ事」第一話にもみえ、血脈授与や塔婆、経呪の功力がくどいほどに述べられている。片仮名本の本文は、憑霊退散の次第をこうしるす。

> 剰《アマツサ》ヘ眼潰レ腰抜テ、重苦悲嘆スル間、山伏ヲ頼ミ色々祈禱スレドモ叶ズ。（中略）為方ナクシテ、丑ノ五月七日ニ、本秀和尚ヲ頼ム。和尚即吊玉ヘバ、早七日ノ晩ヨリ咽ノ乾キ止ケリ。扨両日吊テ血脉ヲ認《シタヽメ》、塔婆ヲ書、休心ト云坊主ヲ遣シ、徳林庵ニ塔婆ヲ立供養シ、経咒ヲ誦ケレバ、其中ニ目モ明、腰モ立テ、スツキト本復ス。有難シ忝シト悦事限リナシ。

さて、禅僧の亡魂済度を法儀の場にそくして語ろうとする片仮名本の基本姿勢は、本秀以外の僧侶の活躍を伝える章段においても検証される。主なものを列挙するなら、

a　円福山妙厳寺（豊川稲荷）十二世・月岑牛雪の憑霊鎮圧、移墓法提示（上一の1）
b　本秀の弟子周呑による横死者供養（上一〇の4）
c　牛雪、墓の火を鎮撫（上一二の1）
d　本光寺の善徹、兄に謀殺された弟の霊を弔い霊異をのぞく（上一四の1）
e　牛雪を導師とする難産死婦霊の得脱（上一六の1）
f　牛雪、間引かれた子供の祟りを鎮める（中二四の2）
g　会津松沢寺の秀可、亡婦と問答し戒名を授ける（中二六）
h　牛雪、悪僧の弔いをうけて不成仏の死霊を救済（下二の1）
i　牛雪、死後に牛鬼となった僧の供養をなす（下一六の3）

といった類型説話に出会うこととなる。霊異の原因は何か、そしてまた、鎮魂の場にのぞんだ導師はいかにしてさまよえる死者の救済をなしえたのか。片仮名本の編者は、魔祓い成就の一部始終を克明にすることに情熱を傾けるのであった。そのような叙述態度に、本書編纂のある種の目的性・方向性が見出されることは明白であろう。端的にいえば、民衆に受容されやすい近時・身辺の怨霊沙汰にことよせて、亡魂済度のてだて（血脈・塔婆・経呪等）を布宣し、あわせて死霊慰撫の技能にひいでた禅僧の道誉を一般社会に知らしめるところに、片仮名本の眼目が存したのではなかったか。

さらにまた、片仮名本のメッセージは現場の布法僧に対しても向けられていた。例していうなら、下巻十三「第二念ヲ起ス僧、病者ニ苦ヲ授事」は導師の失態にからめて座禅修行のこころえを説く。病者に末期の

経呪を授ける僧（美濃竜泰寺の全石）が、心に迷いを生じてしばし禅定力を失なう。かかる不首尾をあえて提示する叙述態度に、禅門のあるべき姿を説話に托して伝えようとするきわめて実践的な意図がこめられているのではないか。いずれにしても、正三および法類たちの唱導活動と、片仮名本所収説話との連続性・同質性を窺知するうえで、禅僧の呪的能力をテーマとするこれらの説話群はもっと重視されるべきであろう。

とりわけ、墳墓の業火を鎮める上巻十二（前掲c）の験力説話は、庶民層の埋葬習俗や墓制整備のすすんだ徳川期の寺院伝承において、しばしばとりあげられる題材であった。ひとまず墓火済度の因縁に焦点をしぼり、正三一門の管理下にあった説話はもとより、他の曹洞宗縁起・高僧伝承との類比を含めた説話の全体像に考究対象をひろげることとする。

三　正三と墓火済度

片仮名本上巻十二「塚焼事付塚ヨリ火出ル事」の第一話は次のような話である。

東三河、一ノ宮ノ近所、上野村兵右衛五郎ト云鍛冶ノ女房死シテ、七日目ヨリ塚ニ天目程ナル穴出来テ、鍛冶ノホドノ火ノ如ク焼ケリ。七月盆過ニ、我所ノ全才行テ見ニ、火強出ル間、若竹ヲ指入テ置ニ、フチ〳〵ト焼テ、燃来ナリ。引導師ワ、長山ノ正眼院也。後ニ牛雪和尚治《ヲサメ》給也。兵右衛五郎モ、三年忌ニ死シケリ。寛永五年ノ事也。

生前の悪業の報いか、はたまた愛念執着のためであろうか。東三河にて鍛冶の女房の墓が火焔につつまれる。長山村（現一宮）の禅寺正眼院の引導も効験なく、結局、正三知己の名僧牛雪和尚の高徳により妖異がおさまる。(5)

一方、こうした話材が片仮名本に採取された直接の動機として、すぐに想起されるのは、墓火済度の重要性に言及した正三法語の存在である。

いったいに『驢鞍橋』などの条下には、正三自身を導師とする呪的魔祓いのエピソードがあちこちにしるされている（『驢鞍橋』上巻64・131、中巻75、下巻4・39など）(6)。同書下巻一四八にみえる「霊化悪気、弔ヒテ治ルト云事モ、師ヨリ起ル也」との門弟恵中の言葉からも知られるように、亡魂妖魔の弔慰は正三禅風の現世利益的側面を如実にものがたる特徴であった。

『驢鞍橋』下巻一四九の伝える墓火済度の霊験も、そうした布法姿勢のあらわれと考えてよい。同章には、師正三に随行した本秀の実見がこうつづられている。

亦先年、三州新城ニテ、去者、塚大ニ焼ル事有。近里ノ諸宗弔ヘドモ消ズ。師、江戸ニ下給時、往懸《カヽリ》、弔テ消給也。其土ヲ方方ニ遣シ給、我等所ニモ来ガ、イカニモマンカニ焼タル土ニテ有シ也

三河における塚火回向の一件は、『石平道人行業記』にも寛永三年の事件として報告されており、どうやら一門知悉の逸聞であったらしい。すなわち『行業記』にいう。

同三年丙寅、参の野田に、野塚燋煽して已まざる事あり。師之をきいて曰く、是れ幽冥の苦患、逼業の然らしむる所なりと。切に悲心を催し、往て七日誦経す。塚火忽爾として消えぬ。村民あいともに之を異《あや》しむ。其の焦塊丹の如し。之を遐邇に饋りて、目前の地獄なることを視せしむ。

やはりここにも、塚の焦土を回覧した次第が明記されていて、慰霊の証拠をじかに示す説話伝播のありように興味がもたれる。高僧の墓火済度が単なる旧聞故事の域にとどまらず、民間布法僧なら誰もが直面しうる現実の体験ととらえられていたとすれば、それは瑣末の事象とはいいがたい。

これに加えて、『驢鞍橋』上巻二十一の正三遺訓に

古塚有バ、施餓鬼ヲ誦シ弔フテ通ルベシ。塚ニ残ル亡魂、慥ニ有物也。疎ニ思ベカラズ。

とある点も、この際顧慮すべきであろう。なぜなら、かかる言説は、墳墓にとどまる妄執の救済を重んずる霊魂観が、すでに門派のあいだに確立していたことを暗示するからだ。

この他、『驢鞍橋』には、正三の験力で妖火の正体が夫と不仲になった女房の生霊とわかり、三昧の火を難なく消しとめた話（下巻39）が紹介されており、炎に形象化された執念のおそろしさと、これをとりのぞくのに不可欠な禅定力の奇特に格別の関心がはらわれていたことをおしえる。

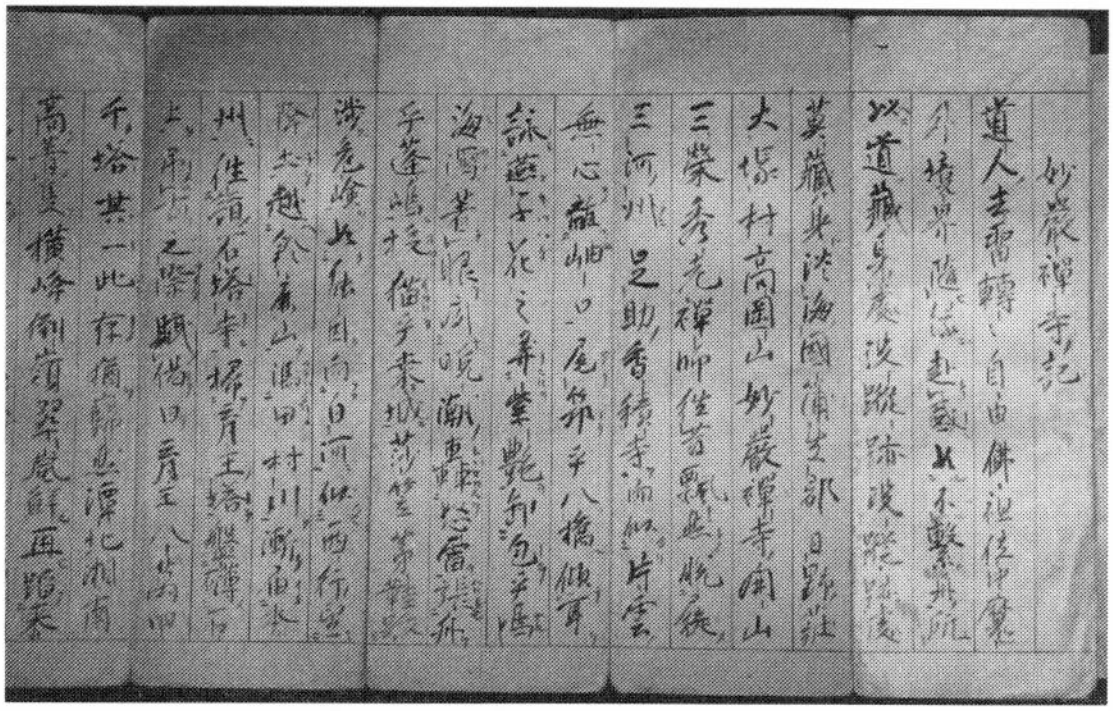

図4　妙厳寺蔵『妙厳禅寺記』。

じつはこうした特色は、正三のみならず、法弟たちの逸話についても看取されるものだった。

近江に進出した三栄本秀の場合は、先述の高岡山妙厳寺中興につづいて川合村・願成寺（蒲生町）、尻無・妙応寺（現八日市市）を開いたことで知られるが、村民帰依のきっかけとなる亡霊成仏の因縁が火焔消滅のモチーフをともなう点は注目してよい。すなわち享保十九年（一七三四）写の『妙厳禅寺記』（同寺蔵、折本一冊）をひもとくと、本秀来江のいきさつ、檀越塩野氏（彦根藩士）の助援などとともに、願成寺開堂にまつわる「市子村」の妖火鎮定がつづられている。その部分の本文を示そう。

隣在市子村ニ、古ヨリ、遊魂滞魄有テ夜々猛火ト為テ往来悠忽タリ。遐漏《をちこち》驚怖シテ、宵行ヲ得ズ。火急ノ事有リトイヘドモ、明ルニ投《いた》リテ途《みち》ニムカフ。禅師、憐愍シテ、故ニ往テ弔ス。三帰ヲ授ケ血脈ヲ付スニ、火焔タチマチ滅寂トシテ、青衣ノ来リ拝スルコト無シトイヘドモ、亡霊ノ超昇ヲ知ルベシ。爾後、道風遠ク扇テ合国草偃ス。同郡河合村ノ諸信士、勉メテ請スルコト三五度、禅師、感激ニ堪ヘズシテ本寺（注：妙厳寺）ノ席ヲ却外壺公（注：同寺二世）ニ譲与シテ河合ノ願成寺ニ遷喬ス。（原漢文、傍線筆者）

ここでとくに注目しておきたいのは、本秀の妖火鎮めが、先にみた正三の行法（三帰戒・血脈授与）とまったく同じ手順でとり行なわれている点である。この一事をみても、曹洞禅の鎮魂儀礼をよみこむ類型的な高僧験力譚が師弟間に相承されたことは、想像にかたくない。

ちなみに、法系の近さからいえば、正三得度の戒師である妙心寺派の大愚宗築にも同様の説話をみとめうる。大愚派の怪異話材集『怪談信筆』[7]（正徳五写）には、「善知識滅墳火」と題して、寛文のころ近江におこった大愚自身の墓火済度の大略が筆録されている。詳しい事情は定かでないが、大愚―正三―牛雪・本秀とつらなる法脈のうえに、執心のほむらを消し去る同質の験力譚が隠見することは、禅宗襲法史の史的事実と唱導説話の生成・伝播といった、一見別種の問題の符牒を示す興味深い特質といえまいか。

もっとも、だからといって、この話の流伝を正三門統のみの特殊性に限定して論ずるのは、いささか早計に過ぎよう。なぜなら、高僧の妖火鎮圧をテーマとする唱導話材の形成は、当代禅林の一般的風潮でもあったからだ。従って、かような説話主題を『因果物語』の内部（もしくは正三周辺）だけで処理するのではなく、他の洞門縁起や高僧伝との類比に考察対象をひろげるなら、さらに広大な説話の言海を目のあたりにすることになるだろう。

四　類型縁起の種々相

この世に未練をのこす亡魂、罪障ゆえに成仏できない怨霊、そのような死者の煩悩を墳墓・山谷に化現する火焰の怪異に具象化しつつ、禅僧の呪的救済にからめて語る説話パターンは、各地の洞門寺院に親縁的な縁起伝承を残している。導師の僧名や霊異の具体的経緯がはっきりわかる資料のうち、明らかに曹洞宗系寺院の管理を指摘し得るのは次の六例である。寺号・所在地、ならびに妖火済度にかかわった導師を列挙してみよう。

A　洞雲寺（埼玉県岩槻市）・開山布州東播
B　退休寺（鳥取県西伯郡中山町）・開山源翁心昭
C　竜雲寺（佐賀県佐賀市）・二世大用宗俊
D　妙応寺（岐阜県関ケ原町）・開山大徹宗令
E　文殊寺（埼玉県大里郡江南町）・季雲永嶽
F　浄眼寺（三重県松阪市大阿坂町）・開山大空玄虎

また、近世前期の奇談雑筆にみえる高僧の業火鎮圧としては、

G　『本朝故事因縁集』（元禄二刊）第一一三「墓火通」
H　『続著聞集』（宝永元序）「婦額指角夫墓消焰」

を加えることもできるだろう。むろん丹念に調べればこれ以外にも類例はあろうが、とりあえずA～Hを中心に考察をすすめたい。

A・Bはともに縁起書に書きとどめられた開山僧の墓火済度であり、領主の縁者を成仏せしめた旅僧が、その地にとどまり禅刹を中興・開創する点で、共通の説話構造をもつ。

Aの出拠である『高根山正龍寺起縁濫觴記』(8)（慶長一五写）によれば、洞雲寺の開山初世となった布州東播は薩州橘氏の出身。出家して関東を遊歴すること二十年、洞門関三刹のひとつ武蔵越生の竜穏寺（埼玉県越生市、峨山系通幻・了庵派）に晋住して岩槻・洞雲寺、藤田・正竜寺などを開き、天正元年（一五七三）十二月に示寂した室町・戦国期の名僧である。関八州巡錫のころの布州和尚の逸事をめぐり、縁起はこうしるす。

師武《ノ》入二江府一駐二錫於万年《ニ》一、遍歴叢林二十年越生参二龍穏《ニ》一嗣法二天室和尚《ニ》一、後得二龍穏之請一入院開堂、師道風撼動二叢林《ニ》一焉、先レ是《ヨリ》太田道歎（灌）者三徳兼備詩歌達道城築名誉古今秀才矣、文明中罹二敵徒偽謀一死二於岩付城一其子三楽取二父遺骨一以塔二于城西北一、然塔中起《コト》二業火一数十年普請二高僧一雖レ為二追福一無二其効一、時三楽遠登二長昌一五躰着地而師白二事因一希二慈愍（愍カ）一、師及諸領二禅客数十人一趣二岩付城一、已至レ塔示レ衆曰、汝等囲三繞塔四面二正身端座須脱落身心《シテ》深入二禅定一矣、亦告二檀越一曰、衆中若有乙見二火起一方欲レ退レ席者甲則可下揮《シテ》二瓶手《ニ》一以県二其頭一去上其厳令可レ知也、大衆至レ心入レ定、夜将三更猛火忽焉《シテ》発《ル》、師不顧衆亦湛然《ト》而座《ス》、少《ラタ》焉火勢漸衰若《ハ》存《シ》若亡《シ》、師即従レ座起直登二塔檀一震レ威一喝、其塔応レ声為二微塵一、滅二業火一時一無二再起《コト》一、道俗発レ声嘆《シテ》未曾有也《ト》、太田三楽斉感嘆有レ余、創二洞雲禅寺一延レ師増加欽重《ス》。

文明年中、「岩付城」にて謀殺された太田道灌(9)の塔中より遺恨の火が燃えさかり、いかなる追福も効をなさない。嫡子三楽の懇請をうけた布州和尚は、禅僧数十人をひきいて城に赴き、こまかな慰霊方法を指示して積年の業火をみごとにおさめる。これに感嘆した太田三楽の助力を得て洞雲寺の寺基がおこされた、とするのが縁起のあらましであった。

なお、『埼玉叢書』六所収の異本『高根山正竜寺濫觴記』（慶長一五写）の場合も、ほとんど同内容の塔火供養を載せるが、末尾に「恰似三玄翁砕二毒石一」との評言をかかげ、那須野の殺生石退治で名高い源翁（玄翁）心昭の験力譚[10]に比定する。禅僧（しかも実在）の祈禱的能力を語る唱導説話の伝統が、近世初頭の禅林に行きわたっていたことを示唆する興味深い一条といえるだろう。

じつはBもまた、源翁和尚にまつわる霊徳説話のひとつであった。教化行脚の廻国に際して伯耆国に立ち寄った源翁は、春日城主箆津《のっ》敦忠の妻女の怨魂を鎮め、当国に道声を高らしめる。さらに山中の悪竜に三帰戒を授け、延文二年（一三五七）、敦忠建立の退休寺に開山としてむかえられた。「悪趣退キ浄土ニ休スル」意の寺号をもつこの寺の開創伝承は、独住十一世・恒山鉄麿撰の『退休寺由来記』（天保四写）に概要がそなわる。いま『曹洞宗全書・続寺誌』所収の本文により、墓火済度の部分を抄出する。

師素ヨリ行化利生ノ志アリ、諸国ニ歴游シ、延文ノ初メ、当国ニ来玉フ。于時当郡春日城主箆津豊後守敦忠ノ室死セリ。寂昔ノ罪障ヤ深カリケン、夜夜墳墓ニ姿ヲアラハシ、冤結解ルコトヲ得ズ、焔焔タル鬼火ノ中ニ苦ミ、号哭ノ声、隣里ヲ動シケレバ、郷民驚怖シテ、黄昏ヨリ戸ヲ出ル者ナカリキ。師コレヲ聞玉ヒ、深更墓前ニ至リ、知㆑錯滅㆑罪何不㆓成仏㆒トノ玉エバ、霊彷彿トシテコレヲ訳シテ、アヤマリヲシルカラ罪ハホロビケリ、ナドカ仏ニナラザラメヤハト云テ失ヌ。是夜敦忠夢ニ善知識ノ一懺ヲ得テ、即今成仏セリトシテ、夢ハサメケリ。敦忠驚歎斜ナラズ、頓テ師ヲ迎テ、疇昔ノ恩ヲ謝シ、留メテ供養セラレケル。

右一件はすでに一八世紀初頭の伯州に喧伝されていたようで、寛保二年（一七四二）の『伯耆民談記』にさらにくわしい死霊解脱の次第を見出すことができる。

退休寺　八橋郡退休寺村　禅宗　寺領二十七石　能州惣持寺末山

金竜山と号す。本尊観音。代々国守より建立の地なり。開檀は当郡石《いは》井垣の城主箆《のっ》津豊後守平敦忠、延文二年に草創して、開山は玄翁和尚なり。当国に於て多くは並びなき大寺なり。開基の起本を聞くに、敦忠亡妻の墳墓、夜毎に陰火灼《かがや》き、炎気の中に幽霊の容を現し、数多の悪鬼呵責を成す躰を示す。敦忠これを愁ひ、高貴の僧を招きて追善供養すれとも、更に止む事なし。然るに依りて、近邑の剣野《つるきの》と云ふ所に茶屋を設け、老臣有沢若狭守を亭主となして、千僧を摂待す。時に延文二年丁酉の秋八月十三日、漸く摂僧六百三十人に及びて、玄翁を請待す。若狭守つくつくと和尚の貴相を見て、悉く彼意を語る。玄翁やがて灼墓に臨み、香花洒水をなして、一つの塔婆を作り、「智錯罪滅何不成仏」と書きて、是を建つる時に、亡霊現はれて、八字の法文を一首に詠す。

錯を知るから罪は亡びけり

なとか仏にならさらめやは

斯く詠吟し、即時に容は消え失せぬ。成仏やしたりけん、其夜より墓灼けも止まりける。敦忠多年の愁一時に散じ、歓喜すること斜ならず。（『因伯文庫』所収）

こうした亡霊成仏譚につづけて、このあと本文は、和尚の善導をうけた竜女の得脱と寺域提供をしるし、さらに大檀那篦津氏が「布金の効力を尽くし此寺を造営」したことなどにおよぶ。[11] 開山僧の活躍を退休寺開堂の歴史的な動向に関係付けて説きひろめる縁起の意図は明白であった。

もっとも、曹洞宗縁起全般の傾向に比すなら、寺院開創（中興）のいきさつや檀越・外護者とのつながりをよみこむ神霊化度、土着神教化の説話は、決して特異なものではなかった。[12] それればかりか、戦国〜幕初の開創由来譚には、度脱の神霊を有力大名もしくはその妻妾の怨霊と説くケースさえ見受けられる。[13] いわばそれらは、禅宗地方発展史の過程に生じた支配層との接触を、寺院縁起の世界にもち込んだ結果ともいえるだろう。むろんA以下に挙げた縁起伝承が、大筋でそのような常套的な布法説話の範疇に入ることはいうまでもない。

ただ、ここでとくに注目しておきたいのは、如上の鎮火譚の行間に、禅宗法儀に則る亡魂供養の詳細をかいまみることができる点であろう。たとえば『伯耆民談話』に描かれた香花洒水の作法、偈句を書いた塔婆の建立等が、先にみた『因果物語』同様、きわめて現実的かつ実践的な葬送儀礼に連関する点は記憶にとどめておきたい。

五　薪尽火滅・血脈授与など

墓火の慰霊方法を具体的に述べる点では、CおよびDにみえる「薪尽火滅」の経呪は着目すべきことがらであろう。

Cの肥前・竜雲寺については、当寺二世大用宗俊（天文二二年寂）の行実をまとめた『続日域洞上諸祖伝』（正徳四刊）巻四の記事に開創の因縁が見出される。[14] 肥前八戸城主の招請により竜雲寺に止住した大用は、住民のおそれる亡僧墓の火焔をおさめることになる。

時城南円蔵院裏。亡僧墓碑有㆓妖火㆒。夜夜発㆑焔。州人且怪且怖。一時僧道巫覡多方祈禱。皆不㆑能㆑滅。火勢増烈矣。師聞㆑之薄暮潜往坐㆓墓辺㆒。至㆑夜果見㆓妖焔熾然而起㆒。乃念曰。種種幻化自㆓覚心㆒生。且道。幻尽覚尽時如何。喝一喝曰。薪尽火滅。於㆑此妖火忽然随㆑声而滅。恰如㆓以㆑水救㆒㆑然。一郷喧伝称㆓太希有㆒。従㆑此遠近益仰㆓徳光㆒矣。後慶誾尼公創㆓般若山慶誾寺㆒。請㆑師為㆓開山㆒。龍雲以㆓先師龐和尚㆒為㆓開山㆒。

（『曹洞宗全書・史伝』傍線筆者、以下同）

「薪尽火滅」をキーワードとする妖火封じの呪法は、D妙応寺の縁起にもうかがえる。当寺二世の大徹宗令（事実上の開山）は、総持寺峨山禅師の命をうけて那須野の殺生石鎮定にむかう途中、美濃国今須の古堂で凶火の噂を耳にする。卍山道白撰の『妙応寺縁起記』[15]（元禄五写）に、その折のやりとりが

居民告云、此堂自レ古夜々有二怪物凶火相闘一。而人皆懊悩無二投宿一。請二別処宿一。徹云、我不レ畏レ死。居民云、教乗之法師、欲レ止レ之如二薪尽火滅之文一雖レ然、今終不レ止云云。徹聞之言、待二我救度去一。其夜及火炎発、而徹励レ声唱二薪尽火滅一、随レ声而火消滅、者已込。

のごとく描かれており、その夜、大徹の眼前にあらわれた「火炎」が和尚のとなえる「薪尽火滅」の唱声にあわせて消鎮したことを伝える。かかる機縁により、当寺は、薪尽火滅道場と称し（『新版禅学大辞典』）、「薪尽火滅」の勅額を今日に伝えたという。(16) これらの事実は、寺僧による鎮炎呪法の定型があまねく世上に知られていたことを意味しよう。

さらにもう一例。Eの季雲永嶽の話は、炎と変じた死魂の得脱を、血脈の奇特というスタンスから叙した高僧伝であった。天正頃の写本とみられる『月庵酔醒記』下巻に「尼理薫か懐中にて血脈のうせし事」と題して度霊の顚末がつぶさに伝えられている。

武州矢俣《ヤマタ》といふ里に理薫といふあま有けり。其あね死て後、よな〳〵塚もえて人のなく声しけり。七月十五日にいもうとの理薫に取ついて詫《ママ》しけるやう、いかてか弔せぬ、恨なり、といひて、せちにいたましむ。さらバ経をずしてとふらハむ、命をたすけてくれよと、みな人なけきけるに、あねのいふやう、文殊寺のせかきのたなして、三界万霊の中に廻向をうけて、水をもうけとりたれば、それハいやなり、我血脈をうけぬゆへに、六道輪廻しけるくるしミやすからず、ねかハくハ季雲和尚の御血脈をうけてたひさふらへ、と申けるによつて、彼寺に詣て申たれば、さつけたひ給ふ。理薫かふところにをし入て、是和尚の御血脈さつけらるゝほと、といひもあへす、汗し、ねふりてさめにけり。其血脈ハ懐中にてうせけるとそ。塚ももえやミにけり。

墓火を発してすすり泣く亡婦の魂が妹の尼に憑いて季雲和尚の血脈をこいねがう。ここに登場する季雲永嶽は武蔵の人。出家して近江石雲院の崇芝性岱の法を嗣ぐ（『日本洞上聯燈録』八）。また、右本文にみえる文殊寺が崇芝を中興開山[17]にあおぐ法類寺院であるところを考えると、あるいは季雲も文殊寺止住の経歴をもつのかもしれない。その血脈が文殊寺の施餓鬼供養にもましてあらたかな利益をあらわし、塚の炎を消し止めたというのだから、説話の主眼が高徳僧・季雲の血脈授与にあることは間違いないだろう。

ちなみに、崇芝の門統には、季雲のみならず、大空玄虎にまつわる伊勢浅香の鎮火譚が伝承されていた。元禄七年（一六九四）刊『日域洞上諸祖伝』下巻によれば、浄眼寺（前掲F）の創建にあたり、熱湯涌出の「地獄谷」の火焔を「禅坐数日」にして熄滅せしめ、太守の帰依と助援を得た大空の験力譚がうかがえる。季雲の場合とあわせて、崇芝の流れをくむ法系寺院[18]のあいだに均質で類縁的な火滅の因縁が語られたとすれば、そこに宗門内部の交流を軸とする説話伝播のメカニズムがうかびあがるのではないか。禅林におけるこの話の拡散を考える際、このことは顧慮すべき局面といえるだろう。

以上A〜Fは主に宗門資料にみとめられる中世禅僧の鎮火譚であるが、他方、江戸期の類例に目を移すと、H『続著聞集』に信濃下伊那・浄久寺の退轡和尚を導師とする寛文七年の墓火済度が見出される。

また、近世初期の出来事という点では、G『本朝故事因縁集』第一二三も同様であった。「墓火通」の章題を有する本章の内容は左のごとくである。

寛永五ノ八月、周防国野上庄ニ、関久兵衛兼久ト云フ武士アリ。天正十八年、豆州山中ノ城ノ合戦ニ誉アリ。然レ共心邪見ニシテ無罪ノ下人《ゲニン》夫婦ヲ殺ス。其墓ノ間路《ケンロ》八町ヲ阻ツ。塚ニ夜々《ヨナヨ》ナ火燃テ不レ止。夜更《ヨフケ》子ノ刻ニ此火路ヲ流レテ関ガ家ニ行ク。火色青シテ鞠ノ如シ。除々ト通フ。諸人路ノ辺ニ聚リ見物ス。二三月《ツキ》の間ナリ。其火家ニ入ヤ否ヤ、兼久ガ子暈倒シテ正気絶ヘ入タリ。火出デテ帰レバ如レ許《モト》甦ル。色々ノ祈ヲ尽セドモ不レ止。其比自空和尚トテ大活現成《ゲンシヤウ》ノ衲子来リテ。卒都婆ヲ書キテ塚ニ逆様ニ立ラレシカバ、亡魂ノ火忽止ス。

自空和尚の出自・行実については現在これを明らかにしえぬものの、『本町故事因縁集』第二二に「自空和尚ト云禅僧、格外ノ衲子ニテ……」とあるところから、どうやら禅宗系廻国僧の一人であったらしい。

無実の罪で殺された下人の恨みが塚の炎となって主家に祟る。自空の弔祭をふくめ、本章の内容は、これまでみてきた墓火済度の因縁と比べて、そう大きな違いはみられない。ただ、亡魂回向の具体的方法として、〈逆卒塔婆〉の建立にふれている点は傾注を要しよう。次節に述べるごとく、それは横死者の特殊葬法に関する禅宗法儀を忠実に踏襲したものにほかならぬからだ。

さて、以上八例を通覧してみると、鎮火のモチーフにいろどられた高僧伝が諸国の洞門禅林に広汎な伝承圏を確立していたことは、動かしがたいところであろう。そこには、檀越・開基をはじめとする個別の開刹事情が巧みにちりばめられ、さらに度霊の具体策として、薪尽火滅文の提唱、血脈授与、逆卒塔婆の設置といったさまざまな怨霊封じの呪的手段が示されていた。

これらの諸点に鑑みるなら、片仮名本『因果物語』や正三一門の著述に散見する鎮火譚がかかる趨勢のなかに生じた唱導説話の一体であったことは明らかだろう。少なくとも片仮名本に文字化された正三夜話の説話環境は、曹洞教団全体の潮流にきわめて近いところに存した筈である。あるいはそれは、ほとんど同じ水脈とみた方が適当かもしれない。仮名草子研究、もしくは仏教説話史の新視角として、このことのもつ意味は少なくあるまい。

六　鎮墓焼法

一方、禅僧の火焔鎮圧をあつかう説話が、これほど通時代的で広範囲なエリアにおよんだ背景を解析するためには、ある種の布法マニュアルを想定する必要がありはしまいか。言を換えれば、この系統の説話の基層に、霊魂の弔い方を指示した法儀の定型、あるいはその要諦をまとめた規範文書の普及が推測されるのである。

たとえば、師弟間に相承された禅林の切紙資料につけば、もえさかる塚火にたとえられた死者の苦患を除く呪法〈鎮墓焼法〉が要領よく説明されているのがわかる。「墓収大事」、「鎮墓焼」等の標題を冠したこれらの切紙が、亡魂済度のノウハウを末端の導師にまで徹底させる手引き書の役割りをになったことは想像にかたくない。

そもそも「切紙」とは「宗僧が参学と化導の両面において心得ておいた方がよいであろう諸事をまとめた一種の百科全書」(『続曹洞宗全書』解題)であり、師僧から法弟への嗣法に際して一項目ごとに一枚の紙片に書写して伝授したことから「切紙」と呼ばれた。

禅宗のみならず、他宗にもおこなわれたが、ことに曹洞宗では、近世以降、日常生活に密接な招福除災の祈禱や仏教民俗に関する内容が増え、葬送回向・亡霊供養の段取りをおしえる在家性の濃い切紙を多数生ずるようになった。(19)かかる傾向は、一般信者の現世利益的要望にこたえたものであったが、結果的には曹洞宗の大衆化、民俗化をおしすすめるとともに、密教・陰陽道的な神秘主義、現実主義の宗風を許容し、加持祈禱の呪術を大幅にとりいれる方向にむかった。

もちろん、鎮墓焼法もこのひとつとみてよい。つねに在地民衆の生と死にたちあい、亡者の葬送・慰撫をつかさどった民間禅僧の職掌からいうなら、煩悩のほむらを消除する呪的救済が重視されたのは当然であろう。死霊の祟りをおそれる地域住民の、素朴だが切実な畏怖の心意を沈静させるためにも、禅僧の魔祓いは欠くべからざるものだったに相違ない。その証拠に、今日、地方洞門寺院に伝存する切紙資料のなかに多くの鎮墓焼切紙を目にすることができる。曹洞宗抄物に関する研究成果(20)をふまえ、管見に入った十四例を左に掲出する。

①「塚之焼ルヲ止ル大事」(愛知県西明寺、寛永一八)
②「墓収切紙」(同、正保四)
③「塚之火消御事」(長野県龍洞院、万治三)
④「亡鬼静之切紙」(長野県徳運寺、寛文一二)
⑤「鎮墓焼法」(新潟県諸上寺、明和八)
⑥「幽霊収切紙大事(幽霊墓焼収切紙)」(新潟県諸上寺、近世中期)
⑦「鎮墓焼切紙」「火滅之大事」(石川県永光寺、同)
⑧「墓焼沈切紙」(三重県広泰寺、同)
⑨「幽霊収大事之切紙」(埼玉県正竜寺、同)
⑩「墓火消滅秘伝」「霊火消滅大事」(愛知県福厳寺、弘化二)
⑪「同」(駒沢大学蔵『梠樹林室中切紙』安永五写)
⑫「鎮墓焼大事」(同『室中秘書』文政二写)
⑬「同」(同『伝法室内切紙』元治元写)
⑭「鎮墓焼大事」(石川県大乗寺所伝『日域曹洞室内嫡嫡秘伝密法切紙』、筆者年次未詳)

切紙の名称こそ異なるものの、右の内容はおおむね等しく、一様に近似・共通の呪的作法をしるす。ここころみに⑤の諸上寺蔵「鎮墓焼法」を加賀大乗寺所伝の切紙集に載るもの(⑭)と対置してみよう。

⑤諸上寺切紙

鎮墓焼法
桑木ニテモ桃木ニテモ、高サ二尺計ノ塔婆ヲ造リ、四方四面ニ削テ四ツノ頭ニワ鴿字ヲ書ス、先《ツ》新キ器物ニ新キ水ヲ貯ヘ、其水ヲ以テ硯石ヲ洗ヒ、新墨ヲ摺リ瀆萩《ミツハキ》ノ根ヲヨク洗ヒ筆ト成シテ鴿字ヲ書タル下《ニ》ニ施餓鬼文ヲ書テ、此ノ塔婆ヲ所焼ノ墓ノ中央ニ倒ニ打チ込ミ、其上ニ坐具ヲ展テ暫ク入二無心定一也、次ニ誦二施餓鬼一、是薪尽火滅ノ法也、此時ノ観相ハ在二当人力一

（傍線筆者、以下同）

⑭『日域曹洞室内嫡嫡秘伝密法切紙』（『曹洞宗全書』所収）

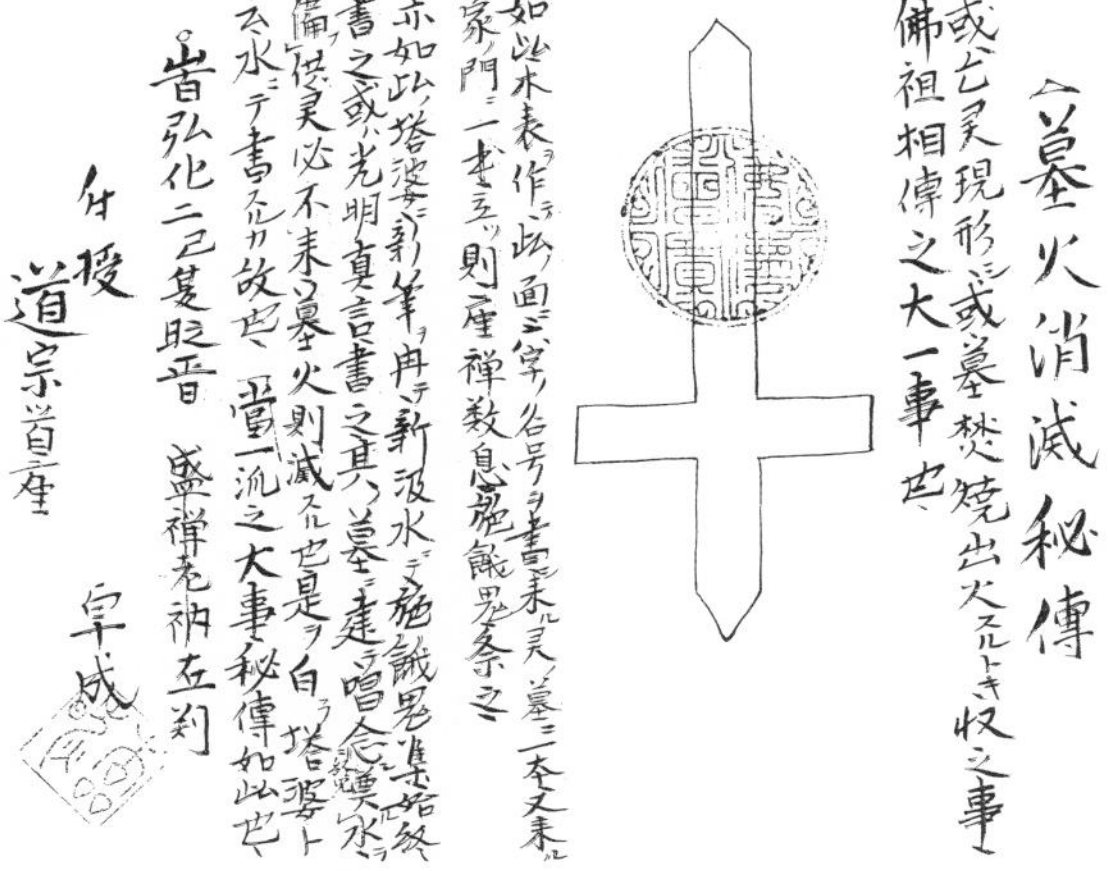

図5　愛知県福厳寺「墓火消滅秘伝」（⑩）。

鎮墓焼大事
桑ノ木カ、或桃之木ヲ以テ高サ二尺計ニ塔婆四面作リ、四頭ニワ鴿ノ字ヲ書シテ新器物ニ新水ヲ貯エ、其ノ水ヲ以テ硯ヲ洗テ墨ヲ磨リ、溝萩ノ根ヲ能ク洗テ筆トシテ鴿字ノ下ニ施餓鬼文ヲ書写シテ、此塔婆ヲ所レ燃ノ墓ノ中央ニ倒ニ打込ミ、其上ニ坐具ヲ展テ暫入二無心定一、次誦二施餓鬼文一也、是即如二薪尽火滅一也、此ノ時観想ハ在二当人ノ力一者也、右嫡々相承至レ今、

鎮墓焼切紙に書きのこされた秘儀のディテール（洒水の施餓鬼文、逆塔婆建立、薪尽火滅法の執行など）が、いずれもこれまでみてきた寺院縁起・高僧伝の細部と合致するの

は、単なる偶然とは考えにくい。むしろ今日切紙を介して知りうる禅僧の鎮魂行為にこそ、墓火伝承の淵源をよみとるべきではないか。ともかく大筋では、こうした度霊切紙の幅広い伝授・相承が鎮炎説話形成の一大求心力たりえたとみてさしつかえないだろう。

なお、墓所よりさまよい出た死霊を鎮める塔婆・退散符の書式を示す切紙（②④⑥⑨⑩）も広義の鎮墓焼法とみなしうる一群であった。長野県松本市の徳運寺に伝わる④「亡鬼静之切紙」の場合をみてみよう。

④長野・徳運寺蔵「亡鬼静之切紙」

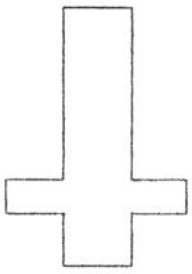

右此図之内ニ光明真言可書、死人之墓ニ一本亦鬼ノ来ル家ノ戸ノ口ニ一本可立、夜者座禅数座、其ノ上ェ施餓鬼ヲ可誦也三返、洒水ニテ書スル、此切紙秘書也。故ニ目録ニワ不載ト云云々。如浄和尚ヨリ永平和尚伝授也、自夫以来代々禅師如此、亦一説ニハ白塔婆ノ事此図形ノ内ニ施餓鬼ヲ書スル也、亦一説ニハ光明真言ノ時ニ手□水ニテモ書スト、是レ則チ亡鬼ヲ静ル符ダ也、亦墓ノモエルニモ収ムル次第也、一大事之秘書也、此外大消滅之切紙在之可秘々

淵叟在判

寛文十二年壬子歳正月吉日

授与石英首座

図の退散符が墓火鎮めに有効なことを切紙は説いている。さらにまた、光明真言を書いた塔婆を、死者の墓前はもとより「鬼ノ来ル家」の戸口に立てるというのは、民談・口碑や怪異小説によくみかける幽霊の訪

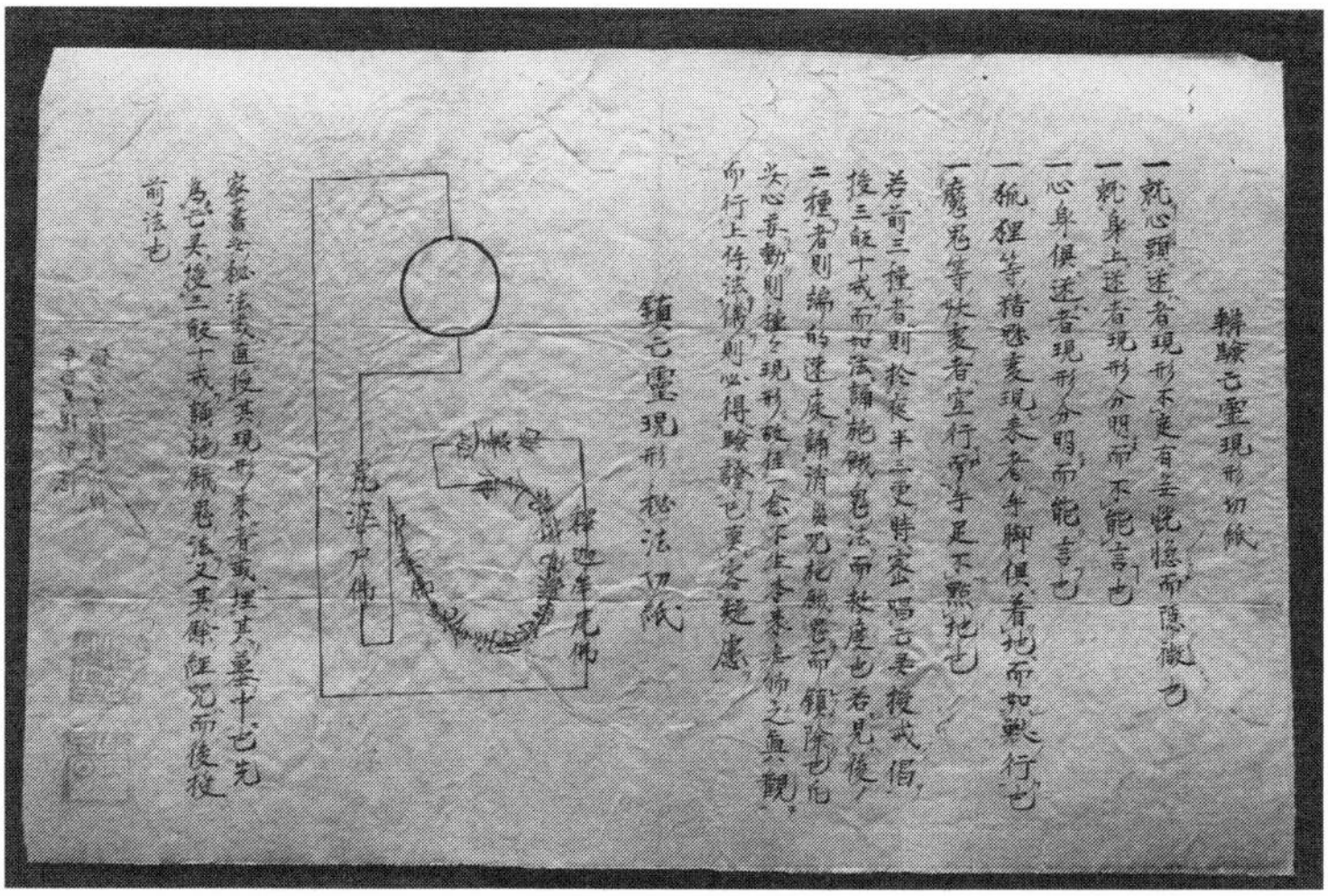

図6　埼玉県正竜寺蔵「弁験亡霊現形切紙」「鎮亡霊現形秘法切紙」（享保9年写）。

れと屋札の呪力のモチーフを彷彿とさせる内容といえるだろう。

このほか、鎮魂関係の洞門切紙には、亡霊の正体が人間の魂か、それとも狐狸・妖魔の変化かを見分けて各々に応じた回向のてだてをおしえる「弁験亡霊現形法」、退散符の実例を図示した「鎮亡霊現形秘法」といった具合に、用途にあわせた魔祓い呪法の手引きが散見する。[21] それらは主に一七・八世紀の相伝年号を有しており、僧侶の指南するマジカルな鎮魂の秘儀が近世社会にあまねく行なわれていたことをうかがわせる。

ちなみに、曹洞宗切紙のみならず、他宗派の呪符集においても、なかば俗信化した除霊法の襲伝が諒解される。目についたものを列挙するなら、

『邪兇呪禁法則』（貞享元刊、真言宗）
●腹内子死符
●火車咒事
『陰陽師調法記』（元禄一四刊、陰陽道）
●邪鬼霊鬼の類のぞく符

・死霊蛇になりてきたり又ハ病人に付てのかざる時の咒
『修験深秘行法符咒集』（成立年未詳、当山派切紙集）
・生死霊放符形之事
・死霊教化大事
・墓焼留之法
・棺分之事
・亡魂来留事
『浄土無縁引導集』（正徳四刊、浄土宗）
・幽霊変化之沙汰
・墓所焼之端

のごとき行法が看取される。各宗派間の影響関係(22)をふくめ、葬送墓制研究や仏教民俗学の見地からも、これらの資料価値は問い直されるべきであろう。

ひるがえって『因果物語』に代表される仏教怪異譚の素地を、庶民仏教の視座から垣間見ようとするとき、日々の暮らしに程遠からぬところで、生者と死者の仲立ちとなった魔祓い僧の活躍が展開したことは、かさねて特筆に値しよう。唱導僧たちは、呪的儀礼を通して死穢を忌む人々の民俗感情に仏教思想を基調とするあらたな霊魂観（民俗との融化をふくめ）をもたらし、さらには亡霊魂魄にまつわる怪異のイメージを近世民衆の共同幻想に定着せしめた。そのような社会通念の基盤上に怪異小説の幽魂譚が語られたとすれば、そこに、これまでの文学史・小説研究では十分とらえきれなかった〈仏教怪異譚〉の概念・領域を想起することも困難ではあるまい。

七　怪異小説への変容

近世文芸に登場する怨霊鎮圧のモチーフが、仏教唱導を源流とする近世庶民の死生観・霊魂観や民間呪法の種々相と、何らかのかたちで連関することは、彼我の素材面での類縁性、連続性をみても首肯されるだろう。

本稿にとりあげた鎮火譚について云えば、早くも延宝四年（一六七六）刊の俳諧付合語集『類船集』に「墓―火」「墓原―火焔」のごときイメージ連想がみえており[23]、この種の話題に対する当代文芸の接近を想察させる。

さらにまた、怪異小説の分野に目をうつすと、片仮名本『因果物語』上巻十二（牛雪の墓火済度）が平仮名本巻一の二「隣姫ふかき女死して墳の焼たる事」に展開し、『本朝故事因縁集』「墓火通」がそっくりそのまま了意『狗張子』巻四の五「非道に人を殺す報」の原拠となるなど[24]、唱導話材の文芸的成長をそこここに見出しうる。

図7　『曾呂里物語』巻三の三挿絵（堤邦彦蔵）。

また、寛文三年（一六六三）刊[25]『曾呂里物語』巻三の三[26]「蓮台野にて化物に逢ふ事」、およびこれを翻案した延宝五年（一六七七）刊『諸国百物語』巻一の七「蓮台野二つ塚のばけ物の事」は明らかに鎮火譚の類型とみてよい。やや範囲を広げるなら、延宝五年刊『宿直草』巻五の二「戦場の跡火燃ゆる事」などの話題も、いくさ場に果てた

図8　『宿直草』巻五の二挿絵（大洲市立図書館蔵）。

者の修羅の業火を鎮定する一連の高僧伝承（たとえば『日本洞上諸祖伝』下の光国禅師伝）に説話の宗教的本源をたどりうるものであった。

もっとも子細にみると、素材受容のあり方は、それぞれの作品の性格・志向により、必ずしも一様ではなかった。片仮名本『因果物語』のように、唱導話材とほぼ同一視しうるケースはともかく、仮名草子・浮世草子時代の怪異小説の諸作には、炎になぞらえた死者の怨恨を怪異の一趣向として処理する創作意識のあらわれが顕現する。

そのひとつ『諸国百物語』巻三の七「まよひの物二月堂の牛王に怖れし事」では、墓所の塚が「夜の内には三度づゝ燃え上り、塚の内より女の声」がする。怪異の真相を確かめに来た剛勇の士に向かって、火焔のぬしの亡婦はこう語るのであった。

さてさて今まで後辺《ごへん》ほどの武辺者《ぶへんしゃ》もなし。我れは三条室町《むろまち》の鍛冶屋の女房なるが、隣の女に毒害せられて、空しくなりたり。あまつさへ三七日《さんしちにち》も経《た》たざるに、隣の女、我が夫と夫婦になり、思ひのままなる振舞ひ、思へば思へば、無念さに夜《よ》な夜《よ》な門《もん》ぐちまでは行けども、二月堂《にがつどう》の牛王《ごおう》を、門におしたれば、怖れ入る事あたはず。かやうに執心の闇に迷ひ候ふ也。願はくは、彼《か》の鍛冶が門なる牛王を、めくり取りて給はらば、此の世の焔《ほむら》もはれ申すべき。

男は幽霊の頼みをききとどけ鍛冶屋の家の屋札をはがす。すると怪光が夫婦を襲い仇怨を報ずる。かくして返礼にあらわれた幽霊より黄金十枚を授かった男が、「これにて卒塔婆を立て替へ、供養をなして念比に弔らひ」をなしたので、それからは変異もおさまった。

かようなストーリー展開が墓火済度の説話様式に通底することは言をまつまい。ただしここでは、細部のプロットに二人妻の嫉み・確執、勇士と亡霊、護符剝しの依頼、謝礼の黄金[27]といった別種の題材がかさねあわされ、複層する筋立てに作りかえられているのがわかる。なによりも、塚の回向や塔婆建立が高僧ならぬ「武辺者」の手にゆだねられたことは、宗教色の脱化を如実にものがたる筆致だった。怪異小説に流入した墓火伝承は、武辺咄を一話の主題にすえるあらたな近世説話の世界へとむかったわけである。

虚構性・文芸性の顕現は『狗張子』巻五の六「杉谷源次付男色之弁」においても著しい。文禄三年のころ、伊勢の侍深見喜平はかなわぬ恋慕の果てに美男の小姓杉谷源次を殺害し、みずからも腹を切る。そののち二人のなきがらを埋めた塚に火焔の変事がおこり、日暮れともなれば行きかう人も絶えるようになる。

国司《こくし》、此事を聞給ひ、悪き有さまながら執心《しうしん》のほどもいたはしく、僧をやとひて塚の前にて経よみ、とふらひければ、その火それよりもえず成《なり》たり。国司、法力の奇特を感じて、彼僧をめして、法門など聞給ふつゐでに、男色《だんしよく》の事は経論にもみえ侍べるか、と問《とハ》れしに、僧こたへてかたられしは、仏教の中には、わきて男色といふ説はなく、邪淫戒《じやいんかい》のうちに、非道淫戒《ひだういんかい》をあげられしに、自《をのづ》からこもり侍べり。もろこしには、周の穆王《ぼくわう》の慈童を寵じ、漢の高祖《かうそ》の籍孺《せきじゆ》を愛し、恵帝《けいてい》の閎孺《くわうじゆ》を執《しつ》し、哀帝《あいてい》の董賢《とうけん》を幸《さいはひ》せられ、衛《ゑい》の弥子瑕《びしか》、漢《かん》の鄧通《とうとう》、みなこれ、男色にまどへるためしなり。

これにつづけて『史記』佞幸伝をはじめとする古今和漢の「男色にまどへるためし」を高僧の談義口調をかりて列挙し、衆道の弊害を論難する。要するに、本章のねらいは、典籍故事を博索しての色道教戒にあったわけであり、知識性にとむ了意仮名草子らしい作風とみてさしつかえない。墓火済度の基本話型に〈男色〉という当世風の趣向が付与されたこと、そして知的言説をおりまぜた行文に新味を見出しうること、それらの特質は、もろん了意個人の創作意図に起因するものであった。この点において、『狗張子』巻五の六は、集団没個な僧房主導の呪的いとなみとは発想の根源を異にする存在と考えてよかろう。個々の作者の発想が唱導説話の伝統的様式に優先する。ある意味でそれは、近世活字文化の所産といってもよいかもしれない。そのような観点から、了意作品のなかに唱導から文芸への変遷をみておきたい。

一方、衒学臭のただよう墓火伝承の新解釈は、儒・医・俳諧に通じた仮名草子作者・山岡元隣の『百物語評判』（貞享三・一六八六刊）にいっそう極立つ傾向をみせている。巻四の八「西寺町墓の燃し事」がそれである。

一人の云く、近き比、西寺町のある寺に、切腹せし人を葬りしが、夜毎に其墓より火もえ出候故、はじめは小僧同宿などの見たるのみにて、さだかにもなく候処に、後には住持きゝつけ、世にあやしき事におもひ、さまぐ〳〵経文などかきて弔ひけれども、其しるしなかりしに、此比は燃ず候よしを申候が、其墓のもゆる程なる罪人にて、色々のとぶらひをうけても消えざるに、おのれと静まりたるもあやしく存ぜられ候。とかく此理くはしく承らばやと云ひければ、先生答ていはく、是不思議なる事に侍らず。其埋しからだ切腹せし人なれば、血こぼれ出で、其血より燃え出る火なり。是を燐火と申侍る。よる見え候は例の陰火なればなるべし。人の血のみにかぎらず、牛馬などを殺せし野原なども、其血のかたまり残りたる処は、かならずもゆる物なり。さて其静りしは、彼血も久しくなれば血の気つきて土となる故、おのれとやむ理なり。さるにより其血の気つきざるうちは、其僧の教化を得ても止み申さず。あやしき事に侍らず。元より水火は天地陰陽の精気にて、分のたゞしき物なれば、其有べき処にあたりてはあらずといふ事なく、なかるまじき所にあたりては有事なし。されども鬼神幽冥の道理なれば、人悉く其理をわきまふるに及ばす。其珍しきに付て、或はばけ物と名付不思議と云り。世界に不思議なし。世界皆ふしぎなりと評せられき。

僧侶の誦経も効験を示さぬ罪人の墓火がなぜか自然におさまる。かかる不可思議を解き明かすべく、而慍斎先生(元隣)の怪異評判がつづけられるわけである。それは、屍体の燐が怪火の原因といった、今日の知識からみればいわずもがなの説明ではあるけれど、一方で、魔祓い僧の説きひろめた鎮魂呪法の世界(およびそれを享受する民衆心意)に知弁のメスが入れられた点は等閑視できない。もちろんそのようなアプローチは、中世の冥闇を合理主義の目で論断しようとした十七世紀日本の啓蒙思潮の投影とみて大きくあやまつまい。

かかる動向は、近世中期の小説類に、より明確な虚構の意識を露呈するところとなる。中嶋隆氏の指摘された(28)『うきよかくれ里』(元禄ごろ刊)巻二の三「妬深き女の塚より火も之出たる事」はその典型であった。章題からもうかがえるとおり、本章は鎮火譚の一類型であるばかりか、これまでみた片仮名本『因果物語』上巻一二「塚焼事」(平仮名本巻一の二)に材を得ている。ただしここにおいても、新たに話の語り手である「囉斎房」と奇聞に耳を傾ける「花田がつま」のやりとりが加筆されて、法談の景がそのまま悋気譚を類聚する手段として小説的虚構の世界に組み込まれて行くのがよくわかる。

こうした宗教説話の趣向化については、いちいち例を挙げれば、おそらく枚挙にいとまがないだろう。たとえば、宝暦十三年(一七六三)序の『今昔雑冥談』では、武家の娘が亡父の塚の怪火を射とめ、かかる妖異を古狸の所業と見破るはたらきで家名を再興した話(巻一「渡辺勘解由の娘幽霊を射留る事」)がみえており、墓火伝承のナゾ解きに少女の智勇をからめようとする奇談作者の文芸的意図をあらわにしている。

＊

さて、以上のように、文学史の変遷に対置した場合、仏教的要素の濃い近世初頭の怪異小説は、前代からつづいた唱導法談の系譜が怪異そのものをもてあそぶ奇談文芸の河流を形成するための分水嶺だったことになる。唱導と文芸の連続性と差違、このふたつの視点を得て、はじめて仏教怪異小説の意義がみえてくるのではないだろうか。

八 『因果物語』を嗣ぐもの

以上、片仮名本『因果物語』を中軸として、禅宗教団の管掌した亡魂済度の説話類型が怪異小説の一景に姿をかえる道程を概観してみたが、他方、そうした都市出版文化の動向とは別に、片仮名本所収説話がいまだ弘法布教の精神を失なわず、地方寺院の周縁で語り継がれていたことも事実であった。

先に略記した中巻二十六「幽霊ト問答スル僧ノ事」はその典型といえるだろう。会津松沢寺（現会津高田町松沢）の秀可長老が女の幽霊を善導し戒名を授ける。

或夜幽霊来テ、秀可和尚ニ対面シ、問テ云、我獄中ニ入テ種々ノ苦ヲ受。和尚済給へ。答云、円通ヨリ出テ円通ニ入、何ノ処ニカ獄中有。霊云、獄中ヲ論ズルコトナカレ此躰ヲ見ヨ。和尚云、其躰即仏性ニ隔無。霊云、名ヲ付テ給へ。和尚云、本空禅定尼。霊即消失ヌ。秀可長老直談ヲ聞也。

右の一件は寛文十一年刊『反故集』下巻にも「腰ヨリ下、血ニ成タル若キ女人」の霊異として紹介されており、やはり「出《テ》二円通《ヨリ》一入二円通《ニ》一、何処有《リ》二獄中一」[29]の偈句を提示した問答と、「本空禅定尼」の授戒にいいおよぶ。

従来、『因果物語』所収の松沢寺の因縁は、『一休諸国物語』巻一の十、同四の四などの後続する怪異小説への素材提供という視角から論じられてきた。[30]これに対して、そのような都市文芸特有の書承的な説話展開とは別の次元で、松沢寺・秀可長老の幽霊済度が地方村落の信仰生活に根をおろし、口碑・伝承化の道をたどったことは、重視すべき局面といえるだろう。

ここにいう宝珠山松沢寺は、越後村上・耕雲寺（太源派）末の洞門寺院で、永享元年（一四二九）中興の古刹であった。ただし、近年は無住となり、什宝・文書のすべてが会津高田町永井野の長福寺に移されている。

さて、松沢寺所縁の僧・秀可と正三の関係は未詳ながら、(31)『因果物語』に流入した幽霊済度の法力譚が、もともと当寺の管掌下に語られた高僧伝承であった点は想像にかたくない。現在、長福寺に移管されている二幅の幽霊画（松沢寺旧蔵）に、そのあたりの事情をうかがうことができる。掛図のうち、古い方の絵（図9）は天明期の住職が寺に伝誦された「おじゅん」の幽霊伝説（後述）をもとに描いたものという。幕末の混乱と寺勢の衰潮により一時いずこかに紛失したため、再度作りなおしたのが図10であった。画師は近郷新鶴村の荒屋津右衛門で、文久元年（一八六一）に没しているところから（松沢寺過去帳）、図10の製作は十九世紀なかばと推定される。じつは興味深いことに、図10上部の画賛には、「本空禅定尼」号の授与を骨子とする秀可の幽霊済度譚が、慶長九年（一六〇四）の識語を付すかたちで書き添えられていた。

当山大六《(ママ)》世之僧秀可長老、有夜法用帰《ノサニ》、霊形《ノ》亡霊、散髪白身而《ニ》、山門立《ニ》、淋《シキ》声《ニテ》和尚向《ニイ》、我、地獄入《ニ》、種々《ノ》苦《シミヲ》 受《ル》悲《シサヨ》、願《クワ》 救《セ》玉《イト》 云。和尚之曰、本空《ヨリ》 出《テ》 本空入《ニ》、何《レノ》処《ニカ》 獄中有《ン》。亡霊之曰、獄中《ヲ》勿論《スルコト》。先《ツ》無躰《ヲ》見《ヨ》。和尚之曰、其躰即仏身《ニ》無隔《テ》、急《キ》安心而去《レ》。亡霊之曰、難有《ヤ》、名《ヲ》附玉《イ》。和尚之曰、本空禅定尼《ト》、附玉《イハ》、亡霊《ハ》、難有《ヤ》南無阿弥陀仏《ト》、霊形《ハ》忽成仏《シ玉フト云々》

慶長九年　秋

一見すると、賛の文言は片仮名本『因果物語』をそのまま書きうつしたかのようにみえるものの、仔細に

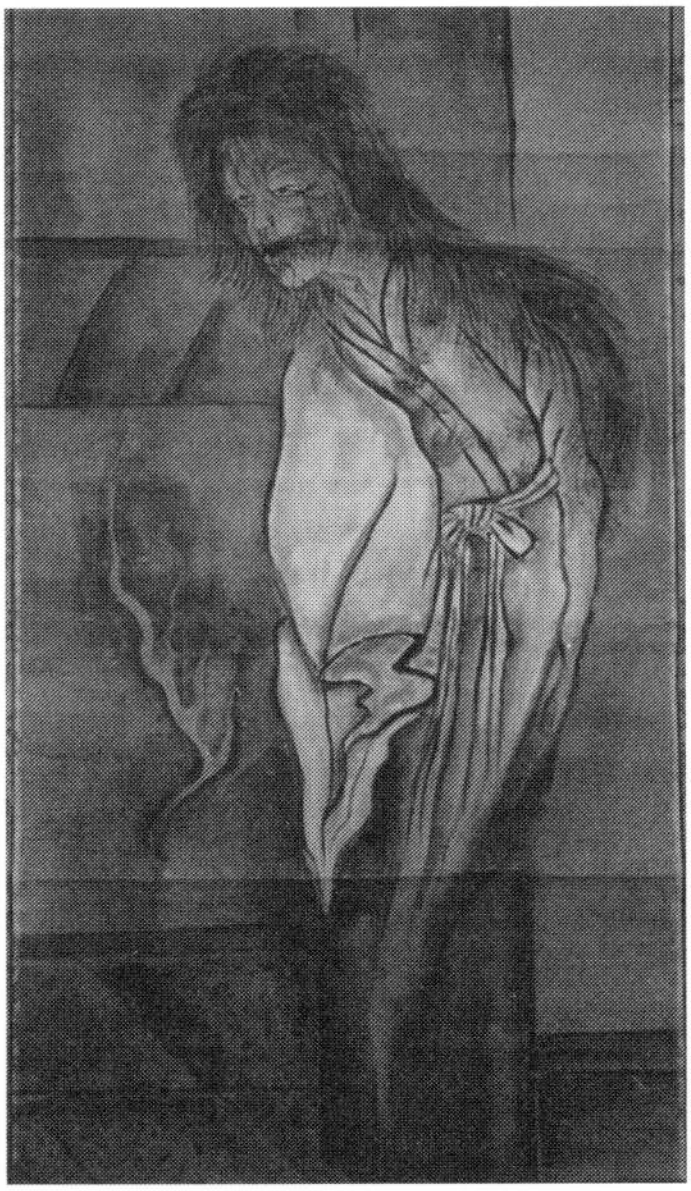

図9　松沢寺の幽霊画（天明期、福島県会津高田町、長福寺蔵）。

図10　松沢寺の幽霊画（幕末期）。

比べると「本空《ヨリ》出《テ》本空入《ニ》」（傍点筆者）という偈句の部分に『因果物語』（「円通《ヨリ》……」）と異なる評言を呈しているのがわかる。これが一話の眼目となる重要な唱導句である点をおもえば、かかる差異は看過できないだろう。

あわせて、『因果物語』編纂以前の「慶長九年」の年号を明記することなどにかんがみ、あるいは直接『因果物語』に依拠したのではなく、寺蔵古文書からの転載とも考えられるのではあるまいか。松沢寺所伝の縁起書が残存しない情況のもとで、断定は避けるべきであろうが、図10の画賛をみるかぎり、『因果物語』に先行する古態の幽霊成仏譚が寺に固着して説きひろめられたことは、十分に想察可能な範囲にあるとみて大きくあやまつまい。

一方、近世ごく初頭にさかのぼり得る

と目される秀可長老と本空禅定尼の解脱物語は、そののち松沢寺六世支山全良の事跡に付会され、あらたな僧房説話へと発展して行く。『会津高田町誌』(昭48)によれば、時は天明年間、夫にさきだたれた湯八木沢の「おじゅん」が亡夫の子を身ごもったままみまかり、幽鬼となって堕獄の苦しみを訴える。支山和尚との問答、本空禅定尼号の付与などはすべて秀可の場合と同一だが、ここでは幽霊得脱にあたりおじゅんの塚が築かれたことや、前掲の「幽霊掛軸」の由来に新味をみせている。松沢寺の過去帳をみると、おじゅんの没年は天明四年。ただし、戒名は「白室妙樹信文」と記されており、「本空禅定尼」とは別人であることがわかる。これらのことから、おそらくは、すでに秀可の逸事としてひろまっていた「本空禅定尼」の因縁咄が、のちに不産死婦「おじゅん」の成仏に結び付けられたものではなかったか。そしてさらに霊異の憑証たる幽霊画(図9)をともなうことで、この話は在地の縁起説話に定着し、会津郊外の山里にとどまった。都市に伝播し後続の怪異小説へと拡散した片仮名本所収説話(中巻二六)の文芸化現象に比するなら、松沢寺の幽霊伝説は、正三たちの法席に最も近接・類似の寺院伝承といえまいか。

松沢寺の事例が示すとおり、唱導説話のゆくすえを真にみすえるためには、中央のみならず、鄙の説話事情をも考慮した多方面の論及が望まれるのである。

注

(1) 中村幸彦氏「仮名草子の説話性」(『中村幸彦著述集』5、昭57、中央公論社)、檜谷昭彦氏『井原西鶴研究』(昭54、三弥井書店)、江本裕氏「『因果物語』をめぐる諸問題」(『大妻国文』11、昭55・3)、坂巻甲太氏『浅井了意怪異小説の研究』(平2、新典社)。

(2) 第二部第二章II「曾我再生譚の近世的展開」、第三部第一章II「中国文学の移入と近世唱導」、および堤邦彦「禅僧の法力」（『説話文学研究』28、平5・6）同「子育て幽霊譚の原像」（『説話―救いとしての死』、平6、翰林書房）など。

（3） たとえば摂取院縁起の素型は、浄土宗鎮西派による戦国末の在京布法活動に求められる（第II部第一章I）。
また、五智如来にまつわる盲僧開眼の霊験についてみると、すでに明応（一四九二―一五〇一）ごろ成立の『梅花無尽蔵』に

越之後州国分寺、五智梁上有二琵琶一蓋白盲祈而得二明眼一掛二之仏前一為二霊兆一云

とあり、近世以前の古伝承の実相をうかがいうる。ちなみに、この話は『古今犬著聞集』にもみえており、近世民間への広汎な流布が想察される。
日光山釘念仏の由来については『日光山輪王寺』6・12号に詳説がそなわる。これに関して、正三の門弟恵中は、のちに『日光山寂光寺釘念仏縁起聞書』（延宝四写、内閣文庫蔵）を著わし縁起の紹介を行なうが、このなかで、同話が片仮名本にとりこまれた経緯にふれ、次のように述べている。

石平モ因果物語中巻ノ二十七条ニ此事ヲ記シ玉ヘリ。然リトイヘ共、他人ノ聞ル処ニ依テ記シ玉ガ故ニ、少シ相違アリ。故ニ予、直ニ聞処ヲ以テ略書ス。

伝聞か実見かにこだわる筆致に、当代説法者の説話享受の意識を指摘できる。

（4） 注（1）の江本氏論考。

（5） 正眼院などの他寺との対比によって牛雪和尚の法徳を讃称する叙述は下巻十六の第三話（牛鬼成仏）にもみえる。本文左のとおり。

江州東願寺ト云処ノ清宝ト云坊主、弔ケレドモ叶ワズ。亦、長山ノ正眼院長老ヲ頼、弔ケレドモ治ラズ。其後、土井川ノ明厳《ママ》寺牛雪和尚ヲ頼、治ケリ。寛永五年ノ事也。

（6） とりわけ次の二条は正三による憑霊おとしの法儀を具体的に伝えた点で興味深い。

●上巻64

去処ノ病者、霊気有トテ弔ヲ頼来ル。師便病者ノ位牌ヲ書、長水長老、幷大衆ニ命ジテ、下火《アコ》念誦ニテ葬例ノ儀式ヲ作、其後師ノ焼香ニテ、一時千巻ノ心経有。誦シ了ルト、ワット云テ位牌ヲツ、倒シ給フ也。晩ニ至テ謂レ衆曰、逆修ヲモ死人ニ成テ弔ヒタルガ能也。死人ニ往テ霊気著ベカラズト也。

●中巻75

一日人来曰、去ル所ニテ、牛ヲ無理ニ殺シケレバ、其牛霊トナリ、人ノ目ニ身ヱ来、村中ノ者ヲ悩シ煩スル也。故ニ諸寺ニ頼ミ弔ヱドモ不レ治。師聞曰、サア御坊主達、治メサレヨ、我ハ世ニ有事ニテ、早ヲサメタリト也。衆無語、師曰、業尽有情雖放不生、故宿人身同証仏果ト云諏訪ノ文ニテ弔ヒタリト也。

(7) 大谷大学林山文庫蔵。写本一冊。同書の詳細については、後小路薫氏の報告がそなわる（平成四年度仏教文学会・説話伝承学会合同例会における口頭発表「近世唱導の怪異譚―『怪談信筆』について」、於札幌大学）。なお同氏は『西鶴諸国はなし』「十二人の俄坊主」の素材」（『文芸論叢』41、平5・9）において、『怪談信筆』の解題と文芸への投影を論じている。

(8) 現在、正竜寺（埼玉県寄居町）には縁起書三種が有する（寄居町教育委員会『町史編さん調査報告』第七集、昭56)。すなわち㋑慶長十五年三月・四世天叟長得和尚記の識語をもつもの。㋺同年写の異本（『埼玉叢書』6に翻刻)、㋩虫食のため㋑を転写した文政二年写本、の三種であるが、内容的にはおおむね同一。なお、本文引用は㋩を底本とする『寄居町史・近世資料編』（昭58）に拠った。

(9) 道灌謀殺の地については、相模国糟屋（神奈川県伊勢原市）とするのが一般的である（『梅花無尽蔵』、『永享記』等)。

(10) 謡曲・草子に潤色された源翁伝説をめぐっては、美濃部重克氏「鎮魂と家の伝説」（『中世伝承文学の諸相』昭63、和泉書院)。

(11) この他、『伯耆民談記』は那須野の殺生石鎮圧にちなむ宝物（払子、袈裟）とその効能にふれる。

(12) 広瀬良弘氏「曹洞禅僧における神人化度・悪霊鎮圧」（『禅宗地方展開史の研究』、昭63、吉川弘文館)。

(13) 堤邦彦「竜女成仏譚の近世的展開」(『芸能文化史』12、平5・5)。

(14) 寛保二年刊『日本洞上聯燈録』十にも同趣の縁起を載せる。

(15) 妙応寺の開創伝承に関しては、榎本千賀氏の報告「関ヶ原妙応寺『妙応大姉縁起図絵』の絵解き」(『絵解き研究』10、平5・3)がある。妙応寺縁起の本文引用は同氏御示教の資料に拠り、訓点を付した。

(16) 杉本俊龍氏『洞上室内切紙并参話研究』(昭31)。前注榎本氏の報告によれば、妙応寺縁起を絵画化した絵解き図『妙応大姉縁起図絵』の異称を「薪尽火滅之図」と呼ぶ。

(17) 文明十五年曹洞宗に改宗中興。もとは天台寺院。

(18) 関係法系図は次のとおりである。

- 峨山韶碩
  - 大徹宗令
  - 源翁心昭
  - 太源宗真—梅山聞本—如仲天誾—喜山性讃—茂林芝繁—崇芝性岱
    - 大空玄虎
    - 季雲永嶽
  - 通幻寂霊

(19) 注(16)の杉本氏論考。

(20) 石川力山氏「中世曹洞宗切紙の分類試論(十一)」(『駒沢大学仏教学部研究紀要』46、昭63・3)等。

(21) 管見に入ったものを整理すると次のごとくになる。

①「弁験亡霊現形法」(長野県龍洞院、万治四)

②「弁験亡霊現形」(埼玉県正明寺、元禄四)

③「弁験亡霊現形法」（新潟県諸上寺、近世中期）
④「六道沈輪之亡霊弁之大事」（長野県龍洞院、万治三）
⑤「弁験亡霊現形切紙」（埼玉県正龍寺、享保九）
⑥「鎮亡霊現形秘法切紙」（同）
⑦「死霊退散之護符」（同、正徳四）
⑧「鎮亡霊現形秘法切紙」（東京都府中市高安寺、元禄一四）
⑨「亡霊収ムル切紙」（愛知県西明寺、年欠）
⑩「死霊怨敵之法」（新潟県諸上寺、近世中期）

(22) ただし鎮墓焼切紙についていうなら、曹洞宗と他宗派の間に必ずしもはっきりした文書内容の典拠関係を指摘できるわけではない。参考までに『修験深秘行法符咒集』三六四条の「墓焼留之法」を掲出する。

帰命 是書二八榕葉一誦二陀羅尼一順巡レ墓可レ散レ榕也。次引導秘印等授レ之。回向肝要也。可レ秘可レ秘。

なお、『浄土無縁引導集』等をめぐる論考に浅野久枝氏「無縁の名をもつ書物たち—近世葬式手引書紹介」（『仏教民俗研究』7）があり、修験系呪符の民間流伝に関する報告としては花部英雄氏・小堀光夫氏・小堀美和氏の「翻刻『万咒之法』」（『昔話伝説研究』17、平5・9）がある。

(23) この他、元禄五年（一六九二）刊の『当流俳諧小傘』にも、「墓—火の玉」「焔—幽霊、墓所」といった付心をみることができる。墓火を亡者の怨魂とみる理解は、近世を通じて行なわれていた。近世中期の怪異風俗絵本『今昔画図続百鬼』（安永八・一七七九刊）の「墓の火」の項に「玉輪のかたちありくと陰火もゆる事あるは、いかなる執着の心ならんかし」云々とあるのは、当代人のオーソドックスな怪異観を反映したものといえるだろう。

(24) 冨士昭雄氏「伽婢子と狗張子」（『国語と国文学』昭46・10）。

(25) 平成四年度古典籍下見展観大入札会目録（東京古典会）に田中文内板の寛文三年刊『曾呂里物語』がみえる。

(26) 叢書江戸文庫『百物語怪談集成』太刀川清氏解題。

(27) たとえば、昔話「枯骨報恩」などの口頭伝承に、亡霊妖魔の望みをかなえてやった勇者が謝礼の宝物を授かるモチーフがそなわる。『今昔物語集』27の20などは最も古い文献記載例といえる。今野達氏「枯骨報恩の伝承と文芸」(『言語と文芸』8の4)。

(28) 中嶋隆氏「因果」(岩波講座『日本文学と仏教』第二巻、平6)

(29) この句は元禄元年刊『禅林句集』等に載る。

(30) 片仮名本中巻二六は、前半部分(第一話の松沢寺の話)が平仮名本巻二の六、後半部分(第二話)が同巻三の三に継承され、さらに平仮名本巻二の六、三の三に依拠した『一休諸国物語』巻一の十、同巻四の四の潤色説話を生ずるといった具合に、後続文芸への説話展開をみせている(注(1)の檜谷氏論考)。もっとも、『一休諸国物語』との書承関係の実否については再考の余地をのこす。

(31) 近世初頭に会津を統治した蒲生氏は近江・蒲生より移封した一族。正三・三栄の教線が近江のこの地方に展開したことから推して、あるいは、蒲生氏会津移封の折、正三系の寺刹の会津転出があったたか。

V

幽霊思想の周辺

水と女の世間話
――お姫坂の怪をめぐって――

山田厳子

一　タクシーに乗る幽霊

平成元年に、『関東近郊幽霊デートコースマップ』という読み物が発行された。同書には六九の地名が「お化けと遭遇できるフライトゾーン」として紹介されている。(1)その中に山梨県南部、富士北西麓の青木ケ原樹海の名が挙がっている。青木ケ原樹海は富士中腹から噴出した掌状の熔岩流からなる大樹林帯である。西湖・精進湖・本栖湖の湖畔南方の熔岩上に周囲一六キロにわたってツガその他がしげり、昼なお暗いこの原始林は、自殺の〝名所〟という知識もあいまって、幽霊話の格好の舞台となっているらしい。

富士北東麓の山梨県富士吉田市でも、青木ケ原を舞台にした幽霊の噂が流行ったことがあった。昭和五六年一〇月一六日付の毎日新聞の夕刊に次のような記事が見える。(2)

最近「樹海に若い女の幽霊が出る」というウワサがひんぴん。最初に姿を現したのは五月一七日夜。雨の中を富士吉田市のガソリンスタンド支店長ら二人が車で国道一三九号を走っていると、ズブぬれの若い女が手を挙げた。後部座席に乗せ、三キロほど走って後ろを見るとだれもいなかったという。その後、コックさんや運転手など次々幽霊の目撃者が出た。

市内に在住のHさん（昭和二七年生まれ）とOさん（昭和三〇年生まれ）からは次のように聞いた。

―いつ頃流行ったの。

O「俺が大学入った頃かな。やっぱ十年くらい前……ですよね（昭和六一年調査当時……筆者注）。えーと、下吉田中心じゃないかね。俺も下吉田の仲間から聞いたから。」

―同世代？

O「同世代。俺が聞いた話だよ。結構いろいろタイプがあると思うけど。精進湖から……精進湖へタクシーにまあ乗せてって、その帰りにタクシーの運ちゃんが青木ケ原の所を通ったら、あのへんまったく電気がないからね、女の人が立ってたと。そいで乗せて、『弁天町まで行っとくれ』と……。で、何でしたっけHさん？　最後は、結末は？……忘れちまった。」

H「弁天町まで来たけれども、『あれ』と思って見たら居なかったと。『おっとっと……』でさ。その人がね、ほいで恐ろしさのあまり病院に入院して、半月ばか、おかしかったと。」

―Hさんは、誰に聞いたの？

H「オフクロに。」

ここで、富士吉田市の地形を説明すると次のようになる。(3)富士山から噴出した熔岩流は富士山の北にある御坂山地と道志山地の山裾沿いに流れている。この熔岩を当地では「丸尾」と言いならわしている。御坂山地と道志山地の山裾沿いの剣丸尾、檜丸尾と呼ばれる二つの熔岩に囲まれた中央部に、富士吉田市の下吉田、松山、上吉田、新屋の四つのムラがある。噂の中で幽霊が消えるとされた弁天町は下吉田に含まれ、かつて

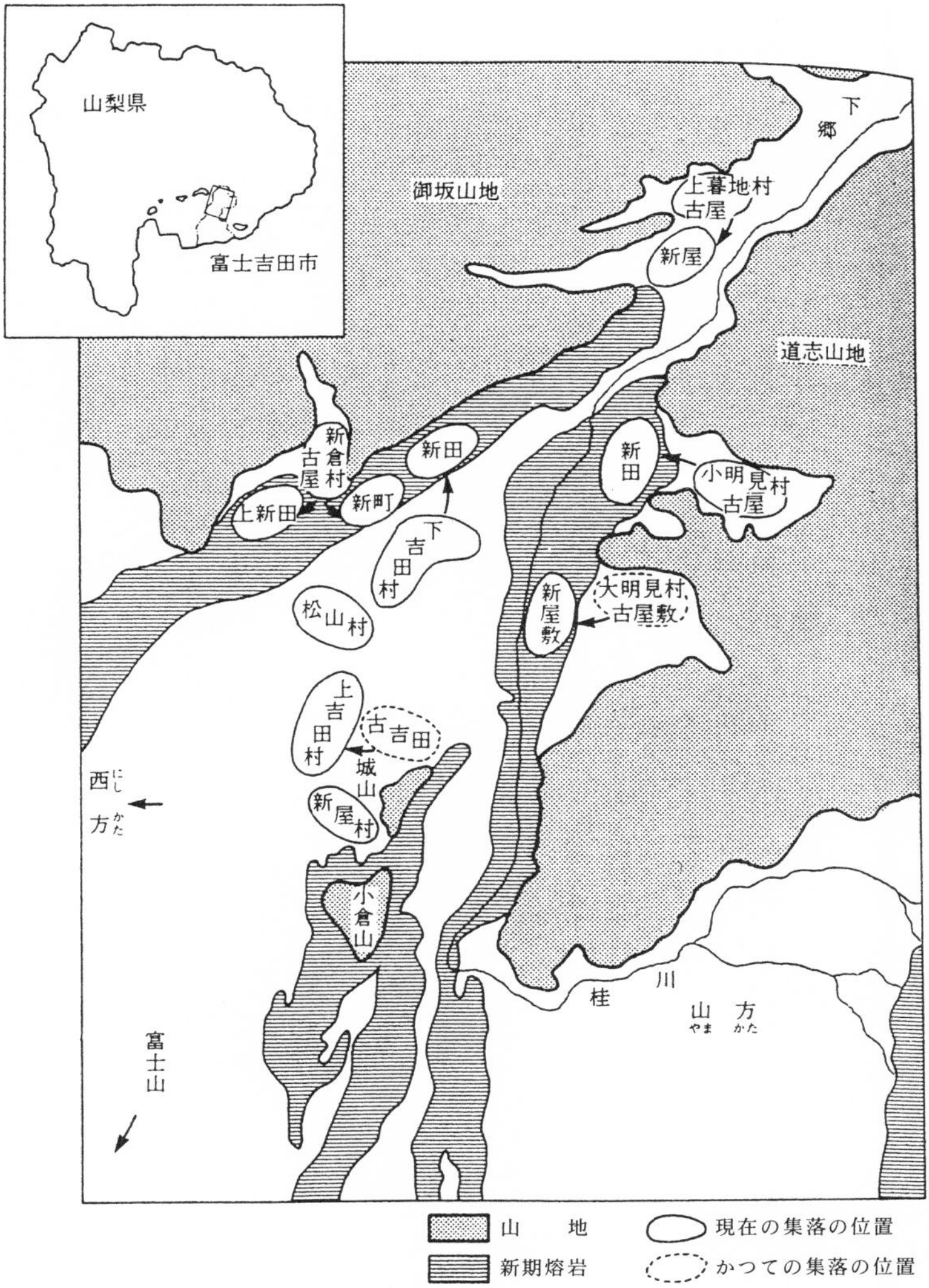

地図①　新田集落の展開（『富士吉田市史研究』第２号より転載）

は新屋敷と呼ばれた。本来の下吉田のムラと松山の間につくられた中世の開発地である。一方、檜丸尾を挟んで東側の道志山地の山際にかつての大明見と小明見の二つのムラがある（大明見はその後丸尾の上にムラぐるみで全戸移転）。さらに、剣丸尾の北側に位置するのが新倉である。これらの山際の村々は、江戸時代の前期から中期にかけて丸尾上に移転した。このように市域には、もともとの自然発生的な集落である古層のムラと、開発村としてのムラとがある。

青木ケ原から車に乗り、富士吉田市の弁天町で消える幽霊の話は上吉田でも聞くことができた。(4) その際、タクシーではなく、乗用車を止めるという人や、雨の日に限るとか、白い車だけを止めるとか条件を付ける人もいた。総じて信憑性は薄く、話として知っているというだけの人が多かった。

念のために下吉田のタクシー会社を訪ねて青木ケ原の幽霊の噂について聞いてみると、四、五年前に流行った話（昭和六二年調査当時……筆者注）だと言って、さして興味もなさそうに次のように話してくれた。

「青木ケ原で乗せて、この周辺で降ろせって言ったけど、料金をもらおうと思って後ろを見たら、お客さんがいなかったと。座席が濡れていたとかね。」

この運転手はこの話を甲府で聞いたという。数年前にテレビの特集でこの幽霊の話を放映したので、甲府の人がそのテレビを見て富士吉田のタクシーの運転手に話して聞かせたというのである。

もう一人の若い運転手（昭和三四年生まれ）は幽霊話の種明かしとして次のように話してくれた。

「青木ケ原に出たヤツは、要するに具合が悪くてさ、女の子で、自殺しようと思ったんだけど、やりきれないで、山へ籠って、で夜中に降りて来て、で白衣を着てね、手を挙げる、なんちゅうアレ聞いたことあるけども……でも足あるよ。」

幽霊話がいかにも合理的に説明されているが、この説明自体が「噂」にすぎないことは注目してよいだろう。噂を鎮静化するような別種の噂が生じているのである。

幽霊がなぜ富士吉田の弁天町をめざすのか噂の中で説明されることはない。しかし、青木ケ原すなわち、西湖・精進湖・本栖湖方面からやってくる女性の霊が、弁天という女性の水神の名を冠する町へやってくるという話の展開は、「後部座席が濡れていた」というこの種の常套句とあいまって、[5] イメージの上で「水と女」の結び付きとして地域の人々に受け入れやすかったのではないだろうか。

二　お姫坂の幽霊

富士吉田市では、タクシーに乗る幽霊の噂の他にもう一つ幽霊話があった。前出のHさんは、先の話と一緒に次のような噂も教えてくれた。

「知り合いのおばさんがいて……ね、おばさんのダンナさんが運転手っちゅうわけ。運転手なんだけど、お姫坂を登ってく時にね、むこうから女の人が来ると、そうして『あー』轢きそうになったって。『危ない』とよけただって。ほしたら交通事故を起こして入院した、ていうことで、ただそれだけの話なんだけども、人が着いてから誰もいないんだって。それで交通事故を起こしたんだけど。『たしかに女の人が見えた』って。」

お姫坂は、富士急行線の下吉田駅と月江寺駅の中間にある踏み切り付近の坂である。位置としては、下吉田と新倉の境になる。本来の新倉村である古屋（現浅間町）から分かれて、丸尾の上をダイナマイトをつけて切り開いた土地で、別名「切り通し」とも呼ばれている。坂の下に踏み切りがあり、踏み切りを中心に五叉路になっている。この地域は湧き水の多いところで、お姫坂下には湧き水を利用した乙女湯というお湯屋があった。現在は持ち主が代わり、電機屋になっている。

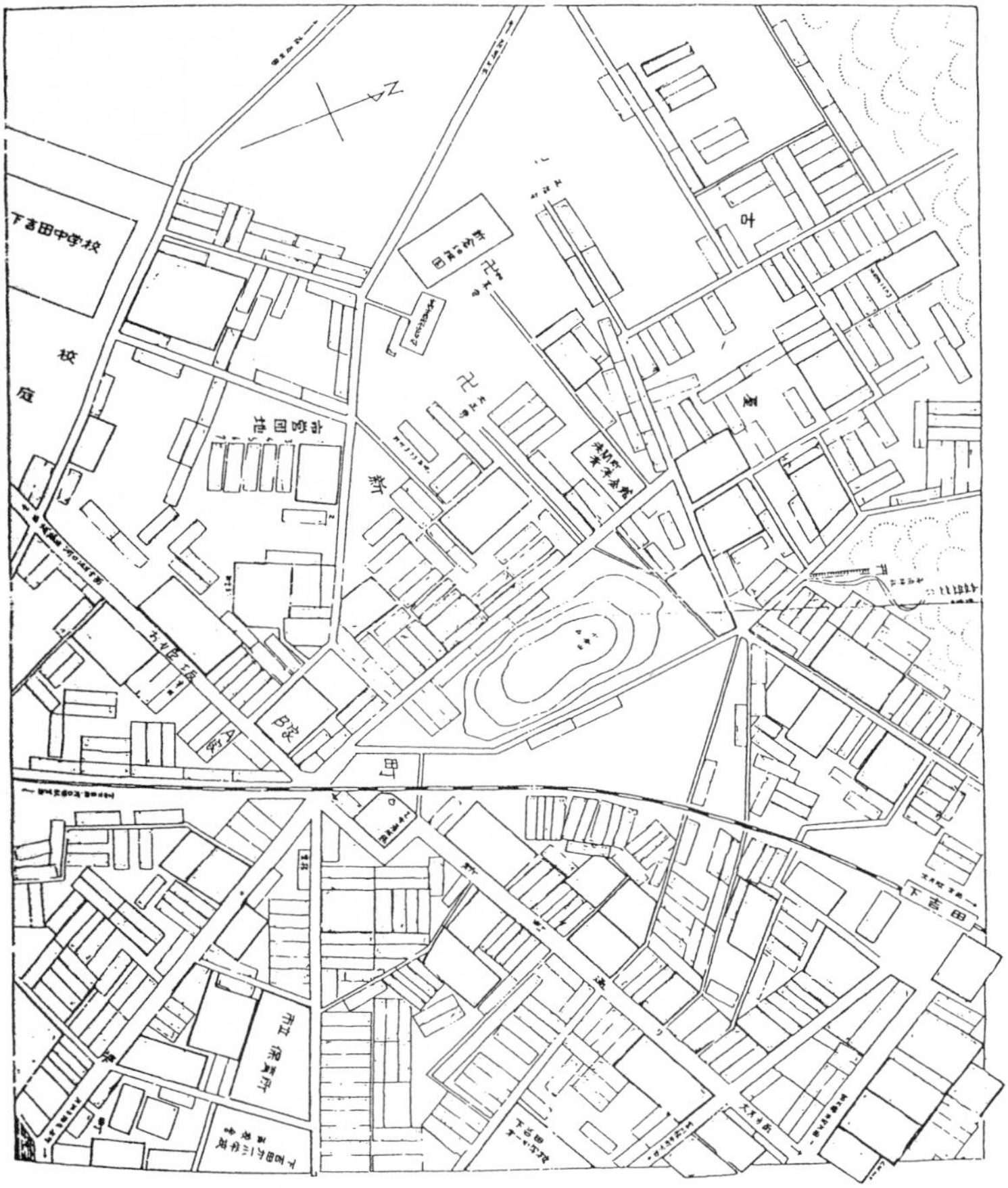

地図②　浅間町、新町、下吉田駅附近

お姫坂に行って、付近に住む人に幽霊の噂について聞くと、確かに以前そういう噂があったという（昭和六二年調査）。

「タクシーの人が見ただって。どっかその辺へね、線路のその辺へね、女がいたとか。そんなの嘘だよ。迷信だよ。」　（明治四五年生まれ　女性）

「二、三年前、男の人が夜通ると、女の人が線路で手招きした、っていったら途中で消えた。」
（大正八年生まれ　男性）

「踏み切りのちょっと下にね、立っていただと、そして、誰だかが、お便所だかに起きたら、スーッといなくなっちゃったなんてね（五、六年前に流行った話）。」　（大正一一年生まれ　女性　後述A家）

「最近乙女湯のとこだかに、お姫さまみたいなのが出てっちゅうような話を聞いたよ。二、三年前、そんな話もあったあなんて聞いたけんどね。そりゃあ、駅前で自殺もあったりなんかして、それじゃあねえかなんて言ったりして。」　（昭和一三年生まれ　男性）

「『夜は、お姫坂からこういうにして（と幽霊の手つきをしてみせる）そのワタヤの入り口の石へね、腰かけている。』と言う人もいて。私ら見えないよ。中学生がね、『ここの家に幽霊出る。』せって、うちをよく見ただっちゅうけど、うちじゃそんなこと知らないから。」「うちでさ、伊豆の子どもがさ、東京の大学へ行っていて、『お前っちの親戚で、幽霊が出るんだってなあ』って。どういうことかというと、吉田の衆《し》が、（その大学へ）行っていて……」　（昭和三年生まれ　女性　後述B家）

このように、お姫坂の付近では、幽霊の噂は人々の記憶に新しかった。しかし、幽霊を直接見たという人はなく、信憑性はともかく、話として知っているという人がほとんどであった。

三　お姫坂の命名由来

女の幽霊が出る場所として、「お姫坂」という地名はいかにもふさわしい。この地名はどういういわれでつけられたのであろうか。その由来を尋ねると、この地にまつわるもう一つの霊的な女性の存在が浮かびあがってくる。昭和二二年に発行された『郷土調査集成』(下吉田町連合青年会編・発行)には、次のように記されている。[6]

> 今の御姫坂の地に「御姫の池」と呼ばるゝ古い池ありたり、昭和五年通路工事の為此の池埋めらる。其の頃此の附近に事故頻発し、不思議に思ひ、占つてもらつたところ、池を埋めたのが原因なりと云ふ事にて、早速碑を建て霊を慰め、この坂をお姫坂と命名せりと聞く。「御姫の池」に付いては詳細不明なり。

①　お姫坂

同書では「事故が頻発」とあるが、聞き取り調査では「発破(火薬)をかけた岩の破片にあたって、道路工事の監督が死んだ」と具体的な事件を挙げた人が何人かいた。[7] 世間話においては、ディティールが細かいということが、その話が事実であるということの証明にはならない。しかし、これらの伝承から、なんらかの具体的な事件が、占い師を介在させることで、その土地の水神と結び付けて解釈されることになった事情が読み取れる。この水神は、祟りの発現によって祀られたことから御霊的な性格を有しているといえよう。

坂の途中には、「御ひめ坂」と書いた石碑があり、石碑のあるA家では、「御姫水神」を祀った祠がある（写真②、③）。同家では毎年五月一六日に赤飯をふかしてお祭りをしている。また、一〇年に一度は、近所の人を呼び、新倉の浅間神社の神主を招いてオハライをしてもらうという。同家には、「奉納　御姫水神御宝前　昭和五年五月一六日　希代氏　渡辺正造謹書」と書いた赤い旗が保存されている。希代氏とは、お姫坂一帯の土地のかつての持ち主である。

② 昭和60年　A家　お姫水神

③ 昭和61年　A家　お姫水神

ところでお姫坂にあったという池は、なぜ「お姫の池」と命名されたのであろうか。実はこの池をかつて「お姫の池」と呼んでいたのかどうかは判然としていないのである。土地の人たちは、お姫坂にあった池だというので、「お姫ケ池」あるいは「お姫の池」という名であったのだろうと答えるが、いずれも臆測の域を出ていない。また坂の下の乙女湯との関連から、池の名を「乙女ケ池」と答える人もある。

昭和五二年に発行された『富士吉田の文化財（その八）』は市内の古老から言い伝えを集めた「民話集」であるが、同書には、道路工事の時に埋められた池の名を「首洗い池」とする記述がある。[8]

昔、護良親王が足利直義に首を切られたが、ひなづる姫がその首を持って、秋山村ひなづる峠を通り、こちらの方へ逃げて来た。そうして、はじめて親王の首をその池で洗ったので、その池の名が「首洗いの池」といわれて、今でもなくなった池の名が言い伝えられている。　（下吉田　男性）

雛鶴姫の伝説は、山梨県では都留市盛里朝日の雛鶴神社、朝日から南都留郡秋山村へ越える雛鶴峠が有名である。[9] 富士吉田でも、護良親王と雛鶴姫は、伝説の主人公として人気がある。ここでは、池と高貴な女性との関わりを語っている点で興味深い。しかし、現在までの聞き取り調査の限りでは、この記述の他に雛鶴姫とお姫坂の池の関係を説く人はなかった。

以上のことから、お姫坂にあったという池には、女性の水神のイメージが窺われるものの、この池を「お姫の池」と呼ぶようになったのは、「お姫坂」という名称が確定してからではないかと推定される。また、この「お姫さま」についても、お姫坂周辺のほとんどの人は、明確なイメージをもっていないようであった。

四　お姫坂の「お姫さま」の噂

新倉で「お姫坂」の命名の由来について尋ねると次のような答えが返ってきた。

「お姫さまを待って、待って、待ちくたびれて死んだから、お姫坂になった。」「さみしいとこでな、お姫さまに化けて出てな、それでえて、お姫坂になったっちゅう。」（明治四二年生まれ　男性）

「お姫さまが蛇だかになって、築地（石垣）だかにもぐってしまった。」（明治四〇年生まれ　女性）

「お姫坂っちゅうは、あすこにもと池あって、今のお姫坂のこっちに、水溜りがあった。そこにその、お姫さまが出るっちゅうで、今になってあすこをお姫坂って言ってるだ。」（明治二八年生まれ　男性）

　これらの伝承は、断片的な知識や噂の範囲を超えるものではない。しかし、「お姫さまが蛇になった」という伝承からは、この女性の水神としての性格がみてとれる。一方「お姫さまに化けてでた」「お姫さまが出る」という噂からは、お姫さまを霊的な存在として受け取っていることがわかる。

　先の『富士吉田の文化財（その八）』では「お姫さまが池に飛び込んで自殺したからお姫坂の名前がある。」（新倉　女性）という「伝承」も記されている。[10] また新倉出身の下吉田本町在住の女性（大正一〇年生まれ）は、「お姫さまが、まだ成仏でねえ《できない》でいるってゆうことは（今でも）言うね。」と言っている。ここでは、お姫さまに非業の死を遂げた女性の霊としての性格が付与されていることがわかる。このことはお姫池が埋められた時に、祟りがあったとする御霊的な側面と符合するであろう。

　これらの断片的な噂に対して、「物語」化へと明確な意志を持つ「伝承」も存在する。『富士吉田の文化財（その八）』では、同じお姫坂の霊に対して次のような伝承が記載されている[11]（内容の要約のみ）。

　昔、百姓が水を汲みに行くと、既に誰かが汲んだ後だった。どんなに早く行っても既に誰かが汲んだ後なので、おかしいと思って水の垂れた後を追って行くと古屋（新倉）の山の麓の方へ行って見えなくなっていた。宵のうちから待っていると、お姫さまが現れて、水を汲んで古屋の山の神の方に消えていった。それからはいつの間にか人々の口に、夜中にお姫さまが、水を汲んでいるのを見たといわれるようになった。そのうちお姫さまの姿がいつの間にか見られなくなった。そうすると池の水も自然となくなり、今は坂だけ残っている。

(下吉田　女性)

この記述では、お姫坂にあった池が道路工事の際に埋められたという「伝承」と矛盾する。お姫さまが「山の神」の方向へ消えていくということから、山の神に関わる神聖な女性としての性格が付与されていることがわかる。山の神のある入山川の上流には、雨乞いの行われた大棚の滝がある。(12) このことがお姫坂の水神と新倉の山の神を結ぶ想像に発展したのかもしれない。

お姫さまを霊的な存在とする「伝承」の他に、実在の人物として歴史的な時間軸の中で、説明しようとする「伝承」も存在する。このような「伝承」を扱う際に、注意しなければならないのは、「伝承」の中で語られる時間の古さと、「伝承」が発生した時期の古さとは、何の関わりもないということである。往々にして、伝説の中で語られる時間が古いものほど、発生の古い「伝承」であるとみなす誤りを犯しがちである。

「頼朝が巻狩りに来た時、お伴に、寄った家の娘を貰ってきて、そこがお姫さまになって、その池へ、姿を映して旅出をしたっちゅうで、お姫坂っちゅう。」

(下吉田　大正一〇年生まれ　女性　新倉出身)

お姫坂に歴史上の人物(源頼朝)を結び付けることで、場所の歴史的権威性を獲得しようとする意図が働いていると見ることができるであろう。

五　オウカガイの関与

お姫坂沿いには、先のA家の他にA家の向かいのB家もお姫水神を祀っている。B家は昭和一六年に当地の屋敷を買った。その際、何か屋敷神を祀ろうと思って、オウカガイに見てもらったところ、「この地にお姫水神がいる。」「石にオタマシイが入っている。」と言われて石を拾い、それを御神体として祀るようになったという。オウカガイによれば、B家のお姫水神もA家のお姫さまと同じものだということである。

富士吉田では、占いをする人をオウカガイと呼んでいる。占いの方法は、さまざまなものがあるが、多くは石を用いて、その軽重で占う方法をとる。この方法のことをアゲボトケと言う。B家の奥さん（昭和三年生まれ）が信心しているオウカガイは小明見に住む大正八年生まれの女性の占い師である。西山の権現さんが御神体だという石を用いて占いをする。[13] 市域では、「明見のおばさん」として広く知られている。

B家の奥さんを通してオウカガイの言葉に耳を傾けてみると次のような話だった。

「ここいらへん一帯を治めていた神さまらしいだよね、そのお姫さまが、お城があって。そうしたらね、ちょうどこの池のあるとこらへんから、こういうふうにね、昔は池がなかったのよね、大昔は。ほだけど西湖へ続いていた湖水だったけど、富士山が何年に噴火しただか知らないけど、熔岩が流れてきて、ほいで結局陸地になっちゃって、ほいで、ここに一角の、ある一角の、水溜りが残ったっちゅうこんでしょ、お姫ケ池っちゅうのは。そいで由来はね、うんと古いのよね。だから、城跡っちゅうことだよね、大昔の。」

「お姫さまがね、う一んと位の高い人でねお城に住んでいるお姫さまで、そして、一人娘なもんだから、結局、御家来があったり、いろいろあって、そういう人がいっぱい出てきたらしいよ、ここにね、ほうぼうの人が供養してくれるもんだからね、で、私も、このへんは、祀る神さまの霊が、いっぱいいるところだっちゅうからね、神さま、お姫さまをちゃんとしないと、ここいらへんの人間が、みんな不幸になるから、私は私なりに、お姫さま、うんと信仰してるっちゅうわけ。」

「よそへ行ったときに（占い師に）見てもらったら、『おたくのお姫さまは、きちっとしないとよくないよ。』っていう話が出て、そしてこっち来たら、『このお姫さまは、古いのよ。何百年も経っているのよ。』って。『富士山が噴火する前に、ここにこういう林があって、その中にお城があって、北の館の人が攻めて来て、城とともに落城して、そしてその時にお姫さまも家来もみんな死んだよ。』って、『そしてその時の人の古い神さまだよ。』ってこう言うだよ。」

「その、明見のおばさん、行った時にね、聞いた話を聞くに、『十軒か十何軒の家にね私の屋敷を切売りした。』っちゅうて、お姫さまが言うっちゅうだよ。」

占い師を通して、「お姫さま」の言葉が語られ、その性格が明らかにされていることに注目したい。ここではお姫さまは、非業の死を遂げた高貴な女性として語られている。昭和初年のお姫坂の事故も、占い師を通すことによってお姫さまの祟りと解釈されたことを考えると、お姫水神の信仰の成立には、当初から占い師（オウカガイ）が関与していたのであろう。

上新田（新倉）のC家でも、屋敷にお姫水神を祀っているという。C家のお姫さまには源頼朝に結び付けた伝説が語られていた。B家の奥さんはこのことを次のように解釈していた。

「（C家の水神も）お姫さまって言うからCさんのとこのお姫さんと同じ人なら、昔、源頼朝が、ここ（富士）の巻狩りに来た時に浅間さんにお参りに寄って、（そこの娘が頼朝に）見初められて、乙女ケ池（お姫坂にあった池の名であるという。お姫坂下の乙女湯からの連想か……筆者注）で、こういうに自分の姿を映して、鎌倉へ行くとか行ったとか、行かないとか話を私聞いたよね。」

「乙女さまは、神主さんの娘さんで、結局あすこの、鎌倉から来た頼朝の、あの、早く言やぁ、側室じゃなくて、二号さんみたいな立場だからね。むこうは、神主さんの娘だから、うちのお姫さんは、お側付きの人が、早く言やぁ乳母みたいな人がね、幾人もいて、そうして、こういうに取り巻いていた人だから、で、むこうは、神主さんの娘だから、いくらお姫さまでも、お姫さまが違うじゃないかな。」

幽霊の噂が流行った頃（昭和五六年か七年頃という）、A家の奥さん（大正一一年生まれ）は、明見のオウカガイを訪ねて次のように言われた。

「明見のおばさんが言うのに、うちのこの角あたりに、一五〇年ばかり前にね、死んだ人がいるっちゅうじゃん。いるだと、十八、九になって、松林の中で、ここ松林だったずら。そしたら、その人がね、供養してもらいたくってね、幽霊って言う時、その後言うような気が……。そしたら、私も『一週間ばか、お線香あげてくれろ』って言うから、壺があまってたからそこへお線香あげてくれたりね、そしてお茶あげてくれたり、ちょうどあの角の分だ、きっと。『一週間あげてくれろ。』ちゅうたけど、私も何だか気が済まねえで、一ケ月も二ケ月もできる限りしたような気がしたけど、それっから先、騒ぎが直ったからさ、ああ気が済んだのかなって自分では思ってた。」

お姫坂の幽霊の正体をA家の地所で死んだ祀られぬ霊魂に求めているのである。同じ頃B家は中学生たちの間で、「ここの家に幽霊が出る」と話題になっていたという。同じオウカガイはB家の奥さんには、この幽霊について別の解釈を与えていた。

「その幽霊じゃなくて、弁天町の弁天さんは、西湖が昔、こういうふうに（現在の下吉田まで）つながってて、ほて、早く言やぁ、西湖の岸へ、弁天さんて神さまって祀ってるでしょ、そしたら、あすこに祀ってあったら熔岩が流れてきて、西湖がもう切れちゃってだから、西湖の湖っちゅうのは、うんと大きかっただね、昔は。ほたら、弁天町の弁天さんは、西湖の弁天さんだって。ほして、その西湖、タクシーへ乗って、『弁天町まで』って言って、西湖の方から、青木ケ原から、タクシーに乗っちゃ『弁天町まで』ちって言ったぁ人がね、うちに、ここのところに、お姫さんのところに、おじいさんが、『お水神さんだぁから』ちって、小さい池を作っておいた。このくらいの池を。ほたら、そこに水があるもんだから、西湖、こういうように（現在の下吉田まで）続いていたものだから、そこ（お姫坂）も早く言やぁ、自分の分領だわね、昔大昔に言わせれば。そいで、その、弁天さんがね、西湖から来ても、弁天町の弁天さんのあすこの中に、社の中へ、ものいっぱい積んどいてね、子供のオミコシの材料だの何だの積んどいて、弁天さまが、入れなかっただと。ほしたら、弁天町の総代さんちがね頭が痛いし、とまったり、いろいろ病気が出て、ほして、明見の今私が言った（オウカガイの）所へ見てもらいに行ったら、『弁天さんのお社をきれいにしないから、弁天さんが出入りできないで、ウロウロしている。』っちゅう話だと。」

「『まーったく、もう、うちの方へ幽霊が出るなんていう話が。』なんていう話を私がひょっとしたら、『それが弁天さんだよ。』というわけで。」

「むこう（弁天町）でも、弁天さんの入り口きれいにして、今では、うんときれいにしているだよ。」

B家には、幽霊の正体は、弁天町の社に入れなかった西湖の弁天であると説明されている。お姫坂でウロウロしているのは、B家のおじいさんの作った「お姫さまの池」があるからだというのである。同じ噂に対して、オウカガイは、それぞれの相談者が噂の当事者になるような答え方（それぞれの家に幽霊の噂の原因を求めるやり方）をしている点が注目されよう。

B家へのオウカガイの答えは、同時期に流行ったタクシーに乗る幽霊の噂とお姫坂の幽霊の噂、さらに弁天町の総代の体の不調という出来事を、一つに結び付け、弁天（水神）の移動というハナシの枠組みの中で説明している。水神が移動するということは、伝統的な文脈の中では、しばしば語られる物語である。(14) この説明は、「タクシーに乗る幽霊」という目新しい素材を、オウカガイが水神信仰という自分たちの伝統的な文脈の中に取り込み、組み変えていったことを示している。

西湖の弁天は、女性に姿を変えるだけではなく、蛇にも姿を変えることがあるとオウカガイは言っている。

「ほいて『うちじゃあ、お姫さまの池をいじるたんびに蛇が出るだよ。』なんて言ったら『やーだよ、弁天さんがね、おたくの池の下にいて、入り込んじゃね、お姫さま、下からこういうに、いじめるもんだから、お姫さまが夜も寝らんないでね。おっかなくている。』っちゅうから。あのおばさん、『お姫さま、移動した方がいいよ。』って。」

このオウカガイによれば、お姫坂に起こった異常な出来事は、すべてお姫水神に付会して説明されていることがわかる。オウカガイがこのように託宣を下す背景には、お姫水神を信仰する聞き手の側に、お姫坂の出来事は何かしらお姫さまに関係するのではないかという期待があることも見落としてはならないだろう。

六　結びにかえて

以上第五章までの内容をまとめると次のようになる。富士吉田市では、タクシーに乗る幽霊とお姫坂に出る幽霊の二種類の噂が存在していた。ところが、お姫坂には幽霊の噂に先行（あるいは併存）する形で、土地の水神の霊が浮遊しているという噂があった。この土地の水神の信仰には成立の当初からオウカガイと呼ばれる占い師が介在していた。そしてまた新たに、オウカガイはタクシーに乗る幽霊とお姫坂の幽霊を結びつけ、土地の水神に付会した説明を与えているのである。

お姫坂をめぐる伝承の中で事実として確認できることは、その場所に池があったということだけである。お姫坂をめぐるさまざまな言説は、「あそこには何かあるらしい」という意識のみが共有され、そこから祟り話や、お姫さまの噂、幽霊の噂、頼朝や雛鶴姫と結び付く伝説などさまざまな表現のバリエーションを生み出しているのである。これらの伝説や世間話は、話者の層や流行した時期に違いがあることがうかがえる。それぞれのハナシは尾を引いて、次のハナシへ影響を与えながらも、決して一つのハナシに収斂していかないところに特徴があると言えよう。

④　昭和61年　B家　お姫水神

またこのような伝承が民間信仰を維持し、発展させてゆく働きを持つことも見逃せない事実である。B家は幽霊の噂のあと、お姫水神を高い位置に祀り直している。昭和六一年と平成一年のB家のお姫水神の写真を見較べてみると、この信仰がより発展していることがうかがわれるであろう（写真④、⑤、⑥）。

この地に「何か霊的な存在があるらしい」という意識は現在まさに生きており、その意識が、今後さらに新しい噂を生みだすことも考えられる。

なお、お姫坂下にあった乙女湯でも水神を屋敷神として祀っていた。『富士吉田の文化財（その八）』によれば、水神の御神体は弁天であったという。[15] 乙女湯は明治一八年に開業し、昭和五〇年頃まであった。現在は持ち主が代わったが、今も同地では、屋敷神として水神が祀られている。この場所には、湯屋で働いていた女中が蛇であったとか、女中が蛇に見込まれたとかいう水と女にまつわるもう一つの伝説が残されている。この地とお姫水神との間には深い関わりがあることは容易に推察できるが、この点については稿を改めて検討したい。

注

（1）　幽霊探検隊編『関東近郊幽霊デートコースマップ』リム・ユナイト発行　エーブイエス発売　平成一　二一八頁

同書には「ちまたのうわさ」として次のように紹介されている。

「樹海の中で死んだ人の霊が、深夜、道路を歩く。車で走行中、深夜なのにもかかわらず、すれちがったはずの人の姿がバックミラーを見ると、映っていない。つまり、消えてしまう……。深夜、白っぽい服の人とすれちがったら、要注意。」

(2)「〝樹海自殺〟にロマンはない」と題した、青木ケ原樹海での遺体捜索を取材した記事の中で紹介されている。また、

⑤　平成1年　B家　お姫水神

⑥　平成1年　B家　お姫水神

同じ記事の中で、青木ケ原樹海が「自殺の名所」となったのは、松本清張のベストセラー『波の塔』（昭和三五年刊）以降であると紹介されている。

前日の昭和五六年一〇月一五日の毎日新聞には次のような記事が見える。

「自殺の〝名所〟となっている山梨県・富士山ろく青木ケ原樹海で一四日、山梨県富士吉田署と地元富士五湖消防団員らによる遺体捜索が行われ、自殺遺体四体を発見、収容した。これで、今年同樹海で収容された遺体は二一体（うち女性七体）となった。」

（3）富士吉田市史民俗部会「座談会　富士吉田市の民俗をめぐって」富士吉田市史編纂室編『富士吉田市史研究』第二号　昭和六二　一～二頁　堀内真氏の発言及び同氏の御教示による。

（4）山田厳子「口承文芸」『上吉田の民俗』市史民俗調査報告書第九集　平成一　四四一頁

（5）松谷みよ子『現代民話考Ⅲ　偽汽車・船・自動車の笑いと怪談』立風書房　昭和六〇　二一七～二六一頁

（6）富士吉田市郷土館編・発行『富士吉田の昔話・伝説・世間話』（昭和六〇）に再録

（7）山田厳子「口承文芸」『新倉の民俗』市史民俗調査報告書第六集　昭和六二　二六八頁『下吉田の民俗』市史民俗調査報告書第十集　平成二

また、富士吉田市文化財審議会『富士吉田の文化財（その八）』（富士吉田市教育委員会発行　昭和五二）二八頁にも同様の記述あり。

（8）『富士吉田の文化財（その八）』二八頁

（9）東京女子大学民俗調査団『甲州秋山の民俗』昭和四九　一三二～一三三頁

（10）前掲書（8）二九頁

（11）前掲書（8）二七頁

（12）『富士吉田の昔話・伝説・世間話』七六頁『新倉の民俗』二二六頁

（13）都留文科大学民俗学研究会編『向原の民俗（上）』富士吉田市教育委員会発行　昭和五八　六〇頁

（14）高谷重夫『雨の神―信仰と伝説』岩崎美術社　昭和五九

山田厳子「水神の移動―お姫坂の怪をめぐって」説話伝承学会編『説話と伝承者』平成一　桜楓社　二〇三～二〇六頁

（15）前掲書（8）一一頁

（付記）

本稿の調査は、富士吉田市史の民俗調査の一環として行われたものである。本稿の資料は『下吉田の民俗』市史民俗調査報告書第一〇集（富士吉田市史編纂室編・発行、平成二）及び『富士吉田市史民俗編』第二巻（富士吉田市史編纂室編・発行、平成八）に収録されている。

本稿執筆後の本稿のテーマにかかわる小稿として、「竜神の移動――札幌市定山渓定山寺」（『昔風と當世風』第五八号（古々路の会編・発行、平成五）、「世間話の中の民間宗教者――オウカガイの位置」（中野猛編『説話と伝承と略縁起』新典社、平成八）がある。

原英子

創造される伝説

――名護屋城周辺地域の秀吉伝説――

はじめに

太閤が睨みし海の霞哉　月斗

十六世紀末、九州平定を終えた豊臣秀吉は領土的野心を大陸の方へ向けた。そのための出陣基地を、現在の佐賀県東松浦郡鎮西町名護屋におき、全国の大名に命じて大規模な築城を強行した。かつての城跡の、海を見下ろすその場所に、丸い石を刻んだ句碑がたてられている。海のかなたには朝鮮半島がある。このときの廃城は、ひとつの歴史を伝える重要な史跡として、現在、整備が進められている。一方、こうした秀吉の一連の事件に巻き込まれた韓国でも、ひとりの英雄が生み出されていった。秀吉軍を撃破した李舜臣将軍である。李将軍の銅像は、釜山の丘陵から、南の日本海のかなたを睨んで立っている。この銅像のある場所は、現在一帯が観光地化されている。戦からすでに四百年近い歳月が経とうとしている。対馬海流をはさんで奇しくも対峙することとなったふたつの記念物は、その「事件」が単に「過去の出来事」にとどまらなかったことを教えてくれる。過去のひとつの事件は、明治以降の日韓両国の不幸な歴史によって、お互いの立場から新たな解釈をつけ加える契機を生み出していった。それぞれの国でそれぞれの秀吉像が形成されていった過程を私たちは見いだすことができるのである。

日本側の秀吉像には、明治以降、政策として意識的に彼を英雄として祀りあげていった過程が見出せる。農民よりの出世、皇室を敬ったこと、海外進出の先駆者としての三点より、教科書で大きく取り上げられ、子供たちに教えられていった。英雄としての秀吉像が国民の間に広められていったのである。(1) こうした日本側の秀吉のイメージに対し、韓国では秀吉を撃破した英雄として、李将軍が明治以降の歴史のなかで新たに国民的シンボルとして再確認されていくこととなった。英雄たちのイメージの創作は、「事実」がいかに取り上げられ、解釈されるかは、その時々の時代の産物でもあることを我々に教えてくれる。

ここで取り上げる伝説は、国家的政策としての英雄秀吉像が創造されていく時期と同じころにつくりあげられることとなった一地方の秀吉に関する伝説である。それは出陣基地となった名護屋城周辺地域の人々が伝えてきた秀吉伝説に、さまざまな条件が重なり合って作り上げられた民間伝承としての伝説である。当地で語られる伝説は一般には広く知られることがなかった。これは秀吉がかなりの無理を押して築城した名護屋城周辺地域だからこそ語り継がれた伝説ともいえよう。この伝説では、基地周辺を秀吉以前に支配していた波多三河守とその家臣たちの、秀吉に対する怨みが中心に語られる。特徴的なことは、この伝説がいうひとつの物語で終わらずに、祟りをともなう信仰と結合することによって、現在の私たちに被害を及ぼす力を得ていることである。祟りの攻撃は怨む相手である秀吉ではなく、現在の私たちに向けられる。つまり秀吉との戦で死んだ者の怨念は今もさまよい続け、彼らの死と縁故のもの——土地や五輪塔など——を粗

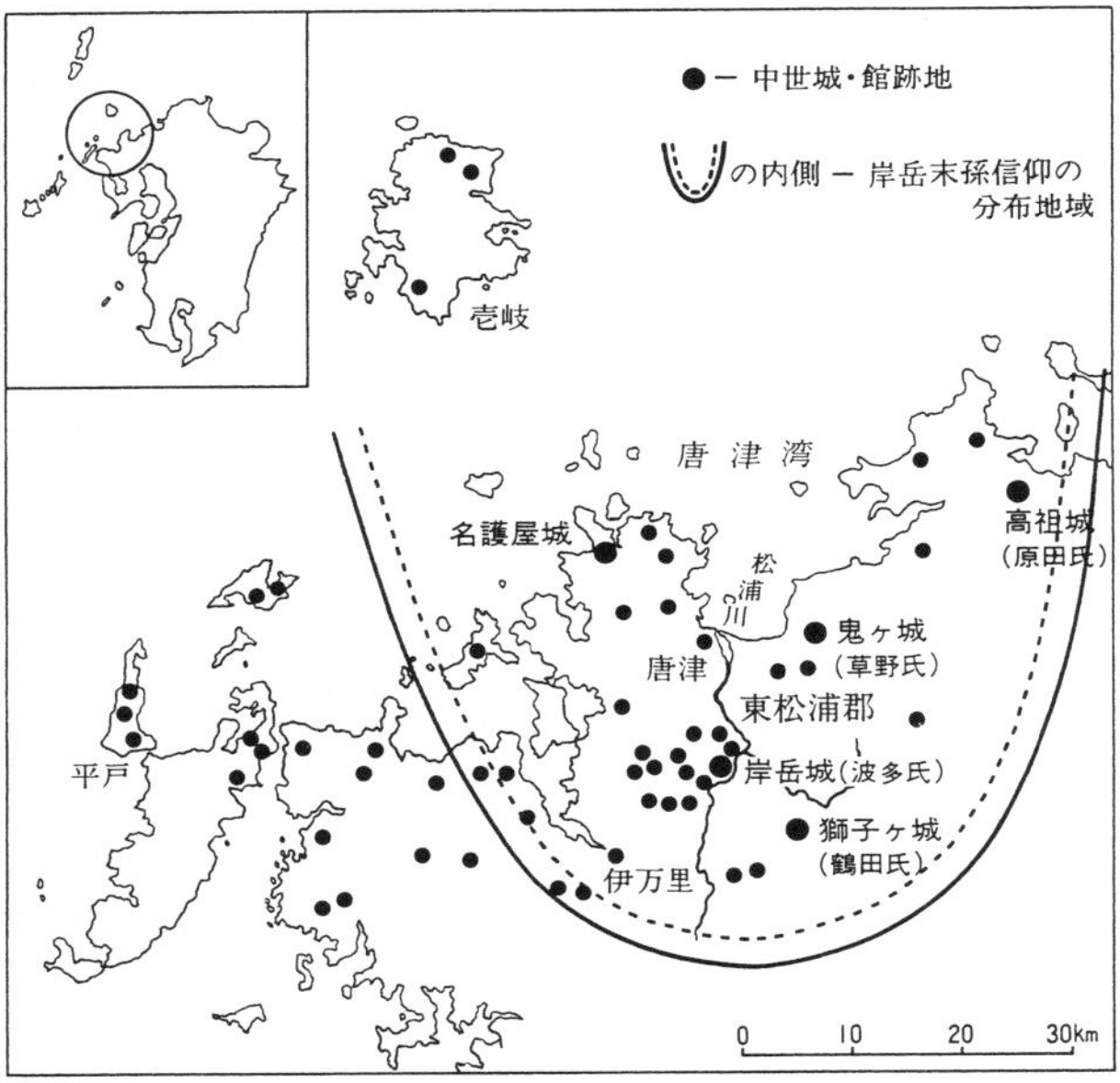

末にあつかうことで、現在の我々が祟られるのである。祟りにより病気や不幸に繰り返しおそわれる。一度祟られると繰り返しあらわれる祟りの攻撃のために、人々は祭祀の持続をせねばならない。ここでは、伝説はまさに祟りの由来譚として機能しているのだ。この伝説は、こうして人々に語り継がれているのである。

本稿では土地で語られてきたいくつかの伝説が明治以降、祟りの由来譚として統一的語りのパターンを獲得しながら、民間信仰として広く強力に布教されていく動向を問題にする。それにより伝説はなぜこのように語られていったのかを考える。伝説はもともとあった土地の伝説の基本的構造を変えずに、新たなものに創造、統一されていく。そこにはそれを布教していくオガミヤとその言に従う村人の関わりがみられる。オガミヤと村人は相互の信頼関係を保ち、それを軸に信仰世界を安定、持続させていた。それが明治以後、さまざまな政策により、村人の信仰世界は崩壊の危機にさらされることになった。崇りをともなった伝説は、こうした背景のなかで作り出されてきたのである。

ここでは、伝説の創造部分に公に記録されることのなかった村人の動向を読み取っていく作業を行う。従来の歴史学的アプローチでは、伝説はその存在自体が否定されてきた。伝説で語られることは「歴史的事実」とは違う、ということですべてが片づけられてきた。しかしここではそうした見方を少しかえ、次のことを問題にする。つまり「歴史的事実」とは違う伝説がなぜつくりだされねばならなかったのか。しかもそれが村人に広く普及したのはなぜかという問いである。この問題を考えるにあたっては、伝説が創作され、崇りの由来譚として機能していく時期の確定から行わなければならない。これは本来もっと具体的データを示すことによって行われなければならないのだが、紙面の都合上ここでは筆者の調査結果[2]を中心に簡単に述べることにする。また、これらの伝説が現在の形で述べられる以前の姿を明らかにし、伝説の創造部分をその創作時期との関係から考えてみることにする。なぜその時期にそうした形で流布されたのか、時代的背景の中からその形成要因を割り出し、人々は伝説を通じて何を訴えようとしてきたのか、伝説の創造部分にその時代に生きた人々のメッセージを読み解く試みを行っていく。

一　崇りの由来譚としての伝説

この伝説は、伝説というものが一般にそうであるように、まったくの空想のみで構成されてはいない。あるところまでは「歴史的事実」にのっとって語られている。しかしあるところからは「事実」からそれて話される。しかしそれを語る人々は「本当の出来事」だったと信じている。特にここでとりあげる伝説は崇りという現象と結びつくことによって、ますます「過去の本当の話」だと信じられているのだ。それが「本当の出来事」だったからこそ、祟られるというのである。

肥前松浦地方は、十六世紀に秀吉がやってくるまでは、松浦党によって支配されていた。伝説によって語られる悲劇の殿様である波多三河守は文禄の役（一五九二年）後、秀吉により改易されたことがわかっている。伝説はこの事件について物語ることからはじまる。あとの説明がしやすいように、現在人々が語るときの語りの区切りを基準として、伝説をいくつかのパートに分けて紹介することからはじめよう。

【表1】語られる伝説

1 （佐賀県東松浦郡）北波多村の岸岳には昔、城があり波多三河守という殿様がいた。
2 秀吉は朝鮮（半島）に出兵するために名護屋にやってきた。
3 波多三河守は秀吉の命令で戦に行った。
4 その留守に秀吉は三河守の奥方を名護屋城に呼びつけた。
5 奥方は、夫の三河守の留守中に色好みの秀吉に会うのはためらわれたが、もしものことがあったら自害して果てようと、懐刀を忍ばせて秀吉に会った。そのとき不覚にも秀吉の前で、懐刀を落としてしまった。
6 これをみて秀吉は自分を殺しにきたものかと思い、激怒した。
7 秀吉は波多三河守を筑波に流した。奥方に手を出そうとしたが断られたからだとも、讒言によるともいう。
8 秀吉は波多三河守のいない岸岳城を攻撃してきた。
9 岸岳城の家臣たちは秀吉に対して勇敢に戦ったが落城してしまった。

10 その時、家臣たちは戦の傷を負いながらも散り散りに逃げた。
11 しかし傷のために、秀吉を怨みながらあちらこちらの土地で死んでしまった。あるいは割腹して果てた。だから祟るのだ。
12 それで特に（名護屋城のあった）上場地方は岸岳末孫《キシダケバッソン》が多い。
13 岸岳さんは水を飲みたい、水を飲みたいといいながら死んだので、特に河原の石などには気をつけなければならない（むやみにもちかえるのはよくない）。
14 よって岸岳さんには水とか茶を忘れずに多量に供えなければならない。

伝説でもっとも強調されるのは8〜11の部分である。11のように秀吉に怨みを抱きながら死んでいき、現在に祟りの恐怖を与える落人たちのことを、当地では岸岳末孫《キシダケバッソン》とか、末孫《バッソン》さん、岸岳さんとよんでいる。この伝説は1〜7まででなぜ秀吉が波多氏を攻撃してきたのかの説明を行い、13〜14で祭祀上の注意を語っている。この伝説のもっとも短い語られ方として8〜11のみを語ることがある。他の部分は省かれて語られても、この部分のみは必ず語られる。つまりこの部分は、伝説の中心をなす部分といえよう。8〜11で語っていることは、なぜ岸岳末孫が祟るのか、という説明である。すなわちこの伝説が語られること自体の目的が、祟りの由来を説くための解説にあることに気づくのである。

従来、歴史学的アプローチではこの8〜11の部分がもっともよく攻撃の対象になってきた。伝説を構成する1〜3まで、つまり波多氏に対し秀吉が出兵命令を出したことまでは「事実」である。4〜7までは「事実」でなくとも、秀吉の広く知られた色好みの話の一類型としてとらえられる。ところが8〜11の部分は、「歴史的事実」に反するのである。だから批判は、この部分の事実関係に関するものが多かった。それはひとつには、現在の岸岳末孫の祟りの信仰が、当地では現実生活にさまざまな支障や影響を与えている事柄であるだけに、その信仰の根拠となる部分の虚実性を明らかにすることが必要だったことが大きい。しかしその結果、この伝説は「歴史的事実」に反するということで片づけられる要因ともなってしまった。もう一度まとめると歴史学的研究の成果では、4~5、すなわち三河守の奥方の話には「事実」としての疑問があること、8以降の部分は「歴史的事実」とは違うことが指摘されてきたのである。この流れを伝説全体の構成からみると、伝説の語りは「事実」を導入部として発し、語りは徐々に「非事実」の方向へ進み、そして最後に「非事実」のみで構成される祟りの由来譚にまで聞き手を連れていくように仕組まれていることに気づく。この操作の最後に語られるのは祭祀上の注意である。こうした伝説の構成自体に、伝説の作者が、祟りという現象を説明するための由来譚として、伝説を機能させようとした意図が隠されているのがうかがえる。

そこでまた疑問が起こってくる。なぜ伝説は、祟りの由来譚として機能することを期待されてつくりあげられねばならなかったのだろうか、ということである。

二　伝説と祟りの結合

祟りの普及時期　この伝説は、そもそもいつどういう形で発生したかはわからない。しかしながら、この伝説が発生する根底に、豊臣秀吉の名護屋城普請にともなう諸氏の改易、ならびに当地の村人の搾取が存在したであろうことは推測できる。この一連の「事件」に端を発した種々の伝承は、事件発生から一世紀以上の間を置いた十八世紀~十九世紀にかけて、郷土の歴史としていくつか記録されていたのがみえる。このころの記録をみると、今日語られるような決まったひとつの型をもった伝説としては語られていないのがわかる。また今日説くように、祟りと密接な関係をもった話としても登場していない。人々が語る祟りの由来譚として一定の型をもった伝説が広く流布したのは、実はそんなに古くなく、明治以降、特に大正、昭和の初期にかけてのことだったことが現在の伝承資料より推測できる。祟りの由来譚としての伝説が広まった時期の確定は、創造される伝説の創造部分にその時代の時代背景を読み込む試みを行おうとする場合、非常に重要な事柄になってくる。これについて明記された文献は現在のところ発見されていない。そこで私は次の三つの事柄によって、祟り普及の時期を考えた。第一に、人々の「祟られた」体験談を実年代へ配置していく作業である。これによりわかったことは、人々は十六世紀の末におこった「事件」によって、今日の自分が祟りの被害にあい、祭祀を要求されているのだと信じているため、こうした信仰自体も古いものだと考えがちなのであるが、実際に調べてみると意外にも、祭祀開始の年代がわからないほど古いものはなかったのである。[4]せいぜい古くても一世代前、つまり現戸主の父親が祀りはじめたという程度で、ほとんどの場合祀り始めた本人に直接会うことができたのである。つまり、人々の「古くからのもの」という意識とは別に、実際には祀り始めの動機とその時期が確定できる程度の時間的厚さしか持っていなかったのである。加えて言えば、岸岳末孫を何代も前から代々祀っている者はいままでの調査ではひとりも見出せなかったのだ。[5]調査によると、岸岳末孫は古いもので明治の末期に祀りはじめたものもわずかにあった。しかしほとんどは大正から昭和の初期にかけて祭祀を始めたものが古かった。この調査結果はそれ以前に祟りをともなった岸岳末孫の存在の可能性を完全に否定するものではないが、それでも明治以降、大正、昭和の初期という時期に、当地域で、伝説を由来譚に使った祟りの現象が急激に広まった事実を指摘できるものである。第二に、岸岳末孫を祀るための寺が岸岳の麓に大正十三（一九二四）年に建立された記録は、明治、大正、昭和の初期にかけて急激に流布したであろうとする推測を強固にする証拠として役に立つであろう。つまりほかならぬ岸岳に、岸岳末孫を供養するための寺が大正末にできたのである。この寺、すなわち法安寺の開山縁起には次の記録がある。木村妙安尼という者が勤行をしていたところ、御仏が出現し次のことを告げたという。「今夜は天辺法会松浦の官人波多家代々の家臣一同を頼み一念真言正秘密御成就会を開く者也」[6]。そして武士が現われて、真言を終夜にわたって唱えたというのである。そのため、大正十三年に岸岳供養の寺を建立したのだ。こうしたことによっても大正の末期のころ、岸岳を中心にますます岸岳末孫の祟りが盛行しだしたようすがうかがわれる[7]。第三にそれまでの安定した信仰体系秩序の崩壊にともない、それまでの信仰と交代する形で岸岳末孫信仰が浸透していった様子が調査によりいくつも確認されたこと。この事例の具体的検討については次の節で紹介するが、こうした三つの点により、明治から大正、昭和の初期にかけて祟りの由来譚をもった伝説が、広く流布していったのではないかと推測されるのである。

祟りの発現　伝説自体の語られ方やその構成から、伝説が祟りの由来譚として機能することを目的にしてつくりあげられたことを私は先に指摘した。また、こうした伝説を解説に使った祟りの信仰が強力に広まったのが、明治以降のことであることもすでに述べた。そこには伝説を祟りの信仰と結びつけて布教した者の存在がうかがわれるのである。ならばそれは誰なのか。それは人々がどのようにして岸岳末孫を祀りはじめるのかを調べればわかるはずである。岸岳末孫の祭祀開始のいきさつについてのインタヴューの結果によると、布教には村にすむオガミヤがおおきく関与しているのがうかがえる[8]。オガミヤの関与の仕方、およびそれが岸岳末孫と確定されるされかたをいくつかの事例から紹介してみよう。ここでとりあげる村は佐賀県唐津市のある農村、K村である。

K村には明治以前、ひと区画の木の茂みを森とよび、そこを十軒内外の家で祭祀する信仰があった。森にはそれぞれ固有の名前がつけられていた。それは樹木の名前であったり、祭祀する集団の姓であったり、神仏名であったりした。総称して「イロハ森」とよばれていた。森には年に一度、祭りがあった。森の祭りの多くは稲の収穫後だった。村の下部行政組織である部落は、村の氏神社を祀る場合の下部組織としての機能を果たしているが、森の祭祀はこれとは関係なく部落を単位とはしていない。森の祭祀は、明治以前の段階、すなわち国家神道が強制される前の段階において、村の神社とは違う体系で信仰されていたのである。森は神社と違い、実際の距離においても、祭祀をする心情においても人々にずっと身近な存在だった。ところが明治政府が強行した神社の統廃合政策がK村でも行われた。特に明治四十二（一九〇九）年が盛んだった。このとき、それまでの身近な信仰対象であった森は、木々が伐採され、畑に開墾された。森の御神体は多くが氏神社に合祀された。祭祀者のなかには自宅に移して祀りを続けようとした者もいた。このころの村人側の対応の結果は、その後次のようになっていた。すなわち、自宅で祀られるようになった森には、すべてに岸岳末孫の伝承が付随し、現在では岸岳末孫として祀られていたのだ。しかしこれはもともと森が岸岳末孫であったということを意味しない。それというのも、現在岸岳末孫として祭祀している者は、それは同時に森でもあるというのだが、そうした事情を知らない以前の祭祀仲間は、その家で祀っているのは森であって、決して岸岳末孫ではないというのである。つまり、現在の祭祀者のみがそれを森としてより、むしろ岸岳末孫として祭祀しているのである。そのへんの事情を、K村の人々の体験談から紹介してみることにする。

【事例1】森の御神体は明治の末ごろ氏神社に合祀した。その後、森を祭祀していた八軒のなかの一軒であるA氏のところで病人が絶えないので、村のなかで不動尊を祀っている男性のオガミヤのところでウラカタ（占い）をしてもらった。すると合祀した氏神社から御神体がもとの場所に帰りたい、帰りたいといっているというのである。そこで以前祀っていた板碑を見つけ出し、また畑地になったもとの場所に祀った。ウラカタによると岸岳末孫だというので丁寧に祀った。その後、昭和二年に耕地整理があったので、屋敷近くの畑に御神体をもってきて祀っていた。娘が嫁に行くときにその畑を持たせたが、同家が絶えたので再びA氏が祀らねばならなくなった。今度は屋敷内に持ってきて祀った。また病気が続いたので、オガミヤに見てもらうと、岸岳さんがあちらこちらに移動させられたことを怒っているのだという。それで岸岳さん専用の道を屋敷内に特別につくり、もう二度と移動させないことを約束した。最初に祟られたのは、大正から昭和にかけてのことである。

【事例2】森は明治四十二年八月に御神体が氏神社に集められ、木が伐採され畑地になった。その後、もとの祭祀者のB家では不幸が続いたので村外のオガミヤにみてもらった。するとそれは岸岳末孫がもとの場所に帰りたくて祟っているからだという。だから畑の隅に神社から御神体を戻して祀っていた。昭和二年に耕地整理があり、その結果御神体が畑の真中に位置するようになった。だからそれを屋敷内にもってきて祀っていた。その後、また病人が絶えなくなったため、ウラカタをしてもらった。すると岸岳さんがもとの畑に帰りたくてさわっているのだという。そこでまたもとの場所にもどした。現在も祭祀を続けている。

【事例3】森では地蔵尊を祀り、樹木の根元に祠や小さな鳥居を建てていた。明治の末のカミヨセによって地蔵や鳥居が氏神社に合祀されたが、樹木がなくなったあとも、御神体のない祠を置いて拝んでいた。しかも祭日には、以前と同じように甘酒をもっていって供えていた。しかしその後、そこは石祠を隅においたまま畑にした。数年後、結局そこは売払ってしまった。それからC家には次々と病気が起こった。大正の末頃のことである。オガミヤにきくと、以前売った祭場のあった畑には岸岳末孫がいて、祀り手がいなくなったためC家にお告げがあったのだという。そこで祭場を、C家の別の畑に設けて、岸岳末孫をそこに移動させて祀ることにした。

以上の例からわかるように、岸岳末孫を祀る人々は、不幸の原因をオガミヤにききにいくことでそれが岸岳末孫の祟りだと知らされていることがわかる。つまり、オガミヤの指示によってそれがまさに岸岳末孫の祟りによる災いだと確定されているのである。事例にみるように、祭祀は多くの場合一度では終わらない。いろいろな原因によって、何度でも繰り返し祟られることが多い。オガミヤが岸岳末孫が祟った原因としての説明に、事例1、2では森の神社への合祀をいい、また事例3では、神社に合祀せずに祀っていたが、その祭祀をやめたことを述べているのがわかる。こうした祟りの原因を説くオガミヤの説明によると、森は、実は岸岳末孫という落人を祀っていたのだという。だから祟りのあった家では、お告げどおり、御神体を合祀先の神社からとりもどしてきて、再びもとの場所で祀りはじめねばならなかったのである。こうしたオガミヤの発言をながめてみると、彼らの教示は次のことを要求していることがわかる。つまり、神社合祀はそれまで村人がもつ信仰世界の秩序を破壊してしまった。その結果、オガミヤの解説で「岸岳末孫の祟り」という現象が続々と発生するようになったのである。その「祟り」という現象を鎮めるためにオガミヤが人々にさせたことは、本来の祭祀秩序の回復だった。それは「御神体がもとの場所に帰りたくて祟っている」という言葉に象徴されよう。帰ってきた御神体は岸岳末孫という名で祀られることになったのである。森の樹木を切ることは、村人にとってもともとタブーな行為であった。それは一九二五年の村の記録に樹木を伐採したために祟りにあい、死亡した話が記録されていることからもうかがえるし、人々の伝承によっても確かめることができた。そのように伐採をタブー視していた森の樹木が、政策的な神社合祀によって強制的に伐採され、御神体が合祀された後、そうした行為を咎めることとして祟りが次々と発生してきたのであった。

ところで注目すべきことに、森は、実は神社合祀によってはじめてその聖地の樹木が伐採されたのではなかったのだ。樹木を切ることはタブー視されていたものの、一九二五年の村の役場の記録には、江戸時代から徐々に開墾されてなくなった森が実際には多数あることが記録されている。それを調査しようにも大正末にはすでにどこにあったのかの検討さえつかないというのである。(9)ここでわかることは次のことである。明治四十年代の神社合祀政策以前に伐採されていた森は、強制的な伐採ではなかった。いかなる理由かはわからないが、いわば自然になくなったものらしく、そうした状態では、その後大流行することになった岸岳末孫のような祟りの現象は発生しなかったのである。それに対して、明治政府の強制した神社合祀による伐採では、次々と祟りの現象が発生することになったのだ。気をつけねばならないのは、そうした行動をとるよう陰で村人を扇動したのはオガミヤだったことである。しかも彼らはその布教の方法に、当地で古くから伝えられてきた秀吉伝説を利用した。それまでそのようには統一的に語られていなかったが、土地ではよく知られていた伝説を利用することで、布教に成功したのである。彼らは、秀吉を怨みに思いながら死んでいった岸岳末孫の祟りという新たな伝説を創造することによって、土地の伝説を祟りの信仰と結合させて布教したのである。

ところでこうした伝説、オガミヤたちが利用した秀吉への怨みを語る伝説の受容基盤として考えられるものは何なのだろうか。次には、それまで土地が保持してきた伝承と伝説の関わりについてみてみよう。

三　伝説の形成基盤

明治以前の伝説はいかなる形で語られていたのだろうか。ここでは、伝説の基盤となったと思われる記録についてみていく。そうすることで、明治以降、オガミヤたちが村人に急速に信仰を広げ得た要因が何かわかるかもしれない。

唐津地方では郷土の歴史を書いた本が十八〜十九世紀ころいくつか書かれている。たとえば『松浦古事記』[10]『松浦拾風土記』[11]などである。これらの本は転写され、広く読まれていたらしい。こうした本の中に、現在の伝説と同じ話を見ることができる。それらについて簡単に触れることにする。まず、以下のものを表1の伝説3〜7と比べてほしい。

……此時秀吉公、波多三河守が妻、近々しく路次の煩ひもなければ、呼び寄せて見物させばや度と宣ひ、直ちに御召の御使を下し給ふ。されども夫鎮[12]出陣の留守にて候得ば、御免を蒙り度由を、御側衆迄申上げるに、秀吉公、婦人の身として出陣の留守などゝ斷を申條、女の城を守る事あらんやと、押して御使参りければ、今は是非なく、名護屋の御陣にぞ出にける。[12]

三河守の妻は竜造寺隆信の娘であるが、「容色類なき美女の聞へ有りければ[13]」秀吉は、このあと再三にわたって執拗に呼び出すのである。しかし来ないので秀吉は今度は次のように言ってくる。

……三河事隠謀の聞へ是あるに依つて、其事を責めんが爲めなり、一身の謀を以て、諸士を戰はしめ、其虚に乘つて九國を呑んと巧むよし、其事を申披く迄、城中留置事分明也、申披きし上は居城に差し戻すべし。[13]

このように言われたので三河守の妻は次の行動にでることになる。伝説の5の部分である。そして秀吉の前で懐剣を落としてしまい、伝説の6のように秀吉の激怒を買うことになる。

……波多が妻女は申上る言葉もなく、止む所は夫鎮の身の上に成るべきと、御前をすべり思案に逼まり、自害して果つべきと、懐劍を出し、既に覺悟を窮めしかど、かゝる難澁の申譯立たずして、自害せしと疑はれては、死しての上夫鎮に如何様の疑も掛らんと思ひ煩ひける。御座の間の御次の間に召し出され、御尋の筋もあるべき様子に見へけるが、鎭が妻以前の懐劍其儘に懐中し居けるが、御次の敷居に落しければ、秀吉公見咎め玉ひ、三河が妻、今懐中より落としたる品不審也、是へ持參せよと宣ひしかば、是非なく前へ出しける。秀吉公は御掟して、女の懐劔をたしむは、其席其所によるべし、太閤が前とも憚らず、懐劔を持ちし事、甚だ不慮也、尋問の事も重ねて沙汰に及ぶべし、先は居城に立歸り、三河歸陣着岸迄、愼居候樣、御憤り大方ならず、始終難澁の元と成りぬ。[14]

伝説の3〜7は、右記と同様の話で、これが話し言葉的に簡潔に筋だけをとらえたものであることにすぐ気づくであろう。しかしこの記録での続きは伝説とは違っている。つまり、殿様不在の岸岳城では、その後のことを合議した。秀吉の名護屋城へ乱入して皆で討ち死にしようとか、放火しようという急進的意見や、頂点に立つ人がいないので、まず常州に流された三河守を救出してからの話にしようという慎重派などさまざまな意見がだされたことを伝えている。つまりここで注目すべき点は、記録では、現在の伝説が語るような岸岳落城のおりに秀吉軍に対して、勇敢に戦ったが、結局は負けてしまった。しかも負けながらも秀吉を怨みながら死んでいったとする家臣たちの話にはなっていないのである。

ならば伝説がいうような秀吉を怨みながら割腹して果てた話はどこからきたのであろうか。これに関して『松浦古事記』には、別のところに「追腹之諸士辞世竝に法名の事」と題して、三河守の自殺の報が伝えられたときに殉死した者、七十七名のうちの半数近くの三十七名の辞世の句を記載している。そのなかに秀吉への怨みを言っている句が四つある。「我死して供は致さぬ夜刄らせつ、秀吉公に仇をむくはん」「我死して魂は直に夜刄らせつ、秀吉公についてあだせん」「夜叉《(ママ)》らせつ名古《(ママ)》屋の城に住むならば、子孫絶えてたいこうもなし」「秀吉がいかに威勢が強くとも、我念力で家はほろぼす[15]」。秀吉への怨みを述べている句は、全三十七句のうちわずかにこの四句にすぎない。辞世の句には、波多氏を慕ってあの世でも仕えるという内容のものが多い。この句は何を表しているのか。これらの句について歴史学では三河守の死を装うための偽装工作だという。[16] こうした歴史学の見解の上にここで考えたいことは、そうした殉死事件が真実か否かといった議論ではなく、わずか三十七分の四にすぎなくとも、秀吉を怨んで割腹した話が、このとき存在していることである。この辞世の句自体がつくられたものであったとするならばなおさらのこと、この十八世紀末の時点で、そうした話を郷土の歴史として記載しようとする意識が存在したことを裏づけることになると思われる。ただこの数からわかることは、この時点では明治以降に強調されたように、秀吉のみをことさら強く怨みの対象として選んでいたわけではないことである。すなわち換言すれば、秀吉を強調したのは明治以降の伝説の特徴であるともいえよう。

さて、ここで確認できたことは次のことである。現在語られるような伝説とまったく同一のものは文献記録には今のところ見当らないものの、一部同一の話が十八世紀末にはすでに存在した。しかし、それは祟りの由来譚とは結びついていない。また、秀吉を怨んで死んだ家臣の話はこのころわずかながらでも存在した。このことは、そうした思想――つまり秀吉を怨みに思い、三河守に忠誠を尽くし死んでいくことをよしとする考え方が、すでに存在していたことを表している。こうした過去の記録からわかることは、現在の伝説を作り上げるための要素が、江戸時代の後半には、すでに存在していたことである。

波多氏や松浦党に対する「我々意識」は、現在においてもこの地方一帯に強固に見られる。こうした意識、すなわち秀吉を悪とし波多氏に忠誠を尽くすことを美徳とした意識の形成は、唐津藩では江戸時代を通じて政策的に保持されていた。それは、唐津藩が譜代大名であったこと、かつ藩主が短期間で入れ代わったことがこの意識の形成を保護した理由であった。唐津藩の庄屋は、かつての波多氏家臣の浪人たちを多く採用して成り立っている。つまり秀吉が三河守を改易することで、浪人になったものたちを改めて庄屋として唐津藩が任命した[17]のである。しかも藩主が交替する度毎に、彼らは自分の出自の由緒書を提出させられている。それには、自分の先祖が波多家の家来であること、秀吉が戦にやってきて、その後、波多家が没落したため浪人していたが、それを改めて庄屋にとりたてられた、という旨のことが書かれる。[18] この由緒書の提出は、藩主が交替する度に秀吉の事件を思い起こさせ、自分たちは波多三河守の家来の子孫であることを確認させる効果をもたらした。それはまた、秀吉に対して悪のイメージを定着させる行為の繰り返しに、十分成り得たと思われる。

四　伝説の意味するもの

新たな「伝説」は、それまで土地に伝わってきた「伝説」を利用することによって生まれてきた。土地がもっていた伝説は、基本的な構造を変えることなく新たな創造をしていった。すなわち我らが波多三河守に対して、彼に忠義を尽くした妻や忠臣たち。それをことごとく滅ぼしてしまった秀吉は、当地では悪役としてイメージされていた。こうした基本的構造はそのままに、伝説には明治以降、オガミヤによって祟りの由来譚としての性格が付加されていったのである。この時期にどうして秀吉への怨みを強調する祟りをともなった伝説をオガミヤは強調し、かつそれを村人が受け入れていったのだろうか。

ここでの注目点は、「オガミヤ」が「秀吉」の「怨み」を述べた「祟り」を広めたということ、しかもその布教の契機が、明治政府が行った神社合祀にあったこと、ここにある。オガミヤは当時どういう状況におかれていたのか。政府は明治六年（一八七三）、庶民をまどわす梓巫、市子、憑祈禱、狐さげなどを禁止した。この後繰り返し繰り返し、祈禱、禁圧により医療等を妨げる者を取り締まっている。[19] オガミヤもこの対象となる。つまりオガミヤは迷信を布教し、呪術を行う輩として否定され、抑圧されることとなった。[20] しかし現在でもそうだが、オガミヤは村人にとって、不幸や災難の原因をつきとめ、それを除く助言を与えてくれる存在である。つまり精神的信仰的世界の支えである。当時政府はオガミヤの否定だけでなく、森の伐採に象徴されるように、村人がもっていたそれまでの民間信仰の体系そのものを破壊しようとしていた。これらのことがきっかけとなって「祟り」という現象が、次々と発生したことが、これまでの調査で明らかになった。こうしてみていくと、オガミヤが怨みの対象とした「秀吉」は、明治以降政府がつくろうとしていた「国民的英雄としての秀吉像」とまさに対立的意味を含有させているのがわかる。オガミヤが村人に広めていった「祟りの伝説」は、こうした英雄秀吉像に対して、まっこうから対立するイメージをつくりだしていたのである。

これまで述べてきたことをまとめてみると、政府の推進した英雄秀吉像に対して、オガミヤが広め、村人が享受した悪役秀吉像は、次のことを意味しているのがわかる。すなわち、明治政府の行為は、それまで村人が保持していた民間信仰の体系を政策的に強制的に破壊しようとした。そうしたいわば「公」の権力に対し、表面的には従いながらも村人は、個人的にはあいかわらずオガミヤへのオウカガイをやめず、神社合祀政策に対しても、個々人の祭場復活の形で対応していた。つまり「私」の面では村人は、それまでの自分たちの信仰世界を変えることには強固に反発する動きを見せていたのである。「公」権力による政策としてのオガミヤの否定、民間信仰の破壊、神社合祀の強制といった政策に対し、オガミヤを中心とした村人がもともと持っていた信仰世界は容易に壊されなかった。そこにはずっと土地の人々が保持してきた秀吉伝説を軸に、新たに創造されていく伝説の姿がうかがえる。秀吉は、政策的に英雄としてのイメージが創造されようとしていた。それに対してもとからあった土地の伝説は、怨みの対象として強調した秀吉像を創造した。それにより祟られた村人たちは、祟られる契機となった事件、つまり権力に破壊される以前の信仰的秩序を忘れないよう祭祀を続けることになる。それは一揆のように「公」に対し、表立った反発の意思をあらわすものではない。しかし祟りはそれに関する一連の体験を、祭祀の持続によって常に喚起させようとする効果をもたらす。その意味では、祟りは表面的な破壊行為ではないものの一種の反抗的行為になると受け取ることができる。このように考えると明治以降、秀吉を怨みながら人々に祟る岸岳末孫の信仰が、ひとつの伝説を創造しながらオガミヤを中心に密かに個人的祭祀として広まっていったことは、秀吉という人物だからこそ、村人側にとって意味をなすことのできた行為であったととらえることができよう。秀吉を怨んで死んだ岸岳末孫の祟りは、「公」には決してならずに個人的に祀られることによって、村人に根強く持続的に記憶される契機を獲得したのだ。[21]

明治政府の神社合祀政策以降、急激に村人の間にオガミヤによって流布された信仰と新たに創造された伝説の意味を、私たちはこのようにとらえることができる。新たに創造される伝説のその新たに作り出された部分には、まさにそれが創造された時代的背景、その時代の人々の時代的メッセージを読み取ることができるのである。

注

（1）　豊臣秀吉に対する英雄イメージの三点は、早くからその教育方針が決まっていた。たとえば、韓国併合前の明治三十三年（一九〇〇）の『小学国史』巻二の第十五課で秀吉が農民から出世して国内統一を果たし、関白太政大臣になったことを、第十六課で文禄・慶長の役のことを学習するようになっている。そこでは秀吉について、「秀吉農民の子より起こりて、天下を定め、朝廷を尊び、國威を海外に輝かしたるは、實に、古今無雙の英雄ならずや……」とまとめている。秀吉の記事は明治四十三年（一九一〇）の韓国併合後、ますます朝鮮侵略という当時の事件と一体のものとして取り上げられていく。同年に発行された『尋常小学日本歴史』巻二には、秀吉を「外征の師」とよんでいるのがみられる。その後、日本の海外進出の野望の拡大にともない「フィリッピン・臺灣へも使を遣はして、其の服従を促せり……」（大正元年『尋常小学日本歴史』巻二）といった記載もつけ加わり、海外進出の先駆者としての英雄的意味づけが拡大していく。秀吉が国民にとって、いかに海外進出の英雄としてイメージづけられていたかは、たとえば東方会の中野正剛が塾生に講義した『豊臣秀吉』（一九四三）の中に認めることができる。ここで中野は「日本は今や大東亜において英米と角逐せねばならぬ」（四頁）という当時の日本の戦局の問題を、秀吉の講話の中で、両者を結びつけて論じている。

（2）本調査は佐賀県唐津市、東松浦郡を中心に福岡県糸島郡、長崎県北松浦郡一帯、すなわち江戸時代の唐津藩領とその周辺地域を資料採集して歩いた結果をもとにしている。その資料の詳細の紹介は別の機会に譲る。調査は一九八二年～八四年に収集したものが多いが、その後も九〇年まで少しずつ機会があるごとに増加させていった資料を基にしている。

（3）森山恒雄『豊臣氏九州蔵入地の研究』（一九八三　吉川弘文館）五七頁

（4）Hobsbaum, Eric. 1983 "Inventing Tradition." *The Invention of Tradition.* Cambridge : Cambridge University Press

「伝承」というものを考える場合、それが実際にもっている時間の厚みと、一般に人々が信じている時間の厚みが一致しないことがあることは、注意を要する事柄である。

（5）岸岳末孫は特定の個人として祀られているのではない。もっと漠然とした存在である。それは伝説でのべているようないきさつで、死んでも成仏せず、祟りを発現する霊に対して呼ばれる呼称である。しかし、波多氏家臣や松浦党関係者のなかには、個人的な供養塔を立てて祀られているものもある。これには古くから祀られているものが多い。このように個人として特別に祀られている波多氏の家臣たちは、その成立過程や祭祀条件をみると、ここで述べる岸岳末孫とは明らかに違う。

（6）山崎猛夫『岸岳城盛衰記』（一九八一　第一法規）二五一～二五三頁

（7）市場直次郎『日本の民俗・佐賀』（一九七二　第一法規）一五一頁

(8) オガミヤは村の中に住み普段は村人と同様の生活をしているが、付近の村民から病気の治療を頼まれたりすると、祈禱や呪文などによってそれを治す。また繰り返し病気や災難が起こった場合、村人は彼もしくは彼女のところに行き、その原因をうかがう。自宅にちょっとした祭壇を設けてウラカタ（占い）をする。この他、村にやってくる山伏や木挽、お遍路さんなども病気治療を行っていたという。

(9) これは『佐賀県史蹟名勝天然記念物調査報告書』（一九三六）作成のために、大正十四年（一九二五）にK村役場が行った調査書原簿による。

(10) 『松浦古事記』寛政元年（一七八九）ごろ書かれたと推定されているが著者不明。

(11) 『松浦拾風土記』文化年間（一八〇四〜一八）ごろのものと考えられているが著者不明。

(12) 波多三河守親のこと。

(13) 『松浦拾風土記』第一巻二五一頁（名著出版）

(14) 同右二五二頁

(15) 同右一〇五〜一一〇頁

(16) 『唐津市史』四五四〜四五五頁

(17) 同右四七七〜四七八頁

(18) 佐志組大庄屋『岸田文書』の庄屋由緒に書かれている由緒書はいくつかの示唆を与えてくれる。たとえば神田組唐川村庄屋東吉は次のような由緒書を提出している。「先祖波多家十代之三男隈崎四郎源位、織部之助康、秀吉公朝鮮御征伐之節致戦死其後波多家及落去悴市右衛門菅牟田村江引入居候処、寺沢志摩守様庄屋御取立之節長尾村庄屋被仰付……」、あるいは佐志組神集嶋庄屋重治郎は「私先祖波多家末葉ニ而長丸と申者、吉志嶽落去之節菅牟田村ニ住居仕居候処、寺沢志摩守様御代長尾村庄屋ニ被仰付…」（宮崎克則一九八六「大小庄屋由緒簿」『松浦党関係諸系図』第七集、四九、五二頁）などと、自己の家の先祖を岸岳（吉志嶽）城の落城の際の家臣などと、何らかの形で波多氏に関わりをもたせる記事が目につく。

(19)『新宗教研究調査ハンドブック』(一九八七　雄山閣)二四五〜二四六頁

(20)明治政府は民俗的なものに対して、抑圧的態度をとった。このころの民俗と政府の関係について、安丸良夫は次のように言っている。「……民俗的なものは、全体として猥雑な旧習に属し、信仰的なものはその中心的な構成要素であった。……(中略)……民俗信仰の世界は、意味や価値としての自立性をあらかじめ奪われた否定的な次元として、明治政府の開化政策にむきあってしまう……」(『神々の明治維新』一九七九　岩波新書)一七八〜一七九頁

(21)祟りについては、その情報そのものが、すでに非暴力的反抗価値を含むと神島二郎は指摘している(『日本人の発想』一九八九　講談社学術文庫　一四四頁)が、このことはここでも適用される。

死霊とミサキ
――備前南部の死神伝承――

小嶋博巳

ミサキという語がミ（御）＋サキ（前・先）からなり、その原義が神の先立ちというほどの意味であったとみることは、ほぼ定説と言ってよいであろう。神出現の前兆としての自然現象や、神の使令としての霊的動物などをこの名で呼ぶ用法は、この考えから理解しやすいものである。しかし、他方で、さまざまな災厄をもたらす危険な霊的存在をミサキと呼ぶ地方があることも、よく知られた事実である。これについては晩年の柳田国男も高い関心を払っていたようで、「みさき神考」では、ミサキの概念が多岐に――「互いに似もつかないもの」にまで分化していることをいぶかりつつ、その変遷・分化を跡づけることの意義を、「これがもし判ると、過去何百年かの久しきにわたり、われわれ常民の踏み開いて来た精神生活の進路が、おおよそは見当がつくのである」とまで強調していた。(1)

小稿は、岡山県の備前地方南部、ことに邑久郡とその周辺の地域で特色ある展開をみせるミサキという霊的存在の観念について、これをめぐる伝承や習俗の実態を記述し、整理してみようとするものである。もとより、柳田の問題提起にただちに応えるものではなく、ミサキ概念の変容の一事例を追加することが当面の目的である。岡山県下では三浦秀宥が、柳田の議論に示唆を受けつつ、長年にわたってミサキの資料を集積しており、その成果は先年『荒神とミサキ』(2)にまとめられて、利用しやすいものになっている。ただ、ここに扱う地域に関しては三浦の調査も十分に及んではおらず、その実態はこれまであまり知られていなかったと言ってよい。そして、この地域のミサキをめぐる伝承・習俗には、従来ほかでは報告されていない興味深い特徴がいくつかうかがえるように思うのである。

一

備前地方南部でミサキというものが人びとの意識にのぼる機会、別の言い方をすればミサキ伝承が顕在化する機会は、大きくいって二つある。

まず一つは、災厄や怪異の原因としてミサキが持ち出されるというケースである。具体例をあげる。

邑久郡長船町飯井の八〇歳代のある男性は、先年、四国の旅先で滑って転んで病院に担ぎ込まれた。まったく記憶がなくなり、自分の名前や住所もわからず、意味不明のことを言い、わけのわからないことをするようになってしまった。つまり、この地方でいうシンケー(精神性の疾患をこう呼ぶ)のようになってしまった。娘が同郡牛窓町のコンガラサマという女性のシャーマン的職能者の信者であったので、連れて行ってみてもらったところ、「ミサキが憑いた。フーライミサキに行きおうとる」と言われた。祈禱に使った洗米の一部を紙に包んでもらって帰り、指示どおり、それを噛んで食べたら治った。

同じく長船町の長船に住む七〇歳代の女性は、数年前、まるで頭の上に物を置いて押えつけられているように苦しく、備前市のコックリサンという女性の職能者を訪ねて拝んでもらった。コックリサンは、「ミサキにおうとる。フーライミサキがさばっとる」といって祈禱をしてくれた。家に帰り、コックリサンの言うとおり、日が暮れてから少量のご飯を箱に入れて川に流したところ、頭痛はすっと治った。

このように、病気の原因が腑に落ちないとか、発病が突発的である、何らかの精神的な症状をともなう、などといった場合、この地方ではしばしばミサキの憑依が云々される。憑依は、「憑く」「取り憑く」と表現されるほかに、「さばる（障る）」「行きあう」「イキアイにあう」という表現をとることもある。また、人に憑依して病気などの災厄を引き起こすミサキを、特にフーライミサキという呼ぶことも少なくない。こうしたミサキあるいはフーライミサキは、一般に、祀り手がなく、成仏できない死者の魂であると説明される。ことにフーライミサキという語には祀られぬままふらふらとさまよう死霊というイメージがあるようで、牛窓町あたりでは、頼りない人や腰の定まらない様子を「あのフーライミサキが……」とか「フーライミサキのような……」とたとえることがあるという。

このようなミサキの憑依に対しては、祓いないしは祀り捨てとでも呼ぶべき処置がなされることが多い。先述の例でも類似の措置がとられているが、かつてはミサキのイキアイと考えられた場合には、桟俵に息を三度吹きかけて海や川に流すことが広く行なわれていた(3)。

以上の例は、不特定の、いわば匿名の祀られぬ死霊をミサキと呼ぶものである。しかし、災厄の原因とされるミサキには、特定の死者の霊と考えられているものもある。

やはり、長船町の例であるが、ある家の嫁がシンケーのようになり、オガミテ（備前地方では、祈禱行為を行なう職能者をこう総称する）にみてもらうと、ミサキが憑いている、といわれた。この嫁は、池のほとりでタスケテクレー、タスケテクレーと大声を出したこともあった。実は、これに先立って、彼女と折り合いの悪かった姑がその池に身を投げて死んでおり、その老婆のミサキが憑いたのだと噂された。

また、同じ地区の男性は、ある日山から帰ると、物が何でも（山でも人の顔でも）二つに見えてしまうという症状に陥った。山から帰る道は、さきの、老婆が身投げした池のほとりを通る道であった。これは死んだおばあさんが取り憑いたのではないか、ということで、さっそく備前市の修験系の祈禱寺院でみてもらったところ、やはりミサキが憑いているといわれた。

これらは、尋常でない死に方をした死者の霊が生きている者に災いをなすというもので、そうした死霊がミサキの名で呼ばれているのである。あとの例にみられるように、災厄を被るのはかならずしも死者が恨みをもつ相手とは限らない。一つの典型的なパターンとして、特定の場所で事故が続くような場合、最初の事故死者のミサキがそこを通る者に災いをなすのだと考えられることがよくある。このようなケースでは、しばしばミサキの憑依を「ひく」「ひっぱる」と表現する。また、事故がくり返すことを「年忌を問う」という言い方をすることもある。

このような異常死した特定の死者のミサキのもたらす災厄への対処法には、いわば祀り上げの方法がある。たとえば、邑久町・牛窓町あたりの海岸線にはいくつか地蔵が祀られているが、そうしたものの多くは、海難事故の犠牲者や入水自殺者など、異常死者のミサキが災厄や怪異を引き起こし、それに対して祀られた地蔵である。さきの老婆の身投げした池のほとりにも、地蔵が祀られたという。ときには、異常死者、ことに事故死者や自殺者が出ると、災いが起こる前にその死者を祀り上げてしまう――具体的には死亡現場に地蔵を立てることが行なわれる。国道二号線や、通称ブルーラインと呼ばれる備前市と岡山市を結ぶ有料道路にも、この種の地蔵が何基かみられる。

このように、この地方ではミサキという霊的存在の概念は、いわば災厄の原因を説明する道具として機能しており、その実体は、祀られない死者や異常死した死者の霊、いわゆる「浮かばれない」「成仏できない」霊であるとされている。したがって、しばしばミサキは災厄の原因であると同時に災厄の結果でもあり、ミサキという概念を媒介にして災いの連鎖が意識されることが少なくない。「ミサキがひく」とか「年忌を問う」という言い方は、まさにそうした連鎖を強く意識した表現である。また、事故死や自殺があった場所に地蔵を立てたり花立てをおいて供養することについて、「ミサキを祀るのだ」という説明のしかたと、「ミサキにならないように祀るのだ」という説明のしかたがあるが、前者はミサキという言葉を主として災厄の結果として意識し、後者はそれをむしろ災厄の原因として意識して用いていると言うことができよう。

二

さて、このような災厄（病気、事故、あるいは家運の衰退等々）をもたらす霊的存在としてのミサキの観念は、一備前地方にとどまらず、広く各地に、特に中・四国地方に広範にみられるものと言うべきであろう。柳田国男も、ミサキという語が、「人間の非業の死を遂げて、祀り手もないような凶魂を意味する」のは、「瀬戸内海の周辺の諸県が、現在では威力の最も強烈なる地方」であるとしていた。(4) 備前地方南部のミサキの伝承の特徴は、むしろ次に述べる死者儀礼・葬送儀礼に付随するミサキの祭祀にある。この地方、ことに邑久郡やその周辺には、死者を祀る過程で、死者に準じた方法でミサキをあわせ祀る習俗がみられるのである。

まず、葬儀や法事の際に死者の供物とともにミサキに対しても供物を用意する例が、岡山市東南部から邑久郡にかけてみられる。

邑久町本庄では、葬式には死者と同じ白木の膳がミサキのためにも用意され、それ以後も死者に膳をする場合にはかならずミサキにも同じものが供えられる。ただし、ホトケのそれに比べてやや簡略にする場合が多く、またホトケの膳が四十九日からは赤黒の塗の膳に変わるのに対して、ミサキの膳は白木のままである。

写真1　盆のミサキの膳（左手前）（牛窓町紺浦）

葬式の祭壇のそばに別にミサキの膳を供える習俗は、岡山市平井や沖田古土手からも報告されている。(5)　牛窓町の長浜や師楽でも、四十九日・ムカワリ（一周忌）・三回忌……といった法事には、かならず本膳は二つ、つまりホトケの分とミサキの分を用意するという。

葬式や法事にクグと呼ぶ米の粉の団子をつくる所も多い。長船町長船では、葬儀のクグは本尊の分、亡者の分に加えてミサキの分も用意し、祭壇の隅に供えている。牛窓町長浜では法事に丸いクグと三角のオヤクグをつくり、ミサキにもミサキのめしとして供えるという。(6)　また、長船町福岡では、葬式や法事には、カワラケか盆に少量の米飯を盛って祭壇や床のへりに供え、これをミサキのためだとしている。野辺送りの際には、こうしたミサキの供物はいっしょに墓まで持って行くことが多い。

ミサキの祭祀は盆行事にもみられる。

備前地方の盆は、床の間に祭壇をつくり、そこに仏壇から位牌を出して並べるのが一般的である。そ

写真2　オショウロウサマ
（牛窓町前島）

の際に、各位牌に対する供物のほかに、祭壇の隅にミサキの供物を用意するところが少なくない。写真1は牛窓町紺浦の例で、それぞれの位牌の前に据えられた膳とは別に、左下隅に位牌のない膳、すなわちミサキの膳が見える。岡山市今谷でも、床の間に出した位牌ごとに蓮の葉を敷いてホトケサマの座布団などと呼ぶと同時に、ミサキのために一つ余分に位牌のない座を設け、その前に同じように供物をしている。[7] 牛窓町長浜で一事例を確認したのみであるが、位牌を出した仏壇をオミサキサマが留守番してくれるのだといって、そちらに供物を供えている家もある。

　こうした屋内の盆棚とは別に、門先にミズダナとかオショウロウサマと呼ぶ棚を設ける風もある。木製の、文字どおり棚を作る例（写真2）、割竹の先を外側に開き、そこに蓮または里芋の葉を敷いて供物をする例などがあるが、しばしばこれらの棚が、ワガウチのホトケとともにやって来るオミサキサマを祀るもの、と説明されている。戦前のことであるが、邑久町尻海では、こうしたミサキの棚を盆棚とは一日ずらして十二日から十四日まで立て、毎晩、線香を立てて拝んだあと、供物のぼた餅を蓮の葉ごと海に流していたという。

　ホトケを送る際にミサキをいっしょに送る土地もあり、岡山市西祖では、送り団子（クグ）を位牌の数より一つだけ余分につくって盆船に載せ、それをミサキサマのものといっている。[8] 牛窓町の前島などでは、新盆の家が海に流した精霊舟を子どもたちが拾って遊び道具にすることがあったが、舟に二列に灯した提灯の蠟燭がまだ燃えつきないうちに曳いてきたりすると、オミサキサンが乗っているうちに……、と叱られ、祟りが心配されたというから、やはり死者とミサキをいっしょに送っていたことになろう。

葬式や法事、あるいは盆におけるミサキの祭祀に加え、さらに興味深いのは、墓という恒常的な祭祀施設にもミサキが祀られることである。死者とともにミサキを祀る習俗は、特定の儀礼の時間に限定されないのである。

やはり邑久郡を中心に、岡山市東南部（旧西大寺市）から備前市の一部にかけて[9]、墓の一角にミサキを祀る習俗がある。これを特にハカミサキと呼ぶこともある。多くは各家の墓域ごとに（ときには石塔ごとに）ミサキを祀る石を置き、花立てや線香立てを立てている。石は、古いものは直径・高さとも数十センチ程度の自然石であり、新しいものは墓石と同じ石をきれいに磨き上げた一辺数十センチの直方体か、または墓石をそのまま小さくしたようなミニ石塔である（写真3〜5）。いまでは石材店が、墓を建てる際にハカミサキが必要かどうかを喪主にたずねて準備するという。こうしたハカミサキを祀るところでは、墓参りの際にはかならず先祖と同じようにミサキにも供物を供えて拝んでいる。先祖よりも先にミサキにお供えをしなければならない、というところが多い。

ハカミサキというものに対する人びとの有力な説明の一つは、これは祀り手のない死者たちを祀るものであって、そうしたものを祀ってやらないと先祖の祭祀に支障が出るのだ、というものである。オミサキサマは非常に卑しい方だとか、嫉妬深い、という言い方はよく聞くところで、彼らにも供え物をしてやらないと先祖の供物を横取りする、先祖がいい所に行けない、先祖をいじめる、などという。

ミサキという霊的存在の性格とその祭祀の必要性についてのこうした説明は、実はハカミサキに限らず、死者の祭祀に付随するミサキの祭祀全般を通じて聞かれるところであり、また、了解しやすいところでもある。盆にミサキを祀る習俗は、他地方の無縁仏を祀る習俗と変わるものではなく、備前地方でもまったく同

写真3　ハカミサキ(1)（長船町飯井）

写真4　ハカミサキ(2)（岡山市宿毛）

写真5　ハカミサキ(3)（牛窓町長浜）

写真6　「三界万霊」と刻むハカミサキ
（岡山市宿毛）

じ祀り方をもって、ミサキとは言わずに、ガキボトケを祀るのだといっているところが少なからずある。[10]また、ハカミサキの石塔には何も刻まないのが普通であるが、ごく少数ながら「三界万霊」「法界万霊」と刻んだ例も認められる（写真6）。こうした例は整形した石を用いるようになってからの新しい様式であり、おそらく寺の主導になるものであろうが、[11]ミサキを餓鬼・無縁仏とみなす観念が広く存在することを示している。

結局、災厄の原因としてのミサキにせよ、死者とともに祀られるミサキにせよ、この地方のミサキはいわゆる「浮かばれない霊」「成仏できない霊」、いいかえれば祖霊化の過程から何らかの理由で——その「理由」としては、さしあたり、①その死の異常性と、②死後の祭祀の欠如が指摘できる——逸脱した死者の観念でいちおう説明できそうである。そして、他地方ではもっぱら盆に祀られるそうした死霊が、この地方では盆のみならず葬式や法事や、さらには墓にまで祀られているのだということになろう。

もっとも、このような霊的存在を盆以外の死者儀礼で祀る例が他地方にまったくみられないわけではない。柳田国男の「葬制沿革史料」には、「死者に飯を供へる際にも盆の精霊棚と同様に、別に小皿に少し取分けて置」く、佐渡のガキメシ（餓鬼飯）がとり上げられているし、[12]最上孝敬もこの種の習俗に注意を払っていた。[13]これをやや詳しくとり上げたのは五来重で、葬送儀礼に用いられる供物のなかに、本来、死者に向けられた「霊供」と、それとは別のものに対する「饗供」とがあることを指摘している。[14]五来によれば、饗供が供される対象は「子孫や社会の祀りによって鎮魂されないまま、さ迷っている精霊」であり、かつてそれらが「死者の霊に妨害を加え、霊を横取りして自分の仲間に入れようとすると信じられ」、その妨害を防ぐために霊供とは別の供物が必要とされていたが、しかし、そうした霊的存在の観念が忘れられて霊供と饗供の別があいまいとなり、葬送の現場に混乱が生じているのだという。この五来の説くところに従えば、備前地方南部で死者儀礼の折々にさまざまなかたちでミサキに供される供物は饗供にほかならず、この地方では、饗供の対象となるような霊的存在の観念をミサキという名でよく伝えている、ということになろう。

要するに、備前地方南部のミサキの祭祀は、祖霊化の過程を逸脱した死霊に対し、祖霊に準ずる扱いをすることでその荒ぶる性格を慰撫しようとするものであり、その扱いが単に防遏というよりもいま少し積極的に家々の死者祭祀にとりこまれている印象からすれば、危険な逸脱者を祖霊化のプロセスの周辺に（あるいは準祖霊化のプロセスに）回収しようとするもの、という言い方が可能ではないかと思う。ミサキのために、先祖代々の墓石の隣にそれとよく似たミニ石塔を立てる行為などは、そうした心意を象徴的に物語るように思われる。(15)

なお、このような習俗を理解するうえでは、さきの五来の所論とともに、近年、田中宣一が展開している議論が有益であろう。田中は、日本の祭式の伝統においては、祭りがとどこおりなく成立するためには、主神とともに来訪する、あるいはその周囲にわだかまる有象無象の神々（田中は「雑神」と呼ぶ。いわば招かれざる客である）に対しても神饌供物を用意してこれを併せ祀ることが必要とされていたのだ、というたいへん興味深い主張をしている。(16) みてきたような、備前地方南部の、死者儀礼―先祖祭祀に組み込まれたミサキの祭りも、祭祀の構造としてはまさに田中の議論に即応するものと言えよう。

三

祖霊化の過程から逸脱した死霊群が、災厄の原因としてその憑依を恐れられる一方で、家々の死者儀礼のほとんどすべての機会を通じて死者に準じた供物を供され、荒ぶる性格を慰撫されて祖霊化の過程の周辺に回収されようとする――備前地方南部のミサキの伝承・習俗を、前節ではいちおうこのように説明してみた。

しかしながら、以上でこの地方のミサキの観念がすべて整合的に理解されるかというと、そうではない。ことはいま少し複雑であり、検討すべき問題をまだ残していると言わねばならない。

これまで触れてこなかったが、この問題に関して見過ごすことができないのは、ミサキオサメなどと呼ばれる巫儀の習俗である。

やはり邑久郡を中心に、人の死後四十九日の忌み明けのすんだころに、職能者を頼んで口寄せをする習俗がみられる。どんな死者でもこれをした方がよいとも言うが、実態としてはすべての死者について行なわれているわけではなく、早世であったり、事故死であったり、病気でも急死であったりと、遺族に無念さが残り、また死者自身も思いを残しているのではないかと心配される場合に行なわれることが多い。つまり、広い意味での異常死である場合が多い。口寄せを行なうのは、多くの場合、女性のシャーマン的な職能者たちである。もっとも、古くはカンバラダユウ（上原大夫）と呼ばれる男性の陰陽師[17]がよくこれを行なったとも聞くが、上原大夫の活動は大正期でほぼ終息している。口寄せの様子は職能者によって異なるようで、完全な人格転換をともなうトランスに入り、第一人称で死者自身の思いを語る職能者もいれば、洗米を用いた判じによって「ホトケさんはいいところに座っておられます」「よい神さんになっておられます」というような言い方で、つまり第三人称で冥界における死者の様子を遺族に伝える職能者もいる。ただ、前者の憑入型のセアンスが本来のあり方と思われ、現在は霊感型のミサキオサメをする職能者も、「若い頃は本人になってよくカタった」などと言われている。上原大夫などの場合には、依坐を立てて、いわゆる憑祈禱の形式でこれを行なうこともあったらしい。

死後の口寄せの習俗、特に異常死者についてそれを重視する習俗は全国各地にみられるところで、ことさらこの地方の特徴というには当たらない。問題は、この口寄せをミサキオサメと呼ぶことである。

もっとも話者や地域によっては、この口寄せ習俗はやや違った名で呼ばれることもある。現在、牛窓町・長船町など邑久郡内ではミサキオサメという語がもっとも通りがよいが、岡山県吉井の女性の職能者（コンガラサマと呼ばれる）などはこれをミサキガタリと呼んでいる。[18] また、岡山市から日生諸島（和気郡日生町）にかけての民俗調査報告の類には、これと類似した、ミサキバナシ[19]、ミサキオロシ[20]、ミサキワケ[21]などという巫儀の存在が報告されている。このほか、ミサキヨセという語を聞くこともある。

しかし、死者儀礼の一環として行なわれる口寄せを「ミサキ……」と呼ぶこと、ことにミサキガタリ（ミサキが語る）などと呼ぶことについては、しばしば人びとのあいだに戸惑いがみられる。職能者によって降ろされて語るのは死者自身であって、彼に死をもたらしたミサキや、祀られない無縁仏としてのミサキではないからである。異常死の場合には、その結果ミサキとなってしまった死者を呼び出すのだという説明も可能かもしれないが、当事者の意識としては、むしろ死者がミサキのような災厄をもたらす邪霊と化すことを防ぐために口寄せを行なうと言ってよいし、遺族の気持ち次第でごく普通の死者についてこの口寄せが行なわれることも珍しくはない。そこで、われわれは時折、「墓に祀るミサキはガキボトケだが、ミサキオサメのミサキというのはワガウチのホトケのことだろう」とか、「ミサキには、祀り手のないフーライミサキと、まだこの世にとどまっている四十九日までの新しい死者の霊の二つがある」というような、ミサキに二種の範疇を設けて解決しようとする、やや苦しい説明を話者から聞くことになる。

正確を期すならば、ミサキ……と呼ばれる巫儀のうちには、いまここで問題にしようとしている死者儀礼の一環としての口寄せのほかに、それとはやや性格の異なるものが含まれているとみなければならない。すなわち、現前する災厄を「浮かばれない」死者つまりミサキのなすところと考え、それを呼び出して怨念・遺恨を語らせることで災厄をのぞこうとする臨時の巫儀もまた、しばしばこうした名で呼ばれるのである。そして、ミサキガタリ（ミサキが語る）・ミキサオロシ（ミサキを降ろす）・ミサキヨセ（ミサキを寄せる）などの語は、本来はそのような儀礼、つまり文字どおりミサキを呼び降ろし、語らせる意図をもった巫儀をさしていたと考えるべきであろう。これに対して、四十九日過ぎに行なわれる新亡の口寄せは、本来、ミサキオサメ（ミサキをおさめる）・ミサキワケ（ミサキを分ける）と呼ぶべきものであって、両者は原理的に区別されなければならない（もっとも、異常死者の場合をはじめとして、実態としては区別しがたい場合も多いのであるが）。ミサキバナシも、おそらくミサキを離すの意で、後者に属するものであろう。

では、忌み明け後の巫儀の目的、さらにそれを「ミサキをおさめる」などと呼ぶ理由は何か。

これについて、もっとも明快な説明をしてくれたのは、牛窓町紺浦の八〇歳代のある男性である。この話者は、人が死ねば百人が百人すべて、ただちにオミサキサマが憑くのだという。この、息を引き取って間もない死者に憑くミサキをアラミサキといい、事故死者のような不慮の死者のアラミサキは特に荒く、反対に老衰した老人のそれはおとなしい。死者はミサキオサメによってアラミサキをオサメてもらうことで、はじめて安楽にオクニガエリ（お国帰り）ができるのだ、というのである。また、同じ地区の別の男性は、ミサキが強かったらホトケが迷っていいように成仏できない（ホトケさんの座へ落ち着けん、とも）、それでミサキオサメをしてオミサキサマに納得してもらうのだ、という言い方をする。

実は、岡山県と香川県のあいだに点在するいわゆる備讃瀬戸の島々には、かつてミサキギリという死者儀礼があったことが報告されている。たとえば石島（玉野市）や児島諸島（倉敷市）では、死後一カ月から三カ月くらいの間に（報告によっては四十九日後に、あるいは四十九日までに）陰陽師や巫女によって口寄せが行なわれ、ミサキギリと呼んでいた。これはその名のとおり、死者に憑いたミサキを切り離す儀礼と説明されており、上原大夫などは短刀を抜いて切り払ってから拝んでホトケを降ろしたという。本来はどのような死者についても行なうものであったらしく、これをしないとよいホトケになれない、といわれていた。[22]

邑久郡などで現在行なわれているミサキオサメではミサキの分離のモチーフは十分に確認されていないが、さきの牛窓町の話者の話なども考えあわせれば、おそらくこちらも本来は児島諸島などのミサキギリと同様の意味をもったもの、つまり、死者に憑依しているミサキを分離し、鎮魂する目的で行なわれてきたものと考えてよいであろう。

こうした習俗に関してすでに重要な議論を行なっているのは岩田勝である。岩田は、中国地方の一部に伝承されるトリジンバナシという習俗や、沖縄のモノオイ、東北のイタコによる新口寄せ、さらには古代の殯などを取り上げ、死者儀礼の伝統のなかに、死霊とそれに取り憑いた邪霊を分離する儀礼が存在したことを論じた。そして、備讃瀬戸の島々のミサキギリなどにも触れて、ミサキもまた「死体にとりついて死者の霊を祟る悪霊と化そうとする邪霊」の名であるとしている。[23]「邪霊」の属性についてはいま少し検討したいと思うが、傾聴すべき議論であろう。

なお、牛窓町長浜で一例を聞き書きしたのみであるが、四十九日に四十九餅の一つを屋根棟を越すように投げる儀礼について、これによってオミサキサマが帰るといっている例がある（一般にはこれで死霊が冥界に去るという）。四十九日間はミサキが喪家に密着した状態であること、忌み明けとともにそれが分離されることをいう伝承で、ミサキオサメと観念的に通じるものと思われる。

ミサキオサメの巫儀とともに、もう一つ取り上げなければならないのは、ミサキを死者の守護者とする観念の存在である。

墓に祀るミサキについてであるが、さきに紹介したような、これを祀られない死霊、つまり無縁仏・餓鬼とする考えとならんで、これは墓の守り神であり、死者を守護する存在であるとする伝承が邑久町や牛窓町などで聞かれる。邑久町本庄あたりでは、シンヤ（分家）が新しく墓を造ったときには、墓地の守りをしてもらうために、かならずそこにミサキを祀るのだという。牛窓町長浜あたりでも、ハカミサキが墓地を守る、死者を守るという観念は一般的である。

ミサキをホトケの道案内ということもある。牛窓町師楽や前島では、ミサキはあの世に旅立つ死者の道案内をしてくれるものであり、冥土への道中で鬼が出て脅かすときには死者を守ってくれるのだ、という。邑久町尻海でも同様に伝えている人がいる。また、牛窓町紺浦で、葬式・シアゲ・初七日……と続くオカンキ（看経）は、オミサキサンにホトケを守ってくれるようにお願いするためのものだ、というのも、同種のミサキ観に基づくものであろう。

こうした、死者を守護するミサキという観念をもっとも明瞭に語るのは、牛窓町紺浦在住で、邑久郡を中心に信望を集めているコンガラサマと呼ばれる女性の職能者である。

小稿でも再々その名が出たが、コンガラとは、備前地方でしばしば女性のシャーマン的職能者をさして用いられる呼称であり[24]、現在も岡山市から備前市にかけて、この名で呼ばれる職能者が数人いることが確認される。牛窓町のコンガラ巫女（本名、松本菊野）はそのなかでもことによく知られた存在で、現在九〇歳をこえる高齢でありながら、毎日多くのクライアントの訪問が絶えない[25]。

このコンガラ巫女によれば、ミサキというのは亡くなった人の世話をしてくれるありがたい存在であり、人は亡くなると誰でもミサキの世話になるのだという。彼女は次のように言う。「人が死ぬときにはかならずオミサキサマが迎えに来る。人間、いくら死のうと思い、たとえ自殺を図ったとしても、オミサキサマが連れに来ないかぎり死ねるものではない。オミサキサマが呼びに来てはじめて、苦痛なくあの世に行くことができる」。あの世へは「お船に乗せて連れて帰ってくださる」とも言う。牛窓はじめ備前の沿海部には、人が死ぬときには「迎え船が来る」とか「赤い灯、青い灯の船がお迎えに来る」という伝承があり、人が立て続けに亡くなると「大きな船が着いとんじゃなあ」という言葉が老人の口をついて出たりするのであるが、コンガラ巫女はこれをミサキの船だといい、ミサキは船に乗客（つまり死者）がいっぱいになったらあの世に連れ帰るのだという。あの世へ渡る際には、生前に善いことをした人はこちら、悪いことをした人はこちら、と指図するともいい、審判者のイメージもあるらしい。また、盆に死者がこの世に帰って来るときにもミサキはつき添って来てくれるといい、さきに触れた、この地方で盆に屋外に設ける棚（ミズダナ・オショウロウサマ）は、死者につき添って来たミサキを祀り、もてなすためのものであるという。「オミサキサマはえらいさまで、いつもみんな（死者たち）の世話ができている」というのが、彼女がくり返すミサキ観である。

ここまで明瞭ではないが、似た観念は岡山市吉井の別のコンガラ巫女（七〇歳代）にもみられる。この職能者は、ミサキの属性は複雑でその解明は至難、自分の師匠も筋道だてて教えてはくれなかった、としながらも、やはりそこに冥界への導き手の性格を認めている。彼女はミサキの素姓が「あまりお祀りをしてもらってない人（死者）」であることは確かであるとしつつも、他方で、ミサキが道案内役をするということは昔から聞いているし、人の魂はオミサキサマが誘いに来られるから霊界に行けるのだという考えが確かにある、ミサキにお供えをするのは（死者を）よろしく頼むという意味だ、自分としては死者の一人一人にミサキがついていることは確かだと思う、と言うのである。

ミサキにあの世への導き手、プシュコポンポス（psychopompos）としての役割を期待するこうした観念とミサキオサメの巫儀がどのように関連するのか、いまのところ職能者からもクライアントの立場にある人びとからも満足な説明は聞けないでいる。ただ、両者を通じて、死にゆくすべての者が不可避的にミサキとかかわりをもつという観念、いわば生から死への移行に立ちあい媒介するものとしてミサキが立ち現れるという観念があること、いちおう四十九日のあいだがそうした死者とミサキとが密着した状態で推移する移行期間と考えられていたこと、は想定しておいてよいと思われるのである。

四

正直に言って、当該地方の多岐にわたるミサキの伝承・習俗を完全に整合的に理解することは困難である。あたかも、祖霊化してゆく死者たちの周辺に見え隠れするさまざまな霊的存在が、一様にミサキという記号を与えられているようにすらみえる。否、場合によると祖霊さえもその例外ではなく、まれにではあるが、ハカミサキはトイキリのすんだ先祖の魂を祀るものであろうという解釈すら聞くことがある。[26] そして、墓にミサキを祀り、盆棚や仏壇にミサキの供物を供する当事者自身の口から、「ミサキのことはなんぼう年寄りに（坊さんに）聞いてもはっきりせん」と嘆く声をしばしば聞くことになるのである。その背景には、この狭い地域においてさえ、ミサキという概念が変容し重層してきた事実があるのだと思うが、いまの筆者にはその過程を跡づけることはできない。この小文では、とりあげてきたような事象が民俗学上のどのような議論とかかわりうるか、また、他のどのような事象と関連づけて考えてゆく必要があるのかを検討して、まとめに代えたい。

備前地方南部のミサキの祭祀全体を通じてあらためて了解されるのは、死者儀礼というものが、当の死霊以外の霊的存在をも強く意識し、死者だけでなくそちらに対する儀礼的措置をも講じながら執り行なわれているという事実であろう。

筆者のみるところ、民俗社会の死者儀礼がこうした要素を内包していることは、近年、ようやく認識されてきたように思われる。代表的な論者をあげるならば、五来重[27]、田中久夫[28]、斎藤たま[29]、岩田勝[30]らが、それぞれ立場を異にしながらも、死者儀礼に死霊ではないもう一種の霊的存在が介在することを強調してきた。備前南部のミサキをめぐる民俗は、こうした議論に有益な材料を提供するであろう。

もっとも、介在する霊的存在の属性について、これらの論者がそれぞれ少しずつ異なる理解に立っていることは見過ごしてはならない。田中や斎藤は、それが生者に取り憑いて死という現象を引き起こした原因そのものであるとする[31]。これに対して岩田は、それは死体もしくは死霊を襲う邪霊であり、憑依された死者はそれ自身が邪霊と化して災いを起こすと考えられていたのだとする[32]。つまり、田中・斎藤らが邪霊の憑依を生前におこることと考え、その結果が死であるとするのに対し、岩田はむしろ死後における邪霊の憑依が恐怖されたと考えるのである。五来の議論はさらに別の点に特徴があり、こうした邪霊はそもそも死者の荒魂の一部であって、荒魂のある部分が和魂化されて恐怖性を和らげていったかわりに、他の一部は恐怖性が強化集約されて餓鬼や御霊・怨霊・行疫神などとなった、という一元論が主張されている[33]。

ひるがえって備前南部のミサキについてみると、その複雑な様相は、これらの説のいずれに対しても部分的には適合するように思われ、ただちに議論の帰趨を決するものではないかもしれない。ただ、そこに、従来の議論があまり予測していなかった要素が認められることには注意しておきたい。それは、家墓に永続的かつ常設の依り代を設置することに象徴されるような、死者儀礼―先祖祭祀全般にわたる親和的ともいえる祭祀のあり方であり、おそらくはそれと表裏の、ミサキに死者の守護者、ことに冥界への導き手の役割を見出す観念である。ここではミサキは人に死をもたらす存在、冥界へと連れ去る存在ではあっても単に忌避すべき悪霊・邪霊ではなく、むしろ死にゆく者のもとへミサキが現れることは死の世界への移行のために不可欠のこととすら考えられているらしいのである。

冥界から人間のもとを訪れ、これを彼処へ連れ去るものの観念は、古くは『日本霊異記』（中―二四・二五）に「鬼（閻羅王の使の鬼）」の名でみえ、『今昔物語集』（二〇―一八・一九）などにも再話されているところである。ただ、霊異記の説話が中国の『金剛般若経集験記』『冥報記』などを原拠とすることから、おそらく文字によって中国から伝来した観念と捉えられたためであろう、これまで葬送研究で問題にされることは少なかった。もちろん、各地の現行の葬送習俗からそのような観念がほとんど報告されないという事実があった。井之口章次が、日本には貧乏神や疫病神はあるが死神つまり「人を死にさそう神」には伝統がない、と述べている(34)のは、おおかたの民俗学者の認識を代表するものであったろう。しかしながら、備前南部のミサキの事例は、そうした常識の再考を促すものにならないであろうか。

　実は朝鮮半島では冥界からの使者の観念はきわめて顕著で、それへの対応が死者儀礼のなかに組み込まれている。崔仁鶴によれば、韓国では人が死ぬとあの世から「使者《サージャ》」が訪ねて来て同行してくれるという考え方があり、たとえば釜山市あたりでは、招魂儀礼（魂呼ばいに相当するか）ののち、中庭の真ん中にむしろを敷いて「使者床《サージャサン》」という膳を設け、ご飯その他の供物と使者が履くわらじ三足をおいて、喪主が三拝して使者を送るという。(35)また、加藤敬の紹介するソウル地方の例では、現在は一〇〇日目によく行なわれるチノギクッ（死霊祭）に、死者のための「亡者床《マンジャサン》」と使者のための「使者床」（亡者床にくらべ粗末な供物であるという）という二種の膳が用意され、亡者床の供物を奪おうとする使者（ムーダンが扮する）と奪われまいとする遺族の葛藤が滑稽に演じられるという。(36)この種の儀礼は韓国でも地方差が大きく、使者のイメージも、友人とか先祖が迎えに来るとされたり、妖怪のような強制連行者と考えられたり、バリエーションがみられるようである。(37)もちろん、漢民族のあいだでも冥府の使者の観念は親しいもので、いわゆる志怪小説をはじめ、人の死を語る際の好個のモチーフとして伝承されている。(38)

ミサキをあまりに善霊としてとらえる説明には、あるいはオガミテたちの宗教者としての再解釈が介在しているかもしれない。しかし、一地方の民俗がより広い世界の脈絡に連なる可能性の方をここでは強調し、検討課題として提示しておきたいと思う。

注

(1) 柳田国男「みさき神考」『日本民俗学』三巻一号、一九五五年(『定本柳田國男集』三〇、所収)。
(2) 三浦秀宥『荒神とミサキ』名著出版、一九八九年。
(3) 筆者調査のほか、麓章子「岡山市附近の庶民の日常生活」(『岡山民俗』三五、岡山民俗学会、一九五九年、二頁)など。
(4) 柳田国男「みさき神考」(前掲注1)四六頁。
(5) (無署名)「岡山市の民俗断片——葬制その他」『岡山民俗』七九、一九六八年、三—四頁。
(6) 佐藤米司「岡山の無縁仏」『岡山民俗　柳田賞受賞記念特集』、岡山民俗学会、一九八三年、五三六頁。
(7) 次田圭介「岡山市今谷の盆行事」文化庁文化財保護部編『盆行事Ⅰ』(民俗資料選集一八)国土地理協会、一九九〇年、一七頁。
(8) 橋本武明「岡山市西祖の盆行事」『盆行事Ⅰ』(前掲注7)三一頁。
(9) ハカミサキの分布については、土田輝美「岡山県東南部のミサキ信仰」(ノートルダム清心女子大学家政学部家政学科一九九二年度卒業論文)が詳細な調査を行なっており、それに拠った。
(10) 文化庁文化財保護部編『盆行事Ⅰ』(前掲注7)。
(11) 牛窓町のある寺(真言宗)では、檀家から相談があった場合、ハカミサキに「三界万霊」と刻むことを勧めているという。また長船町の別の寺(真言宗)では、ハカミサキには施餓鬼作法を簡略にしたものをあげるという。

(12) 柳田国男「葬制沿革史料」『定本柳田國男集』一五、筑摩書房、一九六三年、五三三頁(初出は一九三四年)。
(13) 最上孝敬『霊魂の行方』名著出版、一九八四年、一四四―一四五頁(初出は一九六〇年)。
(14) 五来重『葬と供養』東方出版、一九九二年、四八〇―四八三頁、九〇三―九〇六頁など。
(15) 一軒の墓域内でのハカミサキの祀り方は、先祖代々とは区別された子墓・水子墓(多く地蔵を彫る)のあり方と酷似している。いずれも、墓域の入口近くに、代々墓とは異なる方向を向いて立つことが多い。水子を祀る地蔵やミサキは代々墓と同じ方を向いていてはいけないと言われることもある。ともに、祖霊に完全には統合されないまま、その周辺にゆるやかに繋ぎとめられている、と言えようか。
(16) 田中宣一「祀りを乞う神々――雑神への供饌・供養と祭りの成立――」『國學院雑誌』九四―一一、一九九三年。
(17) 上原大夫は、現・総社市上原に拠点をおいた陰陽師集団である。三浦秀宥「上原大夫と上原祈禱をめぐる習俗」『岡山民俗　柳田賞受賞記念特集』岡山民俗学会、一九八三年。
(18) 赤磐郡山陽町鴨前のコンガラ巫女も、「死者の霊を呼び出して、いろいろ物語をさせる祈禱」をミサキガタリと呼ぶという。中山薫「コンガラ考」『日本民俗学』一三五、一九八一年、四三頁。佐藤米司「コンガラと法印」『生活文化研究所年報』五、ノートルダム清心女子大学生活文化研究所、一九九一年、八頁。
(19) 島村知章「岡山方言」桂又三郎編『岡山県方言集』国書刊行会、一九七六年、一七九頁(原著は一九三五年)。佐藤米司「オシメ様」『岡山民俗』四七、一九六一年、二〇頁。
(20) 三浦秀宥「民間信仰」『日生諸島の民俗』岡山県教育委員会、一九七四年、七七―七八頁。
(21) 瀬戸内海総合研究会編『農村の生活――岡山県邑久郡笠加村北池――』同会、一九五一年、一三九頁。
(22) 三浦秀宥「民間信仰」『児島諸島及び石島の民俗』岡山県教育委員会、一九七六年、六一・六八頁。佐藤米司「葬制」同書、九〇頁。桜井徳太郎「櫃石島のミサキギリ」『日本民俗学』一三八、一九八一年。
(23) 岩田勝『神楽新考』名著出版、一九九二年、七一―一四八頁。該当の論攷は、「取神離し」(『岡山民俗　柳田賞受賞記念特集』一九八三年)を補訂したものである。

(24) コンガラという巫女は、すでに康永元年(一三四二)の奥書をもつ「一宮社法」(吉備津彦神社文書)に見えている(ただし、同文書の成立は実際には康永よりかなり下るようである)。近世前期の史料に「せいたか神子」あるいは「清高」と並記されたものがあることから、その名が不動明王の脇侍である矜羯羅童子に由来することはまちがいない。中山薫によれば、この名は備前国でも特に重きをなす巫女のみが名のることのできるものであったが、しだいに大勢の巫女が自称するようになったという。中山薫「コンガラ考」(前掲注18)。佐藤米司「コンガラと法印」(同)。

(25) このコンガラ巫女については、小嶋博巳「呪術=宗教的職能者の活動」(『牛窓町史』民俗編、牛窓町、一九九四年)を参照されたい。

(26) いちおうここでは、この解釈は、家の墓域に祖霊以外のものを祀ることが了解できなくなってのちに生れたもの、と理解しておきたい。ただ、三浦秀宥によれば、岡山県でも美作地方には五十年忌以降の先祖をミサキと呼び、小祠を墓の一角に祀る習俗があるという(三浦『荒神とミサキ』前掲注2、一六六—一六七頁)。また、無縁仏の範疇に最終年忌のすんだ祖霊を含めている地方がある(井之口章次『日本の葬式』筑摩書房、一九七七年、一六一頁、ほか)ことにも留意しておきたい。

(27) 五来重『葬と供養』(前掲注14)、九〇三—九〇六頁。

(28) 田中久夫「殯宮考」元興寺文化財研究所編『東アジアにおける民俗と宗教』吉川弘文館、一九八一年、ほか。

(29) 斎藤たま『死とものの け』新宿書房、一九八六年、一七頁。

(30) 岩田勝『神楽新考』(前掲注23)、一一九—一二〇頁ほか。

(31) 斎藤たま『死とものの け』(前掲注29)、一六頁。

(32) 岩田勝『神楽新考』(前掲注23)、一一九—一二〇頁。

(33) 五来重『葬と供養』(前掲注14)、九〇六—九〇七頁。なお、このような理解の相違は、古代の殯儀礼の意味づけ、具体的には喪葬令の釈に「凶癘魂を鎮める」とある一文をどう解釈するかという点に端的に現れている。つまり、五来が「凶癘魂」を死後まもない荒ぶる死者の魂と理解し、殯の本質をその鎮めにみる(五来重「遊部考」『仏教文学研究』一、法蔵館、一九六三年）のに対し、田中は「凶癘魂」を遺体に付着している死を発生せしめたもの（外来の邪霊）と解し、殯の主な目的はその活動を抑止するところにあるとみる（田中久夫「殯宮考」前掲注28）。さらに岩田は、田中説を評価しつつも、凶癘魂なるものが意識されることになるのは死の発生とともにであろう、と主張するのである（岩田勝『神楽新考』前掲注23、一一六―一一七頁）。

(34) 井之口章次『日本の葬式』筑摩書房、一九七七年、二〇一頁。後述する韓国の「使者」の観念を紹介した竹田旦も、『使者』をめぐる観念は日本では見られないものだけに、韓国における他界観に一つの特異な状況をもたらしているといって差支えなかろう」としている（竹田旦『祖霊祭祀と死霊結婚』人文書院、一九九〇年、一三九頁）。

(35) 崔仁鶴「朝鮮の民俗と他界観――招魂儀礼を中心に――」『伝統と現代』二四、一九七三年、一〇三頁。

(36) 加藤敬『巫神との饗宴』平河出版社、一九九三年、八九頁・一六七―一六九頁。

(37) 崔仁鶴「朝鮮の民俗と他界観」（前掲注35）。竹田旦『祖霊祭祀と死霊結婚』（前掲注34）、一三六―一三八頁。

(38) 竹田晃『中国の幽霊』東京大学出版会、一九八〇年、三四―五四頁。矢嶋美都子「中国人のみた魂の行方」梶山昇編『アジア人のみた霊魂の行方』大東出版社、一九九五年。

収録論文解題

中本剛二

柳田國男「幽霊思想の変遷」『変態心理』二巻六号　一九一七年

日本の幽霊について考えるとき、まず最初に参照されるものの一つは、柳田國男の「妖怪談義」（昭和一一年日本評論一一巻三号）であろう。そこで柳田が「妖怪」と「幽霊」の違いを定義していることはよく知られている。その区別については本論集第2巻「妖怪」編においてて、また本巻収録論文のいくつかによって触れられているので、ここでは「幽霊思想の変遷」を取り上げた。本論文において柳田は、神奈川県内郷村の葬儀で使用される竹串や東京の葬儀で使われる玉串といった習俗を取り上げ、それらを魂の依り代として、亡霊が家に舞い戻ることを防ぐ方法であると指摘する。近代化で民俗が変容するうちにも変化が少ないのは葬式の行事であり、仏教の影響を受けつつもそのような素朴な習俗が残存していることから日本人の亡霊・霊魂に対する独自の国民性を明らかにする必要性を説く。

櫻井徳太郎「怨霊から御霊へ——中世的死霊観の展開——」『国文学　解釈と鑑賞』三七巻一三号　一九七二年

いわゆる幽霊、われわれが幽霊とイメージするものが登場するのは近世以降である。それ以前、古代、中世においては死霊などの災厄をもたらす存在は物の怪や怨霊、御霊という形で現れていたといえる。

本論文においては、古代的な怨霊は亡霊の怨念が晴らされることを前提に供養されるものであり、陰鬱であるのに対し、中世の怨霊は戦乱の中で死亡した者の亡霊であり、当事者にとってもある程度了解された死で陰鬱さは少なく、供養されることによって様々な禍厄や災害を祓除できるものとして肯定的に捉えられている。また民間での御霊信仰も考慮しつつ、そのような変化を怨霊から御霊への転換と捉え、それらを分別して考慮する必要性を指摘している。そのうえで、中世的怨霊、文芸の世界での霊魂観、民間での御霊信仰に基づく霊魂観を総観して考慮すべきであるとしている。

池田弥三郎「幽霊の条件」『国文学　解釈と教材の研究』一九巻九号　一九七四年

筆者の幽霊に関する論考としては、より総合的なものとして『日本の幽霊』(中公文庫、一九七四年)がある。ここでは紙幅の都合上、本論文を掲載した。池田の大枠における霊の分類は、柳田とほぼ同様に特定の場所に現れるものが妖怪、特定の人を目指すものが幽霊とするものである。しかし当初からそのような分類の当てはまる幽霊が存在したわけではない。本論では『今昔物語集』以降近世までの文芸作品を繙きつつ、霊がそのような条件を徐々に整えてくる過程を追っている。また上記の分類より人間関係を前提とする幽霊は文芸的な色彩が強く、妖怪は民俗的色彩が強いとし、民俗的事象が徐々に条件を整えて文献の中に姿を現してきたものとして幽霊を捉えている。

安永寿延「幽霊、出現の意味と構造」『国文学　解釈と教材の研究』一九巻九号　一九七四年

筆者は社会学・社会思想史を専門とする研究者である。自らの死が了解不可能な場合にその霊が現れる「幽霊」を、生者の世界にも死者の世界にも定住の場を持たない境界的な存在と捉え、生者の過去の加害性、過去の重みを指摘するものとして現れるとしている。それは死者とのコミュニケーションの回路としては私的で、宗教的な回路から逸脱したものであるが、近代以前はひとつのコミュニケーション回路であり、人々はその出現の構造を理解していたとする。しかし近代以降、闇が追放され、複雑化する社会の中で、その必然性があるにもかかわらず幽霊出現のメカニズムが見えにくくなっていることを指摘する。

諏訪春雄「幽霊とは何か」『日本の幽霊』岩波書店　一九八八年

本論は『日本の幽霊』(岩波新書、一九八八年)の第一章である。平田篤胤以来、井上円了、柳田國男などの妖怪、幽霊研究を整理し、新たに妖怪と幽霊の区別を定義している。柳田は「妖怪談義」において、妖怪は出現場所が決まっており、相手を選ばないのに対し、幽霊はどこにでも現れ、特定の相手に対して現れるとしていた。しかしその区別は具体的事例からも妥当性に疑問の残る

ところであり、その後の研究においてもその妥当性は疑問視されてきた。ここでは諏訪は両者の分類の妥当性を指摘し、「人間・非人間」が「非人間」の姿で現れるのが妖怪、「人間」が死んだのちに「人間」の姿で現れるのが幽霊とし、また村（日常世界）—異界（非日常世界）の関係性の中で現れるのが妖怪であり、現世—他界の関係性の中で現れるのが幽霊であるという、二つの視点からの分類を行っている。

鶴見俊輔「円朝における身ぶりと象徴」『文学』一九五八年七月号

三遊亭円朝は江戸末期から明治時代にかけて活躍した落語家であり、「牡丹灯籠」「真景累ヶ淵」などの創作の怪談噺を得意とした人物でもある。幽霊のイメージはこの円朝に負うところも大きいであろう。

本論では筆者は円朝の「身ぶりとしての言語」に注目する。道具を使い、受け手と交流して寄席の内部状況の道具をフルに使いこなし、肉体の諸器官を動員して言語を使いこなすことにより「身ぶりとしての言語」は成立する。その「身ぶりとしての言語」は特殊状況に根ざし、一回性、限定性を帯びるものであるが、状況から状況へと移行するうちに、象徴性を帯びる。個人の作り出した象徴が人々を動かすのは、それが民族の「象徴の原型」に新たな生命を与えるからであるとする。円朝の作品は江戸末期から明治、大正、昭和と歴史の大状況で象徴として成功してきたものであり、その日本人の「象徴原型」を「真景累ヶ淵」の、おばけ（ここでは幽霊とほぼ同義）の生成と消滅の原理から論じている。おばけの生成からは、自我の統制をこえて出現するおばけに、自我の責任の解除を読み取り、おばけの消滅からは直接体験を通してしか継続せず、二世代程度に限られる「恨み」に家族主義と限定的な責任の観念を読み取っている。

宮田登「化物屋敷考」『妖怪の民俗学』岩波書店　一九八五年（のち、ちくま学芸文庫）

本論は『妖怪の民俗学』（岩波書店、一九八五年及び岩波書店同時代ライブラリー、一九九〇年）の第二章である。化物屋敷とは様々な怪異現象が起こる屋敷である。本稿では様々な化物屋敷の事例を踏まえ、そのような怪異現象は死霊などの祟りによって引き起こされると解釈されるが、多くの場合、日本では若い女性が、西洋のポルターガイストなどの場合には子供が、他界との仲介者として重要な役割を果たすことを論じる。またかつて井上円了が「迷信」と結論付けた霊魂やあの世、非合理的な俗信に関して、現代社会においても関心が高いにもかかわらず、それらが信仰に包含されて日常生活化している心意のありようについて、民俗学的には十分に分析されていないことを指摘する。本論は幽霊を中心に論じたものではないが、怪異一般について重要な示唆を含む論考であり、また本論収録著作『妖怪の民俗学』全編が怪異を考える上で欠かすことのできない著作である。

服部幸雄「さかさまの幽霊」『文学』五五巻四号、一九八七年

幽霊のイメージ形成が多く芸能によっていることは恐らく間違いないであろう。

筆者は主に元禄期前後の歌舞伎に関する資料を繙きつつ、繰り返し登場する「さかさまの幽霊」（逆立ちの状態、手が下で足が上の状態など）が、近世初頭の都市民においては常識的であったことを指摘する。そしてそのさかさまの状態が単に無間地獄に落下していく肉体の表象であるばかりでなく、身分性や男尊女卑といった、封建体制の日常的な秩序を転覆させる激しいエネルギーの具象であったことを示唆する。その近世における幽霊のイメージを豊富な資料から読み解いていく作業からは、当時の幽霊のイメージが鮮明に浮かび上がってくる好著である。

なお、本論文は後に平凡社より一九八九年に単行本として刊行された。〔のち、ちくま学芸文庫〕

河野元昭「応挙の幽霊――円山四条派を含めて――」辻惟雄監修『全生庵蔵・三遊亭円朝コレクション　幽霊名画集』ぺりかん社　一九九五年

円山応挙は江戸中期の画家であり、円山派の祖である。幽霊には足がないというイメージは応挙の画に始まると考えるのが（その真偽はともかくも）一般的である。

筆者の河野元昭は美術史を専門とする研究者であり、その専門的見地から応挙の幽霊図について読み解いてゆく。一般的に「恐ろしい」近世の幽霊画において特異的に「美しい」応挙の幽霊図に「反魂香」の影響を認め、写実派であるとされる応挙が幽霊を描いたという事態に、自己の美的センスによって、既成のイメージを持つ空想上の存在に、全体的調和をもって鑑賞に堪えうる形を与えた理想主義者としての姿を見る。また、応挙の幽霊に

足がない理由を応挙の画風自体から明快に説明する。

高田衛「幽霊の〈像《イメージ》〉の変遷」 辻惟雄監修『全生庵蔵・三遊亭円朝コレクション　幽霊名画集』ぺりかん社　一九九五年

筆者の高田衛は日本文学を専門とする研究者であるが、「怪異」に関して民俗学的な見地からも非常に興味深い論考を数多く発表している。

本論では筆者は一九世紀に急速に合理主義的な価値観が発達する中で、幽霊が一定のパターンに類型化されることを指摘する。それ以前には幽霊にも多様な像《イメージ》があったのであり、そのバラエティーを主に近世初期（一七世紀）の古版怪異小説の挿絵から解説する。そこに登場する幽霊は生前の姿そのままに現れるもの、死者が蘇生し生き返るもの、女性の首だけのもの、あるいは首を取り外すもの、鬼の姿をしたもの、蛇の姿をしたものなど、強い怨念と執着を持って現れるものもあれば、子を育てる幽霊、いわゆる産女《うぶめ》のように現世に未練を残していったものの幽霊もある。それらは視覚的に訴えるだけでもなく、女のしのび泣く声、赤子の泣き声など、聴覚に訴えるものでもあった。また、異形化の最たる者としてのさかさまの幽霊や、いたずらだけをする奇妙な幽霊も紹介されている。豊富な図版と全生庵コレクションの肉筆画という視覚的資料を示しつつ、非常にわかりやすく幽霊の豊富なイメージを紹介している。

服部幸雄「累曼陀羅」『国文学』一九-九　一九七四年

近世的な幽霊の二大スターといえば、「累」と「お岩」であろう。しかし現在「累」が一般的にはあまり知られていないのに対して、『四谷怪談』の「お岩」は知らない人がないほど有名である。

「累」の物語は近世全般を通じて親しまれた物語であるという。本論では筆者は親の死霊を「かさね」負い、自身も死霊となり他者の身体に「かさね」合うという「因果」に累の物語の独自性を見出している。

累物語の源流であり、「説教文学」である『死霊解脱物語聞書』から江戸期の累狂言への連続性と変化の中から、近世を通じて仏教的因果観や輪廻転生の思想が日常世界に浸透していたことを示すと共に、身分や家といった封建的呪縛と女性の業を下敷きにして、累に寄せられた同情と共感を読み取っている。また、累の怨霊は御霊信仰を媒介として、虫送りに重ね合わされており、江戸という都市が関東一帯の貧しい農村の日常生活を包含して成立していた、複雑かつ特殊な性格を持つものであるという、民俗学的に興味深い示唆も行っている。

なお、累の物語はそもそも憑き物騒動であったものが怨霊譚へと転換されていったものであるという指摘を行なっている、高田衛「江戸の悪魔祓い師」(本論集第一巻に収録)もあわせて参照されたい。

川村湊「累とお岩」『朝日ジャーナル』一九八七年九月十八日号

本論も「累」と「お岩」に関する論考である。服部幸雄氏の「累曼陀羅」をふまえ、「お岩」の怨恨が現在でも理解可能な近代的合理性を備えているのに対し、「累」の論理は現在においては少々理解しがたい封建的なものであると指摘する。「累」においては女という属性の為にその因果が「かさね」られて行くのであり、それを語り継いできた江戸期の庶民、特に女は累の身の上に自らを「かさね」合わせてきたのであり、その深層にあるプリミティブな「御霊信仰」の存在を指摘する。

廣末保「幽霊の変貌――東海道四谷怪談の方法――」『新編　悪場所の発想』筑摩書房　一九八八年

本論において筆者は、四世鶴屋南北の『東海道四谷怪談』の作劇法をその作品自体に即して、「お岩」を中心に分析している。お岩は幽霊でありながら、その醜い顔において、また対象を複数とする点で化け物的である。また、特定の者に対する祟りを超えて恐怖心を引き起こすことから、御霊的性格を持つものでもある。そのように幽霊、お化け、御霊それぞれの性格を併せ持つことによって、それまでに衰退していた幽霊のエネルギーが再度復活したものがお岩であるとして捉えられており、南北によって幽霊の革命が行われたことを指摘している。

高田衛「怪談の発生――文学史の側から――」『国文学』一九-九　一九七四年

筆者は「幽霊〈像〉の変遷」において多彩なイメージを紹介しているが、本論では怪談の論理と一七六〇年代を境とする近世怪異文学の変遷を論じている。近代以降見失われた「夜―闇」の世界が近世前期には夢によって一続きなものであったのに対し、やがて夢は幻想、虚妄のものとされる。そのような夢の変化が媒介となって、怪談は怪談一般(説話)の時代から幻想的文学になったとする。近世怪談は開花する人間意識とカミガミ（自然霊）の零落の交差、対比のうちに説かれるものであり、「百物語」の法式化は開花の中で闇の自然霊を克服していく儀式であったとともに、蠟燭の火を一つずつ消してゆく「禁忌の犯し」により「闇―夜」を取り戻す儀式でもあった。しかし社会形態や支配形態の固定化が進行するとともに怪談は幻想へと追いこまれるのであり、そのような近世怪談の精神構造は「史的」研究の名に値すると指摘する。

なお、本論文は『江戸幻想文学誌』（平凡社、一九八七年）に掲載された後、「怪談の論理」から「怪談の発生」に改題して『新編・江戸幻想文学誌』（ちくま学芸文庫、二〇〇〇年）に収録された。

西田耕三「産女ノート――文芸がとらえた産女とその周辺――」『熊本大学教養学部紀要　人文・社会科学編』一五　一九八〇年

産女《うぶめ》とは、一般的には妊娠中や難産の末に命を落とした女性、あるいは赤子と共に命を落とした女性の幽霊または妖怪である。

筆者は近世文学を専門とする研究者である。本論では主に文芸上に現れる産女について論じており、三部構成となっている。一部では、出産という生理が社会的に承認されない場合、産女はあらわれること、また、いわゆる身二つの習俗と、産女は姑獲鳥《うぶめ》として、つまり鳥として解されてきたことに触れている。二部では西鶴の『好色一代女』や近松の作品群から、産女の社会的に承認されることのない生理の悲哀と罪悪感を読み取る。三部においては、鶴屋南北や山東京伝の作品に現れる産女を通して、産女を恨みを持って現れる怨霊としてではなく、生理に個体性をあたえ、実現するものとして現れる幽霊として捉えている。

花部英雄「幽霊出産譚」『昔話伝説研究』一三　一九八七年

幽霊譚としてよく知られるものに、幽婚譚、幽霊出産譚、子育て幽霊の話などがある。

本論は曹洞宗、通幻和尚の誕生譚（幽霊出産譚）を、中国における幽婚説話からの強い影響の下に形成されたものであることを示す。しかしそれだけではなく、日本における霊魂観の変化を、今昔物語集の死体交合とそれに対する強い忌避の心情と、約百年後の『発心集』の対比の下に、葬送法の変化と共に霊魂がそれ自体独立したものとなる過程として捉える。さらに近世初頭の怪談ブームが通幻誕生譚に深い影響を与えていたことを指摘する。資料的にも興味深い論考である。

花部英雄「幽婚譚の系譜——通幻伝説を中心に——」『昔話伝説研究』一四　一九八八年

本稿は上述の「幽霊出産譚」の続編的な性格の論文であり、主に中国から幽婚譚など怪異小説の、日本への受容について論じている。曹洞宗の禅僧が民衆教化のために中国の怪異譚を利用し、それが広まる。つまり信仰から娯楽へと幽婚譚が変化していった変遷の過程を論じている。なお墓中出産譚、子育て幽霊の話の変遷と日中の相違については、本論でも引用されている澤田瑞穂氏の「墓中育児譚」（『伝承文学研究』一一、一九七一年）にくわしい。

堤邦彦「禅僧と奇談文芸——『因果物語』と禅林呪法の世界——近世仏教怪異譚の原像——」『近世仏教説話の研究—唱導と文芸』翰林書房　一九九六年

筆者は近世国文学を専門とする研究者であり、特に怪異談の宗教性や文芸性に着目した研究を行っている。

本論文では曹洞宗の禅僧、鈴木正三の法話に忠実であるとされる『因果物語』を軸に、死霊慰撫、鎮魂といった禅僧の霊験を示す、布教のために利用された唱導説話が、近世初頭の仏教怪異小説を経て、都市出版文化の中で奇談文芸へと変遷していく様子を豊富な資料をもとに追っている。その一方で、都市文化との動向とは別に地方寺院の周辺で、弘法布教の精神を保ち伝承される説話の存在を指摘し、そのような説話をも視野に入れた唱導説話研究の必要性を示唆する。

なお、本論文は『説話論集第四集』（説話と説話文学の会編、清文堂出版、一九九五年）に掲載された「『因果物語』と禅林呪法の世界——近世仏教怪異譚の淵源——」であるが、若干の修正ののち、上記の筆者の論文集に加えられている。本書に収録したのはその修正後のものである。

山田厳子「水と女の世間話——お姫坂の怪をめぐって——」『日本民俗学』一八〇　一九八九年

筆者は高校教諭であり、また世間話、うわさ話研究の分野で精力的に論考を発表している研究者である。

本論では山梨県富士吉田市における、タクシーに乗る幽霊と「お姫坂」に出る幽霊の二つのうわさ話について、オウカガイと呼ばれる占い師によってそれらが水神信仰という伝統的な文脈に沿って組み立てられ、解釈が与えられていった様を示している。さらに、「お姫坂」をめぐる伝承は、その地の異常性という意識のみが共有され、決して一つの話に収斂するのではなく、それぞれが影響を与えつつ様々な表現のバリエーションを生み出していく様相を描いている。このような伝承がさらには「お姫水神」信仰という民間信仰を発展させている側面も指摘している。

このようなうわさ話や伝承の現代的様相を扱った論考は意外に少ない。このような現代のフォークロアとそのリアリティ生成の過程について、さらなる研究が望まれる。

原英子「創造される伝説――名護屋城周辺地域の秀吉伝説――」波平恵美子編『伝説が生まれるとき』福武書店　一九九一年

本論は秀吉の朝鮮出兵の際、出陣基地となった現在の佐賀県東松浦郡鎮西町名護屋に築かれた名護屋城周辺地域で語られる、秀吉とそれ以前の支配者である波多三河守とその家臣にまつわる伝説を扱う。秀吉に恨みを抱いて死んでいった落人の霊（岸岳末孫）が祟りをなすとするものであるが、その伝説とそれに伴う祭祀が実は明治以降に広まったものであること、その急激な広まりにはオガミヤと呼ばれる宗教者が関与していたことを明らかにする。その背景には明治政府の神社合祀政策に反抗し、オガミヤを中心とする自らの信仰体系を守った人々の時代的メッセージを読み取る。政策的に英雄としての秀吉像が作り上げられる時代であったからこそ、秀吉に恨みを抱いて人々に祟りをなす岸岳末孫の信仰が、オガミヤの関与の中でひそかに個人的祭祀として広まっていったことを指摘する。

小嶋博巳「死霊とミサキ――備前南部の死神伝承――」
鎌田久子先生古稀記念論集編集委員会編『民俗的世界の探求――かみ・ほとけ・むら』慶友社　一九九六年

ミサキとはミ（御）＋サキ（前・先）であり、その原義は神の先立ちであったというのが定説であるという。しかし、災厄をもたらす危険な霊的存在を指し示す地方もあり、その語によって指し示される概念は多岐にわたる。

本論では筆者は岡山県備前地方南部における事例をもとに、ミサキ概念の変容を追う。当地方におけるミサキの概念は一応、死の異常性や祭祀の欠如などにより祖霊化の過程から逸脱した、うかばれない、成仏できない死霊が祀られ、祖霊化の過程の周辺に回収されるものであるとする。しかし、以上でミサキの観念が整合的に説明しきれるものではなく、さらにあの世への導き手としての性格を認め、単に忌避すべき邪霊とは捉えられていないことを指摘する。日本においては死神（人を死に誘う神）の伝統がない、とする民俗学における常識に再考を促し、より広い世界的脈絡とのつながりを示唆する論考である。

幽霊に関するもので、一冊の本として総合的かつ優れた論考も見受けられたが、紙幅の関係上、一部を取り出すことの難しいものについては今回は掲載を見送らざるを得なかった。そのような論考として、池田弥三郎『日本の幽霊』（中央公論社、一九五九年）や、阿部正路『怨念の日本文化　幽霊編』（角川書店、一九九五年）など、また、幽霊そのものを扱ったものではないが、四谷怪談の魅力を余すところなく示した、横山泰子『四谷怪談は面白い』（平凡社、一九九七年）などがある。

さて、本書は『怪異の民俗学　幽霊編』であるが、掲載した論文の多くが国文学や演劇研究者の手によるものとなった。つまり「幽霊」について民俗学では意外に研究されていないことに気付かされる。もちろん、そのような分野にこだわる必要はないのかもしれないし、幽霊という存在が多分に都市的、文芸的な性格を持つものであるということも以上のような状況の要因であるかもしれない。しかし、例えば、誰でも一度は聞いたことがあるであろう兵隊の幽霊を巡るフォークロアなど、民俗学が扱うべき対象としての幽霊は多く存在している。現代社会においても、幽霊は出現し続けている。今後、さらに現代までを視野に入れた幽霊研究が蓄積されることを期待する。

幽霊

解説

小松和彦

I 「幽霊」とはなにか

おそらく、「幽霊」という言葉を耳にした人のほとんどが、この語がなにを意味しているのかをすぐに理解するはずである。「幽霊」とは「学術用語」として用いられるはるか昔から、日本人の日常生活のなかで用いられていたいわゆる「民俗語彙」の一つであり、その性格もおおむね固定しているからである。「幽霊」という言葉が文献に登場するのは平安末期である。現在の「幽霊」概念に当てはまる「幽霊」が確認されるのも、『今昔物語』あたりからであるという。「幽霊」の歴史は長いのである。しかも、現代でもなおその実在を信じている人びとは多い。

もちろん、人によって脳裏に思い浮かべる幽霊のイメージはいろいろである。ある人には歌舞伎の幽霊のイメージかもしれないし、ある人には小説のなかの幽霊のイメージかもしれない。またある人には映画やコミックなどに登場する幽霊のイメージかもしれないし、あるいは日常生活のなかで体験した幽霊のイメージを思い起こす人がいるかもしれない。しかし、そうしたいろいろな幽霊のイメージを想起したとしても、彼らがそれらのイメージを互いに語り合ったならば、誰もがそれぞれ想起した幽霊を、それもまた幽霊である、と認めるのではなかろうか。「幽霊」という民俗語彙の意味の範囲は、日本人のあいだではかなり明瞭な輪郭を描き出しているのである。

「幽霊」とは、死んだ「もの」の霊魂の異常な状態を意味する言葉である。「幽霊」といった場合の「霊」は通常は「人間」の霊で、その霊が本来は「あの世」に行くべきなのに、「この世」にさまよい出てきた状態が「幽霊」と呼ばれてきた。国語辞典のたぐいにも、「死者が成仏できずに、この世にさまよい出てきた姿。亡魂、亡霊、亡者」などと説明されている。

もっとも、例外がないわけではない。たとえば、徳島県などに、首を斬り落とされた馬が大晦日の晩に出現して走り回るという伝承がある。これなどは「死んだ馬の怪異」とか「首切れ馬」の「妖怪」などと称されるが、「馬の幽霊」といってもおかしくない話である。調べてみないとわからないが、自分が愛玩していた犬や猫の幽霊を見た人もいるのではなかろうか。

しかし、「幽霊」といった場合、「人間の幽霊」を意味するのが一般的である。というのは、ある時期に、「幽霊」もまた「鬼」「河童」「ぬっぺらぼう」「一つ目小僧」などのように、その姿かたちが固定したキャラクター化がなされたからである。近世末期に制作されて広く流布した「妖怪」のたぐいを集めた「化物尽くし」などと称する妖怪図鑑のたぐいをみると、「河童」や「ぬっぺらぼう」などと並んで「幽霊」という項目もあり、そこには決まって、長い髪の死装束を着た女性が描かれている。

Ⅱ 「幽霊」と「妖怪」の違い

ところで、「幽霊」の科学的研究は、本シリーズの第2巻『妖怪』の解説でも説いたように、妖怪研究の先駆者井上円了あたりから始まった。そして、学術用語として用いられ出した「妖怪」という語が通俗化することによって、「妖怪」と「幽霊」の区別もなされるようになる。そのきっかけとなったのが、民俗学的な意味で妖怪・幽霊研究の始まりとなった、柳田國男の研究である。

柳田は『妖怪談義』(『柳田國男全集20』所収、筑摩書房、一九九九年)において、「幽霊」は定められた時に、特定の相手を目指して出現するのに対して、「妖怪」(お化け)は特定の場所に出現し、相手を選ばない、というふうに規定を試みた。しかし、こうした分類は、幽霊・妖怪のたぐいの事例を集めてみればわかるように、誤った分類であった。次々にこの規定に合わない妖怪や幽霊の事例が思い浮かぶ。たとえば、交通事故現場に現れる死んだはずの幽霊や某ホテルの泊まり客の前に出現する幽霊は、「幽霊」と呼ぶべきではなく、「妖怪」と呼ばねばならないのだろうか。その一方、源頼光の寝所に出現して頼光を苦しめる土蜘蛛の妖怪や鳥羽上皇の仙洞御所に出現する狐の妖怪(玉藻前)は、人を目指して出現しているので、柳田國男のいう「妖怪」の条件を逸脱しているのではないか、等々。

たしかに、民俗社会の妖怪のたぐいの事例に触れていると、人間以外の異形な姿かたちをした「もの」は、多くの場合、出現場所が決まっていて、そこにやってきた人の前に出没する傾向がある。そのために、「幽霊」を典型的に描いた『東海道四谷怪談』のお岩や『番町皿屋敷』のお菊のように、恨みを晴らすために、その者の前に「恨めしや」と出現する「幽霊」と対比・区別したくなってしまっても不思議ではない。しかしながら、民俗社会の「幽霊」の事例などを十分に吟味すれば、こうした対比・区別がそれほど明確に現れるものではないことに気づかされることになる。したがって、「幽霊」と「妖怪」に関する分類は、思い切って廃棄するか大幅な修正が加えられねばならないものであった。

ところが、この分類は、民俗学者の巨匠柳田國男によって提案されたものであったこと、また『妖怪談義』が「妖怪」や「幽霊」を学問的に論じた先駆的な著作であることなどの理由から、その後の幽霊・妖怪研究者は必ずといっていいほどこの柳田の分類に言及し、またその影響を受けてきた。たとえば、池田弥三郎は、幽霊を素材にして一冊の本を書いた数少ない研究者であるが、『日本の幽霊――身辺の民俗と文学』(中央公論社、一九五九年、後に中公文庫、一九七四年)において、柳田國男の分類に当てはまらないものが多いことに気づきながらも、いちおうその分類にしたがって、死んだ人間の霊(池田の表現でいう「ゆうれい」)の出現の仕方に注目しつつ、「人を目指して出現するゆうれい」が「幽霊」であり、「ある限られた特定の場所に出るゆうれい」を「妖怪」と言い直す程度の修正をおこなうに留まっている。

私自身は、むしろ柳田の分類を廃棄したほうが生産的ではないかという立場に立っている。「魔と妖怪」(『日本民俗文化大系』第四巻、小学館、一九八三年、後に『妖怪学新考』小学館、一九九四年に収録)のなかで、私は「祀られぬ霊的存在を妖怪と考えているので、幽霊を『妖怪』の一つ、それも死霊の特殊なタイプ、つまり生前の姿で生者の前に現れる死霊と見なしている」と述べた。

さらに、池田の著作からほぼ三十年後に、諏訪春雄によって『日本の幽霊』(岩波新書、一九八八年、本巻にその一部を所収)という同じ書名の研究書が書かれた。ここでもやはり柳田の分類が議論の対象になり、柳田の分類を大幅に変更する提案がなされた。すなわち、もともと人間であったものが死んだのち、人の属性をそなえて出現するものを「幽霊」、人以外のものまたは人が人以外の形をとって現れるものを「妖怪」とすべきだ、としたのである。ここに至って、柳田のいう分類基準であった、場所や時刻、出現目的などが廃棄されたわけである。

もっとも、柳田の分類は廃棄されたとしても、「妖怪」と「幽霊」を区別しようという姿勢は、なお維持されている。これについての現在の私の考えは、たとえば、本シリーズの『妖怪』の解説や「民俗学から見た幽霊」(『日本の幽霊名画集』安村敏信監修、人類文化社発行・桜桃書房発売、二〇〇〇年)で詳述したように、民俗・通俗的レベルの分類、いわば「民俗分類」を重視する立場に立っている。すなわち、民俗語彙としての「化物」や「百鬼夜行」などが、学術用語の「妖怪」に相当するのであり、「幽霊」はそのなかに含められるたくさんの「化物」の種目の一つなのである。

このことは本稿の冒頭で述べた、近世末には「幽霊」がキャラクター化されて「化物尽くし」に描かれていることを想起していただくと納得していただけるのではなかろうか。研究者が「妖怪」(民俗語彙では、「化物」「お化け」)から区別したくなるのもわからないわけではない。妖怪種目の「鬼」や「天狗」がその妖怪伝承のなかで大きな比重を占めるがゆえに、妖怪種目であるということを忘れがちになる。「化物」というカテゴリーから独立した霊的存在とみなされがちなのである。それと同じように、「幽霊」もまた妖怪種目でありながら、おびただしい数の幽霊話が語られ、幽霊画が描かれ、そして芝居や小説の素材として好んで用いられたために、他の妖怪種目を圧倒し、「妖怪」というカテゴリーから独立した霊的存在であるかに思われるようになったのであった。諏訪春雄の「妖怪」と「幽霊」の区別は、「妖怪」というカテゴリーのなかの「幽霊」という一つの妖怪種目とそれ以外のすべての妖怪種目との区別という作業をおこなっていたと言い直すことができるであろう。むしろ「幽霊」というものの輪郭を描きだすためには、そうした作業も不可欠であった。

Ⅲ 「幽霊」であることの基本条件

「幽霊」は「妖怪」(化物)の一種である。しかし、「鬼」などと並んで特殊な「妖怪」である。それでは「幽霊」を「幽霊」として成立させている条件とは何なのだろうか。この点を少し詳しく見ておこう。

まず、「幽霊」は、死者の霊が生前の姿で現れることが基本条件の一つになっている。キャラクター化された幽霊は、棺桶に納められたときの姿で描かれているが、世間で語られる幽霊を見たという話では、生きていたときとほとんど同じ姿かたちで現れる。こうした幽霊の出現の仕方の一つとして、その死を知らない人の前に、幽霊が自分は幽霊であることを告げずにあたかも生者であるかのごとく出現する、というタイプがある。たとえば、久しく会っていなかった親しい友人と町で偶然出会い、酒を飲みながら懐かしい昔の話を語り合って別れた。家に戻ると、その友人と会っていた時刻に亡くなっていたという知らせを受ける。それで、さっきまで会っていた友人は幽霊だったということに気づく、といった話は多い。こうした話で重要なのは、友人の幽霊に出会った人は、幽霊に会っているときは、その友人を生きている人と思い込んでいて、そのつもりでつきあっていることである。彼が幽霊だったとわかるのは、彼と別れた以後のことなのである。『今昔物語』巻二七第二五話に登場する、遠国に赴任した夫を待ち続けていた妻が何年もの歳月の末に戻ってきた夫を幽霊となって迎えるという話も、この種の幽霊である。したがって、長い歴史をもった幽霊のタイプといえるだろう。

右のタイプの話では、幽霊に出会っている人がその幽霊を生きた状態であると思い込んでいる。これとは異なり、いま一つの出現の仕方のタイプは、死んだはずの人が生前のままの姿で出現するというものである。芝居の『東海道四谷怪談』や『番町皿屋敷』などの芝居や『雨月物語』の「吉備津の釜」などの話に見える幽霊が典型的な例となるのであろうが、世間で語られるこの種の幽霊話は、たとえば、勤勉なOLが不慮の事故で亡くなったあと、勤務していた会社のガードマンが、亡くなったはずの彼女が深夜のオフィスの机に向かって一生懸命に書類を作成している姿を目撃する、といったたぐいの話として流布しているものである。

こうした二つの出現の類型のいずれにも通じる重要な条件は、「幽霊」は生前の姿で現れるということにある。それは言い換えれば、生前の固有名詞や個性、個人史をしっかりもった存在である、ということである。個人史が失われ、個性が、名前が、さらにはその姿かたちが失われていくにしたがって、「幽霊」は「幽霊」としての性格を失っていく。京極夏彦は、これをウブメ（産女、姑獲鳥）と呼ばれる妖怪のようなものを例にしながら、次のように説明している。「死んだ筈の人間が現れたら、それはやはり幽霊なのである。」「但し、それが固有名詞を失ってしまったら、お化けと呼ばれるしかない。なぜなら幽霊は『死後も意識―自我が保存される』という原則に則ってこそ定義されるものだからである」（「江戸化物草紙の妖怪画」『江戸化物草紙』所収、小学館、一九九九年）。一人の人間であるという条件が失われたとき、「幽霊」は消滅もしくは別のものに変貌するわけである。「幽霊」から「幽霊」を特徴づける属性が失われていくことで、総称としての「妖怪」（化物）のなかに回収され、新たな名付けを受けるまでは、「幽霊」とも、またそれ以外の妖怪とも判断しがたい境界領域を浮遊する。「ウブメ」と名付けられる前の、個性を失った「子育て幽霊」は、まさにそうした境界的妖怪種目であった。

「鬼」や「天狗」などもまた、「鬼」の属性を失っていくことによって同様の境界領域を浮遊することになるはずである。ホテルに出現する幽霊やタクシーを拾う幽霊などは、生前の姿で出現しながらも、その時点ではそれを見る人にとってもはや、固有名詞も個人史も欠いた存在として出現しており、遭遇事件以後に、そうした情報を入手しないかぎり、「幽霊」から「妖怪一般」へと向かう過渡期的な妖怪種目と考えられるわけである。そしてそれは新たな名称を与えられることで「ウブメ」などと並ぶ妖怪種目となるはずである。

次に考えなければならない基本条件は、出現理由である。どうして「幽霊」は出てくるのだろうか。死者の霊は死後、「あの世」に旅立って行くと考えられてきた。いや、むしろ死者の霊は家族や親族、友人などと別れがたいがために、「この世」に留まろうとする。人は死にたくないと思っているからである。しかし、死者の霊が「この世」に留まったならばさまざまな社会的混乱が生じるので、「あの世」に送り出す。ふつうの死者の霊魂は、こうした「あの世」への送り出し装置＝葬送儀礼にしたがって、「この世」に未練があっても、それを断ち切られ、ついに「死」を受け入れて「あの世」に旅立っていく。したがって、多くの死者の霊は「幽霊」になることはない。ふつうはこれによって死者と生者のつながりが切断される。それ以後は、これまた形式化・儀礼化されたやり方によるつきあいに変わるのである。

本来はそうなるべき死者の霊が、もしこの世に留まった場合、どういうことが起こるのだろうか。いうまでもなく、これまで宿っていた魂の容器であった肉体が腐敗したり、もはや存在しないがために、霊魂がさまようことになる。完全な死者にもなれず、また完全な生者にも戻れないでさまよう霊魂が、「幽霊」の原質部分なのである。

そのような様態の霊魂はまことに不幸な霊魂である。こうした事態が生じないために、生者の側は、死者の魂が「あの世」に赴くようにするための、さまざまな仕掛け、たとえば、死後は仏たちが住む極楽浄土に行くことができるのだという思想や、死者の世界へ赴くことを嫌がって自分の住んでいた家やムラに戻りたがる死者の霊が戻ってこれないようにする儀礼などを用意したのであった。

それにもかかわらず、一部の死者の霊は「幽霊」となって出現する。それは何故なのだろう。大別して、二つの理由が考えられる。一つは死んだにもかかわらず、なんらかの事情でしかるべき葬送儀礼を受けることができなかったからである。それでは「あの世」に行くことができない。こうした「幽霊」は「あの世」に送るために儀礼をおこなえば去って行くはずである。しかるべき供養を求めるためだけに出現する幽霊の話は多い。

いま一つの理由は、「この世」への深い執着の思いが、葬送儀礼を受けてもなお「あの世」への往生を拒絶する場合である。この場合は、その執着の思いが解消するまで「この世」に留まろうとする。いうまでもなく、この「執着」の最大の理由は「怨念」である。しかし、それだけではなく、昔話などの「子育て幽霊」のように、子どもへの愛情の深さのために、あるいは妻や夫などと別れることが辛いがために出現することもある。つまり、「幽霊」は憎いといっては出現し、可哀想だといっては出現し、好きだといっては出現するわけである。さらにこんな場合もある。その死があまりに急だったために、死者がまだ自分の死を認識していない。それで「この世」に出現するというのだ。

「幽霊」が生前の姿で出現する、つまり自我の意識・個人史を抱えもった霊的存在であり、そのような霊が生前の出来事のために、「この世」に留まっているとするならば、「幽霊」をめぐる物語は、社会的関係の範囲がきわめて限られた人びとの物語ということにならざるをえないだろう。固有名詞をもった者同士の物語であり、その関係の外側にいる人たちにとっては、その「幽霊」とはよほどのことがない限り無関係でありうるわけである。つまり、「幽霊」は生前に社会的な関係をもっていたことから生じた「理由」のために、「うらめしや」とある人の前に出現し、あるいはまた「好きです」といって出現するというわけである。生前に赤の他人であった者の前に突然「うらめしや」と出てこられても、なんのことだかわからない。ようするに、「幽霊譚」とは、総じて世話物・人情話のたぐいなのである。

Ⅳ 「幽霊」研究の足跡と展開

大雑把にいえば、幽霊の研究は、主として文学・演劇の分野において担われてきたといっていいだろう。したがって研究の蓄積も多い。それに対して、民俗学や宗教学からの研究は、柳田國男があまり関心を示さなかったこともあって生彩を欠いている。

幽霊の研究の先駆者として挙げるべき研究者は、本シリーズの他の巻でもたびたび言及してきた井上円了や江馬務、柳田國男などである。彼らはいずれも、広い意味での「妖怪」研究の一部として「幽霊」を議論している。井上円了は『妖怪学講義』の「宗教学部門」において「幽霊」を取り上げて、その実在、非実在を検討し、「要するに物理上にては、到底幽霊の実にありとの論には同意することあたわず。しかれども心理上より考えうるときは、幻覚、妄想、注意、信仰、予期、感情等によりて説明することを得べし」との結論に達している。「幽霊」を人文・社会科学的に研究する者のほとんどは、この結論を支持するであろう。この種の研究は、自然科学者によって継承されてきた。たとえば、中村希明『怪談の科学――幽霊はなぜ現れる』（講談社ブルーバックス、一九八八年）は、この種の研究の手頃な啓蒙書である。

これに対して、江馬の研究は文化史上の現象として「妖怪」や「幽霊」を理解し、その盛衰や特徴を把握しようとする立場からの研究である。江馬は『日本妖怪変化史』（中外出版、一九二三年、後に中公文庫、一九七六年）において、幽霊文化史研究上きわめて興味深いことを指摘している。まず注目すべきは、日本最古の幽霊画は『北野天神縁起絵巻』に描かれた、延暦寺座主尊意を訪れた菅原道真の霊であろう、という指摘である。生前の衣冠束帯姿で訪問しているので、絵だけを見るかぎりでは「幽霊」であるとはわからない。民俗・民間レベルで語られる「幽霊に会った話」のたぐいの話の一場面を絵画化したものといってよいだろう。さらに、「幽霊」の姿かたちの定型化、すなわち「足のない幽霊」や「死装束を着た幽霊」の登場に関して、次のような指摘をおこなっている。「……わが国では幽霊は古くは生前の姿で出現し、江戸時代はおおむね棺桶に納めた死人の姿で出現するから、白い紙の額帽子に『シ』の字や卍を書き、白衣姿であった。寛文五年刊『発心集』や貞享四年刊『男色大鑑』、元禄十七年刊『拾遺お伽婢子』や元禄年間刊『お伽はなし』に見ゆるものはすなわちそれであるが、足は立派に二本ある。しかるに享保頃にはすでに幽霊が非常に恐ろしく凄くなり、同時に足が朦朧となった。これは応挙から始まったというが、これは明白な誤りである。これを後世の定式の幽霊とする。十返舎一九などの頃にはその態度さえ一定してきて、臂を曲げ、掌を垂れる姿勢となった（仇討夜居鷹）。惨殺された者に限って鮮血淋漓として衣を濡らしている……」。「幽霊画」の歴史では、時代を下るにつれて幽霊の足が無くなり、恐ろしい形相や手を垂れ下げるという定型化に向かったことは確かである。こうした「幽霊」の姿かたちの変遷を、近世初期の小説類の挿絵などを手がかりにさらに詳細に検討したのが、信多純一「西鶴謎絵考」（『語文』三十二輯、一九七四年）や高田衛「幽霊の〈像〉の変遷」（『幽霊　名画集』ぺりかん社、一九九五年、本巻所収）である。とくに信多は「逆幽霊」、すなわち「さかさまの幽霊」に注目し、それは「非業の死を遂げた亡者なのである。さらに言えば、その死にざまが、井や川に逆様に沈められた姿、そのままに現れたもののごとくである」という見解を披露した。これを受けて、服部幸雄は「さかさまの幽霊」（平凡社、一九八九年、本巻所収）で、歌舞伎の幽霊もさかさまの格好で出現すること、その場面を絵画化した歌舞伎絵にもそうした「さかさまの幽霊」が見られることに注目し、それが近世初期の小説の「さかさまの幽霊」の描き方を直接的には継承しつつも、その背景には死や死後の世界を生者の世界が逆転したものとして表象しようとする文化伝統も関係しているのではないかと推測した。高田の論考は、近世の幽霊の姿かたちを資料にそくしてまんべんなく紹介していて便利である。

こうした幽霊の姿かたちの定型化が幽霊のキャラクター化につながったわけであるが、何度も述べるように、ここで強調したいのは、それによって幽霊が生前の姿で出現することがなくなったわけではない、ということである。なるほど、たしかにこうした定型化と対応して、近世の小説の幽霊や芝居の幽霊も、幽霊画のイメージに近くなっていった。しかし、その一方では、なお世間のなかで語られる幽霊は相変わらず生前の姿かたちで出没していたのである。幽霊画に描かれているような姿かたちで、夜道をさまよい歩いていたら、たちどころに幽霊だと判明するだろう。また幽霊の出現理由は怨念ばかりでないので、幽霊によっては恐ろしい形相をするわけにはいかない者もいるのであった。近年、こうした文芸や話芸の世界の幽霊は、様々な分野において詳細な調査研究が少しずつであるが積み重ねられ、怪談絵、怪談文学、怪談芝居、怪談話芸、妖怪玩具など、それらを広く「怪談文化」として把握し、その相互の関係のなかで考察することがなされるようになってきた。こうした傾向を物語る著作として、たとえば、近世の怪談文化に関しては、横山泰子『江戸東京の怪談文化の成立と変遷――一九世紀を中心に』(風間書房、一九九七年)を挙げることができる。江戸から東京にかけての十九世紀に、都市部で怪談文化が隆盛する。その研究を通じて、横山は、都市こそ怪談・妖怪資料の宝庫であり、大いに研究すべきであったはずなのに、柳田國男はこれを意図的に無視して「妖怪」や「幽霊」を研究しようとしたといった趣旨の批判をおこなっている。

たしかに、柳田國男の場合は、本巻所収の「幽霊思想の変遷」(『柳田國男全集25』所収、筑摩書房、二〇〇〇年)といった論文などにもうかがえるように、幽霊それ自体には冷淡であった。というのは、井上円了とは異なり、「幽霊」を民間信仰の一部、とりわけ民俗社会の人びとの神霊観=霊魂観、死後観、死者に対する恐怖と、そしてそうした霊魂の鎮魂の仕方というコンテキストのなかで考察することを考えていたからである。彼の眼差しは、「幽霊」や「妖怪」の資料を含めた民間信仰資料を基礎にしながら、民間信仰史の構築に関心が注がれていたのである。しかも、その後の民俗学者は、意図的に都市を避け、農山漁村を歩き回って、その種の資料を集め、それを用いた過去の時代の信仰を考察しようとした。そのあたりのことを、本巻では、櫻井徳太郎やV章「幽霊思想の周辺」に集めた論稿などで示してみた。もっとも、正直のところ、「幽霊」研究に関しては、民俗学は柳田以降、資料の集積はある程度は進んだが、それを用いた斬新な研究はないに等しく、まして近世の都市・江戸の「幽霊・怪異」のフォークロアに関しては、宮田登の一連の仕事が目立つ程度に留まっている。そんななか、口承文芸論領域で「子育て幽霊」もしくは「女性の幽霊」の研究が多少進み、また現代社会における巷間の怪談話である「学校の怪談」などに一定の成果を上げてきた。ブーム的様相を呈した「学校」その他の新しい語りの場から噴出してきた現代のフォークロアのなかには、明らかに近世からの系譜をもった「幽霊」系の話が多い。「学校の怪談」については、別のところで紹介したので、ここでは花部英雄「幽霊出産譚」と「産女ノート」の二編を紹介することにした。

「幽霊」はさまざまな理由で、生者の世界に出現する。恨みのためにのみ出現するわけではない。したがって、「うらめしや」と出現する幽霊や幽霊画の幽霊の姿かたちは、幽霊思想が特殊に発展した形態である。こうした特殊な発展の背景には、「怨霊」思想、あるいはそれを祀り上げて好ましい神に転換する「御霊」思想の影響があった。それによると、「怨霊」は、非業の最期を遂げた者の霊魂はたとえ「あの世」に赴いても、その「怨念」を晴らすために生者の世界に神秘的で生者の側にとっては好ましくないような影響を与えようとする。それが発現したのが「祟り」とみなされた現象であった。「祟り」はさまざまな形で示された。いや、さまざまな現象が「祟り」と解釈された。為政者が命を奪った政敵の怨霊の祟りとみなした現象には、疫病の流行、不作、戦乱の発生など、多くの民衆を巻き込むような出来事もあったが、同時に社会関係を結んでいた個人的な関係のなかに、自分自身もしくは家族・親族への直接的な形での神秘的攻撃つまり病気や死をもたらすというかたちとして発現するともみなされた。

そしてその「祟り」の発現は、「あの世」にいる「怨霊」から発せられた神秘的力の影響を受けた病気といった曖昧なかたちではなく、「あの世」から立ち戻ってきた「怨霊」が、恨みの対象やその身内の者などに乗り移って病気などを引き起こすという、いわゆる「物の怪」としても語り出された（この思想については、すでに本シリーズの『憑きもの』に収録した論考に詳しいので、参照のこと）。この「物の怪」は病人の肉体やその代役ともいえる「依りまし」の口を借りて、「うらみごと」を述べ立てた。しかし、生前の姿かたちをして人びとの前に姿を示すことはなかった。まったくその姿かたちを見せることがなかったわけではない。その姿を夢などで見ることもあったが、その姿かたちは「鬼」の姿をしていたという。したがって、こうした「怨霊」はこの世に立ち戻ってきた死者の霊魂でありながらも、「幽霊」とは言えないような存在であった。

ところが、この「怨霊」が生前の姿かたちで現れる「幽霊」とやがて結合するようになる。姿かたちのはっきりしない「怨霊」が、また「鬼」として描かれた「怨霊」が、生前の姿かたちのままに出現するようになったのである。そのような時期がいつ頃かは定かでないのだが、平家の亡霊などが非業の最期を遂げたときの姿で出現するといった観念が現れ出した中世後期頃からであったと思われる。能楽の幽霊などにその足跡を見出すことができるはずである。

こうした怨霊思想と幽霊思想が接触し、「鬼」の姿で語られていた「怨霊」が、生前の姿、とりわけ非業の死を遂げたときや棺桶に納められるときの姿で出現するようになるのは、近世初期である。それを物語る象徴的出来事が、その頃に関東の下総国岡田郡羽生村で起こった「累の祟り」事件であった。幽霊・妖怪の文化史上きわめて重要な事件となったこの「累」事件については、服部幸雄の「累曼陀羅」(『国文学』一九一九、一九七四年、本巻所収)や高田衛『江戸の悪霊祓い師』(筑摩書房、一九九一年)、川村湊の「累とお岩」(『朝日ジャーナル』、一九八七年九月号、本巻所収)を読んでいただくのが適当であろう。また、筆者も『悪霊論』(青土社、一九八九年、後にちくま学芸文庫、一九九七年)に収めた「悪霊祓いの物語、悪霊の物語」で憑霊論の観点から検討を試みたことがある。この頃を境にして、近世的ともいうべき新しい怪異の説明が生み出されつつあったわけである。

なるほど、能の幽霊にしても、歌舞伎の幽霊にしても、そして小説の幽霊にしても、そこに登場する幽霊は恐ろしい。しかし、幽霊の登場する作品の傑作は、たんに人びとに恐怖をもたらすために幽霊を語っているわけではない。幽霊を登場させることで信仰を広めようとしたり、人間の愚かさや素晴らしさ、哀しさを描き出そうしているのである。たとえば、『東海道四谷怪談』のお岩が幽霊になっていったプロセスをたどってみれば、それは容易に見てとれるだろう。当時の家制度や恋愛関係等々に照らし合わせながら、一つひとつの作品が読み解かれるべきなのである。

ときには単なる怪談の域を越えて、優れた文学・美学の域にまで達することもある。すなわち、幽霊を登場させることで、人間の姿がくっきりと描き出されるわけである。たとえば、上田秋成の『雨月物語』には「吉備津の釜」のように、執拗なまでに恨めしい存在を追い求める幽霊を描くとともに、「菊花の契り」のように、幽霊となってまで親友との再会の約束を果たす人物も描かれている。また、怨念を表現し、恐怖をもたらすことを徹底的に追求した「幽霊画」のなかに、エロチックなまでに美しい幽霊も混じっている。「幽霊」の研究が、怪談の文学、怪談の美学といったかたちで議論されてきたのは、それなりに理由があってのことなのである。

ところで、近年、おそらく妖怪ブームの影響を受けて、怪談への関心も高まり、雑誌の特集や原典の紹介や啓蒙書、研究書の刊行が相次いでいる。たとえば、権藤芳一他『日本の幽霊——能・歌舞伎・落語』(大阪書籍、一九八三年)などから、『別冊太陽』「幽霊の正体」(一九九七年)、横山泰子『四谷怪談は面白い』(平凡社、一九九七年)、『ユリイカ』臨時増刊「怪談」(青土社、一九九八年)、石井明『幽霊はなぜ出るか』(平凡社、一九九八年)、等々。

こうしたなかで、一時期、「幽霊」研究の優れたガイドブック的役割を果たしたのが、『国文学』(一九一八、一九七四年)の「日本の幽霊」であった。目配りの効いたじつに幅広い観点から「幽霊」にアプローチしており、本巻にもそのなかからいくつかの論考を収録したが、なかでも安永寿延の「幽霊、出現の意味と構造」は、いろいろある「幽霊論」のなかでも屈指のものである。

この安永の論考から、印象に残った文章を拾い出してみよう。彼がここで想起している「幽霊」は、非業の死を遂げた者の「幽霊」である。「一方で不本意に生を奪われ、よみがえる可能性を断たれながら、しかも死者の世界にも定住の場をもちえないままに、此岸と彼岸の境界を無重力的にさまようとき、死者は幽霊となる。幽霊という名は幽界の霊という意味であるが、実は幽霊は幽・明両界の境界的存在なのである。……幽霊は過去の存在でありながら、つねに現在の表層へとはいあがろうとする。それは生者による死せる者の忘却に対する、死者の側からする懸命の抗議であるだけでなく、とかく過去を美しいヴェールでよそおいがちな生者への、死者による絶望的な反撃である」。彼はこれをさらに次のように言い換える。「幽霊は人間への問いかけによって、人間の心に秘められ、自分でも気づかない深部のどす黒いみにくさや不正を透視し、糾弾する。それをいかに精神の闇のなかにこっそり封じ込め、光の住人に隠しおおせたつもりになっていても、闇の住人の眼にはかくしきれない。だが、この告発はどこまでも私的なものである。時代の『制度』はたとえ容認し、したがって社会的制裁を免れた罪業に対して、幽霊は『制度』からはみでて、あくまで私的に追求し、追いつめることにより、その追求は時として制度悪そのものの告発に転化しうる」。

ここで安永が説いているのは、「幽霊」は自分の意志で出現してくるかのように語られるが、じつはその逆であって、生者の側の心が「幽霊」を生み出し、招き寄せ、そしてそれに恐怖し、それを祀り上げることで、その心を鎮めることができるのだ、ということである。すなわち、死者への生者の「思い」が「幽霊」文化を存続させてきたのである。そしてそこに描き出されるのは、人間世界なのである。たとえば、本巻所収の高田衛「怪談の論理」や鶴見俊輔「円朝における身ぶりと象徴」などは、このあたりのことを浮かび上がらせている。

「幽霊」は、その実在を信じる人びとによる世間話から、物語や芝居などのフィクションの世界に至るさまざまな文化領域を横断して現れている。したがって、そうした分野での成果を俯瞰し総合する必要があるだろう。なお、そうした研究はなお遅々とした状態に留まっているかにみえるが、若い研究者も登場しつつあり、その成果がいずれ現れてくるであろう。本巻では、「民俗学」を意識し、可能な限りそうした側面に近接する、しかも総論的な論考を集めるよう努力したが、「幽霊」に関する優れた研究は、じつは怪談文学や怪談芝居の個別的な作品分析に見出される。そうした論文は日本文学関係の雑誌やアンソロジーに収載されているので、参照していただきたい。

著者一覧（収録順）

柳田國男（やなぎた・くにお）1875～1962

櫻井徳太郎（さくらい・とくたろう）1917～2007

池田弥三郎（いけだ・やさぶろう）1914～1982

安永寿延（やすなが・としのぶ）1929～1995

諏訪春雄（すわ・はるお）1934～　学習院大学名誉教授

鶴見俊輔（つるみ・しゅんすけ）1922～2015

宮田登（みやた・のぼる）1936～2000

服部幸雄（はっとり・ゆきお）1932～2007

河野元昭（こうの・もとあき）1943～　東京大学名誉教授

高田衛（たかだ・まもる）1930～　東京都立大学名誉教授

川村湊（かわむら・みなと）1951～　法政大学名誉教授

廣末保（ひろすえ・たもつ）1919～1993

西田耕三（にしだ・こうぞう）1942～　元近畿大学文芸学部教授

花部英雄（はなべ・ひでお）1950～　元國學院大學文学部教授

堤邦彦（つつみ・くにひこ）1953～　京都精華大学国際文化学部教授

山田厳子（やまだ・いつこ）1961～　弘前大学人文社会科学部教授

原英子（はら・えいこ）1960～　岩手県立大学盛岡短期大学部教授

小嶋博巳（こじま・ひろみ）1953～　ノートルダム清心女子大学名誉教授

中本剛二（なかもと・ごうじ）1971～　大阪大学大学院医学系研究科特任助教

小松和彦（こまつ・かずひこ）
1947年、東京都生まれ。国際日本文化研究センター名誉教授。専門は文化人類学、民俗学。長年、日本の怪異・妖怪文化研究を牽引してきた。『憑霊信仰論』『妖怪学新考』『異人論』『妖怪文化入門』『異界と日本人』『鬼と日本人』など著書多数。

・本書は、『怪異の民俗学　6　幽霊』（2001年2月、小社刊）を、内容はそのままに、ソフトカバーにして新装したものです。
・収録作品は、原則として、新字・新仮名を採用しています。
・本書中、現在の観点からは不適切と思われる表現が使用されていることがありますが、発表時期や題材、歴史的背景に鑑み、原文どおりとしました。
・収録作品中、著作権継承者の方の連絡先が不明のものがございます。ご本人や関係者の方がお気づきになられましたら、編集部までご一報ください。

怪異の民俗学6
幽霊《ゆうれい》

二〇〇一年二月二八日　初版発行
二〇二二年一〇月二〇日　新装復刻版初版印刷
二〇二二年一〇月三〇日　新装復刻版初版発行

責任編集　小松和彦
装幀　松田行正＋杉本聖士
発行者　小野寺優
発行所　株式会社河出書房新社
〒一五一-〇〇五一
東京都渋谷区千駄ヶ谷二-三二-二
電話〇三-三四〇四-一二〇一（営業）
〇三-三四〇四-八六一一（編集）
https://www.kawade.co.jp/

印刷　株式会社亨有堂印刷所
製本　大口製本印刷株式会社

Printed in Japan
ISBN978-4-309-61816-6

小松和彦［責任編集］

怪異の民俗学 全8巻

来るべき怪異・妖怪研究は、
ここから始まる――

古典というべき基本文献のみならず、民俗学を中心に、
文化人類学・国文学・社会学・精神病理学など幅広い分野から
重要論考を精選・集成した画期的シリーズ、待望の【新装復刻版】
日本文化の多様さ・奥深さが凝縮された、テーマ別アンソロジー

●全巻構成●

1 憑きもの
2 妖怪
3 河童
4 鬼
5 天狗と山姥
6 幽霊
7 異人・生贄
8 境界

河出書房新社